호텔산업의
인적자원관리

Hotel Industry

호텔산업의 인적자원관리

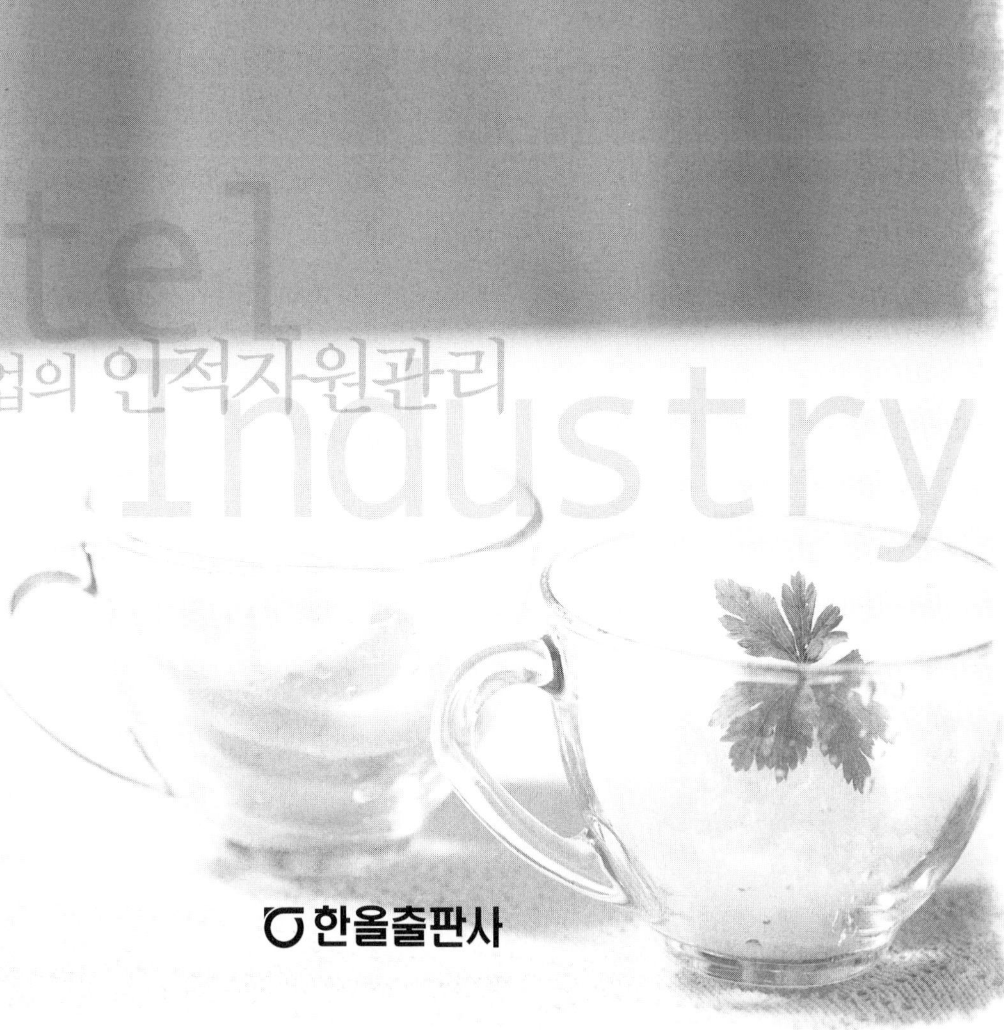

한올출판사

머리말

오늘날 호텔기업은 급변하는 환경에 적응해 나가기 위해서 경영전략뿐만 아니라 조직내 구성원의 협력이 절실히 요구된다. 호텔경영에 있어서는 인적 서비스제공으로 인한 인사관리의 중요성과 아울러 경영자, 투자자, 종사원, 고객 등의 상호관계를 어떻게 조정할 것인가가 중요한 과제가 된다.

호텔은 각기 상이한 여러 부문의 기능을 가지고 있다. 현관을 비롯하여 객실 서비스에 이르기까지 다양한 서비스와 주어진 직무가 있다. 이러한 직무를 수행하는 것은 한 조직의 궁극적 목표, 즉 고객의 서비스에 귀착되는 것이다. 그러므로 모든 각 부문은 제각기 주어진 직무를 원활히 수행하여야만 궁극적인 목표의 달성이 가능할 것이며, 기업의 궁극적 목적인 이윤의 추구와 더불어 기업의 존속을 도모할 수 있는 것이다.

이에 가장 유효하게 이 목표를 수행하는데 절실히 요청되는 것은 각 부문 간의 협동이다. 만일 어느 한 부문만이라도 고객에게 불유쾌한 서비스를 범했다면 그 밖의 다른 부문이 제 아무리 훌륭한 서비스를 제공한다 해도 한번 흐려진 인상은 쉽사리 치유될 수 없기 때문이다. 종업원 상호간의 협동의식이 충만함으로써 각 부문사이의 기능을 원활히 유지할 수 있을 것이며 고객접대에 충실을 기할 수 있다.

관광·호텔기업의 궁극적인 목적을 달성하기 위해서는 구성원의 직무분석을 통해 부가가치를 극대화해 나가야 한다. 따라서 이 책에서는 인적자원의 모집, 선발, 배치, 교육 및 결과분석과 같은 직능조직별 교육과 종업원 사기진작을 위한 복리후생 및 인사고가 제도의 유용성에 대해서 설명하였다.

이 책을 통해서 인적자원관리의 기본적인 개념을 이해하고 관련 법규를 근거로 호텔기업의 인적자원관리에 관한 제반 사항들을 습득할 수 있을 것으로 기대한다.

이 책을 집필하는데 뒤에서 묵묵히 성원해주신 많은 분들에게 감사함을 표하며, 특별히 저희들을 학문의 길로 인도 하시고 오늘날까지 이끌어주신 분들의 은혜에 깊은 감사를 드린다. 한편 그분들의 기대에 못 미치는 책이 된 것에 대해 송구스럽게 생각하며 앞으로 더욱 정진할 것을 다짐한다. 또 이 책을 위해 열심히 애써주신 한올출판사 임순재 사장님과 최혜숙실장님께 감사드린다.

모든 분들께 감사하며,

저자일동

C/O/N/T/E/N/T/S

Chapter 1

호텔 산업과 인적자원관리의 이해

제1절 호텔산업과 경영조직

1. 호텔경영조직의 개념

호텔 경영조직이란 경영목적을 달성하기 위하여 필요한 각종의 의무를 2인 이상의 협동을 통하여 능률적으로 집행하고 질서있게 통일되도록 직무를 배분, 종합하는 체계를 말한다.

이러한 경영활동을 합리적으로 수행하기 위해서는 이들 여러활동을 그 성질에 따라 정리하고, 일정한 기준에 의하여 분류함으로써 각 담당자가 분담할 직무를 명확하게 하고, 이들 각 직무간의 관계를 뚜렷이 하지 않으면 안 된다. 호텔을 운영하는데 있어서도 경영자는 물론 여러 가지의 기능을 수행하는 종사원들이 참가하고 있고, 또한 그들의 협동에 의해 사업활동이 수행됨으로써 존속, 유지될 수 있다. 그러므로 호텔의 구성요소로서 인간은 마땅히 사업목적의 합리적인 달성을 위해 구체적으로 기업 내에서 수행되는 일 또는 직무를 체계적으로 분담하지 않으면 안 된다. 경영조직이란 경영목적을 달성하기 위해 질서가 유지된 인간활동의 결합이라고 할 수 있는 것이다. 따라서 경영조직의 핵심은 경영목적을 달성하기 위하여 직업과 인간과를 합리적으로 결합시켜 이를 편성하여 운영해 가는 것이기 때문에 조직에 관한 문제는 기본적으로 다음과 같은 세 가지 문제로 대변할 수 있다.

첫째, 조직구조의 문제이다. 이것은 직무의 규정과 그 수행에 필요한 직무권한의 할당에 관한 직위의 문제, 각 직무의 상호관계, 즉 톱 매니지먼트 편성 등 조직의 일반적인 구조에 관한 문제이다.

둘째, 조직운영의 문제이다. 이것은 일정한 조직구조화에서 전개되는 작업의 흐름과 작업의 상호교섭의 문제, 절차의 체계화라고 하는 협의 시스템구성에 관한 것이다.

셋째, 인간관계의 문제이다. 조직이 인간에 의하여 형성되는 것인 이상 인간관계가 문제시 되는 것은 당연하다.

이상과 같이 여러 가지 문제점들을 고려할 때 경영조직의 본질은 다음과 같은 두 가지로 집약된다.

① 경영목적의 달성에 필요한 각 구성원의 직무를 확정하는 것이다.
② 일정한 권한과 책임을 각 구성원에게 배정함으로써 각 직무의 상호관계를 합리적으로 편성하는 것이다.

그리고 오늘날의 새로운 경영조직은 민주적인 인간관계하에서 형성될 합리적, 기능적인 업무본위의 질서를 의미한다. 이와 같은 조직의 형성에 의하여 현대호텔은 비로소 그 질서가 확립된다고 할 수 있다. 그렇다면 이러한 조직은 어떻게 하면 보다 더 능률적으로 조직에 참가한 사람들의 욕구를 충족하여 줄 수 있는 것일까? 그것은 곧 분업, 즉 전문화에서 이익이 생기므로 자기 스스로 어떤 목표의 달성을 위해 노력하기보다는 더욱 더 능률적으로 그들이 가지고 있는 목표가 달성될 수 있기 때문이다.

2. 호텔 경영 조직의 특성

1) 조직규모의 변화

호텔경영조직은 과거조직과 비교해 볼 때 인력·예산·기구 면에 있어 규모가 점진적으로 성장·발전해왔다. 이와 같이 조직이 성장, 발전하는 원인을 살펴보면 다음과 같다.

첫째, 인간의 자기생활 수준향상을 위한 욕구를 들 수 있다. 고객은 언제나 현재보다 나은 생활을 영위하려고 하고 있다. 즉 높은 수준의 서비스를 고객은 요구하고 있다.

둘째, 커뮤니케이션의 발달을 들 수 있다. 교통 통신수단의 발달은 장거리의 커뮤니케이션에 필요한 시각을 극도로 단축시켰다. 이러한 통신정보수단의 발달은 호텔조직의 관리기술을 변화시켜 왔으며, 조직의 팽창을 가져올 것이다.

2) 조직의 복잡화 · 다양화

현대 호텔조직은 과거조직에 비하여 더욱 복잡한 것이 또한 특징이다. 과거의 조직은 그 구성이라든지 조직운영이 단순하였다. 조직계층에 있어서도 그 수가 적었으며 구성원은 단순 권한관계에 있었다. 그리고 소유주의 절대적 권한 속에서 총지배인을 포함한 전문경영인의 역할이 미미하였다. 그러나 현대 호텔경영조직은 그 구성이니 내부 또는 외부에서 작용하는 모든 요소에 있어 아래와 같이 극히 복잡화되어 가고 있다.

첫째, 조직이 수행하는 직능이 더욱 전문화되어 가고 있다.

둘째, 목표의 다원화가 불가피하게 되었다

셋째, 종사원의 권익을 위해 단결할 수 있는 인격을 갖춘 인간으로 대우받기를 원한다.

넷째, 서비스상품에 대한 인식이 변화되어 가고 있다.

이와 같은 요인으로 말미암아 앞으로 조직의 형태는 더욱 복잡·다양화되어질 것으로 예상된다.

3) 조직의 전문화

현대사회는 사회구조의 기능적 분화와 더불어 조직에 있어서도 기능의 전문화 내지 분화현상이 광범위하게 나타나고 있다. 업무를 수행할 때 이와 같은 제반현상은 부분적 기계화와 과학적 관리를 요하며, 전문적인 채용도 필요로 하게 되어진다. 따라서 호텔을 운영하는데 제기되는 문제는 전문화 및 기술화에 비례하여 조직내의 인간(종사원)을 조직의 효과적인 목표달성을 위해서 어떻게 잘 조화되게 통합시킬 것인가 하는 문제이다. 따라서 현대의 호텔경영조직은 고도의 전문적인 통합성과 적응능력을 요구하고 있다.

4) 조직의 통합성과 계층성

조직이 하나의 목적을 추구하기 위해서는 그 구성요소에 있어 분화되어져야 한다. 즉 조직단위, 서비스, 권한과 책임 등이 조직의 목표달성에 이바지 할 수 있도록 분화되어져야 한다. 그러나 조직 내의 참모들은 권한의 계층을 통하여 분화된 업무를 조정·통제함으로써 목적에 기여하도록 통합 활동이 뒤따라야 한다.

이와 같이 현대사회의 피라미드형을 구성하면서 그 속에 계층을 이루고 지휘·감독 등의 제반수단과 방법에 의하여 기업목적을 통일적으로 실현해 나갈 수 있도록 해야 할 것이다. 특히 실천성에서의 기여차원에서 사회발전과 더불어 기업의 조직양상도 새로운 변화의 국면에 당면하고 있다.

3. 호텔경영조직의 원칙

1) 전문화의 원칙

조직의 각 구성원이 가능한 한 특수화된 업무를 전문적으로 담당함으로써 경영활동의 능률을 증진시키고자 하는 것이다. 이 전문화의 원칙에 따라 부문화가 이루어지고 업무가 분장되어 각 구성원들의 담당직무의 종류와 범위가 합리적으로 정해진다. 전문화에 의하여 각 구성원은 직무에 필요한 전문적 지식과 기술을 습득하면 경영능률은 촉진되는 것이다.

2) 명령일원화의 원칙

라인에 따라 부하는 언제나 한 사람의 상사에게만 명령을 받아야 한다는 원칙으로, 책임과 권한의 명확화 및 조직의 질서유지를 위하여 필요한 원칙이다. 이로써 부하의 효율적인 통제가 가능하며 상위자가 전체적인 조정을 용이하게 행할 수 있고, 상위자는 하위자와의 명령, 보고관계가 일원화됨으로써 지위에 대한 안정감을 가질 수 있다.

3) 책임과 권한의 원칙

조직을 구성하는 각 구성원에게 업무를 분담함에 있어서 그 상호관계를 명백히 할 것을 강조하는 원칙이다. 즉 상사가 부하에게 업무를 분담케 함에 있어서는 일정한 책임의 확정과 그에 연관된 충분한 권한의 행사를 보장하여야 하고, 그렇게 함으로써 부하는 직무수행에 대한 결과의 책임을 지게 된다는 것이다.

4) 조정의 원칙

기업목적을 효율적으로 담당할 수 있도록 하기 위하여 각기 분화된 경영활동을 기업 전체의 관점에서 적절히 조정·통합하는 것을 의미한다.

5) 예외의 원칙

경영자나 전반관리자가 경영 활동의 전반에 대한 의사결정을 한다는 것은 대규모화되고 복잡한 오늘날의 경영에 있어서는 불가능함은 물론, 한다 해도 비능률적이라고 하지 않을 수 없다. 그러므로 늘 반복적으로 발생하는 의사결정 내지 업무의 처리는 모두 하위자에게 위양하고, 자신은 예외적인 또는 우발적인 사항처리에 전념한다는 원칙이 바로 예외의 원칙이다.

6) 감독범위 적정화의 원칙

한 사람의 장이 직접적으로 지휘·감독할 수 있는 부하의 수에는 일정한 한계 내지 합리적인 범위가 있다는 원칙이다. 대다수의 조직은 5~6이 실제의 한계라고 한다.

7) 계층 단축화의 원칙

상하의 계층이 길게 되면 그만큼 상하의 의사소통이 불충분하게 되고, 명령전달도 늦어지기 쉽다. 또한 감독자의 수도 많아지고, 인건비도 많이 든다. 따라서 이러한 폐단을 없애기 위해서는 조직의 계층을 되도록 단축시킬 필요가 있다. 실제 호텔에 있어 최근에는 사업부제, 혹은 팀제를 도입하여 부문별 관리를 강화하고 있다.

8) 직능화의 원칙

경영조직의 합리화를 위해서는 특정한 구성원의 능력이나 성실 등에 의존하지 않고, '해야 할 일'을 중심으로 하여 형성할 필요가 있다. 비합리적이고 봉건적인 인간관계에서가 아니라, 어디까지나 직능본위로 객관성을 살려 조직을 마련한 다음, 각각의 직무에 따라 적당한 담당자가 배치되어야 비로소 그 조직은 합리적인 것이 될 수 있다. 최근 호텔에서 이와 같은 원리에 의해 마련된 제도가 바로 직계제도인 것이다. 즉 이 제도는 각 직무를 그 종류에 따라 등급으로 분류함으로써 각 담당업무에 따르는 조직의 계층적 편성을 도모하는 것이다.

9) 권한위임의 원칙

경영규모의 확대에 따라 관리조직의 최고경영자가 경영활동의 전부를 직접으로 담당할 수 없게 되었으므로, 그 권한과 책임의 일부를 부하에게 위임할 필요가 높아졌다. 이것이 권한위임의 원칙이다. 이와 같이 상부조직의 권한은 내부통제의 지배직능에 속하는 것 이외에 하부조직에 위임되어 비로소 경영활동의 실시가 원활하게 된다.

10) 탄력성의 원칙

탄력성의 원칙은 변화하는 환경조건에 적응할 수 있도록 필요에 따라서는 과감하게 조직을 개편해야 된다는 원칙이다.

11) 모럴앙양의 원칙

상위자가 리더십을 발휘하여 부하들의 사기를 높일 수 있도록 관리해야 한다는 원칙이다.

12) 적재적소의 원칙

조직은 운용·활용하기 위해 만들어져야 하며, 이상적인 조직을 설계했더라도 그 조직에 걸맞은 사람을 구하지 못하면 아무 쓸모가 없다. 인재의 면으로부터 조직의 운용에도 제약이 있다는 원칙이다.

제2절 호텔산업 인적자원관리

호텔 인적자원관리 업무는 사람을 중심으로 이뤄지는 호텔영업의 특성상 타 업계 인적자원관리 업무의 역할보다 더욱 중요성이 강조되어왔다. 따라서 호텔의 인사정책 역시 사회적, 경제적 변화에 빠르게 적응하며 탈바꿈하고 있다. 단순한 지원업무의 범위를 벗어나 능동적으로 호텔 경영의 주도적 역할을 해내고 있는 것이다. 인적자원관리 업무의 기본은 구성원을 채용 하면서 배치와 교육훈련 과정을 통해 퇴직까지 구성원의 발전과 역할을 극대화시키는데 있지만 호텔 인적자원관리 업무는 이러한 과정이 더욱 더 복잡하고 심도 있다. 어느 호텔이나 마찬가지로 호텔 인적자원관리 업무는 구성원의 직무와 업무가 매우 다양하며 또한 유기적으로 구성 되어져 있다. 그래서 호텔의 인사시스템은 항상 탄력적이고 효율적인 관리를 생명으로 한다. 무엇보다 호텔은 인적 자원에 대한 의존도가 높은 특징을 가지고 있기 때문이다. 심지어 인적자원을 어떻게 관리하고 기업의 경영 이념에 맞춰 운영해 가느냐에 따라 호텔기업의 성패가 달려 있다고 할 수 있다.

이렇듯 호텔의 인사정책과 함께 호텔 인적자원부의 역할이 달라지고 있다. 꾸준한 변화에 있어서도 언제나 인사정책의 기본은 개개인의 능력과 역할을 존중하는데 있다. 개인의 능력과 역할을 존중함으로써 개인은 본인의 업무에 항상 자부심과 보람을 느끼며 업무에 충실함은 물론 타인에 대한 배려와 팀워크를 발휘하는 것이다.

이러한 일련의 인사 기본정책은 직원과 회사발전의 극대화와 더 나아가 새로운 관광문화에 기여하고 있다는 자부심에서부터 출발한다. 호텔에 대한 깊은 이해와 정확한 현업 업무의 프로세스를 알지 못하면 불가능하다.

최근 들어서는 인사관리 보다는 인적자원관리라는 용어를 더욱 많이 사용하고 있다. 이 용어는 사람을 하나의 자원으로서 사람의 재원이 과거보다 더 훨씬 중요하게 여겨짐으로써 생겨진 용어라는 의견이다. 과거의 인사담당자는 효율적으로 사람을 적시에 배치하고 속된 말로 사람을 잘 관리하고 감독하고 지배하면 유능한 담당자이고 관리자라는 입장이었다.

현재에는 추가적으로 직원의 능력을 최대한 개발하고 업무에 관련된 직무는 물론 광범위한 역량까지도 유지되고 향상되도록 도와주는 것은 물론이고, 상대방을 배려하고 도와주는 것까지도 포괄적으로 인적자원관리의 범주로 하고 있다.

국내 호텔 시장은 다양한 관광문화산업을 비롯한 관광정책에 부응하기 위하여 과거와 비교할 수 없는 규모의 국제화와 세계화에 따른 변화에 대처하기 위하여 좀 더 근본적인 대책을 마련해야 한다.

호텔의 인사정책도 이러한 새로운 범주 속에 채용시부터 퇴직 시까지 입사기준, 근로형태, 교육훈련, 조직의 형태, 복리후생 등 과거와 현저한 변화의 흐름을 타고 있다는 설명이다.

이러한 신속한 변화에 대하여 기존의 인사정책도 변화를 해야 하며 새로운 변화에 호텔의 인사정책 또한 꾸준히 지속적으로 대처하고 발전시켜 나가고 있다. 효율적으로 인사를 관리, 유지, 향상시켜야 함은 호텔 인사정책의 과제와 책임인 것이다.

1. 호텔인적자원관리의 개요

어느 기업이든지 기업의 최대목적은 이윤의 극대화에 있다고 할 수 있다. 생산성을 향상하고 극대화하기 위해서는 종사원의 능력을 최대한 활용함으로써 생산성을 향상시킬 수 있기 때문에 기업의 활동 중에서 가장 중요한 요소가 사람의 관리라고 하여도 과언은 아닐 것이다. 인적자원관리(Human Resources Management)란 인간을 대상으로한 관리이며, 인간을 관리한다는 것은 인간의 개성 존중과 능력개발 그리고 종사원의 인간적 만족이라는 점에서 여타의 관리제도와 다른 특징이 있다.

특히 호텔인적자원관리는 사람을 대상으로 하는 관리활동이므로 관리하는측과 관리

받는측의 사고방식과 행동양식에 의해 관리활동이 달라지기도 한다.

호텔기업은 서비스가 주 활동이기 때문에 고객과 서비스 제공자간의 직접적인 접촉이 이루어지므로 서비스 활동에 종사하는 구성원들의 능력·자세·활동에 따라 효율성이 달라진다.

Challenging workplace

따라서 종사원을 공포심에 의해 동기를 부여하기보다는 인간적으로 대우함으로써 근로의식을 환기시킬 수 있어야 한다. 종사원은 공정한 임금이라는 경제적인 보수뿐만 아니라 인간으로서 또는 사회국가의 일원으로서 존재하며 노동의 주체자로 인식해야 한다.

인적자원관리에 대해 정의해 보자면, 기업에서 생산의 자동화와 관리의 전산화가 아무리 촉진된다 하더라도 궁극적으로 그 기업을 움직이는 것은 인간이다. 그러므로 우수한 인재의 확보야말로 경영에 부과된 최고의 과제이다. 그리고 인간의 노동력이 가해지지 않고서는 기업활동이 수행될 수 없기 때문에 인간을 조직화하고 동기화하는 인사관리적 기능은 모든계층의 관리자에게 있어서 중심적 과업이다.

호텔 인적자원관리를 한 마디로 정의하면 "호텔조직 및 직무에 필요한 인적자원을 확보 유지하여 이들의 잠재능력을 최대한으로 발휘할 수 있도록 조직분위기를 최적으로 조성하고 이를 활용하는 개인 만족은 물론 조직목표 달성을 위해 계획하고 조직하고 통제하는 관리활동"이라고 할 수 있다.

호텔을 경영하기 위해서는 인적자원(manpower), 물적 자원(material), 재정적 자원(money), 그리고 정보(information)의 4가지 요소가 있어야 한다. 그 중에서도 인적 요소인 인간은 대부분이 일정한 직업을 갖고 그 직무를 수행함으로써 삶의 보람을 찾고 그 대가로 생활을 영위해 나간다. 그러므로 호텔의 환경요인에 의해 영향을 받게 되고, 모든 호텔 조직의 구성원들은 최고경영자로부터 하부 종사원에 이르기까지 그 호텔에 의존하게 되며, 반대로 호텔은 종사원에 의존하여 상호 발전하는 것이다. 호텔조직이 목표를 달성하기 위해서는 여러가지 경영활동의 전개가 요청되며, 제각기 경영의 기능분야를 형성하고 있다. 특히 호텔서비스의 영역에 있어서도 훌륭한 서비스를 할 수 있다는 평을 받는 사람들은 장기간에 걸친 교육훈련의 결과로 만들어진 것이며 또한 시간이 경과되면서 형성되어 온 것이다.

Do people satisfy all of their needs?

이러한 의미에서 교육과 훈련의 과제와 계획, 경영자나 관리자에 의한 일상적인 관리지도의 방법, 처우 등과 관련을 가지면서 호텔서비스 인적자원관리의 육성이 논의되어야만 하는 것이다. 이에 대한 기본으로서의 호텔인적자원관리는 기본적인 개개의 제도 제정이나 제시책의 운영을 위한 기본적인 방침과 기준이 필요 한 것이다.

2. 호텔인적자원관리의 정의

인적자원관리란 사람을 채용해서 업무에 필요한 직업교육을 시켜 배치하고 일정제도에 의해 임금을 지불하는 것이다. 그리고 종업원의 근로의욕을 향상시키기 위한 제시 책을 펴 나가는 것과 노동조합이 결성되었을 경우 단체교섭이나 노사협의를 하면서 경영내의 노사관계의 안정과 원활화를 기하는 광범위한 영역의 시책을 내용으로 하고 있다.

인적자원관리를 기업활동의 가장 중요한 요소가 되는 '사람의 관리'라고 말하고 있다. 과거에는 노무관리라는 개념으로 전래되어 왔으며, 최근에는 인적자원관리라는 말로 표현되기도 한다. 이러한 개념은 시대와 지역 혹은 국가에 따라 다를 수가 있다. 현재 우리나라에 있어서도 인적자원관리란 기업의 종사원이나 노사관계를 대상으로 행하여지는 여러 가지 경영의 시책을 의미하며, 노무관리, 근로관리, 또는 인사노무관리 등으로 사용되고 있다. 인적자원관리라고 하면 사람을 채용, 교육, 배치, 이동, 승진, 퇴직 등의 일련의 인사행정의 체계를 의미한다. 또한 미국의 예를 들면, personnel administration(management)의 용어가 가장 많이 사용되고 있으며, 한편 manpower management, industrial relations, human resource management 등으로 사용되고 있다. 영국의 경우도 1940년대 초까지 labour management 용어로 사용하다가 전후에는 personnel management라는 말로 바뀌게 되었다. 인적자원관리는 호텔경영의 목적을 달성하기 위하여 기업 활동의 원동력이 되는 인간의 능력을 호텔의 장기적 전망에 따라 확보하고, 종사원 개개인의 인격을 존중하며 능력을 호텔의 장기적 전망에 따라 확보하고, 종사원 개개인의 인격을 존중하며 능력을 육성 발전시켜 조직 구성원으로써의 양호한 인간관계를 유지하도록 환경 또는 장(field)을 만들어 종사원 스스로가 최대의 만족을 얻게 하여 결과적으로 호텔에 최대의 공헌을 할 수 있도록 하는 시스템이라고 정의할 수 있겠다.

3. 호텔인적자원관리의 이해

호텔에서의 관리란 목적을 효과적으로 달성하기 위해서 경영활동을 계획·지도·통제하고 모든 활동을 조정하는 행위를 의미하며, 호텔의 활동은 경영목적 달성을 위한 인간집단의 활동으로 이루어질 때 조직체의 목적을 충분히 달성할 수 있다. 따라서 호텔의 제반활동을 통하여 경영목적을 달성하기 위한 종합관리와 각 부분 활동을 자체가 목적하는 바에 따라 원활하게 운영하기 위한 부문관리, 즉 생산관리·구매관리·판매관리·재무관리·인적자원관리로 구성되는데, 부문관리로서 종합관리에 포함된다. 부문관리인 인적자원관리(personnel management)란 사람을 대상으로 한 관리이며, 인간을 관리한다는 것은 인간의 개성 존중과 능력개발 그리고 종사원의 인간적인 만족이 라는 점에서 타부문의 관리제도와는 다른 특징이 있다. 특히 인간은 다른 자원에서는 볼 수 없는 여러 가지 능력, 즉 조정하고 , 종합하고 판단·상상하는 능력을 지니고 있다. 종사원을 공포심에 의하여 동기를 부여하기보다는 인간적으로 대우함으로서 노동의욕을 환기시킬 수 있어야 한다. 종사원은 공정한 임금이라는 경제적인 보수뿐만 아니라 인간으로써 또는 복지국가의 일원으로써 존재하며 노동의 주체이다. 인적자원관리는 기업목적을 달성하기 위한 경영활동의 유지·발전을 기하기 위하여 근로자의 노동능력과 태도 등을 가장 적합한 상태로 유지하려는 일련의 종합적 시책이라고 할 수 있다. 기업은 인간의 조직체(organizing)로서 경영목적을 달성하기 위해서 각종의 직무를 명확하게 하고 이들 직무를 유기적으로 결합함으로써 직무 상호간의 전체적인 관련을 객관적으로 규정함과 아울러 각 직무에 적합한 사람을 편성하고 배치하는 활동과정이라고 할 수 있다.

4. 호텔인적자원관리의 기능

어떤 기업이 필요로 하는 사람을 채용배치 하고 노동조건을 개선하여 노동능률을 최고로 발휘할 수 있도록 관리하여 종업원으로 하여금 경영사회의 일원으로서 즐겁게 일할 수 있도록 인간적으로 배려하고 노사관계의 원만한 처리 등이 그 주된 기능이라 할 수 있다. 인적자원관리의 기능은 기업 내의 대인적 관계를 기업의 목적에 합리적으로 정리하고 체계화해서 원활하게 운영하는 것이라고 하겠으며, 기업 내의 인간관계를 보면 종업원관계, 인간관계, 노사관계로 대별된다.

우선 종업원 관계라는 것은 노동력을 가지고 있는 노동자와 노동력을 활용하여 기업을 경영하는 사람과의 관계로서 경영에 참여하고 있는 사람은 생산수단으로서 노동력을 최대한 효과적으로 활용하고자 한다. 경영에 참여하고 있는 사람과 종업원간의 관계가 상하의 주종관계에서 횡적 조력관계로 발전하고 있는 현대기업은 지시가 아닌 조력으로 주어진 업무를 수행케 해야 한다.

인간관계에 있어서는 인간적 감정의 주체인 종업원은 고용결정에 의하여 노동력을 기업에 제공하고 대가로 임금을 받는 것만으로는 만족하지 않고 자신의 가치를 인정받고자 한다. 노동 동기에 있어서도 물질적인 것보다 정신적인 것과 사회적인 것으로 변화하고 있음을 생각할 때 인적자원관리의 기능도 여기에 따라 행동과학적인 내용으로 정비・개선해 가게 된다. 그리고 노사관계에 있어서는 기업주와 노동사간에 노동력이라는 상품의 매매결속에 있어서 임금을 중심으로 노동조건 등을 포함하여 구매자와 판매자의 입장은 서로 대립관계에 있는 노동력을 가진 종업원은 노동력을 유리한 조건으로 팔려고 하며 기업주는 경제성의 원리에 따라 노동력을 값싸게 구입하려고 한다. 이와 같은 양자의 대립관계가 노사관계이다.

인적자원관리의 본질적 내용

인적 제 관계	관계측면	임무・성격	목적	원리	관리내용
종사원관계	노동력	직장의 직능상의 협동관계	노동력의 효율적 이용	능률화	인사노무조직 고용배치 교육훈련 작업조건 임금・급여
인사 관계	조직 속 및 사회 속의 인간	사회적 감정・의욕을 가진 인간의 상호관계	노동의욕의 만족・향상	인간화	복리후생 의사소통 리더십
노사관계	임금・급여 노동자	노동조건의 결정을 둘러싼 경제적 대립관계	노사이해의 조정	민주화	단체교섭 경영참가

그러나 인간을 대상으로 하고 인간의 노동력을 최대한 유효하게 이용하려고 하는 학문적 기법을 연구 도입하여 여기에 입각한 인적자원관리가 기업이 필요로 하는 사람을 확보하고 유지하는 것을 그 기능으로 하고 있다. 경영목적의 합리적 달성은 경영관리에 의해 달성되어지므로 경영조직을 조직화하는 원칙은 조직의 여러 환경적 요소를 고려한

효율적 모형이어야 한다. 인적자원관리부서의 기능은 호텔산업 전반에 걸쳐 여러 가지 방법으로 다루어지며, 때로는 호텔의 규모에 따라 다르다. 예를 들면, 운영규모가 큰 호텔에서는 모집, 채용, 훈련, 경력개발 등을 조정하는 인적자원관리 부서가 있을 수 있다. 그 외 규모가 작은 호텔에서는 인적자원관리 부서의 직원 수가 적거나 때로는 인사담당자가 한 사람인 경우도 있으며 업무에 있어서도 더욱 한정되어 있다. 아주 규모가 작은 소형호텔의 경우, 총지배인이나 또는 그의 권한 위임을 받은 자가 전형적으로 인적자원부서 기능의 전부 혹은 일부를 책임지게 된다.

인적자원관리상의 주요 업무내용은

1) 직무분석, 인력수급계획, 업무의 분담
2) 종사원 모집, 선발과 교육
3) 업무평가, 고용조건과 종사원의 복지후생
4) 승진, 퇴직과 해임
5) 종사원에 대한 상담 및 협상, 노사분규의 처리 등으로 구분할 수 있다.

그러나 인적자원관리 활동의 주체가 누구이든간에 현대산업 경영의 성공적인 열쇠는 바로 인력자원의 질(quality of human resources)에 달려 있으며, 그 주요 경영기능은 다음과 같다.

- 기획(planning) : 관리자들은 기획을 통해 그 조직의 장기목적을 설정한다. 기획절차는 정기전략 기획, 규칙적인 운영 절차기획 및 일상 업무활동 계획 등이 포함된다. 그리고 인적자원부서는 운영계획의 모든 단계에서 참모의 역할을 수행한다.
- 조직(organizing) : 조직은 권한의 흐름과 종사원들간의 상호의사 전달체계를 구축한다. 인적자원관리 부서는 이러한 흐름을 유지하게 해주며, 조직은 직무의 수와 목적(goals)을 성취하는데 필요한 업무(task)를 결정한다. 인적자원관리 부서는 그 호텔의 빈자리를 채우고 회사가 확장됨에 따라 새로운 직위를 제안하기 위해 호텔직무의 요구사항을 철저히 파악해야 한다.
- 조정(coordinating) : 조정은 그 조직의 목표(objectives)를 충족시키기 위해 개인 및 그룹의 목적을 일치시켜 준다. 인적자원관리 부서는 매니저로 하여금 조직목적을 달성하는데 필요한 종사원의 유형과 인원수를 조정할 수 있게 도와준다.
- 감독(directing) : 감독에는 여러 가지의 활동이 포함된다. 이는 동기화, 훈련, 감독, 평가, 징계 등 인적자원관리 부서는 이러한 업무의 전부 또는 일부를 담당처리 한다.
- 통제(controlling) : 통제는 그 절차가 조직의 목표를 달성하는데 크게 도움을 준다.

통제에는 업무수행의 표준, 업무수행의 평가 및 교정 작업의 필요성 여부를 결정하기 위해 업무수행의 표준과 실제 수행간의 비교가 필요한데, 이것 모두가 인적자원관리 부서의 기능이다.

- 평가(evaluating) : 평가는 기획과정에서 설정된 호텔의 목적이 충족되는지의 여부를 결정한다. 평가는 종사원의 업무수행과 훈련의 효율성을 측정하고, 재 조정된 조직의 목표를 설정하게 도와준다. 종사원들은 그들의 감독자(supervisors)에 의해 평가되고 인적자원 부서는 평가표준(evaluation criteria)을 개방시키며 종사원의 평가기록을 관리한다. 이와 같이 인적자원관리 부서는 조직에서 중심적인 역할을 하므로 최고 경영자는 인적자원관리에 대한 새로운 인식의 전환이 필요하다.

5. 호텔인적자원관리의 목표

호텔기업의 목표란 재화와 용역을 생산해서 이를 사회에 제공함으로써 사회대중을 위해서 생활의 수준을 창조해주고(delivery of a standard of living), 그 반대급부로서의 이윤을 획득하는 것을 밀하고, 개인의 인간저 만족이란 조직생활에의 참여와 노력의 제공을 통해서 그가 보다 높은 수준의 업무생활의 질(quality of work Life: QWL)을 향유하는 것을 뜻한다. 이들 목표를 보다 유효하게 실천할 수 있도록 조직은 유능한 경영인적 자원을 확보하고 또 이를 유지시킴은 물론, 그들이 가진 잠재적 능력을 개발 활용함으로써 조직의 성장과 개인의 성장을 동시에 기할 수 있도록 하여야 한다. 경영에 있어서 사람의 관리라 할 인적자원관리는 사람을 보는 눈, 사람을 기르는 눈, 그리고 사람을 스스로 움직이도록 하는 눈을 갖지 못할 때 그 관리적 효과는 기대할 수 없기 때문이다. 그리고 이상의 제 활동이 보다 효과적으로 실행되어질 수 있도록 조직에 있어서의 인사기능은 보다 잘 계획되고, 그것에 기초하여 집행되며 또 통제되지 않으면 안 된다. 인적자원관리는 인적자원을 확보해서 유지하고, 이를 개발하여 활용함으로써 호텔기업이 가진 목표 - 성취와 종사원의 목표 - 만족을 보다 잘 실현하려는 데에 그 주요 목표를 둔다. 호텔기업이 갖는 목표는 관리적 유효성의 실현, 다시 말해서 이룩하는 높은 성취 곧 생산성과 종사원 자신들이 느끼는 직무만족을 둘 다 확보하는 데에 있기 때문이다.

이 경우 인사기능을 중심으로 유효성의 개선을 도모하기 위하여 이들 인사기능은 일정한 구조에 의하여 관리 되어야하며, 관리란 관리의 과정을 의미하고 그것은 계획과 집

행 그리고 통제로 이루어진다. 따라서 인적자원관리의 총체적 성과를 기하기 위하여, 그것은 목표, 기능 그리고 구조중심으로 하나의 시스템으로써 통합될 수 있어야한다. 기업가나 최고경영자 입장에서 보면 인적자원관리의 목적은 조직의 목적이 아니고 조직의 목적을 달성하는데 필요한 하나의 수단에 불과하다. 그러므로 인적자원관리의 목적과 조직은 서로 수단-목적이라는 상호 관계가 성립된다. 조직의 유지·발전 및 성장이라는 상위목적은 조직의 협동 당사자들이 조직에서 그들이 추구하려는 목적을 실현할 수 있는 필요한 전제조건이 된다. 특히 조직을 유지하려는 목적은 모든 협동 당사자들이 추구하지 않으면 안 되는 그러한 목적이라 할 수 있다.

6. 호텔인적자원관리의 중요성

호텔경영에 있어서 기계설비나 기술이 고도로 발달되었다 하여도 인간의 힘이나 노력이 없이는 생산이 이루어질 수 없으며, 결국 인적자원관리가 경영활동의 3요소(3M : man, money, material) 중에서 차지하고 있는 비중이 크다는 것을 입증하고 있는데, 기업의 성공적인 목적을 달성하기 위해서는 종사원 개개인을 사회적인 대상으로 대우하고 노동력을 제공할 수 있는 의욕을 고무시켜 주어야 한다. 그 이유는 인간의 노동이 효율적이 되지 못하면 기업경영의 성과는 큰 기대를 할 수 없기 때문이다. 호텔의 성공적 운영은 인적자원관리를 통해서 종사원들을 경제적으로 풍요롭게 하고, 사회적 인간으로서 보호하고 만족을 얻도록 함으로써 자발적으로 생산 활동에 참여하려는 의욕을 불러일으키게 해야 한다. 이러한 관점에서 유능한 인재를 구해서 그들의 입장을 이해하고 협력을 얻어 생산성을 향상시키고 창의에 의한 기업 활동으로 기업의 성장을 도모하기 위해 인적자원관리의 효율적인 관행은 기업의 임무이기 때문이다. 따라서 호텔의 성공여부는 자금, 기계설비, 조직 및 인력에 의해서 좌우되지만, 기업의 조직이 훌륭하고 많은 자금과 현대화된 좋은 기계와 재료가 있어도 그 조직을 운영하는 것은 인력이며, 그 설비를 활용하여 생산을 가능케 하는 것도 인력이라고 할 수 있다. 특히 현대사회에서는 서비스가 생활 속의 일부분으로 점점 비중이 높아지고 있으며 일반적으로 경영자는 고객 지향적인 의식과 체제를 확립해야 하고, 서비스에 있어서도 유형의 상품과 동일하게 제공되어야만 그 가치를 인식할 수 있다.

7. 호텔인적자원관리의 효율성

인적자원관리의 정의에서 밝힌 바와 같이 인사의 관리적 과정(managerial process of

personal)은 경영의 3M 중에서 인적요소를 주요 대상으로 하고 있기 때문에 이에 따른 성격은 인적요소의 개별적 특성과 개인의 차이 및 구조적 특성에 따라 다양성과 복잡성을 내포하고 있다. 그러므로 인적자원관리의 특성은 관점에 따라 여러 가지로 규정할 수 있겠지만 가장 일반적이고 보편타당한 특성이 있다.

1) 인적 요소를 관리의 주요대상으로 하고 있는 점을 특성으로 지적할 수 있다.

일반적 인간은 개인의 차이와 존엄성을 가지고 행동하기 때문에 인간 개개인의 능력과 잠재능력을 조직목표에 일치시키려고 시도하는 관리적 행위면에서는 많은 어려움이 따르게 마련이다. 이러한 문제를 해결하기 위한 합리적인 관리로는 인간공학을 배경으로 한 과학적 관리와 인사철학적인 측면에서 인간의 인격적 본성에 인식방법 등이 인적자원관리의 주요관건이라고 할 수 있다.

2) 인간의 상호작용과 집단역학관계를 중요시하고 있다는 점을 들 수 있다.

조직에서 개인의 역할은 목표달성의 원천을 이루고, 동시에 개별적인 역할에 따른 상호작용에 의해서 인적자원관리의 효율성을 기대하게 된다. 그리고 개인의 역할을 기초로 하는 집단성과와 집단간 환경간의 조직의 역학관계로 나타나게 되므로 개인 간, 집단 간 및 대내외적 제도와 환경간의 역학관계를 정확하게 이해하는 일은 인적자원관리에 매우 중요시 되고 있다.

제3절 호텔인적자원관리의 발전과정

1. 호텔인적자원관리의 역사적 배경

인적자원관리의 발전과정을 살펴보면 그 내용이나 생각하는 방향이 시대나 나라에 따라 다르다.

그러나 역사적으로 볼 때 4단계의 발전과정을 거쳐 왔다고 볼 수가 있다. 첫 단계는 전제적 인적자원관리, 둘째 단계는 친권 주의적 인사 관계, 셋째 단계는 근대 인적자원관리, 넷째 단계는 현대 인적자원관리로서, 앞의 첫째와 둘째 단계가 전근대적 관리라고 보겠으며, 그 이후의 셋째와 넷째 단계가 1920년대에서 현대까지의 시기로 구분한다. 따라서 이러한 시대적 배경과 내용 및 특징을 살펴보기로 한다.

1) 전제적 인적자원관리

유럽에서는 17세기 중반부터 19세기 중반까지 수십 명에서 수백 명의 노동력을 가진 공장과 광산이 발달하게 되었다. 그 당시는 농민이나 도시의 하층민의 노동력이 과잉상태였으며, 노동조합이라는 것도 일부 기능공에 의한 조합밖에 없었으므로 일부 남자 기능공을 제외하고는 노동조건이 고용주에 의해 일방적으로 결정되었고 다수의 노동자를 고용하고 있는 농업에서는 취업규칙이나 임금지불제도 같은 것이 소극적이나마 고용주의 일방적인 안으로 되어 있었다. 그러나 이러한 것은 경험적인 것과 상식적인 것이었으며, 노동조건도 일방적이며 전제적으로 결정하여 저임금과 14~15시간 이상의 과 노동시간 그리고 관리방법에 있어서도 때로는 폭력을 쓰는 무지한 관리가 있었다. 따라서 그 당시의 인적자원관리를 비과학적 , 비인도적, 비계획적인 인적자원관리 시대라고 보는 것이다.

2) 친 권주의적 인적자원관리

서기1830년대 신흥 부르주아 주의자가 노동자와 합세해서 귀족과 지주들을 타파하는 운동이 크게 전개된 배경에서 노동자계급의 지위가 약간 향상되었으며 정부에서도 노동자 보호를 위한 공장법을 제정(1883년에 12시간 노동제, 1847년에는 10시간제)하게 되었다. 그 후 19세기 후반부터 중공업혁명에 의한 노동자 증가에 따라 숙련공의 노동조합이 결성되어 종래의 전제적 인적자원관리가 어느 정도 변화를 일으켜 친 권주의적 인적자원관리로 이행하게 되었다. 이러한 현상은 당시 서구사회는 개인주의가 발달하기 시작했으며, 친권적인 가족주의가 잔존하여 대기업이라도 100명 이하의 종업원으로 구성된 것이 일반적이었기 때문에 경영에 친권주의의 기반을 어느 정도 구축하게 되었다. 그리하여 노동조합의 구성을 방지하기 위해 종업원과 의사소통을 위한 제도로서 공장위원회 같은 것을 만들고 종업원의 대표제를 만들어 노동조건을 개선하거나 각종의 복리후생 시설을 갖추게 하고 종업원이 경영에 대하여 호의와 충성심을 갖도록 하였다. 이와 같이 친권주의의 출발은 19세기 초 로버트 오엔(Robert Owen 영국의 일류방직공장의 총지배인)이었으며 19세기 후반에 와서 널리 기여하게 되었다. 이렇게 하여 19세기 후반부터 20세기 초에 걸쳐 노사관계와 종업원관계를 원활하게 하기 위하여 친 권주의적 제시책과 테일러에 의한 개인능률의 증진을 목표로 한 과학적 방법의 초기적 발달의 시기를 맞게 되었다.

3) 근대 인적자원관리

근대인적자원관리는 1914년~1918년에 있었던 제1차대전으로 전 세계에 경제적으로나 사회적, 문화적으로 큰 변화가 오게 된 데서 발전하게 되었다. 전근대적 인적자원관리의 상태에서 발전을 보게 된 세가지 원인 내지 조건으로서 첫째, 제 1차 대전으로 인한 노동력 부족에서 노동능률의 증진방법을 과학적으로 연구·실시하게 되었다. 둘째, 전쟁은 노동자의 협력 없이는 수행할 수 없다는 것을 인식하고 노동자의 권익을 위한 노동조합이 결성·발전하게 되었으며 노동자 계층의 사회적 입지가 향상되고 산업에 민수수의 이념의 노입을 계기로 위력제제가 이루어졌나. 셋째, 테일러에 의해 창실된 과학적 관리의 이념이 전쟁시의 계획적 생산의 필요로 널리 보급되게 되었다. 이것은 노동자나 노동조합을 고용주와 대등한 인격과 상대로 보고 인정해 주는 것으로서 산업민주주의의 이념으로 보는 것이다.

4) 현대 인적자원관리

현대 제 1차 대전이 근대인적자원관리를 탄생시켰으며, 제 2차 대전도 그 후 제 사정이 근대인적자원관리의 바탕을 기반으로 하여 질적 발전을 해왔다. 따라서 이러한 발전에는 세가지 요인을 들 수가 있다.

첫째는 제 2차 대전 후 공산주의권의 증가와 이것을 배경으로 한 노동자 계층의 힘의 증대를 들 수 있다. 근대인적자원관리의 경우도 산업민주주의의 이념으로 노사간의 대등한 원리의 확립을 기초로 해서 대립관계에서 노사간의 이해를 전체 교보제도를 중심으로 조정해 나갔다. 제 2차 대전 후 공산권의 팽창과 식민지의 독립으로 노동자 계급의 힘이 증대하면서 단순히 대립자의 이해 조장뿐만 아니라 양자 간의 공통 이익목표를 추구하는 위력체제가 되었다.

둘째는 새로운 과학적 합리주의의 이념이라고 할 수 있다. 이것은 인간부재의 작업 인으로서 1930년대의 대량생산방법이 진전되어 이러한 생산방식에서 인간성 상실이라는 큰 피해를 낳게 되었다. 이에 따라 노동의욕이 저하되고 능률이 떨어지게 되었다. 그러나 전후 기술혁신시대라고 할 수 있는 1950년대부터 인간성과 개성을 취입한 새로운 과학적 합리주의 이념이 고조되면서 인간관계연구나 60년대 이후부터 행동과학을 도입하게 되었다. 새로운 리더십이나 모럴 혹은 동기부여 등이 노동생산성 향상에 크게 기여하게 되었다.

셋째는 제 2차 대전 후에 사상 변화와 1950년대 이후 급속한 기술혁신과 신제품개발이라고 하는 일련의 새로운 변화에 대비한 부문 방침이 수립되어 새로운 변화에 대응해 나갔다.

이상과 같이 인적자원관리는 공장제도의 성립과 함께 필요에 의해 발생되었으나 이것이 선진제국의 각기 다른 사회적 · 기술적 · 경제적 변화에 적응하여 오늘날 새로이 특징질 수 있는 인적자원관리로 정착되었다고 할 수 있다.

2. 인적자원관리 체계

1) 인적자원관리체계의 의미

인적자원관리의 체계(structure of personnel management)란 인적자원관리의 제 기능이 일정한 원리를 기준으로 하여 편성된 것을 의미한다. 인적자원관리는 기업조직에서 사람을 관리하는 체계적인 사고와 방법을 다루고 있다. 따라서 인적자원관리에 관한 많은 시책이 유효하게 제 기능을 갖기 위해서는 이에 대한 지식이 유기적으로 종합화되어야 한다. 인적자원관리체계라고 하는 개념에는 다음과 같은 것들이 있다.

(1) 인적자원관리란 어떠한 기능에서 성립되어 있는가
(2) 그들 제 기능은 어떠한 원리에 입각하여 어떻게 유기적으로 편성되고 있는가,
(3) 제 기능의 실시는 어떠한 직위에 의하여, 각 담당직간에 어떠한 권한관계가 형성되고 있는가 하는 문제가 포함되어 있다.

인적자원관리의 체계문제를 다루는 데 있어서 주의하여야 할 것은 그것이 인적자원관리를 구성하고 있는 제 기능의 발달과 인적자원관리의 역사적 발전에 이루어진다는 것이다.

2) 인적자원관리체계에 관한 제반이론

(1) 일본의 화로원치랑(火路圓治郎)은 인적자원관리를 “노사의 생산관여자로 하여금 산업의 목적달성에 충분하고도 유기적으로 협력하게 하기위해 협력을 저해하는

제 조건을 정비하고, 생산적 협력을 용이하게 할 수 있는 상황을 실현하는 조정 조치이다"라고 말하고, 인적자원관리의 직능을 인적자원관리의 기술적 체계로 파악하여 노사관계(labor relations), 근로관계(industrial relations)로 정리하고, 그 체계를 원리와 관련과학에 결부시켜 설명하고 있다. 이를 알기 쉽게 정리하면 다음의 표와 같다.

구분	대상분야	장면	목표	수단	근본원리	관련과학	중심과제
1. 노사관계 (labor relations)	계약적 측면	노사대립의 장면	산업평화의 유지	분쟁의 처리와 방지	호양과 타협 (공공성의 원리)	노동법학 사회정책	① 단체교섭 ② 경영참가
2. 근로관계 (Industrial relations)	생산적 측면	업무수행의 장면	노동생산성의 향상	생산석 협력의 촉진	공존공영 (경영성의 원리)	경영학 경제학 노동과학	③ 노무조직 ④ 작업조건 ⑤ 임금제도 ⑥ 고용관계 ⑦ 산업훈련
3. 사적관계 (personal relations	개인적 측면	인간관계의 장면	근로의욕의 확장	생활보장과 개인적 만족	사회복지 (휴머니즘의 원리)	사회학 심리학	⑧ 노동휴유증 ⑨ 의사소통 ⑩ 노무감소

(2) 인적자원관리의 기능체계론

(ㄱ) 인적자원관리의 관리적 기능

- 인적자원관리의 정책형성
- 인적자원관리의 계획
- 인적자원관리의 조직편성
- 인사 감사
- 인사의 과학화

(ㄴ) 인적자원관리의 실천적 기능

- 선발배치
- 종사원의 개발(각종 교육훈련)
- 종사원의 유지
- 조직의 안전균형 등

(ㄷ) 인적자원관리의 담당자

- 인사 관리부(정책수립, 집행수립, 집행인적자원관리의 지도, 공정 중재적 기

능, 연구, 조사 과학 = 직무분석, 직무평가, 인사고과)

· 집행 인사 관리자(직장조직의 안전균형, 의사소통) 등

(ㄹ) 인적자원관리의 대외관계기능

· 노사관계(노동협약, 단체교섭, 고충처리, 노사협의회)

· 정부관계(법적 규칙)

· 공중관계 등이다.

(3) 인적자원관리의 발전과정체계론

(ㄱ) 직능적 체계(functional structure)

인적자원관리측면에서 조직에 필요한 인적 요소를 고용·배치 및 활용하며, 평가·보상·개발·유지하는 다양한 활동을 구성요소로 간주하고 있는 상태를 의미한다. 이러한 체계에서 우선 고려해야 할 직능으로는 고용관리기능(employment function or procurement function)이고, 이 기능은 모집과 채용의 활동을 포함하고 있다. 결국 여기에는 조직에서 필요로 하는 인적자원을 조달하는 공급 기능적 활동을 위주로 하게 된다. 다음에 계속되는 활동으로는 직무연구와 직무평가 및 인적자원관리와 개발, 임금, 보상, 관리를 비롯한 인간관계와 노사관계관리의 내용 등에 관리를 포함시키고 있다. 따라서 이러한 체계는 조직의 필요불가결한 활동이면서 목표와 원리를 중요시하고 있기 때문에 전체적인 측면에서 합리적으로 구성되는 것을 전제조건으로 하고 있다.

(ㄴ) 관리과정적 체계(structure of managerial process)

전반적 인적자원관리의 계획과 조직 및 통제 등의 활동과정을 포함하고 있으며, 이러한 내용의 활동과정은 관리과정적 활동원리에 따라 실시되어야 한다는 기본적인 전제조건에 따라 관리과정적 체계가 형성된다고 본다. 따라서 인적자원관리의 전반적인 활동의 계획-조직-통제 등으로 구성되는 통합 조정적 관리과정은 인적자원관리의 기본적인 체계로 보는 것보다 일반관리론의 체계를 인적자원관리에 원용 및 활용하고 있는 체계로 이해하는 것이 바람직할 것이다.

(ㄷ) 체계론적 체계

직능적 체계와 관리과정적 체계를 인적자원관리업무가 수행되는 기업의 환경조건과 연관시켜 효율적으로 적용 및 활용하려고 시도하는 기본적인 사고에서 연유되었다고 볼 수 있다. 원래 여기에는 체계 자체는 전체인적자원관리의 사고방식을 뜻하며, 기업의 직능적 활동체계와 관리과정적 활동의 체계를 결합하고 있음을 의미한다. 따라서 이런 체

계의 상황에서는 상황적 조건의 변화 차이를 고려할 수 있는 체계론적 사고방식의 도입이 합리적이고 편리하다. 체계론적 체계는 인적자원관리를 각 부분 활동의 독자성을 가지면서 상호 영향관계를 가지고 상호 조정되어 인적자원관리 전체의 목표를 추구하는 전체적인 체계로 보는 것이다. 또한 인적자원관리가 기업 내외의 상호영향을 주고받으면서 기업을 수행하고 환경에 적응해 간다고 보는 것이다.

3) 전략적 인적자원관리

전략적 인적자원관리란 조직의 미래전략에 적합하도록 현재 및 미래의 인적 자원을 선발·개발·확보하는 체계적이고 합리적인 관리이다. 인적자원관리의 전통적 역할은 종사원 개인의 조직목표 달성을 용이하게 하기 위해서 종사원 관리에 관련된 여러 가지 인사능력, 인사활동, 인사프로그램을 망라한다. 주먹구구식 행정체제가 특징을 이루던 인사행정시대를 벗어나 관리적 역할(managerial role)이 인사에 투입되면서 인적자원관리는 다양한 기능적 역할을 갖추게 되었다. 최근 들어 호텔내외의 상황이 복잡해지고 급격히 변화됨에 따라 인적자원관리도 전략적 차원에서 사전적이고 의도적으로 하지 않을 수 가 없는 입장에 놓여 있다. 호텔의 국제화와 다각화 주세, 여성인력 및 중 고령층의 증가, 사회가치관의 변화와 다각화, 급격한 기술혁신과 조직구조의 변화 등과 같은 상황 변화가 과거와 다른 향상으로 전개되고 있다. 최근의 국내외 인적자원관리는 급격히 변화되는 추세에 있으며, 그 주요 흐름을 살펴보면 다음과 같다.

(1) 인사정책전략분야에서 보면 전략적 인적자원관리(SHRM: strategic human resource management)의 개념이 도입되어 기업의 전략과 인적자원관리의 연계성이 강조됨과 동시에, 경영의 기본적 사고의 뿌리이며 정신적 지주인 경영철학과의 연계성도 강조되는 추세가 엿보이고 있다.
(2) 직무관리측면에서 보면 인적자원관리의 기초가 되는 추세가 엿보이고, 다른 한편에서는 업무의 합리화를 기하고자 하는 '사무혁신' 운동이 활발히 전개되고 있어 불필요하고 무의미한 작업절차와 과정이 배제됨으로써 종사원들이 보다 합리적이고 혁신적인 일에 매달리도록 하여 자아실현이나 성취감을 맛보도록 하고 있다.
(3) 인사고과측면에서 보면 평가의 신뢰성과 타당성을 높이기 위한 노력으로 평가 요소의 구체화 작업이 이루어지는 한편, 이러한 고과요소가 기업이 전략 및 철학과 연계되도록 하는 노력이 부각되고 있으며, 이와 더불어 고과양식을 직군·직급에 따라 세분화시키고 고과자 교육을 강화시키는 사례도 늘어나고 있다.

(4) 채용관리측면에서 보면 선발도구의 합리성과 타당성분석에 대한 관심이 높아지면서 적성검사 등과 같은 선발도구의 개발에 힘을 쏟고 있으며, 신규 사업 분야에 필요한 인재를 확보하기 위한 방안으로 사내공모제도, 사내 벤처제도를 도입하는 기업이 늘어나고 있다. 그리고 이직하는 인원의 보충과 다각화전략을 성공적으로 추진하기 위한 인력확보를 위해 중도채용제도와 계약제도의 활용도가 점차 증가하고 있다.

(5) CDP(career development plan: 경력개발계획)측면에서 보면 다양한 가치관을 갖고 자율성을 중시하는 신세대 등장으로 인해 다양한 경력경로를 설정해 본인의 적성과 능력·희망에 따라 적절한 경로를 선택할 수 있도록 해 주는 사례가 부각되고 있다. 이에 따라 전문직과 관리직의 이원화 방안이 연구소 조직을 중심으로 집중하는 추세에 있다. 또한 기업의 국제화와 다각화에 따라 다기능적이고 적응·유연성이 큰 인재를 양성해야 할 필요성에서 '다른 부문간 로테이션'과 '폭 넓은 다양한 교육'이 이루어지고 있으며, 이러한 경력들이 승진·승격과 연계되는 경향이 강해지고 있다.

(6) 급여·임금관리 측면에서 보면 임금체계의 합리화를 통해 임금의 공정성 확립을 기하기 위한 노력이 이루어지고 있으며, 직무급·직능급·연공급 등 임금 산정기준의 명확화를 기하려고 노력하고 있다. 이외의 복지후생측면에서의 다양한 가치관에 부응하는 프로그램을 제공하고, 이중에서 개인의 입장에 따라 선택할 수 있도록 하는 카페테리아 스타일의 복지후생이 선호되는 추세도 엿보인다. 또한 출퇴근시간을 선택할 수 있도록 하는 동작시간제도나 집에서 근무하는 자택근무제도가 기술혁신과 더불어 가능해지고 있으며, 장기 근속자에 일정휴가를 주는 리프레시 휴가 제도도 점차 많이 채택해 가고 있다.

조직의 자기혁신, 종사원의 직업생활의 향상, 조직내 분배 정의실현 등 미래 경영자들에게 다가오는 여러 가지 도전은 관리적 차원에서 반응적 접근방법으로는 여러 가지 조직문제에 대한 선구적 대처가 그 어느 때보다 절실한 것은 사실이다.

Chapter 2

직무관리

제1절 직무관리

1. 직무관리의 개념

인사관리란 조직이 필요로 하는 인력을 확보, 유지 평가, 개발하는 일련의 절차와 과정을 말한다. 이는 어떤 특정 조직에서 개인과 조직 또는 사람과 일과의 관계가 상호간에 과부족이 없도록 관리해야 한다는 의미이다. 이와 같이 인사관리를 당위론적인 입장에서는 수없이 이야기하고 있지만, 어떻게 그 문제를 합리적으로 해결해 나갈 것인지에 대해서는 다소 소극적인 입장을 취해 온 것이 사실이다.

따라서 인사관리의 바탕이 되는 '어떻게(How)'를 해결해 주는 것이 바로 '직무분석'이다. 이와 같이 인사 관리의 기본을 해결해 주는 수단으로서의 역할을 담당하는 직무분석을 정의해 보면 '인사관리에 활용할 목적으로 직무의 내용과 직무수행요건을 밝히기 위해 적절한 수단을 써서 관련자료를 수집정리, 기술하는 절차'라고 할 수 있다. 따라서 직무분석에 대한 결과는 직무분석의 목적에 따라 여러 가지 형태로 표현될 수 있다.

그러나 직무분석의 핵심은 업무처리에 대한 절차와 방법을 규정하는 직무기술서(Job Specification)와 해당직무를 담당할 사람에 대한 자격요건, 즉 직무 수행요건을 정리한 직무명세서(Job description)라고 할 수 있다. 인사관리에 대한 수단으로서의 직무분석은 조직에서 일과 사람의 관계를 명확하게 밝히는 단계에서 출발한다. 그렇게 할 때 개인은 자기가 가지고 있는 능력을 최대한 발휘하여 자신이 속해있는 조직에 공헌하고,

조직은 일을 통해서 개인에게 만족을 주는 자연스러운 선순환 관계를 유지할 수 있다.

2. 직무관리의 중요성

기업간 경쟁이 전 세계적으로 치열해지고 새로운 조직과 새로운 일이 생겨나면서 일의 내용과 가치가 변화하고 있다. 조직의 변화는 필연적으로 직무의 변화를 수반하며, 직무의 변화는 그 내용과 일에 대한 사람들의 가치매김도 달라지게 하고 있다. 이러한 변화된 환경 하에서 과연 직무나 과업을 어떻게 정의해야 하며 이를 어떻게 분석해야 하는가 하는 인사관리에 있어서 가장 원초적인 의문이 제기되고 있다.

직무나 과업은 서로 구분이 쉽지 않은 개념이다. 직무는 과업보다 좀 더 넓은 개념으로서 여러 과업이 모여 직위, 즉 '한 사람이 수행하는 일의 몫'을 형성하고 유사한 직위들이 모여 직무를 형성한다. 따라서 직무는 여러 사람이 수행하며 여러 과업들이 합쳐진, 추상적인 개념이라고 볼 수 있다. 직무는 인사관리의 목적상 필요해서 만든 인위적인 개념이기 때문에 직무의 정의가 사람마다 조직마다 차이가 나게 마련이다. 이에 비해서 과업은 '작업자의 행동'과 '일의 결과'가 긴밀히 연결된, 확실한 개념이기 때문에 분류상 혼동이 발생할 염려가 없다. 이런 이유로 기능적 직무분석(FJA:인사관리를 위한 기초적 자료, 또는 인사관리의 DNA라 할 수 있는 직무분석을 현대적 경영환경에 맞게 재개발하여 모듈화 한 기법)을 활용하기도 한다.

제2절 직무분석

1. 직무분석의 의의

직무분석은 인사관리의 출발점으로서, 종업원의 채용, 배치, 이동, 승진, 승급 등 인사관리활동의 효율적 수행에 필요한 직무의 정보자료를 수집하는 과정이라고 할 수 있다. 따라서 직무분석은 기업 내 종업원이 담당하고 있는 각 직무의 성질 및 내용과 직무수행상의 필요요건에 관한 직무정보자료를 수집하고 분석하는 과정으로서, 그 결과를 일정한 문서 즉, 직무기술서 및 직무명세서로 작성하는 일련의 절차 내지 과정이라고 할 수 있다.

2. 직무분석의 목적

1) 종업원의 채용, 배치, 이동, 승진 등 고용관리의 합리화 : 직무분석의 결과로 작성된 자료는 조직내 각 직무의 특성 및 내용과 직무수행요건에 적합한 자질과 능력을 갖춘 인재를 채용, 배치, 이동, 승진시키는 데 있어서 주요기준을 제시해준다.

2) 종업원의 교육훈련 및 능력개발의 촉진 : 종업원 교육훈련의 계획을 수립하고, 능력개발을 촉진하는데 기여할 수 있다.
3) 직무평가의 기초자료 : 각 직무의 상대적 가치를 평가하고, 가치의 등급을 분류하는 직무평가의 기초자료로 활용된다.
4) 직무급의 도입 등 임금관리의 합리화 : 직무평가의 결과는 각 직무의 가치등급별 임금체계인 직무급의 결정자료로 활용되고, 성과급과 상여금 산정 등 임금관리의 합리화를 위한 자료로 활용된다.
5) 직무중심의 조직설계 및 업무개선 : 직무분석 자료를 중심으로 분류되고 평가된 직무정보자료는 직무확대 및 직무충실의 직무재설계와 조직설계에 활용할 수 있으며, 조직 내의 업무개선에 기여할 수 있다.
6) 업무분담의 적정화 및 산업안전관리의 확립 : 각 종업원의 담당직무에 대한 분석자료는 업무분담의 적정화를 위한 산출기초로 활용할 수 있으며, 업무의 적정배분을 통한 산업재해의 미연방지 등 산업안전관리의 확립에 기여할 수 있다.

3. 직무분석의 방법

1) 면접법

직무분석원이 분석대상 직무의 담당자를 상대로 개별적 또는 집단적으로 면접을 실시하여 직무의 내용 및 수행요건에 관한 정보자료를 획득하는 방법이다.

- 단점 : 직무분석원의 주관이 개입되기 쉽다.

2) 관찰법

직무분석원이 분석대상의 직무수행자를 직접 관찰하고, 그 결과를 정확히 기록하여 직무정보자료를 수집하는 방법이며, 작업의 내용과 절차가 비교적 표준화되어 있는 일반생산직이나 기능직의 직무담당자에 대한 분석방법으로 적절하다.

- 단점 : 같은 작업장내의 다른 직무수행자에게 방해를 주기 쉽고, 관찰을 위해 많은 분석원이 필요하다.

3) 질문지법

직무분석원이 분석대상 직무의 수행자에게 질문지를 배부하고, 그의 직무수행관련항목에 체크를 하거나 서술하게 하는 방법으로서 다른 직무분석방법에 비하여 시간과 비용이 절감되며, 폭넓은 정보를 한꺼번에 얻을 수 있다.

- 단점 : 질문의 항목개발에 많은 시간과 노력이 요구되는 점, 분석원의 직접적인 대면이 요구되는 직무내용이거나 일정한 질문항목으로 표현하기 어려운 직무에는 적합하지 못한 분석방법이라는 한계가 있다.

4) 체험법

직무분석원이 분석대상 직무에 대하여 직접적인 체험적 수행을 통하여 직무의 정보자료를 획득하는 방법이다.

- 단점 : 역시 많은 시간과 노력이 요구되며, 주관개입의 여지가 크다.

5) 종합분석법

이상에서 열거한 직무분석 방법 중에서 2개 이상의 분석방법을 병행하여 실시함으로써 보다 정확한 직무의 정보자료를 획득하는 방법이다. 예) 질문지법과 면접법 또는 관찰법과 체험법을 병행.

4. 직무분석의 절차

1) 준비단계

(1) 직무분석목적의 결정 : 고용관리에 사용할 것인지, 교육훈련 및 능력개발에 사용할 것인지.

(2) 분석대상 직무의 선정 : 직무분석의 목적에 가장 적합한 분석대상 직무를 선정한다.
(3) 분석요원의 선임, 훈련
(4) 분석방법의 결정 및 직무분석표의 준비

2) 본 단계(실시단계)

(1) 직무분석의 실시 : 육하원칙에 의한 직무내용 분석과 수행요건에 의한 직무요건분석으로 구분하여 실시한다.
(2) 직무분석 결과자료의 수집, 정리
(3) 직무기술서, 직무명세서의 작성
(4) 직무기술서와 직무명세서의 활용 : 직무기술서 및 직무명세서의 직무정보자료를 일정기간 보관하고 직무분석의 목적에 적절하게 활용한다.

※ 직무기술서와 직무명세서의 차이

직무기술서는 분석대상 직무의 확인사항 및 직무내용과 수행요건에 관한 전반적 분석결과를 정리하여 작성한 직무정보자료인데 비하여 직무명세서는 특히 분석대상 직무의 수행과 관련하여 요구되는 인적요건과 작업조건에 관한 분석결과를 중심으로 작성한 직무정보자료라는 점에서 양자의 차이가 있다.

직 무 기 술 서	직 무 명 세 서
1. 직무 확인사항 : 소속부, 명, 직무명칭 등 2. 3 직무개요 및 내용사항 : 직무목적, 직무내용(구체적) 4. 직무수행요건사항 : 직무수행에 필요한 정신적, 신체적 요건, 작업환경과 작업조건 등 (최소한의 자격요건)	1. 직무확인사항 : 소속부, 과명, 직무명칭 등 2. 직무수행요건사항 : 직무수행에 필요한 정신적, 신체적 요건, 작업환경, 작업 조건 등 (구체적)

제3절 직무평가

1. 직무평가의 의의

직무평가란 직무의 분석결과에 나타난 정보자료를 중심으로 각 직무의 중요성, 복잡성, 난이도, 위험성, 책임성 등을 종합적으로 평가하여 각 직무의 상대적 가치를 결정하고 등급을 분류하는 과정이며, 직무의 등급결정과 서열의 분류가 가능하고, 임금의 공정성 확보가 용이하며, 인사처우의 공정성을 높이고, 교육훈련과 능력개발의 촉진에 기여한다.

2. 직무평가의 방법

1) 비양적 평가방법 (계량화가 곤란하여 포괄적으로 평가하는 방법)

(1) 서열 법

직무평가자가 평가대상 직무의 직무기술서 및 직무명세서를 기초로 각 직무의 중요도 및 난이도, 복잡성 등을 중심으로 직무의 상대적 가치를 포괄적으로 결정하여 서열별로 등급화 하는 평가방법이다.

(2) 분류법

직무평가자가 각 직무의 중요도 및 난이도, 복잡성 등을 중심으로 각 직무를 몇 개의 등급으로 분류하는 평가방법으로서 등급법이라고도 한다.

2) 양적 평가방법(계량화가 가능한 평가방법)

(1) 점수 법

평가대상의 각 직무가치를 평가 요소별로 점수화 하여 종합적으로 평가하는 방법이다. (가중치를 설정)

(2) 요소비교법

기업 내 평가대상의 직무 중에서 가장 기본이 되는 몇 개의 기준직무를 선정한 후, 기준 직무의 각 평가요소별 가치를 임금액으로 환산하여 직무의 상대적 가치를 평가요소별로 비교하여 평가하는 방법이다.

제4절 직무설계

1. 직무설계의 개념

직무설계는 기업 내 각 직무의 분석, 평가를 통한 직무의 합리적 편성과정으로서, 산업의 고도화 및 직무의 다양화와 노동형태의 변화에 따른 종업원의 직무불만족 해소 및 소외감의 극복을 위해 제기된 직무수행의 변화과정이다.

2. 직무설계의 이론과 기법

1) 과학적 관리법

과학적 관리법의 중심과제인 과업관리의 도입과정에서 채택된 작업분석 및 시간연구와 동작연구에 의한 일정의 과업 량 설정 및 과업의 수행과정에서 적용된 직무의 단순화, 표준화, 전문화 등의 원리는 전통적 직무설계의 기본원칙이다.

2) 직무순환

직무순환은 직무의 지나친 세분화, 단순화, 표준화, 전문화에 따라 제기되는 직무수행상의 권태감이나 실증감, 소외감 등을 극복하고 종업원의 능력개발을 촉진하기 위하여 도입된 직무설계의 기법이다.

단점은 직무수행자의 빈번한 교체에 의하여 오히려 작업생산성의 저하 및 작업집단의 협동심 감소를 초래할 가능성이 있는 등의 문제점이 있다는 것이다.

3) 직무확대

직무확대는 직무담장자의 직무 수나 범위를 확대시켜 줌으로써 직무의 만족감 및 작업능률증진을 도모하여 과학적 관리법의 문제점을 극복하고자 하는 기법이다.

이것은 오히려 직무확대로 인해 종업원의 작업량의 과부담을 가져오게 된다는 비판이 있다.

4) 직무충실

직무충실은 직무내용의 질적 충실화에 중점을 둔 직무설계기법으로서, 1960년대 행동과학자들의 동기부여 이론에 의해 강조되어 왔다. 즉, 종래의 단순한 직무순환이나 직무확대 등의 기법이 직무수행자의 욕구충족이나 동기부여에 기여하지 못하고 있다는 관점에서, 직무자체의 만족감이나 성취감, 책임감의 증대에 중점을 두어 직무 그 자체 내용을 충실하게 하고, 직무수행과 관련된 자유재량권의 확대를 통하여 직무담당자의 책임감과 성취감을 증대시키며, 창의력을 개발하고 직무만족감을 고취시키는 보람 있는 일이 되도록 직무를 설계하는 기법이다.

이것은 실제의 적용과정에서 직무수행자의 복잡한 심리적 측면과 상황변수에 대한 충분한 배려가 없었다는 비판이 있다.

5) 직무특성이론

직무특성이론은 1970년대의 해크만(Hackman)과 올드햄(Oldham)에 의해 주장된 직무설계이론으로서, 종래의 직무충실이론을 더욱 구체화시킨 내용이다. 이것은 직무의 특성차원을 명확히 하고 종업원의 개인차를 고려하여 직무특성과 성과변수와의 영향관계를 구체적으로 제시하고 있는 등 실질적인 직무설계에 크게 기여하고 있다는 점에서 높은 평가를 받고 있다.

6) 사회 · 기술 시스템접근법

1950년대 사회학자들에 의해 제시된 직무설계기법으로서, 조직을 단순한 인간관계적 시스템이나 기술시스템으로 보지 않고 거시적 관점에서 하나로 통합된 사회 · 기술시스템으로 파악하여 직무설계에 접근하고 있다.

7) 팀 접근법

팀 접근법은 이상에서 살펴본 개인수준의 직무설계와 구분되는 집단수준의 직무설계 방법이라 할 수 있다. 팀 접근법의 직무설계 목적과 원리는 개인수준의 그것과 유사하지만, 단지 직무수행과 관련된 책임이 개인이 아닌 팀 전체의 집단에 있다는 점에서 커다란 차이가 있다.

8) QC서클 Quality Control Circle은 품질관리서클 또는 품질관리 분임조 등으로 불리는 일종의 소집단활동이라 할 수 있다.

3. 호텔객실 부문 직무설계

객실부서는 접객과(Front office)와 객실관리(House keeping)로 구성되며, 접객부분은 호텔을 이용하는 모든 고객과 접하는 최초의 부서이며, 또한 마지막 장소이다. 즉 고객예약(Room Reservation), 객실배정(Room Allocation), 퇴실(Check out), 지불관계 등이 성립 되는 곳으로써 호텔의 얼굴인 동시에, 모든 일의 중심이 되는 터미널이다. 그리고 객실관리부문은 객실정비와 보수 및 청결상태를 유지하며 판매할 수 있도록 상품화 하는 곳이다. 따라서 접객부문은 객실을 판매하는 부서이며, 객실관리부서는 객실을 생산하는 곳이라 할 수 있다. 그러므로 좋은 상품을 생산해서 효율적으로 판매하려면 이 두 부서간의 원활한 커뮤니케이션이 이루어져야 한다.

1) 현관업무

가. 현관의 역할

일반적으로 현관부서(front of the house)는 프론트 오피스, 유니폼 서비스, 하우스키핑 부문을 일컫는 것이다. 호텔고객을 최초로 맞이하고, 최후로 고객을 환송하는 곳으로서 호텔과 고객을 연결시켜 주는 중계적인 위치에 놓여 있으면서 한편으로는 고객의 편의와 서비스 판매를 위한 대외적인 업무까지를 맡고 있는 인체의 중추신경이라고 말할 정도로 현관의 중요성을 강조하고 있다.

나. 현관의 기능

(a) 객실예약, 판매를 위한 수속처리
(b) 고객의 영접(프론트 서비스까지 포함)
(c) 숙박등록 및 적절한 객실배정
(d) 현금출납과 신용카드의 취급
(e) 각종 정보 안내 제공
(f) 고객의 우편물, 전신 및 전언문의 전달과 처리
(h) 불평, 불만 등의 해결 또는 상담
(i) 투숙협조 및 투숙연장처리
(j) 부대시설의 판매 서비스 협조
(k) 귀중품 보관 및 외환환전
(l) 타부문과의 업무 조정 및 협동가능
(m) 객실상황보고서의 작성

다. 호텔과의 현관기능

(a) 고객을 위한 상품 서비스의 판매기능 및 안내기능
(b) 고객을 위한 정확, 신속한 업무 연결과 Communication 기능

(c) 고객과 타 부문과의 각종 정보 및 업무의 창구 역할기능
(d) 타부서와의 업무조정 및 협동의 조직적 기능

라. 직무내용

현관지배인은 Front office의 총괄적인 업무를 관장하는 책임자로서, 현관직원들의 업무 지도, 감독 및 훈련을 담당하고 있다.

- 대외 업무로는

(a) 고객의 불평불만 청취 및 처리
(b) VIP 고객의 환영 및 환송
(c) 체재중인 VIP의 의전
(d) 각종 단체, 행사 사전 답사자의 접견 및 상품안내
(e) 사전 답사자와의 상담 후 가격결정 및 예약
(f) 권한내의 고객의 사고처리
(g) 거래회사, 거래 여행사의 임원, 간부직원의 영업, 접대, 영송
(h) 기타 판매촉진을 위한 업무수행

- 대내 업무로는

(a) 현관 종사원의 채용
(b) 현관 종사원의 직무편성과 감독
(c) 예약업무의 감독, 조정, 통제
(d) 현관 종사원의 업무활동 독려 및 보호
(e) 판매촉진의 업무수행을 위한 정보수집
(f) 프론트 데스크의 영업 회계처리 감독 및 확인
(g) 일일 보고서, 월말 보고서, 연말 보고서 비교, 분석
(h) 객실 경영 분석 및 보고서 작성 제출
(i) 간부회의, 판촉회의, 영업회의 참석
(j) 국내외 각종 통신문 접수 및 회신
(k) 각 부서와의 유기적인 협력관계 유지
(l) VIP 객실의 사전 점검
(m) 현관의 청소상태 확인 및 청소지시
(n) 현관 종사원의 근무 환경개선 노력
(o) 객실 수입 부문의 예산 수립 및 집행

룸 클록은 현관업무진에서 가장 중요한 직원으로서 호텔 전체 기능을 좌우할 수 있는 직책으로 업무는 고객영접, 등록업무, 객실배정, 객실 예약 및 객실 준비를 담당하고 있다.

◉ 예약 클럭(reservation clerk)

ⓐ 예약의 접수 및 거절 ⓑ 선불예약의 취급 ⓒ 예약신청서 작성
ⓓ 예약의 통제 및 조정 ⓔ 예약 상황판 관리 ⓕ 예약 랙 슬립 작성
ⓖ 초과 예약의 조정 ⓗ 예약의 취소 및 변경 ⓘ 예약관계서류 관리 등

◉ 인포메이션 클록(information clerk)

현관안내 사무원은 호텔에 들어오는 모든 고객의 질문에 답변하고 안내하는 것을 주 업무로 한다. 자신 없는 질문을 받았을 때는 참고서류나 자료를 내놓고 고객과 함께 연구하는 태도를 갖도록 한다.

◉ 나이트 클록(night clerk)

ⓐ 객실열쇠(Room Key, Bin Card)점검
ⓑ 야간 도착고객(Walking Guests)의 체크 인
ⓒ No show 파악 정리 ⓓ Cancellation 정리
ⓔ 객실 상황표(Room Status)의 작성 ⓕ 모닝콜(Morning Call)의 접수 처리
ⓖ 메일, 메시지(Mails, Massages) 점검 ⓗ 로그 북(Log Book) 작성
ⓘ 명일 출발 예정자의 현황파악(Expected Departure Status)작성
ⓙ 명일 룸 체인지(Room Change) 요구사항 점검
ⓚ 명일 투숙자 객실지정 업무(Room Allocation) 등

◉ 프론트 캐셔(front cashier)

고객의 객실료 등의 수입금을 계산하며 환전업무도 같이 취급하고, 계산서 작성, 관리 및 신용카드업무를 담당하고 있다.

◉ 나이트 오디 터(night auditor)

야간결산 또는 야간심사를 말하며, 프론트 캐셔와 객실 부문, 식음료 부문, 기타 부분 당일 매상수입을 마감하여 최종 결산 및 검토를 하는 분야이다.

◉ 메일 클록(mail clerk)

숙박객에게 오는 우편물을 취급 송달하는 것을 주 업무로 한다. 직무분담이 되어 있지 않을 경우에는 접객사무원이 겸직하기도 한다.

2) 현관서비스의 업무

가. 현관서비스의 개념 및 조직

Front부문은 업무상 성격에 따라 숙박객에게 호텔관련 서비스를 제공하는 Front Office와 호텔을 이용하는 모든 고객들에게 서비스를 제공하는 Front service(또는 Uniform service)로 구분된다.

현관서비스의 총괄책임은 Front Office Manager에게 있으며, 그로부터 업무의 지시나 감독을 받는다.

Front Service는 일반적으로 업무의 특성에 따라 다음의 6개 부문으로 업무를 수행하므로 다른 어떤 부문보다도 의사소통의 중요성과 상호 업무에 대한 협동심이 강조된다.

ⓐ 고객을 공항에서 영접, 환송하는 업무(pick-up 및 sending service)
ⓑ 고객을 현관에서 영접, 환송 차량안내 업무
ⓒ 고객의 각종 물품류를 객실로 전달하고 차량까지 적재하는 업무(bell desk)
ⓓ 고객을 Front Desk로 안내 및 지정된 객실로 안내하는 업무
ⓔ 고객의 짐을 임시 보관하여 주는 업무
ⓕ 고객에게 각종 정보를 전달하고 불평사항을 해결하는 업무

나. 직무내용

● 도어맨(door man)

현관입구의 총지휘자이며, 호텔표식을 단 모자와 특수한 복장으로 호텔에 오는 고객을 영접하고 재 차량을 정돈시키며 주차를 지정한다. 고객의 출발시에 자동차 호출 및 호텔연회가 일을 때에는 교통정리를 해야 하며 현관청소와 청결을 유지해야 한다.

● 벨 멘(bell man)

숙박객의 요구에 응하여 내외로 기동성 있는 서비스를 해야 한다. 고객이 도착하여 현관사무실에서 숙박등록을 마치면 열쇠를 받아 배정된 객실까지 안내한다. 그 밖의 각종 메시지 전달과 구내안내, 현관로비의 청소상태, 고객요구에 의한 시내안내 등을 한다.

● 크록크 룸(cloak room)

고객의 수화물을 보관하는 장소를 클로크룸 또는 체크룸, 트렁크 룸이라 한다. 크록크 룸은 일일보관 하는 곳이며 트렁크 룸은 하물을 1일 이상 장기관 보관하는 곳이다. 반면 체크 룸은 간단한 외투나 모자, 가방 등 고객이 소품을 잠시 보관시키는 곳으로 현관부근이나 식당 또는 연회장 가까운 곳에 설치되어 있다. 호텔에 도착된 고객의 화물은 개

인과 단체로 구분하여 꼬리표를 달아주고, 객실이 배정되면 고객성명과 객실번호를 기재한다. 물론 화물의 수탁관리와 불출 관리를 철저히 하여 호텔의 신용을 손상하지 않도록 한다.

(3) 전화교환업무

전화 교환실을 PABX(Private Automatic Branch Exchange)라고도 하는데 이는 구내 교환실을 의미하며, 전화교환원은 객실, 영업장, 사무실 등 호텔내의 구내, 국내, 국제 전화통신을 담당한다. 교환원은 상대방의 표정을 볼 수 없는 상태에서 이루어지는 업무이기 때문에 상대방의 외도를 정확히 파악하여야 한다. 좋은 음성 소유자로서 신속, 정확, 친절한 서비스로 고객의 호감을 갖도록 노력하여 좋은 이미지로 호텔 전체에 영향을 줄 수 있어야 한다.

㉠ 교환원의 직무

ⓐ 상냥하고 예의 바르며 신속 정확 공평하게 행해져야 한다.

ⓑ 업무내용에 숙달하고 즉시 응대할 수 있도록 정성을 다하여야 한다.

ⓒ 재난에 대한 것은 절대 외부에 누설되지 않도록 보안유지를 철저히 하여야 한다.

ⓓ 화재 발생시나 긴급환자가 있을 때에는 우선적으로 처리한다.

ⓔ 행사관계의 문의는 신속 정확하게 안내하여야 한다.

ⓕ 불평, 불만 발생시에는 그 원인과 과정을 상세히 직속상사나 당직 지배인에게 신속하게 보고하여 해결하도록 한다.

ⓖ 근무교대시 인수인계를 철저히 한다.

ⓗ 언제나 밝은 목소리로 성실히 응답하고 목을 보호하여 듣기 좋은 목소리로 한다.

4) Housekeeping

호텔의 운영에는 호텔제품의 판매활동과 재생산 판매를 위한 창조적 생산기능이 호텔 수익에 직접영향을 주는 중요한 요인이다.

따라서 하우스키핑은 최적상태의 객실 재생산과 건물 및 공용부분을 안전하고 청결하게 유지관리하기 위해 막대한 경비를 반복 투자하는 곳이며, 원가절감을 위해 보다 효율적인 관리가 필요한 부서이다.

하우스키핑에서는 전 객실, 공용부분, 린넨류의 세탁과 공급, 고급 장식품의 총괄적인 관리업무를 집행을 하는 곳이며 이에 따라 호텔의 품위가 결정되기 때문에 인력구성 및 종사원의 자질개선과 상호업무 협조체제의 효율적인 지원으로 호텔 이미지를 고급화한다는데 큰 의의가 있다고 하겠다.

가. Housekeeping의 중요성

ⓐ 호텔수익의 증대

하우스키핑의 주 업무는 객실을 청결하게 유지, 관리함으로써 객실판매와 이용률을 높이여 호텔수익의 증감에 직접적인 영향을 준다.

일반적으로 고객들은 로비나 복도와 같은 공공장소의 청결상태에 관해서는 관대하지만 객실이나 식당의 불결에 대해서는 즉각적인 불평불만을 나타내며 쉽게 잊어버리지 않는 습관을 가지고 있다.

ⓑ 호텔 운영경비의 절감

- 호텔운영경비 : 고정비(Fixed expenses), 변동비(Variable expenses)
- 고정경비 : 손님이 많고 적음에 관계없이 일정한 비용지출이 발생하는 경우로 인건비, 광열비
- 변동경비 : 손님이 많고 적음에 따라 비용지출이 증감하는 비용(재료비), 하우스키핑은 호텔안의 모든 비품, 설비를 관리하고 수리 및 적절한 조치를 취해 비품의 수명연장 및 운영경비 절감에 결정적인 역할을 함으로써 그 직무의 중요성이 강조된다.

ⓒ 호텔재산의 관리

호텔 고장자산(건물, 시설, 기계)의 큰 비중을 차질하고 있는 설비, 비품을 유지 관리함으로써 하우스키핑의 중요성이 새로이 인식된다.

ⓓ 호텔제품의 생산과 창조

객실의 청소와 세심한 관리(생산), 체크아웃 후 재판매를 위한 준비(창조)=객실판매의 회전율 가속화

나. Housekeeping 주요업무

ⓐ 객실정비 ⓑ Mini Bar관리 ⓒ 세탁관리
ⓓ 재산관리 ⓔ Lost & Found 업무 ⓕ 공용부분(Public Area)
ⓖ 객실복도의 점검 ⓗ 고객 Order 접수

※ Housekeeping 직무분야

- Executive Housekeeper의 업무

ⓐ 부서장 역할 수임

ⓑ 부서 총괄업무 기획, 관리 감독
ⓒ 부하직원에 대한 인력관리
ⓓ 예산(Budget) 편성 및 집행
ⓔ 각종 재물관리(장비, 비품, 저장품, 기타)
ⓕ 객실 운영경비 절감을 위한 노력
ⓖ 정기적인 부하직원의 작업능력, 근무상태 비교 검토
ⓗ Lost & Found 관리감독
ⓘ 재고관리 업무 감독
ⓙ 부서간 업무협조 및 조정역할 수행
ⓚ 대외업무 수행
ⓛ VIP객실 점검
ⓜ 간부회의 참석

- Assistant Executive Housekeeper의 업무

ⓐ 객실관리부장 유고시 업무 대행
ⓑ 각종 보고자료 작성
ⓒ 부하직원에 대한 실무교육 실시
ⓓ 예산편성 실무작업 수행
ⓔ 소모품, 비품, 장비의 적정량 주문 확보
ⓕ Inspectress, 룸 메이드 업무 감독
ⓖ Mini Bar, Houseman 업무 감독
ⓗ Public Cleaners 업무감독
ⓘ 장비, 비품의 수리 발주
ⓙ 유효 적절한 작업계획 수립
ⓚ 철저한 열쇠관리
ⓛ VIP 객실 점검
ⓜ Lost & Found 업무 감독
ⓝ 각종 공문서 접수, 발송 및 처리
ⓞ 他부서 업무 협조
ⓟ 직원 근무스케줄 작성

- Housekeeper의 업무

ⓐ 객실관리 지배인 유고시 업무대행
ⓑ 각종 보고자료 작성
ⓒ 부하직원에 대한 현장교육(O.J.T) 실시
ⓓ Inspectress, Room maid 업무감독
ⓔ 객실정비 업무추진 및 작업량 할당
ⓕ 작업인원 배정, 스케줄 작성
ⓖ 각종 공사 · 수리의뢰(Trouble Report)
ⓗ 장비, 소모품 청구
ⓘ 재고조사(Inventory), 실무책임
ⓙ 일용직수급 업무
ⓚ 일용직급여 청구
ⓛ 창고(Store Room)업무 감독
ⓜ 기타 행정업무

- 하우스 맨(house man)와 오더테이커(order taker)의 업무

ⓐ 고객으로부터의 order taking업무
ⓑ 객실층으로 부터의 order taking업무
ⓒ 각종 order집계 및 통보
ⓓ Lost & Found 접수 및 보고

ⓔ Lost & Found 반송 및 사후 관리
ⓕ 소모품, 비품, 재고조사
ⓖ 단체 Assign, VIP품 객실 층에 통보
ⓗ 야간업무 수행
ⓘ 고객 세탁물 수거 및 배달
ⓙ Extra Bed 투입 및 철수
ⓚ 각종 장비수리 및 수리의뢰
ⓛ Front Desk와의 업무협조
ⓜ 각종 객실관리 보고서 작성
ⓝ Mini Bar 업무지원

- Mini Bar 직원의 업무

ⓐ 물품청구 및 수령
ⓑ 물품 객실 층 배달
ⓒ 일일 판매 일보작성
ⓓ Skipper보고서 작성
ⓔ 월말 재고조사 실시 및 보고
ⓕ 룸 메이드 부재시 미니바 체크
ⓖ 재실 Bill작성 및 Front Cashier에 통보
ⓗ 단체객실 냉장고 철수 통보
ⓘ 품목 및 가격변경 품의
ⓙ 동업계 비교 및 시장조사
ⓚ 하우스맨 업무 지원

- Inspectress 업무

ⓐ 객실 청소상태 점검
ⓑ 룸 메이드 인원관리
ⓒ 객실비품, 장비, 이상 유무확인
ⓓ 각종 소모품, 린넨류 수급
ⓔ Room Check List작성
ⓕ 소모품, 비품 월말 재고조사
ⓖ 룸 메이드 현장교육 실시
ⓗ VIP 객실 준비
ⓘ 단체객실 준비
ⓙ 공용부분 점검

- 룸 메이드(room maid) 업무

ⓐ 객실청소(Room Cleaning)
ⓑ 객실 층 공용부분 청소
ⓒ 미니바 체크 및 물품보충
ⓓ Room Check Report 작성(1일 2회 - 오전, 오후)
ⓔ Room maid Report 작성
ⓕ Mini Bar Check List 작성
ⓖ 소모품 수령
ⓗ 객실린넨 수령
ⓘ 단체 객실준비
ⓙ 소모품, 린넨류, 월말 재고조사 실시

- 재니터(Janitor)의 업무

ⓐ 업장 Carpet Shampoo
ⓑ 업장내 각종 의자, 소파 Shampoo
ⓒ 대리석 왁스, 코팅, 광택작업
ⓓ 사무실 왁스, 코팅, 광택작업
ⓔ 객실층 복도 클리너 작업
ⓕ 객실 Carpet Shampoo 및 오점제거
ⓖ 객실 쓰레기수거
ⓗ 공용부분 베란다, 난간, 벽면 먼지제거
ⓘ 야외 화강석 세척작업
ⓙ 재니터 장비 이상 유무점검 및 수리의뢰

ⓚ 재니터 소모품 청구 및 재고조사

- 로비메이드(lobby maid)의 업무

ⓐ 로비지역 청소
ⓑ 로비지역 고객 화장실 청소
ⓒ 연회장 쓰레기 수거
ⓓ 로비 및 고객 Elevator홀 재떨이 청소
ⓔ 고객 Elevator 청소
ⓕ 공용부분 소모품 수령
ⓖ 로비메이드 창고관리

- 퍼블릭(public cleaner) 업무

ⓐ Back office 화장실 청소
ⓑ 직원동선 청소
ⓒ 일부업장 고객화장실 청소(레포츠 지역 포함)
ⓓ 직원 사무실 쓰레기 수거
ⓔ Staff Locker 청소
ⓕ 주차장(Parking Lot) 청소
ⓖ 호텔입구 광장 및 화단 청소
ⓗ 외곽 청소
ⓘ 기사대기실 청소
ⓙ 납품 출입구, 공병장소, 쓰레기 하치장 부근 청소

4. 식음료 업장 경영조직

1) 식음료 업장 경영조직의 의의

협력의 체제는 인적요인, 직무요인, 조정요인으로 구성되며 이들 모든 요인은 조직으로 생각될 수 있다. 그러므로 조직은 목표달성에 초점을 맞춘 개인의 노력을 강화하기 위해서 디자인된 사회적인 협력체이다. 따라서 일련의 공통목적을 달성하기 위해 업무분배를 하고 그 분담된 제 역할이 전체 하나의 통일된 협력관계로서 가능하도록 합리적인 협동체계를 형성한다.

이와 같이 조직이란 목표달성을 위해 구성되어 구성원들의 행동을 관리하게 된다. 식음료업장의 목표는 음식과 서비스를 제공하며 고객의 욕구를 충족시켜 이윤을 극대화하는 것이고, 비영리단체의 식음료업장은 비용을 최저화 하는 것이다. 또한, 식음료업장의 다른 목표는 메뉴의 품질관리, 고객관리, 종업원과 고객의 관계, 종업원의 훈련 등으로 다양하다. 이러한 목표달성을 위해 어떤 조직을 가지고 있느냐 하는 것은 매우 중요한 문제이다.

2) 라인과 스태프 조직

대부분의 식당 혹은 식음료 영업장에서는 라인과 스태프형태의 조직을 가지고 있다. 라인과 스태프 조직은 테일러가 주장한 과학적 관리기법의 기능직 조직형태를 변형, 계발시킨 것으로, 조직의 기능화 원칙과 명령의 일원화 원칙을 기본으로한 스태프의 전문적 지식 및 조언기능을 부가시킨 조직형태이다. 장점으로는 직능에 대한 전문적인 지식을 활용하면서 명령일원화의 원칙을 유지할 수 있다.

즉, 라인부문 관리자들은 스태프의 전문적인 지식 및 경험의 지원을 받을 수 있어 더 효과적인 활동이 가능하며, 라인조직이 유지된다. 반면, 단점으로는 라인과 스태프 조직 간의 마찰이 발생하면 경영활동 수행에 방해가 될 수 있으며 스태프 조직의 설치로 인해 간접비용이 증대된다. 스태프는 기획, 조사부문에서 라인에게 전문적인 사항에 대해 조언하므로 기업의 매출액 목표 달성에는 직접적인 책임이 없다. 그러나 라인과 스태프 부문의 상호 이해관계가 중요하므로 간접적인 책임은 있다.

3) 식당조직의 편성

고급식당은 일반식당과 달리 차원 높은 서비스를 해야 하며 이것은 조직의 적정한 편성하에 협조가 이루어져야 한다. 특히 고급식당의 조직편성은 식당의 특성이나 위치에 따라 다르겠지만 일반적으로 다음과 같은 요인에 의하여 결정될 수 있다.

(1) 도심지, 관광지에 의한 위치 조건

(2) 계절별 상시개장에 따른 영업시간

(3) 식당의 종류 또는 등급수준

(4) 고객의 수용정도

(5) 서비스의 형태

식당의 조직은 여러 가지 요인에 다라 조직이 달라지나 다음과 같이 세 가지로 구분할 수 있다.

(1) 쉐프 드 랑 시스템(Chef De Rang System)

이 시스템을 국제적 서비스제도 혹은 후렌치 서비스 시스템이라 부르며 가장 정중하고 최고급의 서비스를 제공하는 고급 식당에 적합한 조직이다. 식당 지배인 아래에 헤드웨이터(head waiter or maitre d'hote)가 있고 그 밑에 3~4명의 웨이터가 근무조를 이루어 일정한 테이블을 담당하여 서브(serve)하는 제도로써 이는 책임이 각기 다른 구성원들이 팀워크(team work)의 조화를 잘 이루어 업무를 조화롭게 수행하는 것이다.

예시하면 헤드 웨이터가 음식을 담당하는 쉐프 드 랑(chef de rang)과 음료를 담당하는 쉐프 드 방(chef de vin or sommelier)을 두고 다시 그 밑에 웨이터를 2~3명을 두어 수행하는 방식이다.

㉠ 장점

- 수준 높은 서비스를 제공할 수 있다.
- 근무조건에 만족할 수 있다.
- 충분한 휴식시간을 가질 수 있다.
- 영업상황에 따라 근무인원을 증감시킬 수 있다.

㉡ 단점

- 종업원의 의존도와 인건비의 지출이 크다.
- 고급식당의 편성에만 적당하다.

(2) 헤드 웨이터 시스템(Head Waiter System)

헤드웨이터 시스템은 일반 식당에서 가장 적합한 방식이라 할 수 있다. 이 방식은 헤드 웨이터 밑에 식사 담당(meals waiter)과 음료 담당(drinks waiter)을 두어 테이블 서비스를 하는 제도이다. 이것은 쉐프 드 랑 시스템을 축소시킨 제도라고 할 수 있다.

(3) 스테이션 웨이터 시스텐(Station Waiter System)

스테이션 웨이터 시스템은 휴양지에 위치한 계절식당이나 나이트클럽, 극장식당과 같은 특수한 식당에 적합한 방식이다. 일명 원 웨이터 시스템(one waiter system)이라고들 하는데 한 식당에서 책임자로 헤드 웨이터가 있고 그 밑에 근무하는 웨이터들은 각각 한 담당 구역만을 맡아서 근무하는 것이다. 즉 한 명의 웨이터가 일정한 테이블만을 맡아서 주문을 받고 식사와 음료 등 일체의 서비스를 제공하는 것이다.

㉠ 장점

- 한 사람의 웨이터가 일정한 구역의 고객들을 상대로 식음료 서비스를 하기 때문에 서비스가 일관성이 있다.
- 인건비의 지출이 적다.

㉡ 단점

- 웨이터가 식사 주문과 운반을 위해 주방을 출입하거나 음료준비로 담당 구역에서

이탈을 자주하여야 한다.

- 고객을 지루하게 기다리게 하여 불평의 요인이 되기 쉽다.

4) 서비스업장 부서

업장은 고객과의 접촉이 많은 곳으로 'Front of House'라고 부른다. 식당 지배인(Outlet Manager), 부지배인(Assistant manager), 캡틴(Captain), 그레츄레스(Greet waitress), 웨이터/웨이츄레스(Waiter/Waitress), 보조 웨이터(Bus Boy), 바텐더(Bartender), 수납원(Cashier)로 구성된다.

(1) 식당 지배인(Outlet Manager)

오늘날 호텔경영은 수익의 극대화를 추구하기 위해서 객실판매 위주의 경영에서 탈피하여 식음료 판매에 보다 깊은 관심을 보이고 있다. 왜냐하면 객실판매는 상품의 제약성으로 매출액 증대에 한계가 있는 반면에 상대적으로 제약이 적은 식음료 판매에 의존성이 높아지고 있기 때문이다. 따라서 이에 대한 전문적인 지식과 기술이 요구되는 것은 물론 영업담당 지배인으로서의 중요성은 두 말할 나위가 없다.

식당을 운영하는 임무와 호스트의 임무를 겸하고 있다. 즉, 식당의 책임자로서 영업장의 운영, 고객관리 및 식당 종사원의 인사관리, 교육, 훈련 등 종사원과 부서장간의 직접, 간접적인 중계역활을 한다. 또한 식당내의 모든 서비스와 종사원에 대한 권한과 책임을 갖고 근무스케줄, 교육훈련 등을 관장한다.

가) 지배인의 직무

- 영업 및 서비스에 관한 제반사항을 지휘 통제하며 책임을 진다.
- 정하여진 기간내에 영업성과를 달성한다.
- 직원의 근무시간표를 작성한다.
- 예약사항과 준비사항을 검토하고 각 담당자의 임무에 대한 세부사항을 지시한다.
- 영업장의 영업 활성화를 위한 특별행사, 이벤트 등을 계획, 실시한다.
- 고객의 영접, 안내를 하며 불평처리에 관한 총괄적인 책임을 진다.
- 직원들의 교육훈련, 인사관리에 책임을지며 식음료 부서장과 직원간의 직·간접 중계 역할을 한다.
- 직원들의 서비스 담당구역을 할당하고 영업 준비를 확인, 점검한다.
- 영선부, 객실부 등 타부서와의 협조사항이 필요할 때 필요사항을 의뢰하거나 조치를 취한다.

- 주방요원과 서비스요원간의 협동이 이루어지도록 조정한다.
- 정해진 경영예산 내에서 운영한다.
- 방침 · 규정 · 메뉴얼을 준수 시킨다.
- 기업이 위치하고 있는 지역에서 기업을 사랑하는 것이 사회이념을 길러내는 것이라는 것을 고취시킨다.
- 영업전에 조회를 실시하여 복장 · 위생관계를 점검하고 신상품에 대한 메뉴해설을 담당한다.
- 준비물들이 적정수준에 있는지 확인, 점검한다. 린넨, 소스류, 세팅기물 및 기타 소모품의 부족시 이를 청구한다.
- 뷔페 테이블의 준비에 대한 지휘, 감독을 한다.
- 마감작업이 완전하게 이루어졌는지 또 모든 테이블이 잘 재정비되었는지 점검, 확인한다.
- 기물 월말 재고조사를 담당하고 필요분을 청구 한다.
- 산하 종사원들과 관계된 행정(인사고과, 휴가, 병가 등)에 관한 사무를 담당한다.

나) 지배인의 의무

- 부하의 작업할당
- 인사고과와 교육
- 사기고양
- 자산의 보존
- 보고서의 작성과 제출

다) 기타 사항

- 그 지역의 현재 경쟁기업 간 특징과 능력을 잘 표현할 줄 알아야 한다.
- 그 지역의 작년 경쟁상대의 가능성을 잘 표현할 줄 알아야 한다.
- 경쟁기업과 비교해서 자기업장의 상품의 특징을 어떻게 설명할 것인가
- 경쟁에 승리하기 위하여 고객에게 친근하게 접근하여야 한다.
- 그 지역에서 최고로 좋은 식당을 지적할 줄 알아야 한다.
- 잠재적인 고객개발을 위하여 노력하여야 한다.

(2) 부지배인(Assistant Manager)

평상시 지배인을 보좌하며 영업장의 운영관리, 특히 대고객 서비스 관리를 주 업무로

하며 지배인의 부재시 업무를 대행한다.

(3) 캡틴(Captain)

캡틴을 헤드 웨이터(head waiter)라고 불리기도 하는데 중, 소 식당에서는 부지배인이 없고 캡틴이 그 역할을 대신하기도 한다. 캡틴은 접객책임을 맡고 있는 책임자로서 웨이터나 실습생들을 관리감독하며 식음료 서비스에 있어서 주문과 서비스를 담당한다. 캡틴의 직무를 살펴보면 다음과 같다.

가) 캡틴의 직무

- 영업시간 전에 담당구역의 서비스 준비사항과 구성인원을 점검한다.
- 웨이터에 대한 작업지시 및 감독을 한다.
- 고객을 영접하며 주문을 받는다.
- 판매하는 메뉴와 각 품목의 조리시간을 숙지하고 순서에 따라 서비스를 한다.
- 웨이터 및 실습생에 대한 메뉴 및 서비스에 대한 교육훈련을 실시한다.
- 각종 집기 및 린넨류를 관리한다.
- 고객에게 주요리가 제공된 후 음식을 즐겁게 드시는가를 주의 깊게 살핀다.
- 고객을 전송하며 전송한 다음 테이블을 재정비하도록 지시한다.
- Service Section간의 업무협조 조성
- 접객원의 복장상태의 점검
- 매상일보 및 월말 결산을 집행한다.

(4) 그레츄레이스(Greet waitress)

그레츄레이스를 리셉션리스트(receptionist) 또는 호스트레스(Hostess)라고도 하는데 예약업무 및 좌석안내 등을 주 업무로 하는데 그 직무를 살펴보면 다음과 같다.

가) 그레츄레스의 직무

- 각 스테이션(station)에 배치된 캡틴과 웨이터를 기억하여 또한 테이블을 숙지한다.
- 예약업무, 좌석안내절차 등에 능통해야 하며 지배인의 지시를 받는다.
- 예약을 받을 때에는 가능한 행사전 충분한 시간을 두어 받도록 하며 예약 접수시에는 다음 사항을 정확히 기록하도록 한다.
  - 정확한 성명
  - 인원수
  - 도착 시간

- 특별한 요구사항
- 전화번호
- 연락장소
- 예약자 명
- 회사명

- 서비스 인원의 부족시에는 웨이터나 웨이츄레스를 도와 서비스에 임한다.

(5) 웨이터/웨이츄레스(Waiter/Waitress)

웨이터는 캡틴을 보좌하여 주문된 식음료를 고객에게 제공하며 각 책임구역에 대한 준비 및 정리정돈을 하는데 그 직무를 살펴보면 다음과 같다.

가) 웨이터/웨이츄레스의 직무

- 영업시간 전에 영업에 필요한 사항을 준비한다.
- 메뉴, 할당된 구역, 부수적인 업무와 테이블 번호 등을 숙지하여야 한다.
- 담당 테이블의 영접, 식음료 주문 그리고 올바른 순서에 따라 식사를 제공한다.
- 고객이 테이블에 있을 경우에는 항상 주시하여 식사에 필요한 것을 제공하거나 고객의 부름에 즉시 응한다.
- 식사가 끝났을 때 고객의 요구에 따라 계산서를 제공하고 이상 유무를 확인하여야 한다.
- 다음 고객을 위해 테이블을 세팅한다.
- 지배인 및 담당 캡틴의 지시에 따르고 동료직원과 협조하여야 한다.
- 보조 웨이터에게 지시나 감독을 하며 때로는 도와주어야 한다.
- 당일의 메뉴에 대해 숙지하여 매상의 증가를 염두에 두고 주문을 적극적으로 받는다.(Up Selling)
- 머리는 헤어 · 밴드(여자인 경우), 손톱에 물감 칠을 해서는 안되며 반지, 귀걸이 및 너무 강한 향수를 사용해서는 안 된다.(단, 결혼반지는 제외)
- 캡틴을 도와 고객이 들어올 때에는 친절히 인사를 하여 영접하고 의자를 당겨 착석을 도와준다.
- 고객으로부터 주문을 받을시에는 규정된 전표에 주문 내용을 기재한 후, 이를 다시 재확인하고 메뉴에 대하여 설명하며 특히, 요리, 칵테일, 와인에 대하여 필요시에는 사전에 설명을 하고 주문을 받는다.
- 조리된 요리는 신속하게 고객에게 서브한다.

- 2인 이상의 고객일 경우 가능한 한 동시에 서비스할 수 있도록 해야 한다.
- 고객이 식사를 끝나면 빈 그릇을 치우며 디저트(dessert)를 주문 받는다.

(6) 보조 웨이터(Busboy/girl)

보조 웨이터를 식당에 따라서는 어시스턴트 웨이터(assistant waiter)라고도 하는데 일반적인 임무는 캡틴이나 웨이터의 지시에 따라 테이블에 있는 기물을 치우거나 교체, 정리 정돈 등을 하는데 그 직무를 살펴보면 다음과 같다.

가) 보조 웨이터의 직무

- 웨이터나 웨이츄레스의 일을 돕는다.
- 업장에 필요한 각종 기물류 등을 보급한다.
- 고객에게 물, 버터, 빵을 서비스한다.
- 테이블을 정리정돈하며 사용된 린넨류를 치우고 다시 테이블 세팅(table setting)을 하도록 해야 한다.
- 영업장을 청소하며 기타 기물 등을 닦는데 이를 돕는다.

(7) 바텐더(Bartenders)

알코올성 음료와 비(非)알코올성 음료에 대한 지식을 갖고 있으며, 각종 칵테일의 조유(調)기술을 익힌 자를 말한다. 조주원들은 칵테일과 알코올성 음료를 준비하여 고객에게 직접 서브하거나 웨이터/웨이츄레스 아니면 보조 웨이터에게 제공한다. 그리고 때로는 바텐더가 메뉴에 있는 칵테일 등을 직접 제조・판매할 수 있는 기능을 겸하고 있어야 한다.

(8) 커버(Carver)

일반 요리사처럼 흰 가운(white jacket)을 입고 식당에서 로스트비프(Roast Beef) 등을 직접 썰어서 손님에게 서브하는 자를 일컫는다.

(9) 수납원(Restaurant Cashier)

예약관리와 고객이 드신 음식값을 계산해 드리고 그날의 영업실적을 지배인에게 보고하는자로서 구체적인 직무내용은 다음과 같다.

가) 수납원의 직무

- 전표의 기입과 계산

- 요금의 수납
- 현금의 대납
- 사용전표의 보고
- 신용카드(credit card)의 정리
- 하루일과 시작 전에 필요한 양의 금전 등록기의 테이프를 확인 또는 기계의 작동 이상 유무를 확인하고 거스름돈을 준비해 놓는다.
- 접객원 또는 고객으로부터 받는 돈을 계산하고 전표를 정리한다.
- 접객원에게 영수증과 잔돈을 내어 준다.
- 고객에게 돈을 받을 때에는 반드시 서서 받고 "감사합니다.", "안녕히 가십시오. 라는 인사를 한다.
- 신용카드를 받을 때에는 항상 블랙리스트(black list)에 올라 있는지 유무를 확인하고 유효기간 및 신용 카드상의 고객의 사인과 전표에 있는 고객의 사인이 일치한지 반드시 확인한다.
- 투숙객이 사인을 했을 때에는 투숙여부, 객실번호, 사인을 확인하고 즉시 현관 금전출납원에게 넘겨주고 사인을 받는다.
- 후불이 발생할 경우에는 반드시 소속장의 승낙을 받은 후 지불인의 지불 확인서를 받아야 한다.

5) 주방 부서 (Kitchen)

주방부서는 음식조리를 담당하는 곳으로 고객과의 접촉이 적어 'back of house'라고 불린다. 업장의 크기와 종류에 관계없이 생산업무에 따라 다음과 같이 분리된다.

(1) 총 조리장(Executive Chef)

주방에서 일하는 조리사들을 관리. 감독하는 경영자이다. 규모가 큰 업장의 조리부장은 운영・관리를 책임지며, 생산은 부조리장이 담당한다. 그러나 작은 규모의 업장에서는 조리부장이 운영과 생산을 모두 책임진다.

조리장은 업장지배인(outlet manager)과 함께 메뉴를 계획하고, 메뉴의 표준화, 전반적인 메뉴의 품질, 식자재 구매명세서 작성, 당일의 주 식단 준비, 식재료를 구매할 것인지 말 것인지에 대한 의사결정, 특별행사계획, 식음료 조리과정의 개발 및 조리업무 등을 수행하고 있다.

조리부장은 그를 돕는 수 쉐프(sous chefs)를 두고 있다.

(2) 조리사(Cooks)

조리부장을 돕고 스프, 소스 및 여러가지 조리방법(튀김, 브로일, 그릴, 로스트, 약 간 끓인 것, 스팀, 오븐구이)에 따라 음식을 준비한다. 또한, 찬 음식인 샐러드, 샌드위치, 전채, 카나페 등을 준비하며, 스프 조리사, 소스 조리사, 오븐구이 조리사가 있다.

(3) 조리사 보조(Assistant Cooks)

조리사가 요리하도록 준비하는 것을 돕는다. 잘게 썰기, 껍질 벗기기, 씻기, 갈기, 모양내기, 섞는 일 등 요리하기 전의 준비 과정 및 조리사의 감독 하에 간단한 요리를 한다.

(4) 식기 서비스 보조(panty-Service Assistant)

연회 및 업장에서 필요한 부엌집기, 도자기, 유리그릇 등의 준비를 책임지고 있다. 식기 서비스 보조요원은 음료를 준비하기도 하고, 필요할 때는 음식 서브를 보조할 수도 있다.

(5) 기물 관리원(Stewards)

주방의 모든 집기 세척 및 기물구매 등을 담당하고 있다. 또한, 주방기계 설비의 관리 및 후라이팬을 청결하게 관리하여야 한다. 쓰레기와 주방의 청소, 식기 · 유리그릇 · 은기 등의 세척과 보관, 주방 전반의 위생관리를 담당한다.

(6) 창고관리원 및 검수원(Storeroom and Receiving Employee)

창고 관리원은 식자재의 저장, 확인, 출고를 담당하며 검수요원은 식재료가 배달되었을 때 배달 송장과 함께 식자재의 품질, 규격, 수량 등이 구매명세서와 일치하는가를 확인하여야 한다. 또한, 송장에 표시되어 있는 가격과 구매주문서에 나타나 있는 품목의 가격이 일치하는가도 확인하여야 한다.

(7) 제과(Bakers)

제과조리 부서는 제과 조리부장, 제과조리사, 제과 조리사 보조로 나누어진다. 제과 조리장은 제과조리 기술이 고도로 필요한 제품을 생산하며, 제과 조리사는 식빵, 파이, 케이크 등 단순한 제품을 만들고 제과 조리사 보조는 제과 조리사를 돕는다.

Chapter 3

호텔인사고가 관리

제1절 인사고가(Personnet rating, Performance appraisal)

1. 인사고과의 의의

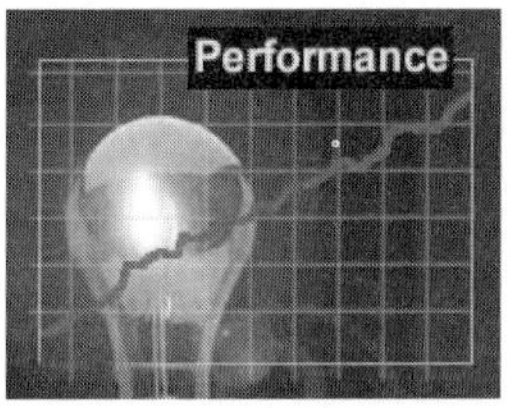

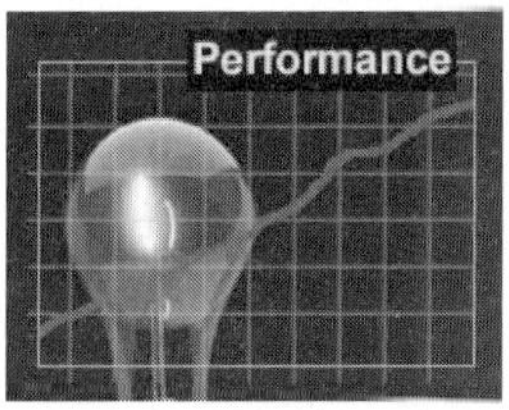

인사고과는 종업원의 직무수행 성과를 측정하는 제도로서 종업원의 실천능력, 업적, 성격, 적성, 장래성 등을 평가하는 것을 의미한다. 스미드와 머피(R.C. Smith and M.J. Murphy)는 인사고과는 그들이 속해 있는 조직체에 있어서 종업원의 가치를 질서있게 평가할 수 있도록 함에 그 목적에 있다고 밝히고 있고, 마이어스(Myers)는 조직에 있어서 종업원이 보유하고 있는 현재 및 잠재적 유용성을 질서 있게 조직적으로 평가하는 방법이라고 정의하고 있다. 그리고 또한 란그스너(A.Langsner)는 구체적으로 종업원의 능력, 근무성적, 자격, 습관, 태도의 상대적 가치를 조직적으로, 그리고 사실에 입각하여 객관적으로 평가하는 절차라고 정의하고 있다. 그런데 직무평가가 직무에 대한 평가인데 대해 인사고과는 종업원에 대한 평가라는 데에 그 특징이 있다. 따라서 이 양자는 밀접한 관계에 있다. 여기서 인사고과는 다음과 같은 성격이 있다.

1) 인사고과 관리는 조직내의 인간을 대상으로 한다.
2) 인사고과는 사람과 직무와의 비교를 원칙으로 한다.
3) 인사고과는 상대적인 평가이다.

4) 인사고과는 객관성을 높이기 위하여 특정목적에 적합하도록 조정되는 경향이 있다.

2. 인사고과의 목적

As you begin to implement the performance-based appraisal process in your department, remember: It is an ongoing **process**, not an annual event.

인사고과의 목적은 경영에 있어서 종사원의 가치를 객관적으로 정확하게 측정하여 합리적인 인적자원관리의 재결정에 기초를 부여하고, 그 결과로 종사원의 노동능력을 향상시키고 동기유발을 형성케 하는데 있다. 또한 승급의 결정, 상여의 결정, 승진의 결정, 배치전환의 결정, 교육훈련의 기준 및 표창기준 등을 결정하기 위한 것이다. 1954년 미국의 전미산업협의회의 인사고과제도에 의하면 기업에서 실제로 인사고과제도를 사용하고 있는 주요 목적을 다음과 같이 들고 있다. ①임금관리(승급, 상여, 임금률 결정 등)의 기초자료, ②인사이동(승진, 배치, 이동, 해고 등)의 기초자료, ③종업원간의 능력비교 및 종업원들이 지니고 있는 숨은 재능의 발견, ④교육훈련 및 지도의 기초자료 등을 들 수가 있다.

1) 인사고과의 통제적 목적

인사고과가 조직내의 각 종업원의 가치를 상대적으로 비교, 평가하여 우열판단이나 순위를 지우고, 또한 이를 승진, 승급, 임금율 결정, 상여 등에 반영하려는 통제적 목적으로 사용한다.

(1) 상벌결정

첫째로 조직체는 조직구성원의 성과에 대하여 정당한 대우를 해 주어야 하고, 따라서 그들의 성과를 주기적으로 특정하여 그 결과를 기준으로 승진, 승급, 징계 등 적절한 결정을 해야 한다. 인사고과 결과는 이러한 상벌결정에 중요한 자료로 사용된다.

(2) 적재적소 배치

성과에 대한 정당한 상벌결정 뿐만 아니라 인사고과는 조직구성원과 직무를 결합시키는 데에도 유효한 자료를 제공할 수 있다. 따라서 인사고과는 구성원의 성격과 능력에 따라서 이에 적합한 직무내용과 직무환경을 모색하는 공식적인 계기가 될 수 있다.

2) 인사고과의 비통제적 목적

물론 이상과 같은 통제적 기능으로 사용하고 있는 인사고과의 목적이 불합리하다고는 할 수 없으나 인사고과는 종업원의 능력개발에의 활용과 사기앙양, 그리고 의사소통을 위한 비통제적 목적도 고려해야 할 것이다.

(1) 인력개발

인사고과의 또 한 가지의 중요한 목적은 직무성과를 통하여 구성원의 강점과 약점을 평가하고 구성원의 경력목표도 감안하여 그의 능력과 자질개발에 필요한 교육훈련과 실무경험을 결정하는 것이다. 따라서 인사고과 결과는 인력개발과 경력계획에 필수적인 자료로 활용되고 있다.

(2) 성과피드백

인사고과의 가장 기본적인 목적은 조직구성원이 얼마나 만족한 성과를 거두고 있고 조직체의 기대수준에 얼마나 접근하고 있는지를 알려주는 것이다. 따라서 인사고과는 구성원의 동기부여는 물론 그의 사내에서의 성장을 강화시켜 주는 중요한 인적자원관리 과정이다.

인사고과의 목적에 따른 활용실태

목 적	구 성(%)
보 상	75
업 무 개 선	48
피 드 백	40
자 료	30
승 진	25
교 육 훈 련	7
이 직	7
해 직	6
정직(일시적 해고)	2
신 상 조 사	2
인력자원 계획	2
계	244

3. 인사고과의 중요성

1) 인사고과는 무엇보다도 종사원의 능력개발을 위한 기초자료가 된다. 조직목표와 조직구성원들의 개인목표가 합치하는 방향으로 나아가기를 경영자들은 기대한다. 그러기 위해서는 개개인의 능력이 최대한으로 발휘되도록 유도하여야 하는데, 고과를 통하여 이를 위한 정보를 얻는다. 한편 종사자들도 직장에서나 업무수행과정에서 각양 각색의 욕구를 가지고 있는데, 인사고과는 종사원들의 이와 같은 욕구에 직접 또는 간접으로 부응하는 수단이 될 뿐만 아니라 보다 적극적인 자세를 갖도록 방향설정을 하여 주는 역할을 한다.

2) 인사고과는 성과개선을 위한 기초 자료가 된다. 조직에서는 성과결과의 피드백을 통하여 그동안의 업무습관이 보다 효율적이 되도록 개인의 행동을 수정 또는 변경시키는 기초를 마련해 준다.
3) 인사고과는 종사원의 처우를 위한 가장 중요한 기초 자료가 된다. 현재의 연공 서열형 인사정책으로부터 능력요소를 가미하여 점차로 능력 주의형 인사정책을 구현해 나가기 위해서는 인사고과라고 하는 통제가 없이는 그 목표를 달성할 수가 없다. 왜냐하면 인사고과에 의한 자료가 바로 종사원들의 승진이나 보수의 결정에 매우 중요한 결정요소가 되기 때문이다.

제2절 인사고과방법

인사고과 방법에는 인사고과의 대상, 목적에 알맞은 고과표를 선정할 것, 평정방법이 객관적이고도 비교가능적일 것, 평정자가 적정할 것, 평정에 있어 발생하기 쉬운 심리적인 편향을 되도록 시정하여 평정과정상의 합리성을 유지할 것 등이며, 인사고과를 하는 데는 업종, 사용목적, 고과평가자의 직종 등에 알맞은 방식을 선택하여야 하겠으나 대체로 다음과 같은 방식이 있다.

1. 서열법

직무평가에 있어서의 서열법과 같이 근무성적이나 능력에 대하여 순위로 서열을 매기는 방법이다.

2. 평정 척도법 - 가장 많이 쓰이는 방법이다

- 장점 : 분석적인 평정방법을 적용한 점, 평정의 타당성, 계량화와 통계적 조정을 가능케 하는 것
- 단점 : 고과요소의 구성과 선정이 어렵다. 고과표의 비중결정이 어렵고, 설령 효과적인 비중이 결정된다 하여도 그 효과가 의심스럽다는 것이다. 각 단계에 인위적으로 점수를 줌으로써 계량화할 수 있다 하여도 후광 효과 등 평가오차를 방지하기가 어렵다는 것 등이다.

1) 도시평정 척도법(graphic rating scale method)

- 평가요소마다 주어진 측정척도에 따라 피 평가자에 대한 평가를 표시하는 것
- 평가요소를 간단히 기술하고 척도의 각 단계를 설명함으로써 평가요소와 척도단계에 대한 평가자의 공통된 이해를 높임으로써 평가결과의 정확도와 신뢰도를 높일 수 있다.

2) 행위기준고과법 (BARS: Behaviorally Anchored Rating Scale)

(1) 중요과업의 선정 - 직무를 구성하고 있는 중요과업과 책임분야를 선정한다.

(2) 척도설정과 기준행위의 기술

(3) 과업행위의 평가

(4) 고과표의 동시설계

행위기준고과법의 장단점

장 점	단 점
1. 비교적 이용하기가 쉽다. 2. 기준이 무엇인지 명확하게 나타난다. 3. 보다 객관적이고 정확하게 평가한다. 4. 여러 평가자들에 의한 평가의 일관성을 증가시킨다. 5. 종사원의 강점과 약점에 대한 보다 유용한 정보를 제공하고 직무수행의 토의를 활발하게 한다.	1. 제작에 많은 돈과 시간이 요구된다. 2. 결과가 아닌 직무행위를 측정한다. 3. 평가자가 종사원의 행위에 적용시킬 기준을 찾지 못하면 문제가 발행한다. 4. 직무가 자주 바뀌는 경우에 있어서는 이 방법을 유지하기 어렵다.

3. 목표 관리(MBO: Management By Objectives) - 1950년에 창시

1) 업무 당담자가 상위자로부터 각종 정보를 제공받아 자신의 목표를 측정 가능한 목표로 설정

2) 상위자와 협의하여 조직목표와 비교, 수정하여 목표확정

3) 업무수행, 기말에 업무수행 과정과 결과를 목표와 비교, 평가

4) 상황적 요인을 검토하여 문제점, 개선점을 공동으로 검토하여 다음기의 목표를 설정

- 장점 : 피 평정자의 참여로 동기화에 효과적이고 능률이 향상
- 단점 : 도입실시에 시간, 비용, 노력이 많이 들고, 부서에 따라서는 유의한 목표를 세우기가 곤란하다.

4. 대조표법

1) 가중 대조표법 -항목의 점수는 평정 자에게 비밀로 하는 것이 보통이며 대표적인 것으로 프로브스트식과 오드웨이식이 있다.

2) 강제선택법 - 서열법의 대안

미리 고과의 범위와 수를 결정해 놓고 피고과자를 소정의 비율에 맞추어 할당해 넣는 방법

5. 서술식 고과법

1) 자유서술법- 피 평정자의 자기평가를 자유롭게 기술하게 하는 일종의 자기평정의 방법이다.

2) 중요사건 서술법- 중요 사건법은 평가자가 피 평가자의 특별히 효과적이거나 비효과적인 행위가 발생하는 경우에 즉시 이를 기록하여 두었다가 평가를 하는 방법이다.

6. 토의식 고과법

1) 현장토의법 - 인사담당자가 감독자들과 토의하여 정보를 얻어 평정하는 기법으로 구체적 정보를 얻을 수 있고, 진지한 고과를 할 수 있으며, 평정기준을 안정시킬 수 있으나 시간과 비용이 많이 들고 피 평정자의 참여가 전혀 없어서 불신감이 생길 수 있다. 이 현장 토의법은 인사담당자의 평정자들이 모여 평정상의 견해차나 평정기준의 불일치를 조정하는 것으로 해석되기도 한다.

2) 면접법 - 보통 보충적으로 업적분석, 평정결과의 토의, 상담 등에 주로 쓰인다.

3) 위원회 지명법 - 특별히 구성원 평정위원회에서 피 평정자를 지명하여 토의한 뒤에 평정하는 것으로 라인의 정상적 업무를 방해하지 않으나, 직속상사가 참여하지 못하여 일상적 평정정보가 제한되므로 평정 자체의 역할과 의미가 반감된다.

제3절 호텔인사고과관리의 문제점

일반적으로 말할 수 있는 문제점들은 호텔에서 종사원을 관광진흥법으로 규정한 자격제도와 연공이나 학력 중심의 인사제도는 별개로 하더라도 자격의 점수에 능력의 의미를 부가하여 연공이나 학력 등의 요인과 함께 인사고과의 결과를 반영하여 승격시키려고 하는 호텔의 경우에는 이론적으로나 실제적으로나 문제점이 있게 된다. 인사고과는 본래 각자에게 주어진 직무의 수행에 관한 고과에 밀접하게 관계가 되는 반면, 자격제도는 인간의 일정한 기본능력 차이를 보는 개념이기 때문에 어떤 부문의 직무수행의 우열이 자격을 나타내는 것이 아니므로 능력의 유무와는 직접 관련이 없는 것이다.

그리고 인사고과의 가장 중요한 부분이 되는 능력을 어느 척도로 고과할 수 있는가하는 것이다. 오늘날 인적자원관리상 능력개발의 문제가 대두되고 있는 때에 본래 목적한 승진·배치·교육 등에 기여하려면 자격제도를 바탕으로 한 능력의 평가를 본격적으로 할 필요가 있다. 그러므로 직무와의 연관 속에서 능력과 실적을 평가하는 방법으로 개선되어야 한다.

1. 후광효과(halo effect)

후광효과는 고과자가 피고과자의 한 평가요소에 대한 호의적 혹은 비호의적인 인상이 다른 모든 평가요소에 대해서도 동일하게 평가하려는 경향을 나타내는 것을 말한다. 예를 들면 평가대상이 친절성, 성실성, 책임감 등일 때 고과자는 친절성이 좋다고 생각하고 높은 점수를 받은 사람의 경우 다른 평가대상에 대해서도 좋을 것이다. 라고 생각하고 높은 점수를 주게 되는 심리적인 경향을 말한다. 즉 전반적인 인상으로 개개의 특성을 평정하여 버리는 경향을 말한다.

2. 호온효과(horns effect)

후광효과의 반대되는 오류로써 고과자가 피고과자에게 어떤 한 부분을 나쁘게 평가한 경우 그 인상이 다른 평가부분에도 영향을 미쳐 나쁘게 평가하게 되는 경우이다.

3. 관대화 오류(leniency error)

피고과자의 실제의 능력이나 실적보다도 더 높게 평가하려는 경향을 말한다. 이와 같은 경향이 나타나는 원인은

1) 부하를 나쁘게 평가하여 대립할 필요가 없다는 것
2) 자기 부하가 타부문의 종사원에 비하여 더 나쁘게 평가되는 것을 피하기 위한 것
3) 나쁜 평가가 곧 고과자 자신의 책임으로 간주될 수 있다는 것

등을 들 수 있다. 이것이 관대화 경향의 동기가 되고 또한 원인이 되는 것이다. 따라서 각 평가요소에 대해서 명확한 정의를 하고 고과자로 하여금 신중한 평가를 하도록 훈련하여 공정을 기하여야 할 것이다.

4. 심각한 오류(severity error)

관대화 경향과 반대되는 개념으로 피고과자를 필요 이상으로 낮게 평가하는 경우인데, 이것은 평가자가 완벽주의자이거나 평가기준의 이해를 지나치게 하여 피고과자를 평가하는 경우이다.

5. 중심화경향 오류(the error of central tendency)

이는 평가의 결과가 평가상의 중간으로 나타나기 쉬운 경향을 말한다. 이것은 일반적으로 극단적인 평가를 피하려 하는 인간의 자연적 경향 때문에 발생한다. 이러한 경향의 원인은 관대화 경향의 경우와 비슷한데

1) 고과자가 평가방법을 이해하지 못하였거나 평가능력이 부족한 경우
2) 평가방법에 대해 회의적이거나 피고과자를 잘 알지 못하는 경우
3) 낮게 평가할 경우 피고과자와 감정적 대립을 우려하여 중간으로 평가하거나 소홀히 평가한 경우 등이다. 이러한 결점을 해소하기 위해서 강제할당법과 서열법 등을 활용할 수 있고 또한 각 평가요소의 단계별로 엄밀한 정의를 함으로써 어느 정도 이것을 예방하는 효과를 거둘 수 있다.

6. 시간적 오류(recently error)

이는 고과자가 피고과자를 평가함에 있어서 쉽게 기억할 수 있는 최근의 실적이나 능력중심으로 평가하려는데서 생기는 오류이다. 피고과자는 그가 평가를 받고 있다고 생각하면 고과자의 눈치를 살피는 것이 보통이다. 이와 같은 오류는 평가센터를 운용하거나 중요사건 기록법을 사용하여 피할 수 있다.

7. 첫인상의 오류(first-impression error)

고과자가 피고과자의 평가에 있어서 지속적인 업무수행이 아닌 피고과자의 첫인상만

으로 평가를 하는 것으로 외부노동력에 대한 선발 면접시 혹은 잘 알지 못하는 피고과자를 평가할 경우 발생되기 쉬운 오류이다.

8. 고정 오류(fixed-impression error)

고과자가 피고과자의 평가에 있어서 단지 몇 가지 관찰에 의해서 얻어진 평가로 피고과자에 대한 고과자의 고정관념에 의해 발생되는 오류이다.

9. 상동적 오류(stereotyping error)

지각에 의해 발생되는 오류의 형태-특정종교, 사회단체 등에 좋지 않은 감정을 갖고 있을 때 이러한 감정이 피고과자 평가에 나타나는 경우의 것

10. 연공오류(seniority error)

연공적 속성인 연령, 학력, 근속연수가 평가에 영향을 미치는 경우

제4절 노동생산성 및 직무평가

직무분석의 결과로 파악된 직무내용과 요건을 중심으로 직무 기술서가 작성되고 직무요건 중에서 질적요건을 중시하는 직무명세서가 작성이 되면 이는 직무의 상대적 가치를 결정하는 직무평가의 기초 자료로 이용된다. 직무평가의 제반 자료는 호텔기업 내에서 임금구조와 체계를 확립하고 인적자원관리 전반의 합리화를 기하는데 그 목적이 있으며 그의 구체적인 내용은 다음과 같다.

1. 직무의 질적 측면에서 직무의 상대적 가치와 그 유용성의 결정 자료를 제공한다.
2. 노사 간에 타당성을 인정할 수 있는 임금의 차등으로 종업원의 근로의욕을 고취시켜 노사협력 체제를 확립한다.
3. 조직의 직계제도 확립과 직무 또는 직급제도 정립을 위한 자료를 제공한다.
4. 노동시장에서 노동자를 유입할 수 있는 우월한 임금체계를 수립하는 자료를 제공한다.

5. 단체교섭을 위한 자료를 제공하는 등의 다양한 효과를 얻는다.

오늘날의 경쟁적인 시장에서 호텔업 경영자들은 생산성에 큰 관심을 둘 필요가 있다. 그러나 임금과 복지후생이 오르는데 비하여 그들 직원의 부가적인 생산성은 그리 높은 편은 아니다. 따라서 인적자원관리 부서에서는 생산성 증가를 고무시킬 분위기를 만드는데 관여해야 하며, 결국 호텔산업의 미래는 종사원의 업무수행 평가나 검토로 모든 종사원들 내부에 있는 많은 잠재능력을 이끌어 냄으로써 생산성을 증가시켜야 한다.

- 기록관리(Record Keeping)

다른 임무 못지않게 기록관리도 인적자원관리부서의 매우 중요한 기능이다. 고용주들이 개인기록을 정확하게 파악할 수 있도록 하고 그 내용은 임금 및 각종 세제에서부터 복지후생 수혜에 이르기까지 종사원의 모든 근로관리에 관한 업무이다. 따라서 이를 효율화하기 위해서는 전산화된 기록관리 시스템이 효율적으로 이용되고 있다.

Chapter 4

호텔교육 및 개발 (Training and Development)

환대산업의 교육 및 개발에는 많은 형태가 있으며 점차 더 세분화되고 있다. 예로서, 경력개발 프로그램, 경영훈련 활동, 시간제 종사원들을 위한 교육 세미나, 모든 조직원에 대한 오리엔테이션 프로그램, 성략 상담 및 다양한 워크숍 등이 그 예이다. 종사원의 능력개발은 그 업체의 미래에 대한 투자이다. 대부분의 대규모 회사에는 종업원의 능력개발을 위한 프로그램이 있다. 오늘날 환대산업 종사원들의 능력개발은 매우 중요한 문제로서, 더 나은 질적 서비스를 제공하려면 잘 훈련된 우수한 인력이 필요하며 이러한 종업원들을 지원하는 것이 바로 인적자원부서가 해야 할 가장 큰 과제일 것이다.

호텔종사원을 합리적으로 선발 · 채용하였다고 반드시 유능한 인재를 확보한 것은 아니다. 채용된 이들이 바로 해당 직무의 적응은 물론 호텔의 조직풍토에 바로 순응하기는 쉽지 않기 때문이다. 또한 오늘날과 같이 동태적으로 급변하게 이루어지고 있는 변화는 모든 직종에 걸쳐 그 직무내용에 필연적으로 변혁을 발생하게 한다. 그러므로 이에 대처할 새로운 지식을 전달하는 개발관리가 매우 중요하다. 또한 유지 · 발전은 물론 유용한 사회인의 유지육성을 위하여 호텔은 종사원들의 평생교육을 분담하지 않으면 안 된다. 특히 유용한 인재를 스카우트하는 현 실정에서 인재의 내부 보유란 자산과 자본관리의 내부보유 못지않게 대단히 중요하다.

현대 인적자원관리에서 모든 진보발달의 기초는 교육에 있다고 말하고 있듯이 인간으로 하여금 사리를 잘 분별하고 진상을 이해하며, 정확한 판단력, 최선의 처리를 행할 수 있게 하는 것은 교육훈련의 힘이다. 교육이 없는 인간은 어떤 점에 도달하면 그 이상 발전하지 못한다. 특히 호텔의 경우는 일반고객으로부터 신뢰의 대상이 되느냐 되지 못하느냐 하는 문제가 종사원의 서비스 수준에 크게 의존하고 있다. 타 기업도 그러하겠지만 인적 서비스를 상품화하고 있는 호텔에서는 교육훈련의 필요성이 대단히 중요한 것이다. 그러므로 교육훈련은 현장 또는 말단 종사원에서부터 감독자, 관리자, 그리고 경영자에 이르기까지 호텔 내의 모든 사람에게 필요하며, 일정 시기마다 계속적으로 실시되어야 한다.

교육훈련은 직무기술을 전제로 하여 이루어지기 때문에 그 직무가 필요로 하는 직무요건이 밝혀져야 하고, 현재의 직무기술이 미흡한 부분은 교육훈련에 의해서 보충되어야 한다. 일반적으로 부분적인 교육훈련보다는 전반적인 교육훈련의 필요성을 중요시하고, 계획과 실시 및 효과에 주력해야 한다. 그러므로 신규 종사원에게 교육훈련을 통해서 호텔의 전반적인 실정을 이해시키고, 자기가 담당할 직무에 필요한 제 요건에 관하여 제시를 받을 수 있으며, 근무시의 제반 안전관리와 사고에 대한 주의력을 갖게 되는 것이다. 그리고 교육훈련을 통해서 새로운 지식과 기술을 익히게 되어 호텔상품 판매에 기여하게 된다. 그러므로 교육훈련은 신입 종사원으로부터 경영자에 이르기까지 모든 계층이 그 대상이 되며, 경영자의 입장에서 보면 교육훈련을 통해서 경영목표달성을 위해 종사원을 조직화하고 전력화하는데 의의가 있으며, 종사원 측에서 보면 개인이 가지고 있는 자아에 대한 인식과 생활을 통해 호텔경영에 투입시킴으로써 종사원만을 위한 것도 아니고, 기업만을 위한 것도 아닌 서로를 위해 계획되고 운영되어야 한다는 양자의 존재가치를 살려서 적극적인 성과를 기대할 수 있게 되어야 한다.

교육훈련이란 국어대사전에 의하면 '교육은 성숙한 사람이 아직 성숙하지 못한 사람에게 심신의 모든 기능을 교육시킬 목적으로 일정한 방법에 의하여 일정기간 계속하여 미치는 영향, 피교육자의 지식 · 이해 · 태도를 기르고 생활을 발전시키며, 인격을 형성하는 인간의 교육과정'이며, 훈련은 '일정한 목표 또는 기준에 도달케 하기 위하여 실천시키는 실제적 활동' 이라고 설명하고 있다.

인재등용도 좋으나 적재를 선정하여 경험이 없는자는 사회인으로서는 미완성이므로 경험을 경시하면 안 된다. 그래서 호텔경영의 제 기능 중의 하나인 훈련기능은 타 기능과의 관련 하에서 수행되어야 한다. 따라서 그의 구체적 활동은 다른 경영계획을 충분히 고려해 넣고 그들과의 관련 하에서 실시되어야 한다. 즉 훈련기능은 유력한 경영기능의 하나로서 인정하고, 의식적 · 계획적 · 계속으로 개발하는데에 기업 내 교육훈련의 현대적 의의가 있는 것이다.

제1절 교육훈련의 의의

1. 종사원관계의 중요성

경영상태의 평가 측정방법으로서 재무분석방법이 잘 이용되어 왔다. 그러나 이것만으로는 불충분한 것으로서 생산성 사기 등과 같은 종사원관계가 대단히 중요한 것으로 평가되고 있다. 원래 인간관계는 복잡한 것이므로 등한시 되기 쉽다.

따라서 앞으로는 경영능률증진을 위한 원만한 종사원관계의 조성은 교육훈련문제로 등장하게 된 것이다. 종전에 경영자는 일반 종사원을 종적인 관계로 보았으나 이제부터는 교육의 기본이념을 인간의 존중과 자유에 두지 않으면 호텔발전을 위한 효과적인 교육훈련이 될 수 없다고 보게 된 것이다.

2. 교육훈련의 역할

한 호텔의 장래성이란 것은 그 곳의 인간이 잠재능력을 어느 정도 발휘하고 있느냐, 또 관리능력을 가진 간부의 양성, 훈련이 충분히 되어 있느냐의 정도에 달려있고, 그것은 기업의 번영발전으로 연결된다. 기업은 사람이다. 라는 말과 같이 전 종사원에 대한 훈련 여부가 그 기업의 우열에 중대한 요소가 되는 것이다.

3. 사회적 기능의 중요성

사회적 기능(social skill)이란 일종의 사회능력으로서 기술적 숙련(technical skill)에 대한 것이다. 기술적 숙련은 우선 당장 필요한 부분이 많기 때문에 어떤 기업에 있어서도 관심을 갖고 훈련하기 쉽다. 그러나 오늘날 기술혁신의 속도가 점점 빨라지고, 또 국제경쟁도 심화되고 있어 단순히 형식에 사로잡힌 지식기능만으로선 대항할 수 없게 되었다. 원래 사회적 사교적 숙련을 위한 교육은 하루아침에 이루어지는 것은 아니다. 그렇다고 해서 소홀히 다룰 수도 없는 것이다. 이것은 가정에서나 학교에서 어느 정도 교육되지 않으면 안 된다. 그것이 만족할 정도로 실시되고 있지 않는 오늘날, 이런 면에 있어서도 산업교육의 역할은 현저히 증대될 것으로 생각된다.

4. 인간능력의 개발

호텔 내 교육훈련의 이상은 자기개발의 기반조성이라고 해도 과언이 아니다. 그것은 자각의 자주적 활동이고, 더욱이 그의 진전은 무한이라 해도 좋을 것이다. 그러나 이것도 가만히 있으면서 자연학습에 일임한다면 효과는 기대하기 어렵다. 이에 강한 동기부여와 습관화는 적극적인 기업 내 교육활동에 의하는 것이 필요하다.

이와 같이 교육훈련은 인사 노무관리제도와의 밀착에 의해서 비로소 그 효과를 나타내는 것으로서 능력중심주의적 인적자원관리제의 확립과 더불어 결국은 교육훈련의 필요성과 그 효용성이 인식될 것이다. 인사제도와의 관련에 대해서 생각하면 기업에 있어서는 단순한 지식이나 능력 그 자체가 유용한 것이 아니고, 그것이 행동으로 구현됨으로써 의의가 있으므로 인재육성은 일시적인 주입만으로써 달성되는 것은 아니다. 각자의 자발성에 대처함이 효과적이고, 기업은 이것을 조장하기 위해서 인적자원관리제도가 필요하고, 교육훈련제도는 이와 같은 제도의 일환으로서 사명을 다할 수 있을 것이다. 인사계획과의 관련에 대해서 보면, 기업내 교육훈련계획은 장기적으로 생각하면 채용의 문제부터 배치 승진 조직개혁 등 인적자원관리상의 타 계획과 밀접한 관련을 가지고 있다. 따라서 경영의 발전이 우수한 인재를 요구한다 하더라도 기업은 항상 그 성장의 시점에 있어서 장래의 경영구조를 상상해서 채용 배치 승진을 결정해야 하며, 기업 내 훈련계획도 당연히 이에 합치하는 것으로 수립되어야 한다. 조직통제도 안정시키지 않고 또 필요한 인재도 육성되지 않은 상태에서 훈련계획을 하는 것은 옳은 방향이

아니다. 인사 노무관리에 있어서 교육훈련의 중요성이란 장기적으로나 단기적으로도 충분히 검토되고 조직되고 계속적으로 이루어지는 것에 대해서만 말할 수 있는 것이다.

더욱이 인사고과와의 관련을 보면, 인사고과는 일정기간의 직무평가를 기초로 해서 어떻게 교육훈련하면 필요한 지식능력을 갖게 하느냐를 보고 있다. 교육훈련과의 관련은 결국 기업에 유용한 인재육성에의 협력이다. 종전의 인사고과는 종사원의 처우자료로서 사용되는 경우가 많고, 사람의 성격이 있는 것 같이 생각되기 쉬우나 진정한 인사고과는 더욱 훌륭한 종사원을 만드는 교육훈련자료를 제공하는 것을 중시하는 것이 요청된다. 그리고 이동 승진과의 관련을 보면, 교육훈련이 이루어지는 경우, 교육훈련의 한 방법으로 이동 승진이 이루어지는 경우가 있다.

질적인 서비스(quality service)를 촉진하기 위한 한 가지 방법은 업무수행 표준을 개발하기 위해 직무기술서(job breakdowns)를 이용하는 것이다. 직무기술서에 따라 각각의 직무에 따라 특정수준의 질을 갖춘 업무수행 표준안을 개발할 수 있다. 업무수행 표준안은 준수와 측정이 가능해야 한다. 일단 업무수행의 표준안이 제자리를 잡으면, 그것이 종사원 교육에 관한 토대와 관점을 제공해 주게되며, 이 종사원 교육은 인적자원부서 스텝이나 그 부서 직원에 의해 수행 되어간다. 인적자원부서에서는 종사원들의 직무를 자세히 파악하고 있어야 하며, 그들을 적절히 훈련하기 위한 모든 교육을 주관해야 한다. 대부분의 호텔과 레스토랑이 성공하게 된 것은 부분적으로는 모든 종업원들이 조직에서 그 들의 역할을 이해하는 것을 충실하게 하는데 있다. 따라서 종업원들을 교육시키기 위한 프로그램에 많은 투자가 필요하다.

제2절 교육훈련의 목적과 효과

1. 교육훈련의 목적

기업에서 교육훈련을 실시하는 궁극적인 목적은 전 종사원의 지식, 기능 태도를 향상시킴으로서 기업을 발전, 유지시키는데 있다.

이것은 기업측면에서 본다면 업무의 능률을 향상시키고 그것을 계속적으로 발휘할 수 있도록 인재를 육성하는 일이다. 그리고 종사원의 측면에서 보면 인간 완성과 이에 따른 처우의 향상이 교육훈련이 의도하는 바라고 할 수 있다.

호텔에서의 교육훈련의 목적도 크게 두 가지 입장에서 고찰해 볼 수 있다. 하나는 호텔의 경영자측에서의 입장인데 그것은 고용하고 있는 종사원으로 하여금 그들의 서비스 정신자세를 확립시키고 서비스 기능·기술을 습득·향상시켜 호텔의 계속적인 유지·발전을 도모하고자 하는 것이다. 또 하나의 목적은 종사원측면에서의 목적으로서 그것은 그들로 하여금 자기개발의 욕구를 만족시켜 자기발전의 기회를 제공함으로써 그들이 호텔생활을 성공적으로 해 나갈 수 있도록 하기 위함이다.

2. 교육훈련의 효과

교육훈련의 효과에 대하여 피고스와 마이어(P. Pigors and C. A. Myers) 교수는 다음과 같이 지적하고 있다.

1) 입사교육훈련으로 신규정사원은 기업의 내용, 그 방침과 규정을 파악함으로써 친근감과 안심감을 가질 수 있다.

분 류 기 준	훈 련 종 류		
교육훈련대상	신 분 별	임직훈련, 종업원훈련, 임시직훈련	
	계 급 별	작업자훈련, 감독자훈련, 경영자훈련	
교육훈련실시장소	사내교육훈련	직장교육훈련OJT	
		직장 외 교육훈련off JT	
	사외교육훈련	대학, 교육기관	
교육훈련의내용	신 입	임직훈련, 기초교육훈련	
	종 업 원	직무훈련	직업학교훈련, 도제훈련, 실습훈련
		교양훈련	일반교양강좌, 기초훈련
		세계화	
	강 의 식	직접강의, TV강의	
	통 신 식	우편, 전자메일	
	회 의 식	자유토의, 배석토의, 담화, 분반토의	
	직 무 순 환		
	시 청 각	영화, 차트, OHP, COMPUTER, TV강의	
	참 여 식	역할연기, 감수성훈련, 비지니스게임	
	사 례 연 구		
	자 기 개 발	사외위탁, 언어교육	

2) 신입종사원은 직무에 대한 지도를 받아 질과 양이 모두 표준에 달하고 임금의 증가를 도모할 수 있다.
3) 재해, 기계설비의 소모 등의 감소에 유효하다.
4) 종사원의 불만과 결근·이동을 방지할 수 있다.
5) 내부 이동시에 대비하여 다기능, 승진에 대비한 능력향상을 도모할 수 있다.
6) 새로 도입된 신기술에 종사원의 적응을 원활히 한다.

제3절 교육훈련 발전과정

우리나라 기업에 있어서 인력개발을 위한 교육훈련의 개발과정은 미국 일본 등의 선진국에 비교하여 볼 때 기업의 짧은 연령과 함께 30여년의 역사를 갖고 있는데, 우리나라 산업교육의 발전과정을 개관해 보면 다음과 같다.

우리나라의 산업교육은 30여년의 비교적 짧은 역사 속에서 성장하여 왔다.

60년대에는 도입 생성기로서 몇몇 주요 산업교육 전문단체와 소수의 대기업이 주도적 역할을 하였을 뿐 기업내 교육훈련의 중요성이 전 산업계에 인식되지 못하였었다. 이후 1970년대에 들어와서 '기업은 곧 사람'이라는 말과 함께 인재양성의 중요성이 지각되면서 산업교육에 대한 관심이 높아지게 된 것이다.

또한 1980년대 이후에 들어와서는 급격히 변화하는 기업 내외의 환경에 맞추어 기업의 전략적인 인재육성에 대한 관심이 제기되고 있으며, 기업의 교육훈련에 대한 전통적 관점으로부터 현대적 관점으로 전환되고 있는 과도기적 양상을 나타내고 있다.

그러나 이와 같은 산업교육의 성장 발전에 따라서 기업이 인력개발을 위한 스스로의 교육훈련을 수행해 나가는 기업들이 크게 증가하고 있기는 하지만 현존하는 산업교육의 실태와 기업의 인력개발 현황을 분석해 보면 보다 효율적으로 개선되고 극복되어야 할 과제들이 많은 것이 지금의 현실이다.

1. 교육훈련의 분류

1) 내용별 분류

현대사회가 고도의 산업사회로 지향해감에 따라 호텔의 교육훈련에 있어서도 전문화 내지 다양화 특수화되지 않으면 안 될 실정이다. 특히 경력개발 계획관리에도 관심을 가져야 할 때가 되었다. 이렇게 가속화되고 있는 현실에서 경영주만에 의한 종사원 교육훈련으로는 만족할만한 성과를 올릴 수가 없다. 사내적으로는 경영주와 종사원, 사회적으로는 학교교육과 사회교육이 전반적으로 혼합될 때 호텔이 추구하고자 하는 이익과 훌륭한 서비스가 기대될 것이다. 그러면 하나의 호텔이 성장발전하기 위한 수단으로 종사원 교육훈련은 기초교육훈련, 순수하게 사내에서 현장을 중심으로 한 직장 내 훈련, 종사원이 사내에서 직무수행 상 필요로 하는 기술이나 지식을 터득할 수 없는 경우 사외에서 교육훈련을 이수케 하는 직장 외 교육훈련 등으로 대별할 수 있겠다.

(1) 기초교육(basic education)

인간은 태어나면서부터 의식주의 영역에서 생활을 영위함과 동시에 생애인식, 즉 일의 세계에 관한 일반적 이해와 자각단계인 초등교육과정과 일의 세계에 관한 흥미유발, 직업에 관한 예비적 탐색 및 기초경험을 맛볼 수 있는 중등교육과정을 거친다. 이 과정을 마치면서 자기의 직업관에 대한 방향과 목표를 정하게 된다. 우리나라 호텔의 교육훈련이 하나의 모델이 주어진 여건 하에서 학교교육이나 기타 제반교육이 실시되지 못하고 있음이 아쉽다. 역시 관광종사원이 기초교육훈련도 호텔입사 전에 최소한의 품위와 자질이 갖추어질 수 있는 제도적인 방안이 마련되어져야 할 줄로 안다. 그렇게 되면 직장 내 훈련에 있어서도 쉽게 적응할 수 있을 것이다.

한편 직장 내 종사원에 대한 기초교육훈련의 필요성은 사고의 개념에 따라 다르나 자기의 주관적인 생활양식과 자세속에서 기업이 추구하고자 하는 방향으로 나가려면 사고의 일치와 기업관의 일치가 요구되어지는 바, 선 조건으로 익혀야 할 몇 가지 예로써는 다음과 같다.

① 신입사원으로서 알아야 할 기초지식과 정신자세의 확립

② 미래회사가 요구하는 것은 무엇인가?

③ 조직인으로서의 활동의 기본은?

④ 효율적이고 능률적인 서비스 방법은?

2) 직장내 재교육훈련(on the job training)

직장내 재교육훈련이란 직장내 현장에서 업무를 수행함에 있어 필요한 지식, 태도, 기능을 교육 훈련하는 것을 의미한다. 과거에는 종사원들이 현재에 담당하고 있는 업무를 수행하는데 요구되는 능력을 분석하고 부족한 능력을 길러 주는 것이 중요목표 중의 하나였으나 근래에 와서는 현장에서의 문제 해결능력이나 미래의 업무수행에 필요한 잠재능력의 배양에 더욱 치중하고 있다.

일본의 경우 호텔을 세계수준으로 도약시킬 수 있었던 것은 직장내 재교육훈련 치중이 주된 원인의 하나임을 다음과 같은 실례에서 보늣이 알 수가 있다.

시대구분	발전과정	산업교육의 흐름
1960년대 초 - 1960년대 후	도입기	제3공화국 출범 후 새마을 교육이 집합교육의 효시 직업훈련법 제정 기업단위의 소규모 오리엔테이션 교육 시작
1970년대 초 ~ 1970년대 후	성장기	각종 산업훈련단체 설립 계층별 교육도입 단체 합숙교육을 통한 정신교육 강화 교육스탭과 조직의 확보
1970년대 후 ~ 1980년대 초	성숙기	기업교육의 자생적 운영기관 확충 정형 교육훈련프로그램 도입 경영관리 교육 직능별 교육 해외연수 및 외국어교육 확대
1980년대 중~ 현재	발전기	장기계획에 의한 기업교육의system approach 경영관리교육의 확대 및 고도화 정보화 사회에 대응한 교육(OA 및 computer 연수) 부문별 전문교육의 확대 조직 활성화를 위한 교육

먼저 호텔의 직장내 재교육훈련의 사례는 다음과 같다.

- 신입사원 연수
- 지배인 연수
- 테난트(tenant)연수
- 사외종사원 연수
- 중간관리직 연수

직장 내의 재교육훈련의 본질을 열거해 보면 다음과 같다.

- 상사가 부하에게 계획적으로 행하는 훈련
- 자기개발에 기초를 둔 지속적 교육훈련
- 원칙적 기초적인 것이 아니라 실천적 응용적인 훈련
- 직장별 요구에 의한 개별적 관리
- 개인의 경험 능력개발을 위한 개별교육 개별지도
- 계속적인 동기부여
- 참여와 커뮤니케이션을 최대 활용
- 업무수행 중 숙지
- 자극과 반응과정
- 협력적 기술
- 하고자 하는 의욕의 풍토조성, 자립성, 가치성, 협동정신
- 직장 내 재교육훈련에 의한 인간관계가 직장내에 바람직한 태도와 팀워크 형성 등

3) 직장 외 교육훈련(off the job training)

각 분야의 전문적인 지식이나 기술습득을 위해서 종사원들을 외부기관에 파견해서 교육훈련을 시키는 것을 통틀어서 사외교육훈련이라고 칭할 수 있다. 각 연구단체의 각종 세미나에 참가시키는 교육, 해외연수 등도 모두 사외교육훈련에 포함된다. 현대 호텔의 직무도 시대의 흐름과 같이 점점 전문화 세분화 되어 감에 따라서 기업내 교육훈련 중에서 사외교육훈련이 차지하는 비중도 높아져 가고 있고 도외시 할 수는 없는 실정이다. 그러면 일반적인 분류방법으로 플리포(Edvin B. Flippo)의 직장 외 교육훈련의 분류내용을 열거하면 다음과 같다.

- 특별과정이나 특수교육
- 역할연기

- 감수성 훈련
- 조직적 통찰력
- 시뮬레이션
- 회의식 훈련
- 복식관리
- 특수한 미팅

4) 계층별교육훈련

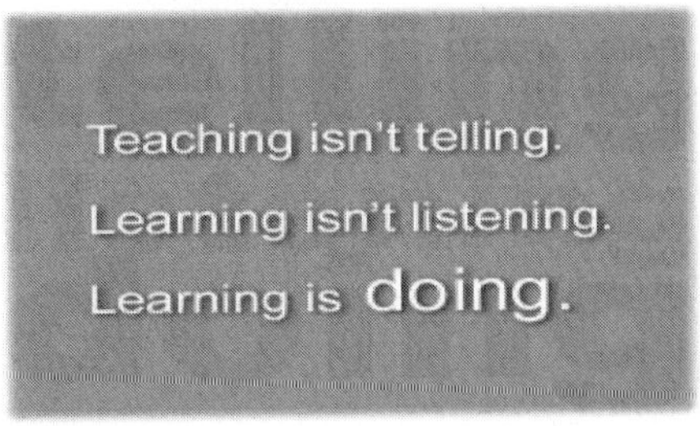

교육훈련에는 기업내의 기초교육과 재교육으로 구분하여 실시하게 된다. 기초교육은 신입종사원이 호텔의 전반적인 업무에 대한 것과 자기가 근무해야 할 위치에서 필요한 전문교육이 있고, 재교육은 시대의 흐름에 따라 세태가 변화해 가는데 적응할 수 있도록 하는 교육으로서 변화에는 발전이 따르고, 발전에는 반드시 경쟁이 있게 마련이다. 그러므로 경쟁에 이기고 앞서가기 위해서는 새로운 지식과 기술을 필요로 하게 되며, 새로운 지식과 기술을 도입하기 위해서는 재교육의 실시로 종사원의 수준을 고도화 해야 하는 것이다.

이러한 교육은 호텔내에서 실시하는 자체 교육훈련과 외부 교육훈련으로 구분하고 호텔 자체에서 하는 교육훈련은 총지배인이나 부서의 전문가나 책임자가 실시하거나 외부로부터 전문가를 강사로 초청하여 교육하게 된다. 그리고 외부의 교육훈련은 종사원을 전문교육기관에 보내서 받도록 하는 것과 해외선진국 전문업체나 교육기관에 파견하여 받을 수 있도록 하는 방법이다. 이러한 교육의 대상은 신입종사원 교육훈련, 감독자 교육훈련, 중간관리자 교육훈련, 경영자 교육훈련 등으로 계층과 직능별로 구분해서 실시를 한다.

(1) 신입사원 교육훈련

신입사원은 호텔의 입장에서 본다면 새로운 인력이지만, 신입사원측에서 본다면 호텔은 그 후 자기인생의 태반을 지내게 되는 중요한 생활의 터전이라고 할 수 있다. 호텔에는 호텔독자의 목적과 성격이 있다. 오랜 역사와 전통을 지니고 있는 기업 정도가 되면 배척할 수 없는 기풍 사풍 관습이 있다. 신입사원으로서는 이와 같은 미지의 벽에 부딪쳐 자신이 간직하고 있던 꿈이 무너지는 경우가 있다 할지라도 그 기업에 운명을 맡기고 거기서 자기성장을 이룩하도록 자각심을 지녀야 할 것이다.

① 신입사원교육의 목적과 내용

- 신입사원교육의 목적은 그것을 포괄적인 표현으로 기술한다면 새로운 환경에로의 적응교육
- 학교생활로부터 근로자 또는 사회인으로서 생활의 적응
- 학생으로서의 생활환경으로부터 특정기업의 조직내 생활에의 적응
- 아카데믹한 기초교육, 지적생활로부터 응용적 실무적 생활에로의 적응

② 신입사원교육의 단계

신입사원교육이라고 하면 어쨌든 도입교육을 상상하게 되는데, 신입사원교육은 그것에 그치는 것이 아니라 효과적인 교육의 전개라는 견지에서 본다면 다음과 같은 단계로 나누어 각각 그 목적과 구체적 견해에 대해서 고찰해야 한다.

가. 입사전 교육

입사전 교육의 존재 이유로서는 입사예정자를 교육한다기 보다도 회사의 내용을 구체적으로 알리고 미지의 사회에 쉽게 적응할 수 있는 정보를 제공할 수 있는 식으로 회사의 PR에 중점을 두어야 한다고 할 수 있을 것이다.

입사전 교육의 주 내용은 통신교육으로서 채용이 내정되면 즉시 합격 축하장이나 회사개요 사내보 또는 기타자료를 자택으로 우송하는 방법 등이다.

나. 입사식

취직은 인생의 3대 전환기 가운데 하나라고 한다. 그 출발을 엄숙하게 하는 것이 입사식이라고 할 수 있다. 입사식은 신입사원에게 새로운 자각을 하게 한다는 뜻에서 그 의의를 인식할 필요가 있다.

다. 제1차 집합교육(orientation)

㉠ 오리엔테이션(Orientation)

오리엔테이션 프로그램은 신입사원을 대상으로 실시되며, 신입 종사원이 직무수행을 통해 기업에 성공적으로 공헌하는 방법과 사회에 공헌하는 방법 및 절차에 관해 설명하고 호텔의 내부적 사규 기본정책을 소개하는 훈련계획이다. 이것은 신입종사원이 지식과 기술을 갖고 있다 해도 기업과 개인이 새롭게 일치할 수 있는 기회를 부여하는 것이므로 신입종사원에게는 중요한 계기가 된다. 따라서 오리엔테이션 프로그램은 업무수행에 대한 동기부여와 잠재력을 기업목표에 지향시킬 수 있도록 유도, 촉진시킬 수 있게 기획 실시되어야 한다.

오리엔테이션 프로그램은 다음과 같은 주제를 소개할 수 있다.

ⓐ 기업의 역사, 기업의 목적을 포함한 직무 및 업체에 대한 소개

ⓑ 인적자원관리상의 방침과 제 규정

ⓒ 고용조건과 복무규정 및 간부와 임원소개

ⓓ 제반복지 후생관계

ⓔ 직무상에서의 인간관계

ⓕ 관계시설이나 사용방법에 대한 소개

ⓖ 화제 및 안전절차, 행동수칙, 불만의 처리방법

ⓗ 기타 관련내용 및 질문받기

조직의 유지와 성공적인 종업원의 개발을 위해서는 참신한 프로그램의 계획이 가장 중요하며 이 훈련의 프로그램은 사전에 훈련의 시기, 장소, 담당자, 방법, 이유와 동기 등을 명확히 구분해서 작성해야 한다. 또한 훈련결과를 기록할 수 있는 서식을 마련하여 과오를 기록하고 또 잘 된 점도 기록을 하여 차기 계획의 참고자료로 활용할 수 있도록 한다.

오리엔테이션교육의 목적은 (ㄱ)회사생활에 필요한 기초지식의 부여,(ㄴ) 새로운 환경에 원활한 적응 (ㄷ) 사회인으로서의 행동기준을 명확하게 함 (ㄹ) 업무에 대한 기초지식 습득(ㅁ) 집단행동을 몸소 체험시키고 그 속에서 집단에로의 참여의욕 자주적 행동 책임감 등을 양성하는 데 있다. 오리엔테이션교육은 직장 외 교육으로써 행하기 때문에 신입사원을 한 장소에 집합시켜 교육시키는 것이 보통이다. 최근의 경향으로서 합숙훈련 행사를 하는 기업이 차츰 증가되고 있다. 합숙훈련의 효과로는 집단생활을 통하여 신입사원 상호간이 친교를 두텁게 하고, 그룹의 일원으로서 자부와 자각이 인식되고, 자주적 행동, 책임감의 향상 등을 들 수 있다.

라. 실습교육

신입사원을 몇 개의 그룹으로 나누고 정기적으로 각 직장을 로테이션 시키는 형식의 교육방침을 취하는 것이 일반적인 방식이다. 이 교육의 단계에서는 교육담당자는 계획 입안에 그치고, 교육지도의 중심은 라인관리자에 의해서 교육훈련의 실시와 지도책임이 스텝의 손에서 타인의 손으로 옮겨진다. 실습교육의 목적은 기초교육을 통해서 올바르게 가르쳐 주는 것이다. 즉, 대국적인 것을 보게 한다. 기업의 조직기구의 유기적인 유대를 이해시킨다. 현장에서 일하는 사람들의 분위기를 터득시키는 등의 구체적인 목적이 있다.

마. 제2차 집합교육

제2차 집합교육의 목적은 오리엔테이션 교육에서 시작하여 실습교육으로 끝나고 배치 받은 곳에서 실제로 자기업무를 행할 때 새로운 의욕을 북돋아 주는 데 있다. 또한 직장업무의 수행을 통하여 스스로 자기자신을 완성시킨다는 태도를 형성시키는 것이다. 한편 피교육자의 입장에서 생각해 본다면 연속교육으로 신체적으로나 정신적으로 매우 피로한 사람이 있는 것도 사실이다. 건강진단이라든가 카운슬링 등을 행하는 가장 좋은 시기인 것이다. 교육훈련 담당부문으로서는 사내 강사들과 한자리에 모여 교육성과에 대해서 평가하는 얘기를 나누어야 한다.

바. 직장교육

대부분의 기업에서 보여지고 있는 경향은 오리엔테이션교육에서 시작되는 직장 외 교육에 의한 신입사원교육에는 전력을 다하고 있지만, 라인관리자에 의한 교육은 소홀히 하고 있는 실정이다.

신입사원이 직장에 배치되면 교육의 책임 및 담당은 소속장이 한다 교육은 본래 직장 내 교육이 중심이어야 하고, 그 책임은 라인의 장에게 있다. 직장교육에서 행한 것은 어디까지나 공통적 일반적인 교육이었다고도 할 수 있다. 여기서는 개별지도에 중점을 두고 담당직무수행에 필요한 지식 기술을 부여하는 것이 배치 후 즉각적으로 행하여지는 교육의 목적이 된다. 집합교육이나 실습교육에 의하여 신입사원이 어느 정도의 지식 기술을 몸에 지닌다고는 하나 구체적인 업무를 담당시키기에는 시기상조라고 할 수 있다. 신입사원을 가급적 빨리 실무에 도움이 되도록 육성시키려면 개인별로 교육계획을 세워 이를 지도해야 한다. 그러나 부서장으로서는 신입사원에 대하여 직무상의 지도를 행하는 것만이 전부가 아니다. 그들을 직장생활 내에 원활하게 도입하지 않으면 안 된다.

5) 중견사원 교육훈련

입사해서 2~3년이 경과되면 벌써 후배가 생긴다. 그러나 아직 부장이나 과장이 되기까지에는 시기상조이지만 상사를 대신해서 선배로서의 지도를 하지 않으면 안 될 위치에 있는 사람들을 그냥 방치해 둔다는 것은 기업으로서 올바른 태도가 아니며, 또한 선배로서의 올바른 시범을 할 수 없다면 그 기업의 많은 말단 종사원에게 큰 영향을 미칠 것이다. 따라서 이 시기에 있는 종사원(중견사원, 선임사원 등)을 대상으로 교육을 실시할 필요가 있다.

중견사원의 교육훈련은 이 계층에 공통적인 것으로 작업에 대한 사고방식 또는 입장이나 수행방법 등의 문제를 생각하고 토의하는 것이어야 할 것이다. 모 은행의 중견행원을 대상으로 한 교육훈련내용을 보면, 풍부한 자료를 구사하여 생각하게 하고, 토의시키고 요약을 시키고 있다.

6) 작업 층 교육훈련

일반 작업직으로 이루어지는 작업층의 전문적 능력향상의 초점은 기능의 함양이다. 이러한 작업층은 관리층의 의사결정을 구체적으로 구현시켜 주는 현장의 실시그룹이다.

작업층의 기능을 숙련시키고 개발시키기 위해서는 어떠한 단계가 필요한가? 우선 작업층의 단계를 신입노동자 - 일반노동자 - 중견노동자, 혹은 미숙련공 - 반숙련공 - 숙련공으로 구분할 수 있다. 미숙련공 단계의 인력을 견습공이라고 부르며, 반 숙련과 숙련단계의 인력을 기능공이라고도 한다.

미숙련 작업자는 작업방법을 일정작업에 대한 독립적인 수행기능이 없는자로서 극히 한정된 부문에 엄격한 지도를 받으면서 보조작업을 한다. 미숙련 작업자에게는 엄격한 감시와 지도를 받지 않고는 지정된 직종에 대해서 혼자 일정수준까지 일을 처리할 수 있는 능력을 요구할 수 없다. 그러므로 특정의 전문작업 또는 분담작업만을 수행하기 위한 특수한 기능을 소유하고 있는 의미에서 전문공 또는 기능공이라고도 한다. 예컨대, 특정 기계나 장치를 혼자서 사용할 수 있고 일정수준까지 제조과정을 처리할 수 있는 능력을 말한다.

숙련작업자에게는 지정된 직종에 광범위한 기능과 적응력을 요구한다. 특정작업의 전반에 걸쳐 때로는 그와 관련작업에 필요한 기능을 완전히 습득할 것을 요구한다. 그러므로 다 기능공 이라고도 한다. 다 기능공이란 기계, 직종에 있어서 해당기계와 공구를 능숙하게 조종할 뿐만 아니라, 제조과정을 높은 수준까지 처리하며, 기계나 장치를 수리 및 유지할 수 있는 능력자를 말한다.

작업층 교육훈련에 있어서 관리와 경영에 관한 지식보다는 직무에 관한 기술과 기능을 전수하는 기능훈련이 주된 과제로 되어 있다. 오늘날에 있어서 기능훈련을 종래와 같은 교시제도, 도제제도, 길드제도 및 지도공 제도나 학교교육에만 의존할 수는 없다.

그런데 대부분의 기업은 기업이 처한 특수사정에 따라 직무가 요구하는 기능수준과 작업층 훈련을 정하고 있다.

제4절 교육훈련의 방향 및 전략

1. 교육훈련의 방향

호텔기업의 규모가 점차 커지고 현대화될수록 대부분의 호텔은 교육훈련 전담 부서를 새로 설치하거나 확대 강화, 교육훈련의 기본방침의 계정, 교육훈련시설의 정비, 교육훈련관리 절차의 제정, 교육훈련체계의 확립 등에 관심을 가지게 된다. 그러나 이는 어디까지나 형식적인 성질의 것이지 결코 이로써 충분하지는 못하다. 오히려 바람직하며 기대되는 교육훈련은 다음과 같은 것이어야 한다.

첫째, 개개의 교육훈련과정은 전체적 관련 속에서 연결되어야 한다. 교육훈련체계를 생각하지 않고 실시되는 독립된 교육훈련이란 낭비적인 것이거나 무모한 것으로 되는 경우가 보통이다.

둘째, 교육훈련은 중점적으로 실시되어야 한다. 현대적 경영의 초점이 목표에 의한 관리에 있다면, 교육훈련도 역시 이 같은 방침에 입각해야 한다. 호텔내 교육훈련은 학교에서의 교육목표와는 달리 일반적이거나 전인적인 것이라기보다는 호텔 내 업무수행을 위한 특정한 것이어야 하므로, 이와 같은 구체적인 것에 중점 목표를 두고 실시되어야 한다. 어떤 호텔의 교육훈련에도 한계성이 있으므로 그 호텔의 제 특성과 운영 목표에 따라, 그리고 전체 교육훈련 계획의 일부 또는 일환으로서의 중점적으로 실시함이 효과적이다.

셋째, 교재 및 교육훈련 방법은 점차 개선되어야 한다. 피교육자인 종사원의 수준은 점차 높아지고, 시대적 요구와 호텔기업의 목표가 발전적으로 수정되어 교제 내용과 형식은 개선되어야 하며, 피교육자가 바라는 시간과 장소에서 교육훈련이 실시되는 것이 기대효과가 크므로 이것도 개선되어야 한다. 일정한 장소에서 일정한 방법으로 실시하고 있는 교육훈련은 지양됨이 바람직하다.

호텔 내 교육훈련을 한층 발전시키고 궤도에 올려놓기 위해서는 이상과 같은 방법으로 질의 교육훈련에로 전환하는 노력을 게을리 해서는 안 된다.

2. 교육훈련의 전략

호텔기업의 구성요소 중에서 인적 요소 즉 종사원이 차지하고 있는 비중은 실로 크다. 호텔기업조직을 구성하고 있는 요소 중 유일하게 능동적인 요소인 종사원 개개인이 갖고 있는 모든 능력을 호텔에 투입하면, 그 힘은 열도 되고 백도 되는 것으로 호텔은 이 힘으로 발전·성장한다.

호텔에서의 교육훈련은 계속기업인 호텔기업경영에서 급변하는 제 조건에 대응하고, 더 나아가 성장·발전하기 위한 개발 교육의 양면적 어프로치를 통해 실시되어야 한다.

호텔 측에서 종사원의 능력 부족에 따른 기회비용을 최소한도로 관리하여야 하는 가하면, 종사원 측에서는 능력을 향상시킴으로써 본인에게 유리한 직무전략을 설정하거나, 조화하여야 한다. 여기에서 비로소 교육훈련의 발전적 목표인 인재개발과 능력개발의 필요성과 중요성이 따르게 된다.

1) 과학적이고 효과적인 ISD모델 적용

품질관리활동은 교육에서 시작하여 교육에서 끝난다고 늘 이야기하면서 기업특성에 맞는 TQM교재 부족, 이론기법 위주의 교육 실시로 인한 불완전한 이해로 현업에 적용함에 있어 부작용을 초래할 수도 있다. 더욱이 분임조 경진대회의 양상을 보면 주제의 해결과정이나 내용은 수법속에 파묻혀 고급수법의 자랑대회로 여겨지는 현실에서 체계적이고 합리적인 교육의 필요점을 감안하여 현재까지 알려진 체계적 접근방법을 채택하여 TQM사내연수교육과정을 개발하여 실시하면 될 것이다.

2) 토털 인사시스템과의 연동화와 교육체계

교육훈련체계의 재평가 또는 이의 신설에도 단기적으로 당면문제의 해결능력을 가진 종사원의 육성 활용에, 장기적으로는 장래목표의 수행능력의 기대능력을 가진 종사원의 육성에 주안점을 두고 회사의 경영방침·경영계획에 입각하여 무엇을 해야 하느냐, 어떻게 전개해야 하느냐를 충분히 이해·판단하고 실천에 옮겨야 한다. 따라서 인제 육성에는 인재는 곧 인재가 되기 위한 사내 및 사외적 조건이 무엇인지를 확인하고 대책을 세워야 한다. 눈앞의 업적만을 추구한 나머지 바로 도움이 되는 실무적 교육이나 훈련을 지나치게 요구하게 되는 경향이 있음은 문제점으로 지적되는 사안이다. 2000년대를 향한 기업간 경쟁을 이겨내는 인재육성이라는 측면에서 전략적 장기적 계획에 입각한 능력개발계획과 토털 인사시스템에 유기적으로 연계시켜야 한다.

제5절 경력개발(Career Development Program)

1. 경력관리의 의의 및 목적

1) 경력개발의 의의

경력관리란 개인의 경력목표를 설정하고 이를 달성하기 위한 경력계획을 수립하여 조직의 욕구와 개인의 욕구가 합치될 수 있도록 각 개인의 경력을 개발하는 활동을 말한다.

오늘날 기업환경이 급변함에 따라 이에 대한 기업의 유연하고 능동적인 대처가 기업의 생존과 성장에 직접적인 영향을 미치고 있다. 이에 기업에서도 인적자원관리에 있어 능력주의 인사관리가 요구되고 있으며 또한 전문적인 지식이나 능력을 갖춘 인력의 개발이 더욱 중요시되고 있다.

2) 경력개발의 목적

(1) 종업원의 성취동기 유발

종업원에게 승진가능성과 자기발전의 가능성을 제시하여 성취 동기유발을 그 목적으로 한다.

(2) 인재확보 및 배치

경력관리는 인재의 효율적인 확보 및 배분을 통한 조직 유효성의 증대를 그 목적으로 한다. 즉, 경력관리는 종업원의 노동질 향상, 이직방지, 후계자 양성을 기함으로서 인재의 확보 및 배분에 기여하고 있다.

① 경력경로의 원칙

경력관리는 명확한 경력경로의 확립을 원칙으로 한다. 경력경로의 설정은 종업원에게 승진가능성에 대한 명확성을 부여하여 종업원의 성취동기를 유발한다.

② 적재적소 배치의 원칙

경력관리는 종업원을 적재적소에 배치하는 것을 원칙으로 하고 있다. 이를 위해서는 직무의 자격요건과 종업원의 적성 및 선호에 대한 정보를 충분히 파악하여야 한다.

③ 자체 후진양성의 원칙

경력관리는 기업내부에서 자체적으로 유능한 인재를 양성·확보하는 것을 원칙으로 한다.

2. 경력개발의 모형

1) 개인차원의 경력개발모형

개인차원의 경력개발이란 개인이 사내외의 전문가의 조력을 받아서 성장과 경력개발계획을 세우는 것을 말한다.

2) 집단차원의 경력개발모형

집단차원의 경력개발모형이란 조직이 경력개발계획을 수립하고 최적의 자격자에게 직위를 맡기고, 개인에게 도적적인 훈련과 개발기회를 제공함으로써 개인의 직무와 경력경로를 연결시키는 활동을 말한다.

3. 경력개발의 기법

1) 개별적 경력개발 방법

개별적 경력개발의 방법으로는 ①최고경영자 프로그램, ②관리층의 경력개발을 위한 경영자개발위원회, ③경력초년병들을 위한 계획적 경력경로화, ④조기퇴직·명예퇴직을 위한 퇴직상담 등이 있다.

2) 조직단위의 경력개발 방법

조직단위의 경력개발 방법으로는 ①직무평가를 통한 직무중심의 경력개발제도, ②훈련된 평가자에 의해 종업원의 잠재능력을 조기발굴하고 육성을 위한 평가센터제도, ③직무수행자격을 정하여 몇 개의 등급으로 설정하고 이를 획득한 자에 대하여 승진시키는 직능자격제도 등이 있다.

4. 성공적인 경력관리를 위한 전제조건

1) 인간존중의 인사이념 확립

CDP를 효율적으로 운용하기 위해서는 인간존중의 인사이념을 확립하는 것이 중요하다. CDP는 기업목적과 개인목적의 통합하는 데 있으며, 개인능력의 장기적이고 체계적인 경력개발을 수행하는데 있다.

2) 관련제도들의 유기적인 통합

CDP를 효율적으로 운용하기 위해서는 이동, 승진, 교육훈련, 직무순환 같은 제도들을 유기적으로 연계시켜 경력관리시스템을 설계하여야 한다.

3) 점진적인 도입

경력관리제도는 점진적으로 도입되어야 한다. 경력관리 제도를 도입하여 단번에 효과를 보려고 하면 오히려 부작용이 생길 우려가 있다. 따라서 2년 내지 3년 정도의 기간을 잡고 경력관리제도의 도입에서 야기되는 여러 문제들을 신중히 고려하여 점진적으로 정착시켜야 할 것이다.

5. 경력개발 프로그램 시행 시 고려사항

1) 기업 자신을 위해 무언가를 해주길 기대하는 사람들은 실망감을 가지기 쉽다. 어느 누구도 자기자신 만큼 자신의 경력을 염려하지는 않는다. 기업에서 경력관리를 해주지 않는다는 것을 명심해라.
2) 어떤 이들은 특별한 일에 종사하고 있다. 사람들마다 어떤것에 특별한 재능을 가지고 있기도 하고 또 어떤 것에는 그런 재능이 부족하다. 힘들긴 하지만 자신에 대해 잘 아는 것은 무척 중요하다. 자신이 가진 기술, 성격, 적성에 대해서 깊이 있게 파악할 시간을 가지는 것이 좋다. 책임자의 위치에 있는 사람을 포함한 모든 이들이 자질있는 경력 컨설턴트에게서 작은 도움이라도 받을 수가 있다.
3) 경력이라는 것은 길지 않은 기간들이 모인 것이다. 회사의 소유주라 하더라도 현재의 일이 어느 날 문득 끝나버릴 수 있다. 현재의 기회를 당연한 것으로 여겨서는 안 된다. 매일 아침 실직 상태를 생각하고 자신의 일을 평가하면서 앞으로 할 일을 설계한다. 다음의 차선책을 마련해놓는 것은 항상 중요하다.
4) 다른 사람과 친화력 있는 직장인이 되는것이 중요하다. 대인관계는 기술적 지식, 숙련보다 더욱 중요하다. 기술직에서 일하고 있다 해도 항상 누군가와 관계를 맺고 있기 때문이다.

5) 자신의 성과는 미래의 보증수표가 된다. 업적이 자신의 시장성을 결정하며 평가받을 수 있는 결과로 남게 된다. 야구경기에서 매번 안타를 쳐내는 선수가 그렇지 못한 선수에 비행 상품성이 있는 것은 너무나 당연하다. 매일 실질적이고 구체적인 결과를 만들어내기 위해 노력하고 있는지, 그렇다면 그 결과를 기록으로 남기는지 확인할 필요가 있다.
6) 스스로가 쌓은 네임 밸류우(name value), 결과, 성과, 친화력, 상냥함, 우정, 기여 이런 모든 것들이 자신의 이루어놓은 것들의 산물이다. 다른 사람과 친화력이 좋고 일하기 편하게 느껴지는 사람이라면 기업에서는 항상 당신을 찾을 것이다. 어떤 컨설턴트도 자신을 위해 해놓은게 없는 이들에게 해줄 것이 있을 수는 없다.
7) 누구에게든 자신의 특기를 살릴 직종이 있다. 당신도 당신만의 분야가 있을 것이다.
8) 만족할만한 결과는 절대 빨리 나오지 않는다. 여유 있고 끈기 있게 하라.

9) 일하는 것은 즐겁고 흥미로운 것이다. 그러나 힘들고 냉정한 것이 되기도 하다. 그것은 노력과 기획을 필요로 하고, 무관심과 소홀한 준비로 망치는 경우가 허다하다. 자신의 경력을 관리하지 않는, 될 대로 되라는 식의 사람들은 대부분 힘든 직장생활을 한다.

10) 당신은 당신만의 미래를 만들 수 있다. 누구도 당신이 결정하고 열심히 해온 것을 부정할 수 없을 것이다. 스스로의 다짐만 확실하다면 누구도 당신의 성공을 막을 수 없다.

11) 새로운 시작에 늦는 것은 없다.

12) 당신의 친구들은 (가까운 친구가 아니더라도) 당신이 일을 구하는데 최고의 협력자가 될 것이다. 당신을 미리 알고 있는 사람보다 당신에게 더 도움 되는 사람은 없을 것이다. 당신이 그간 만나온 사람들의 리스트를 만들어 보아라. 그것이 당신의 현재 위치를 말해 줄 것이다.

13) 스스로를 항상 성공한 사람과 같이 놓고 생각하라. 항상 성공한 사람과 친하게 지내려 노력하라. "지피지기면 백전백승"이다.

Chapter 5

채용 및 인사이동 관리

제1절 채용관리

1. 채용관리의 의의

채용이란 조직목표의 효율적 수행을 달성하기 위해서 자질을 갖춘 적합한 사람을 조직에 흡수하는 과정을 말하며, 모집(recruitment)이란 채용과정에 있어서 첫 번째 과정 또는 활동이라고 할 수 있는데, 채용관리는 인적자원관리의 기점이며, 사람을 채용하는 것은 기업활동에 있어서 필요한 직무에 자격요건을 갖춘 적격자를 계획적으로 채용하는 조직적인 조치라 하겠다.

어느 호텔이든지 기업 활동의 중요한 요소로서 사람의 관리를 들고 있는데, 생산요소로서 필요한 기계나 원료와 함께 일정한 노동이 생성하게 된다. 이때에 사용자는 작업에 가장 적당한 노동력을 선택하여 채용하는 것이 합리적인 채용관리라고 말한다.

호텔경영에 있어서도 필요한 자질을 갖춘 노동력을 필요한 시기에 조달할 것을 목적으로 하기 때문에 우선 어떤 자질을 갖춘 노동력이 필요한가를 명확히 분석해야 한다. 그러므로 종사원이 맡을 직무와 물적・기술적 환경을 검토・파악하여 효율적으로 업무를 수행할 수 있는 노동력을 선발해서 채용해야 한다. 이와 같은 현대적 채용관리의 기본업무를 수행하기 위해서는 직무의 특성과 요구되는 능력을 파악하고 필요한 인원을 정원으로 산정한다.

이상과 같은 범위를 중심으로한 현대적 채용관리는 경영상 필요로 하는 인원을 정하는 것과 채용기준을 합리적으로 설정하고 지원자 중에 기준에 적합한 자를 선발하는 절차를 채용관리라고 한다. 그러므로 채용은 노동력관리 · 고용관리의 출발점이기 때문에 능력주의 인적자원관리를 추진해 나가기 위해서 채용단계에서부터 합리적 원칙에 적합한 노동력을 선택해야 한다.

모집인원수 = 소요인원수 - (현재인원 - 퇴직예상인원)

2. 채용계획의 의의

채용계획은 직무와 종사원을 연결한 계획, 즉 어떠한 직무에 어떤 사람이 몇 명이 필요한가에 대해서 명확히 하기 위한 계획이라 할 수 있다. 그래서 모집 · 채용 · 충원 · 능력개발 등은 전반적으로 이 요원계획에 의해서 추진되는 것이다. 그래서 요원계획은 다음과 같은 조건이 감안되면서 작성되어지고 있다.

첫째, 경영방침이나 경영계획하에 채용계획이 작성된다. 예를 들면, 직무에 근거한 인원의 적재적소 배치여부, 매상계획, 설비계획, 그 사업이 현재 확대 혹은 현상유지를 위한 영업활동을 전개하고 있는지의 여부에 따라 가감되어질 수 있는 것이다.

둘째, 영업 관리상 채산성에 의해 채용계획이 결정된다. 영업비율, 특히 인건비율을 무시하고는 채용계획은 달성될 수 없다.

셋째, 시설규모와 작업량 및 작업내용의 질에 따라 채용계획이 결정된다. 즉 규모와 작업의 양과 질에 대한 인적소요량에 관한 기준이 없으면 안 된다.

1) 호텔의 채용계획

호텔의 직무량과 종사원의 수요인원은 영업장별 판매량에 따라 결정된다. 또 호텔이 생산량을 증대시키고 고객을 확보하기 위해서 호텔에서는 적합한 계획을 수립해야 한다. 물론 계획을 수립하기전에 호텔은 판매촉진을 위해서 고객의 욕구를 조사 · 분석하게 되고, 그 자료로 상품의 설계와 상품개발을 하게 된다. 동시에 시장계획과 판매계획을 수행하게 되고, 이에 수반되는 생산개발계획과 생산계획 및 재무관리부문에 계획이 수립되면, 이 계획에 의해서 호텔 전체의 인력수급계획을 확정하게 된다.

그러나 이러한 호텔인력수급의 기본이 되는 판매계획은 계절적 요인이나 또는 불규칙적인 변동요인의 영향을 받기 때문에 장단기 종사원계획수립은 결코 용이한 일이 아니

다. 특히 예측할 수 없는 판매 부진상태에서는 호텔이 종사원의 적정규모를 예측하는데 더욱 어려움을 주고 있다. 그리하여 호텔에서는 변동적 요인상태에서 미래의 변화를 예측하는 기술이 요구되고 있다.

호텔은 예측과 미래계획수립의 기본이 되는 경제적 추세를 찾아야 한다. 호텔의 생산량은 고객의 주문에 의해 결정되므로 전반계획을 수립하고 종사원의 수급계획을 확정하기 위해서는 고객의 변동추세를 파악해야 한다. 이를 위하여는 주별, 월별 및 연간의 변동요인 분석기술을 개발해야 할 것이며, 타당성 검증을 한 후에 이를 기초로 장단기모집을 예측하는 종사원계획을 수립해야 할 것이다.

2) 모집(Recruitment)

환대산업의 경영진들이 직면한 가장 어려운 문제는 훌륭한 위치의 선정과 그 운영에 필요한 우수한 종업원을 모집하는 일이다. 따라서 고용주들은 노동력관리에 많은 관심과 창의적 방법을 개발하고 있다. 예를 들어, 신문이나 잡지광고는 물론 산학협동 및 호텔자체내의 교육훈련과정 등을 개설운영하고 근로환경에 대한 배려로서 종사원들의 출퇴근 편의를 위한 전용버스의 운영, 쾌적한 작업조건 및 훈련프로그램의 개발, 좀 더 넓은 진급기회 등을 제공함으로써 노동력 확보에 고심하고 있다. 환대산업에 처음 입문하는 사람들은 일반적으로 낮은 연령과 그에 따른 비숙련 된 사람들이 주류를 이루었다. 그러나 최근에 18세에서 24세까지의 노동인력이 줄어들고 있고, 21세기에 접어들어서도 그 추세는 계속될 것이다. 현재 미국에서는 감소하는 노동력의 보충을 위해서, 소위 '비정규 인력'(non-traditional)의 고령자, 이민자, 장애자 등을 활용하는 문제를 고려중에 있다. 그 예로, 최근 Mc Donald는 전국적인 TV광고에 고령 노동자의 인력을 모집하였다. 이는 산업현장에서 조기에 은퇴하게 되었거나 사업장 폐쇄 해고된 고령자는 그들이 새로운 기술만 습득한다면 다시 생산력 있는 노동인구로 재흡수 될 수 있음을 의미한다. 또한, 가사를 분담할 수 있는 주부의 시간제 근무와, 적격한 이민자들에 대한 노동기회도 점차 늘어나고 있는 추세이다. 신체장애자들이 최근 일터에서 크게 활약하고 있다. 휠체어에 의존하는 종사원들이 주로 사무 업무를 다루고, 전화에 답변하고, 고객에게 아주 효율적으로 정보를 제공할 수 있다는 것을 그들은 증명해 보였다. 따라서 많은 호텔과 레스토랑은 장애자 종업원들도 이용할 수 있도록 특수하게 고안된 출입구를 구비해 놓고 장애자들을 이미 수용하고 있다.

특별히 그 업무에 적합한 지원자들을 평가할 때 그 업무 수행에 더 중요한 능력들을 식별해 내는 몇 개의 방법들이 도움이 될 것이다.

3) 선발(selection)

무계획적이고 성급한 부적격자의 고용은 업무의 비능률과 이직률을 높이는 결과를 초래하게 된다. 따라서 실무자(staff)는 그 종사원이 신뢰성 있고, 요구되는 직무능력과 함께, 그 업체에 장기적으로 헌신할 수 있는 환대업무(hospitality work)적 체질의 종사원을 선발해야 한다(Vallen and Abbey: 1987, 187). 최상의 종사원을 선발하기 위해, 인적자원관리부서에서는 인터뷰를 수행하고, 테스트를 행해야 하며, 고용절차에 미치는 법규를 준수해야한다. 종사원의 선발 시 우선적으로 고려할 몇 가지 사항은 다음과 같다.

첫째, 체계화된 직무기술서와 직무명세서에 의한 선발이 필요하다. 누가 어떤 자리에 고용되기전에, 인적자원관리부서에서는 그 자리에서 요구되는 기술은 어떠한 것이며, 어떤 훈련이 필요한지에 대한 파악이 있어야 한다. 이리하여 직무기술서(job descriptions)와 직무명세서(job break downs)가 바로 인적자원부서의 실무자에게 있어서 중요한 도구가 된다. 직무명세서란 그 직무에 관한 특수한 정보, 직무수행시 요구되는 자질과 장비, 직무의 업체 내 다른 직위(position)와 어떻게 관련되어 있는지, 작업조건 등을 대략적으로 설명해 놓은 기술서이다. 직무명세서는 직무기술서의 내용을 기초로 하여 직무구성 요건 중에서 인적요건에 중점을 두고 작성되는 서식을 말한다. 이는 특정 직무에 결손이 발생할 경우 적격자 선정에 매우 정확한 기준을 제시할 수 있다. 직무기술서와. 직무 명세서는 보통 종업원의 임무와 책임의 기준이 포함되어 있다. 이 두 요소는 인적자원부서 스텝들로 하여금 그 직무가 수반하는 사항이 무엇인지를 종업원들에게 설명하고, 업무수행 표준을 개발하기 위한 토대를 제공한다.

이상과 같이 인적자원관리는 공장제도의 성립과 함께 필요에 의해 발생되었으나 이것이 선진제국의 각기 다른 사회적 기술적 경제적 변화에 대응하여 오늘날 새로이 특징지을 수 있는 인적자원관리로 정착되었다고 할 수 있다. 보통 직무기술서와 직무명세서는 그 직무가 수행되는 부서에서 작성된다. 즉, 하우스키핑부서는 그곳 종사원들을 위한 직무명세와 직무내역을 기술하고 그 자리에 적당한 사람을 찾아내는 것은 바로 인적자원관리부서에서 할 일이다.

둘째, 인터뷰(interviewing)는 종업원 선발과정의 핵심이라고 할 수 있다(Chuck Y.Gee:1988,230). 일반적으로 인터뷰는 직무능력(skills) 및 이력(employment history)에 초점을 두어야 한다. 그리고, 사람들과의 인화력, 그 업체에 대한 관심, 배우려는 의지 등과 같은 자질과 개인의 외모와 몸치장(grooming)등도 환대산업 종사자에게는 매우 중요한 요소이다. 환대산업체들은 노동시장(labor pool)이 위축됨에 따라 그들의 고용절차 중 선발에 훨씬 더 신중을 기하고 있다. 많은 지원자들이 인터뷰 전이나 인터뷰시에 테스트를 받고 있다. 환대산업체들은 새로운 종사원들이 철저하게 훈련을 거쳐 빠른시일 내에 높은 수준의 업무수행을 달성할 수 있는 인력을 필요로 한다. 일부 환대업체의 운영에서는 컴퓨터를 이용하여 면접관들이 지원자들을 가려내게 하기도 한다. 종사원들은 인터뷰하기 전에 컴퓨터에서 나오는 질문에 답해야 하는데, 그 답변으로 인적자원관리부서의 직원들이 지원자들을 일차적으로 가려내는데 도움을 받기도 한다.

피면접자가 받는 스트레스를 최소화시키기 위해, 면접진행 중에 일어날 수 있는 스트레스 요인들과 기존 면접 진행위원들의 배려는 피면접자들을 도울 수 있을 것이다.

● 지원서와 이력서 심사

지원서 심사는 분별작업이라고 한다. 채용하지 않을 사람에게 인터뷰 시간을 소비하는 것은 아무 의미가 없다. Screen은 인터뷰 기회를 줄만한 지원자를 찾기 위해 지원서나 이력서를 검토하는 서류작업이다.

Screening은 아주 많은 입사지원서들을 처리할 때 특별히 효과적인 테크닉이다. 최초 서류심사는 세밀하게 검토할 수 있을 정도로 그 숫자를 줄이는 작업이다. 이 작업은 면접자 수를 최상으로 줄이는 것이다.

서류심사상의 위험은 지원자의 수만을 필불필요하게 줄이는 것이다.

이 심사는 오히려 지원 서류내의 허위사항 그리고 인터뷰에서 더 조사를 요하는 심각한 예외사항들에 대해 강조표시를 해 놓는 것이다.

직무요건은 그 업무에 따라 특별하기 때문에 각각의 조직부서는 그에 맞는 인터뷰를 위해 다르게 심사할 것이며, 모든 지원서류와 이력서들은 각기 개별지원자들에 따라 특별하게 될 것이다.

효과적인 채용 인터뷰는 단지 올바른 사람을 선발하는 것만이 아니라 효과적이고 목적에 맞도록 인터뷰를 수행하는 것 이다.

3. 채용절차

채용관리는 세 가지의 과정, 즉 종업원의 모집(recruitment), 선발(selection) 및 배치(placement)로서 이루어지는데, 이를 위하여 무엇보다도 먼저 수행하여야 할 일은 소요인적자원에 대한 충원 계획을 수립하는 일이다. 그리고 난 다음에는 이들 인력충원계획에 따라서 충원을 하고 그 결과의 적부를 통제과정을 통하여 검토함으로써 채용업무를 매듭짓는다. 따라서 인사부서나 인사관리자들은 보다 합리적인 채용관리를 실행할 수 있도록 모집, 선발 그리고 배치에 대한 체계적인 계획을 수립하고 계획에 따라 모집, 선발 및 배치를 하며 그 결과를 통제하여야 한다.

특히, 적질의 노동력을 채용하기 위하여 인적자원에 대한 질적 예측과 계획을 수립하고, 적량의 노동력을 유지하기 위하여 인적자원에 대한 양적 예측과 계획을 수립하여야 한다.

소요인력에 대한 질적 예측과 계획을 수립하기 위하여 종업원이 갖는 능력과 자질, 숙련과 적성 그리고 그의 태도 등이 인격적 특성의 관점에서 검토되어야 한다. 이들 요건들은 일정직무를 효율적으로 수행하기 위해서 필요로 되는 직무 성공기준의 기본요건들이며, 이것은 직무명세서에 의해서 명시된다.

소요인력에 대한 양적 계획과 예측은 기업이 필요로 하는 소요인력의 양을 근로계약기간의 만료, 직원의 사망, 사직, 승진, 기타 인사이동의 관점에서 평가함으로써, 필요할 경우 적량의 인력을 충원하기 위해서 취하는 인력관리를 말한다. 소요인력의 양에 대한 예측을 하려할 때, 그 기초는 기업에서 수행되어야 할 직무, 즉 과업의 양에서 찾을 수 있다. 따라서 직무의 양에 따른 충원계획을 세울 수 있도록 하기 위해서는 직무분석을 하여야 하는데, 그 결과는 직무기술서와 직무명세서로서 요약된다.

1) 모집

종업원 채용을 위한 구체적 과정은 우선 종업원의 모집으로부터 비롯된다. 모집을 통해서 응모자 중 우수한 인재를 선발하게 된다.

모집은 적질의 인력을 적절한 양만큼 적기에 확보하기 위한 채용의 한 과정이라고 정의할 수 있다. 그리고 이와 같은 모집을 보다 효율적으로 실행하기 위하여 모집의 체계적인 절차를 거칠 필요가 있다. 이 경우 모집은 우선 인력계획에서 비롯되게 되고 이에 기초하여 모집을 위한 다수 대체안이 모색되며, 그 다음에는 모집을 위한 행위가 내부모집과 외부모집의 방법에 의하여 실질적으로 이루어진다.

(1) 모집을 위한 대체안의 방침수립

모집은 적질의 인력을 적량만큼 적기에 확보하되, 비용을 최소화하고 모집과정을 단순화하면서 가장 효과적으로 선발을 할 수 있도록 하는 선행조건을 갖추어야 한다. 이를 위해서 모집을 위한 각종 대체안과 방침을 수립할 필요가 있다. 우선 모집의 대안과 방침은 인력계획에 기초한 정원의 산정에서부터 비롯되어야 하고, 그것은 회사의 직무요건에 따라서 수시로 달라질 수 있기 때문에 직무상황에 대한 진단을 기초로 다양한 정원확보에 대한 대체방안을 강구하여야 한다.

첫째의 대안으로는 잔업(overtime)을 택할 수 있다. 단기적인 작업량의 변동에 대처하기 위해서는 잔업의 방법이 회사나 종업원을 위해서 가장 유익할 수 있다.

둘째의 대안으로는 회사에서 수행되어야 할 업무의 상당한 부분을 하청(subcontracting)으로 주는 것이다. 하청을 줄 수 있을 때 이는 생산관리상으로나 인력관리상으로 유리한 점이 많기 때문이다.

셋째의 대안으로는 잠정적으로 종업원을 쓰는 것이다.

그리고, 넷째의 대안으로는 종업원 리스(employee leasing) 방법에 의하여 인력수요에 충당하는 방법이 있다. 인력리스 방법에 의해 인력을 빌려올 경우 조업에 지장을 받지 않으면서 인력비용을 절감하고 인력관리에서 생기는 각종 어려움을 극복하며 노조문제

등에 시달리지 아니하고 인력을 활용할 수 있다.

그러나 이들 대안들은 종업원의 모집을 일시적으로 대신해 줄 수 있는 사항의 것들이지, 기업의 확장과 업무량의 증대 등에 의한 충원의 필요성을 근본적으로 해결할 수 있는 대안들은 아니다. 따라서 기업은 다음과 같은 방법에 의하여 모집을 하여야 한다.

⑵ 내부모집과 외부모집

가. 내부모집

각 현장 라인부서로부터 요원청구서에 의해 필요인력에 대한 채용의뢰가 있게 되면, 인사부는 필요로 하는 자격요건을 갖춘 유능한 인력을 확보하기 위하여 모집활동을 하게 된다. 내부모집을 위해서 사용될 수 있는 유용한 도구로는 관리 및 숙련목록과 직무게시 그리고 직무공고제도를 들 수 있다.

직무게시는 회사의 직원들에게 직무기회가 개방되어 있다는 사실을 알리는 절차를 말하고 직무공고제도는 필요자격요건을 갖추고 있다고 믿는 조직구성원에게 게시된 직무에 응모토록 허가해 주는 제도를 말한다.

나. 외부모집

기업은 ①새로 채용하여야 할 직무가 늘어나고, ②현재의 직원들이 갖추고 있지 못한 숙련을 키울 필요가 있을 때, ③새로운 아이디어를 얻기 위하여 다양한 학력, 직업, 배경을 가지고 있는 종업원을 확보하여야만 할 경우 외부모집을 하게 된다. 외부모집을 위한 주요 원천으로는 광고, 고용기관, 모집요원, 인턴쉽, 각종 전문가 협회, 종업원의 추천 등을 들 수 있다.

⑶ 내부모집과 외부모집의 장·단점

종업원을 내부에서 모집할 때 이는 승진 대상자의 사기앙양과 동기를 유발하는 장점을 갖는다. 뿐만 아니라, 모집비용을 절감하고 평소 조직성원들의 능력개발을 촉진시킬 수도 있다. 그러나 모집범위가 협소해서 유능한 인재를 확보하기 곤란하다든지 승진을 위한 경쟁으로 조직의 화해 분위기를 깨는 등 승진에서 제외된자들의 사기저하 문제를 야기 시킬 수 있는 단점이 있다. 반면, 외부모집은 광범위한 대상에서 인력을 구할 수 있으므로 능력 있는 사람을 뽑을 수 있다든지 새로운 인물을 확보함으로써 조직의 분위기를 쇄신시키고 새로운 지식이나 기능을 접할 수 있다는 장점이 있다. 그러나 믿을 수 없는 사람이 채용될 가능성과 내부인사의 사기저하 그리고 직업에 적응될 때까지의 시간과 노력 및 비용의 낭비를 가져온다는 단점도 있다. 따라서 양 방법은 그때그때의 상황과 필요성에 따라서 현명하게 채택되어야 한다.

2) 선발

선발이란 응모자 집단 가운데에서 특정 직위에 적합한 사람을 뽑아내는 과정을 말한다. 선발에 있어서는 대상과 수, 시기 등을 잘 고려하여야 한다. 특히 누구를 선발할 것인가에 대한 결정을 하게 될 때 이는 사업의 장래를 결정짓는 일이기 때문에 신중하여야 한다.

선발방법에 있어서는 모든 선발 절차를 끝낸 뒤 얻어진 종합정보에 의해서 선발 여부를 결정하는 종합적 선발방법과 여러 가지의 선발단계를 두고 각 단계에서 평가한 선발의 정보가 선발기순에 비흡하다고 생각될 때 선발에서 탈락시키는 장애물 과정법이 있는데 이들 두 가지 방법은 각기 장·단점을 가지고 있기 때문에 적절히 채택해서 활용하여야 한다.

모집활동이 끝나서 응모자가 접수되고 지원서류 작성이 완료되면, 종업원 선발을 위한 구체적인 방안을 강구해야 한다. 응모자에 대한 배경조사, 면접, 그리고 테스트를 통해서 종업원을 선발할 경우, 그 구체적인 방법으로서는 다음을 들 수 있다.

가. 경험적인 방법

이는 주로 이력서, 면접시험, 그리고 신체검사를 거친다거나 필요시 간단한 기능테스트 또는 학력테스트를 실행함으로써 종업원을 선발하는 방법이다.

나. 과학적인 방법

이는 종업원의 능력을 보다 자세히 관찰하기 위해서 이력서는 물론이고 필기시험과 기능시험, 그리고 적성검사를 철저히 실행하는 방법이다. 이에서 임상진단은 물론이고 태도, 사고, 흥미검사도 아울러 행함으로써 한 종업원으로서의 인격적 특성을 종합적으로 테스트한다.

다. 절충적 방법

이는 경험적 방법과 과학적 방법을 절충한 방법으로서 약간의 기본적인 심리테스트 또는 적성테스트와 면접을 거쳐서 종업원을 선발하는 방법이다.

(1) 선발시험

종업원 선발에 있어서 가장 중요한 것은 시험이다. 시험에도 필기시험과 구술시험이 있는데 필기시험은 개인이 가진 직무지식이나 일반지식을 알아보기 위해 주관식으로나 객관식으로 시험을 치는 것을 말한다. 주관식은 감독자 이상의 상위직 요원에게 그리고 객관식은 하위직 실무요원에게 적당하다. 그러나 오늘날에는 많은 경우 필기시험은 생략하고 외국어 시험(TOEIC)이나 면접, 기타 인성·직업적성검사에 의하여 시험을 대신하는 경우가 많다.

(2) 면접

면접은 인재를 선발하는 채용과정에 있어서 지원자와 면접위원이 직접 대면하여 질문과 대답이라는 과정을 통해 지원자의 잠재적인 능력, 책임감, 인내력, 사고력, 창의력, 업무추진력, 대인관계, 성격 등을 알아보고자 하는 것이다.

최근 신입사원의 채용방법을 분석해 보면 기업에 따라 약간씩 차이는 있으나 필기시험보다는 면접을 통한 인물평가에 더 많은 비중을 두는 경향이 두드러지고 있고, 그럼으로써 면접은 오늘날 채용관리에 있어서 가장 중요한 부분을 차지하게 되었다.

가. 개별면접

개별면접은 전문직 채용기업이나 중소기업 등과 같이 소수의 인원을 선발할 때 자주 사용하는 방식이다. 1명의 응시생을 한 명 또는 다수의 면접관이 면접하는 방식으로 개별면접이 가질 수 있는 장점으로는 응시생에 대해 보다 구체적이고 많은 정보를 얻을 수 있다는 것이다. 반면 응시생에게 지나친 긴장감을 줄 수 있다는 단점이 있고 면접관이 1명일 경우 주관적 판단에 치우칠 우려도 있다. 또한 다른 면접 방식에 비해 면접시간이 많이 소요된다는 단점이 있어, 대규모 공개채용 방식에는 어울리지 않는다.

나. 집단면접

집단면접은 다수의 면접관이 다수의 응시생을 면접하는 방식이다. 기업면접 방식 중 가장 보편화된 방법이기도 하다. 면접관 입장에서는 다수의 응시생을 비교 평가할 수 있다는 장점이 있고, 상대적으로 응시생 입장에서는 긴장과 위기감을 느끼고 제대로 의사표현을 하지 못하는 경우도 있다. 질문에 대한 첫 답변자가 너무 완벽하거나 반대로 너무 미흡하게 답변할 경우 아무래도 그 영향을 받는다. 대체로 집단면접은 개인면접과 병행해서 진행되는 경우가 많고 통상 1차 면접방법으로 선호되고 있다.

다. 집단토론 면접

집단토론 면접은 면접에 임한 응시생들에게 특정한 주제를 주고 그들이 토론해 가는 과정을 살피는 면접이다. 응시생들의 토론내용이나 개개인의 제스처, 경청태도, 발언태도 등을 유심히 살피고 그들의 논리력, 사고력, 협조성, 팀플레이 등에 대해 평가한다.

라. 무자료 면접

무자료 면접은 현대그룹이 블라인드 인터뷰라는 이름으로 도입, 시행한 이래 다른 기업으로도 빠르게 확산되고 있다.

무자료 면접은 면접관이 수험생에 대해 일절 알지 못하는 상태에서 진행된다. 면접관에게는 응시자의 수험표와 이름만이 주어진다. 그렇기 때문에 무자료 면접에서는 응시자에 대한 어떠한 선입견도 배재한 채, 있는 그대로 평가할 수 있다. 바로 이 같은 공정성과 객관성 확보가 무자료 면접의 가장 큰 매력이다.

3) 배치

종업원배치란 선발된 종업원에게 일정한 직무를 할당하는 것을 말한다. 이때 종업원에게 할당되는 직무는 그의 적성에 일치하여야 하며 그 경우 적성배치가 된다. 적성배치란 종업원에 대한 적성검사를 통해서 그가 갖는 적성에 따라서 일할 수 있도록 그에게 직무를 배분하는 것을 말한다. 적성배치의 요건이란 종업원의 흥미와 능력 그리고 기회 등에 일치하는 직무를 그에게 배분하는 것을 뜻한다.

다시 말해서 이는 능력 있는 종업원들이 자신의 흥미에 맞고 또 직업이나 일에서 보람을 찾을 수 있도록 직무의 기회가 부여됨으로써 한 직업인으로서나 한 직무담당자로서 문제의 소지가 전혀 없도록 직무배치가 되는 것을 의미한다.

제2절 인사이동관리

1. 인사이동의 의의와 필요성

인사이동관리란 종사원이 어떤 호텔에 고용되어, 특정한 직무에 배치된 뒤, 그의 능력이나 직무내용의 변화 또는 기업운영상의 여러 가지 여건변화에 따라 수직적·수평적으로 배치상의 변화를 가져오는 인적자원관리상의 절차를 의미한다. 따라서 배치관리가 일과 사람을 결부시키는 동태적인 것인데 반하여, 이동관리는 상황변화를 고려하여 다시 조정하는 동태적인 것이라 할 수 있겠다. 이 이동관리에는 동일 수준의 다른 직무로 횡적인 재배치를 하는 경우도 있고, 능력의 향상에 따라서 높은 수준의 일로 이동되는 경우도 있으며, 기업운영상의 여건변화에 따라 직무로부터 떠나는 경우 등 여러 가지가 있다. 즉 이동관리의 내용은 배치전환(transfer), 승진(promotion)및 이직(separation) 등이 있다.

오늘날 호텔환경의 변화는 극심하다. 이와 같은 호텔 내외의 제 여건변화에 능동적으로 나가야 호텔의 성장·발전을 지속적으로 유지할 수 있다. 인력을 관리하는 인적자원관리에 있어서도 여건변화에 따라 신속하고 적절하게, 그리고 능동적으로 조정이 이루어져야 한다. 특히 호텔에서의 인사이동은 인력과 직무 사이에 적합성의 결여, 즉 양자간에 부적합성이 발생하였을 때에는 지체없이 이루어져야 한다. 그런데 이러한 부적합성이 발생하는 경우는 다음과 같이 세 가지로 나누어 볼 수 있으며, 이것이 바로 인사이동의 필요성이라고 할 수 있다.

첫째, 종사원을 채용하여 일정한 직무에 배치하였으나, 직무배치 자체가 적절하지 않았기 때문에 그 인력이 가지고 있는 모든 기능 및 지식과 직무요건이 적합하지 않는 경우이다.

둘째, 종사원을 채용하여 이루어진 최초의 직무배치가 일단은 적절하였으나, 배치된 인력의 능력이 향상되었거나 저하되어 그 인력이 직무가 원하는 요건 이상 또는 여하의 기능과 지식을 가져 적합성이 결여된 경우이다.

셋째, 기업규모상의 변화, 즉 기업의 확장이나 축소로 말미암아 인력의 조정이 요구되는 경우이다.

이상과 같은 인사이동의 필요성이 발생할 때는 경영자는 인력의 유용한 이용을 위하여 끊임없이 인간과 직무와의 적합성 상태가 유지되도록 계획적·조직적으로 조정하는 인사이동작업을 단행하여야 한다.

2. 인사이동의 목적

기업경영에 있어서 인사이동을 실시하는 중요한 목적을 들어 보면 다음과 같다.

1) 적재적소 배치의 실현

기업의 고용정책이나 선발방법이 아무리 잘되었다 할지라도, 처음 배치가 적성이나 능력, 직무요건에 잘 부합되도록 이루어지지 못하였을 때에는 근무평점이나 능력평가 또는 자진신청에 의하여 인사이동을 시켜 적재적소 주의를 실천해야 한다.

2) 직무전환을 통한 효과적 인재육성

기업이 필요로 하는 인제는 실무경험을 통하여 육성할 수 있는 인사이동이 요망된다. 특히 우리나라와 같은 연공서열제도가 대중을 이루는 나라에서는 실무경험을 통하여 여러 가지 직무내용을 잘 파악하여 다기능화 하거나 간부양성을 할 수 있다.

3) 조직 활동에 활력주입과 근로의욕의 향상

종사원이 동일한 직무에 오래 근무함으로써 능력정지나 퇴보현상이 나타나거나 종사원과 관리감독자간 또는 종사원 상호간에 불화가 있어 사기가 저하된 경우에는 이동을 시킴으로써 조직 활동을 원활하게 하고 사기를 높일 수 있다.

4) 공평한 처우실현

어느 종사원이 어느 곳에 배치된 뒤, 그 능력이 계속 신장되었을 때, 보다 상위직으로 이동시켜 공평한 처우를 받을 수 있게 해야 한다. 이 경우는 대개 승진이나 승격의 경우에 해당된다.

5) 업무의 번한(繁閑)을 시정

정원관리가 잘 이행되지 못하거나, 직무구성 부분과 능력구성 부분이 잘 조화·조정되지 못하여 업무상 번한이 있는 경우에는 이를 시정하기 위해 이동이 이루어져야 한다.

6) 조직계획의 대응

기업이 성장·발전함에 따라 조직계획, 즉 생산계획 및 판매계획 등이 변경되거나 또는 새로운 직무를 설정할 경우에는 이에 대응할 정원의 수정이 필요하게 되어, 이에 따는 인사이동이 있어야 한다.

인사이동의 목적을 다음과 같이 설명할 수 있다.

후계자를 양성하여 차대의 각 직능, 각 계층의 적격자를 계속적으로 공급해 준다.

적재적소의 배치를 실현하여 인적 능력을 효율적으로 활용하는 데 있다.

승진욕구를 자극하여 사기를 앙양하는 데 있다.

동일직위의 정착화를 배제하고 종사원의 근무의욕을 쇄신하는 데 있다.

3. 인사이동의 준수사항

인사이동은 그 시기에 따라 정기이동과 임시이동으로 구분된다. 정기이동이란 매년 일정시기에 전체조직에 걸쳐서 실시되는 계획적인 이동인 데 반하여, 임시이동은 정기이동만으로는 인사상의 불균형을 해소하기 곤란하기 때문에 필요에 따라 그때그때 실시하는 이동이다.

그런데 이 두 가지 이동은 상호 관련성이 있기 때문에 어느 하나만의 인사이동을 실시해서는 안 된다. 따라서 인사이동은 인사이동정책에 따라 필요한 절차를 거쳐 실시하여야 한다. 그러므로 효율적인 인사이동을 위해서는 다음과 같은 몇 가지 준수하여야 할 사항이 있다. 이를 구체적으로 설명하면 다음과 같다.

1) 승진경로와 자격요건의 명확화

인사이동은 대개 직무내용과 조직적 지위의 변화를 의미하는 경우가 많다. 따라서 장기고용제도하에서는 종사원들의 이동, 특히 승진에 대한 기대가 크기 때문에 모든 장기고용제도하에서는 종사원들의 이동, 특히 승진에 대한 기대가 크기 때문에 모든 종사원에게 승진경로가 개방되어야 한다. 또한 승진상의 자격요건과 기준을 명확히 하고, 종사원의 성과와 근무태도를 공정하게 평가하는 것이 중요하다.

2) 연공제와 능력제의 조화

인사이동은 종사원의 능력과 성과에 따른 능력주의에 입각하여 이루어져야 하나, 우리나라와 같은 연공존중의 경영풍토에 있어서는 이를 무시할 수 없다. 그러므로 양자간의 적절한 조화방안을 모색하여 실시하는 것이 인사이동상의 중요한 과제이다.

3) 직무숙련화의 배려

내부직위에 공석이 생겼을 때 가급적 사내승진을 통한 이동을 함으로써 종사원의 사기를 진작시키는 것이 일반적이다. 그러나 지나치게 폐쇄적인 인사정책은 삼가하고 유능한 사외인재 영입도 고려하여 인사이동이 이루어질 수 있도록 해야 한다.

4) 동기부여(Motivation) 향상의 고려

기업은 인간을 중심으로 하는 조직체이므로 수평적·수직적인 인간관계가 존재한다. 이러한 관계가 양호하지 않으면 직무성과는 향상되지 못한다. 가령 어느 한 개인이 매우 유능하고 우수하며 특출한 직무수행능력을 가지고 있다 하더라도 잘못된 인사이동으로 집단 팀워크가 파괴되면 그 개인의 능력은 조직에서 볼 때 비효율적인 것이 된다. 따라서 이동은 조직성과의 동기부여를 충분히 고려하여 성과의 총합이 극대화될 수 있는 방향에서 이루어져야 한다.

4. 배치전환

1) 배치전환의 목적

배치전환(transfer)이란 종사원이 새로 담당할 직무가 임금수준이나 지위·위치·소요·기능 및 책임에 있어서 종전의 직무와 별 다른 차이가 없는 수준에서 수평적으로 인사이동을 하는 것을 말한다.

승진이 능력의 향상에 따라 등급이 높은 직무, 즉 조직적 서열과 권한 및 책임의 증대가 수반되는 직무로의 수직적인 이동인 데 반하여, 배치전환은 같은 수준의 직무에로 자리바꿈을 하는 수평적인 이동이란 점에 차이가 있다. 한편 조직경영상 인력의 효율적 활용과 조직목적의 효과적인 달성을 위하여 배치전환을 하게 되는데, 그 주요목적을 요약하면 다음과 같다.

(1) 생산적 목적

직무요건의 변동에 적응하기 위해서 이루어진다.

융통성 있는 직무수행을 위한 능력을 배양하기 위해서 이루어진다.

(2) 개인적 목적

부적절한 배치를 시정하기 위해서 이루어진다.

작업의 단조로움으로부터 해방되기 위해서 이루어진다.

종사원 상호간의 마찰을 해소하기 위해서 이루어진다.

종사원의 연령 및 건강상태에 대한 배려를 위해서 이루어진다.

전반관리자로서의 능력을 육성하기 위해서 이루어진다.

Chapter 6

승진 및 임금관리

제1절 승진관리

1. 승진관리의 개념

승진관리의 의미는 크게 종사원 측면과 경영자 측면에서 그 의미를 찾아 볼 수 있다. 먼저 종사원측으로 볼 때 자기발전의 실현과 욕구충족을 꾀할 수 있다. 즉 직장생활의 희망전개의 대상이 된다. 그리고 경영자측으로 볼 때 인재의 효율적인 확보배분을 통한 조직의 효율성을 증대시킬 수 있다. 즉 생산능률 증대의 대상이 된다. 이와 같은 욕구와 필요성에 따라 승진관리가 갖는 의미는 지대한 것이다. 상기의 목적을 달성하려면 다음과 같은 입장에서 승진관리가 이루어져야 한다.

호텔종사원도 누구나 각자 가지고 있는 능력과 공헌도에 따라 종합적으로 평가받아 승진할 기회와 권리가 있으며, 호텔은 효과적인 승진 및 장기적인 인사계획과의 연결을 위해서 진로를 설정해야 한다. 호텔이 종사원을 최고도로 활용하여야 하는 입장에서나 종사원이 자기발전을 극대화하여야 하는 입장에서 승진의 원칙을 설정하여 합당한 직위에로 승진시키는 것이 이상적이다.

인간 능력판단의 기술과 방법이 꾸준한 노력에 의해 개선되고 있지만, 장래의 적성과 잠재능력을 포함한 능력판정은 채용당시 한 번의 시험으로서는 예측할 수 없다. 이러한 승진이란 종사원이 보다 유리한 직무에로 이동이 되었을 경우로서 직책의 증가, 소요기능의 확대, 임금의 증가, 근무시간, 환경조건 등의 향상을 수반하는 것을 의미한다. 그리고 승격과 승급의 경우도 큰 차이가 없으며 다 같이 승진이라는 의미로 보는 것이다.

2. 승진의 기준

승진의 기준은 승진방침에 따라 설정되는 것이므로 시대와 기업에 따라 각양각색 이듯이 그 기준도 시대와 기업에 따라 다르게 된다. 여기서는 대체로 일반화된 몇 가지 요건을 중심으로 그 기준을 살펴보면 다음과 같다.

1) 근무평정의 결과

인적자원관리도구 중 하나인 근무평정제도의 궁극적인 목표는 종사원의 근무의욕을 높이기 위하여 개개인을 각각의 능력과 업적에 따라 공정하게 처우하는 관리체제를 구축하며, 인사상의 제 문제에 사실상의 근거를 제시하여 승급·상여·배치 등을 공평하고 객관적으로 할 수 있게 하기 위해서이다. 이와 같은 목표를 가진 인사고과가 구체화되고 제도화되는 경우에 직무수행능력, 공헌도(실적), 장래발전성, 태도 및 적성 등의 자료가 정비된다.

근무평정의 대상이 되는 것은 현재직위의 자격요건이기 때문에 그 성적이 좋다고 해서 상위직위에의 자격요건을 갖추었다고 속단할 수 없으며, 이때 더욱 문제시되는 것은 때로는 현재의 직위에서는 실적을 올리지 못하고, 능력을 충분히 발휘하지 못하더라도 상급직위에 맞는 능력요건을 갖고 실적을 올릴 수 있다는 것이다. 그러나 승진에 관한 한 현재의 직무수행상태와 관련시켜 그의 잠재능력 및 기대 가능성을 고려하지 않을 수 없다는 사실은 어느정도 위험성과 곤란성을 내포하고 있는 것도 사실이다

근무평정의 내용을 실적·태도·능력·장래성의 네 요소로 크게 나눌 때 실적과 태도의 비중이 능력과 장래성보다 낮다고 할 수 있으므로, 승진기준으로 설정할 수 있는 것은 종합평가 성적이 일반적으로 우수하여야 함과 동시에, 그들 요소 중 능력과 장래성의 비중을 높이 다루는 것이 바람직하다. 예컨대, 종합점수가 같은 A, B 두 사람 중에서 한 사람만 승진시켜야 할 경우라면, 근무성적에 관한 실적이나 태도보다는 능력과 장래성이 좋은 사람이 승진되어야 한다.

2) 승진시험의 결과

승진의 대상자를 시험에 의해서 결정하는 승진시험을 제도화하려는 경향이 높아져가고 있다. 이와 같이 승진시험의 결과에 의해서 승진대상자를 결정하려는 방침은 합리적이라 할 수 있고, 더욱이 능력주의 인적자원관리 체제하에서는 바람직한 기준이다. 그러나 승진시험에 있어서도 누구를, 어떤 시험방법으로, 어떤 문제를 시험내용으로 하여, 언제 실시할 것인가 하는 것들이 문제점들이다. 이런 문제점에 대한 확실한 해답을 얻고 승진시험을 실시한 뒤 그 결과에 따라 승진이 이뤄져야 한다.

3) 연공평가

연공이 승진대상자 선정의 기준이 되는 것은 세계적인 현상이다. 서양에서는 선임권의 개념으로, 동양에서는 연공서열주의라는 개념으로 사용된다. 연공에 대해서는 승진방침에서 설명된 바 있으나 우리나라에서 많이 사용되고 있는 승진기준이다.

그러나 오늘날과 같이 기술이 급속도로 발전하여 점차 기계화됨으로써 기능에 의존하는 것보다는 두뇌의 발달과 기술에 의존하게 되어 능력주의 인적자원관리를 하지 않는 것보다는 두뇌의 발달과 기술에 의존하게 되어 능력주의 인적자원관리를 하지 않을 수 없는 시점에서 연공의 의미와 그 비중이 낮아지게 됨은 필연적인 사실이다. 과도기적으로 연공을 승진자선정의 기준으로 할 때는 직무수행능력과 관련시켜 파악하는 것이 바람직하다.

4) 경력평정

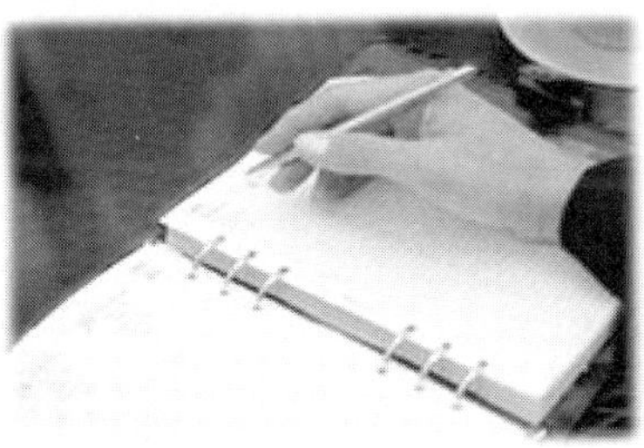

경력기간을 승진기준으로 하는 것도 일반화되어 있다. 기업마다 경력기간을 승진기준으로 삼기 위하여 승진소요 최소연수 또는 직급별 정체연수를 정하여 최소한도의 능력훈련기간을 통제하고 있으나 점차로 능력주의 정신에 따라 그 기간을 단축하려는 경향으로 가고 있다.

그런데 경력을 승진기준으로 하기 위해서는 다음과 같은 가설 중 어느 것 또는 그 전부를 적용해서 경력을 평정해야 한다. 중요한 가설을 들어보면

가. 승진대상이 되는 직위의 직무에 대하여 유사성 또는 친근성이 높은 경험은 낮은 경험보다 유효하다.

나. 직무수행능력은 일반적으로 학력연수에 비례한다.

다. 어떤 경력이 어떤 직무에 유효하기 위해서는 그 이전에 일정한도의 경력 및 학력이 있어야 한다.

라. 어떤 직무에 대하여 유효한 경력과 학력은 동등하다.

마. 일정한도 이상의 경력이나 학력은 그 이상 증가하더라도 유효성은 증가되지 않는다.
바. 새로운 경력은 오래된 것보다 가치가 있다.
사. 책임이 무거운 직위경력은 가벼운 직위의 경력보다 가치가 있다.
아. 진보성이 있는 경력은 그 정도가 낮은 경력보다 가치가 크다. 이들 제가설은 적용상에 많은 문제가 따르게 된다.

5) 교육훈련의 결과

승진대상 직위에 대한 직무수행능력을 판단하는 기준을 ① 어떤 특정한 연수과정을 마치거나, ②연수의 결과(시험결과)를 활용하는 경우가 있다. 어떤 특정연수과정의 완료로써 어떤 특정 직위로 승진하기 위한 최저 자격요건으로 정하거나, 연수의 내용이나 정도에 따라 이를 그 직위에서의 경험이나 필요한 지식·교육·정도 등 승진을 위한 필요한 자격요건으로 대신 평정해 주는 경우도 일반화되어 있다. 또 일부 대기업에서는 특정연수훈련을 실시하고 그 결과로 얻은 성적이 바로 승진에 영향을 미치게 되어 있다.

6) 인사기록

승진자의 선정기준으로 인사기록이 활용된다. 인사기록이란 종사원의 입사 이전의 교육·경력 등을 포함하여 입사에서 퇴사까지의 고용관계에 관한 기록으로서, 기업이 종사원의 능력을 기업목표달성을 인적자원관리상의 자료로써 이용할 수 있도록 고안되어야 한다.

인사기록에는 다음과 같은 다섯 가지 조건을 구비하여야 한다.

가. 현재 담당하거나 앞으로 담당할지도 모르는 직무를 능률적이며 성공적으로 수행하는데 관계되는 모든 정보를 담고 있어야 한다.
나. 이들 모든 정보는 간결하게 기록되고, 당면문제와 관계없는 사항을 기록하지 않아야 한다.
다. 종사원은 정태적·고정적인 능력의 단위가 아니므로 현재의 현상만이 아니라 발전과 퇴보를 포함한 모든 변화상을 기록하여야 한다.
라. 언제든지 필요할 때 즉시 쉽게 이용할 수 있도록 기록·정리·보관되어야 한다.

이상 다섯 가지의 승진기준을 살펴보았다. 모든 제도는 일반적으로 그 조직이 갖는 내용 및 목적을 보다 효과적으로 달성하기 위하여 비교적 안정성 고정성 경제성을 지녀야 한다. 승진제도도 마찬가지이다. 승진기준도 기업조직의 목적 대상 범위에 따라서 달라진다. 종래의 신분적 자격제도에서는 학력·연령·근속 등의 요건을 종합하여 승진기준을 결정하였으나, 최근 능력주의 인사제도에서는 능력의 요건, 기타 기준이 되는 근무평정의 결과, 교육훈련을 포함한 시험성적, 적성평가 등에 의하여 승진기준을 결정하고 있다.

승진기준을 설정함에 있어서 요망되는 몇 가지 사항을 요약하여 보면 다음과 같다.

가. 직무분석을 통하여 승진직위가 요구하는 직무수행 자격요건을 정비한다.

나. 승진후보자를 선정하는 방법 중 가장 큰 비중을 차지하는 근무평정을 합리적으로 제도화한다.

다. 승진제도 중 큰 비중을 차지하는 후계자양성 등이 계획적으로 이루어져야 한다. 승진이 요구하는 능력평가 방법이 근무평정, 시험제도 및 적성검사 등이 계획적으로 이루어져야 한다.

라. 승진의 기회와 범위를 균등하게 하기 위한 계획적 제도적 인사이동 정책의 일환으로 구현되어야 한다.

3. 승진제도

어느 기간 동안 일정한 업무를 담당한 종사원이 그 업무에 대해서 많은 경험과 지식을 가지게 되어, 보다 더 넓은 업무를 수행할 수 있는 능력을 갖추게 되었을 때 그 중대한 능력을 최대한으로 제고하는 데 있어 대단히 유익하다.

기술혁신과 경영관리기술의 개발이 절실하게 요구되는 오늘날 우수한 인재를 사내에서 계획적으로 육성한다는 것은 대단히 중요하며, 종사원은 누구나 자신의 노력이 인정되고 능력이 완전하게 이용될 수 있는 기회가 주어지기를 원하는 것이다. 이러한 희망을 승진의 형태로 실현되도록 해 줌으로써 당사자뿐만 아니라 일반 종사원들에 대해서도 자극제가 되어 근로의욕을 높이는 데 크게 영향을 미치게 한다.

한 업무에만 오래 정착해 있으면 개선의욕이 감퇴되고, 매사에 소극적이기 때문에 승진제도에 의해 상급직으로 승진될 수 있는 가능성을 제시한다는 것은 종사원의 의욕을 새롭게 하고, 개선의욕을 일으키는 데 효과가 크다. 종사원이 승진의 기회도 없이 한 가지 직무에만 계속 근무하게 되면 근로의욕 상실도 문제지만, 더 좋은 근무조건과 승진의 기회가 주어지는 다른 호텔로 이동을 하려고 한다. 그러므로 승진제도에 의해서 종사원들에게 승진가능성을 보여 준다는 것은 근무의욕의 제고뿐만 아니라 이직방지를 위해서도 대단히 중요하다.

승진제도에 제일 중요한 것은 객관적 타당성이 있어야 하고, 공평하게 행하여져야 하며, 그 운용에 있어서도 방침과 기준이 명확해야 한다. 앞에서도 논한 바와 같이 승진기준에는 재직연수, 직무경력 년 수에 의한 기준과 능력에 의한 기준을 들 수 있다.

호텔경영에 있어 능력의 문제란 대단히 중요한 것으로서 호텔에 입사 후 상당한 기간이 경과하지 않고는 각 개인의 능력차가 정확히 판단되기 어려우며, 재직 년 수와 직무경력 년 수와 같은 객관적 인정기준을 적용함으로써 쉽게 납득이 되기 때문에 일반기업에서 광범위하게 실시되고 있다. 그러나 기술혁신과 종사원의 의식구조 변화와 기업의 경쟁이 격화됨에 따라 종사원의 질이 문제가 되어 능력위주 승진제도의 필요성이 대두하게 되었으며, 능력에 따라 승진이 되는 방향으로 나아가게 된 것이다.

1) 신분자격승진

신분자격승진은 승진기준을 단순히 학력, 근속년수, 근무상황, 기본급 등의 개인적 요소에 두고, 여기에 의해서 승진을 결정하는 것이다.

2) 능력자격승진

이 승진기준은 현재 담당하는 직무의 자격요건에는 직결되지 않지만 각자가 가진 지식·기술·능력 등과 같은 잠재능력을 평가하여 그 장래성과 이용성, 그리고 신장도를 측정해 승진을 결정하는 것이다. 이와 같은 승진제도는 그 운용에 있어 어려움이 대단히 많지만 공정성과 신뢰성을 잃지 않도록 주의를 요하게 된다.

4. 승진제도의 문제점

조직적인 인적자원관리가 제도적으로 실천되기 위해서는 인적자원관리 전반에 관계되는 직무와 종사원과의 관계 연구가 필요하다. 그러나 제도라고 하는 것은 언제나 변화하고 변질되기 때문에 현재 처해 있는 제반여건을 충분히 고려하지 않으면 안 된다. 어떤 제도가 바람직하다 해도 현제도를 일시에 변혁하거나 바꿀 수는 없는 것이다. 점차적으로 직계승진 제도에로 발전을 시도하면서 보완해 나감으로써 승진문제에 대처해 나가야한다.

따라서 승진제도에 있어서 문제점은 경영질서를 직능적으로만 규제할 수 없다는 점, 상위직의 심한 정체현상이 있다는 점, 기술혁신과 산업구조의 변화에 의해 양과 질이 변화된다는 점이다. 특히 우리의 경우 직무의 분화와 권한의 위양이 제대로 되어 있지 않고 조직정비의 필요가 많다는 문제점이 있다. 그리고 능력에 대한 정당한 대가와 평가를 요구하는 현대적 직업의식이 결여되어 있고, 학력에 의해 계층을 구분하는 인식이 잔존하고 있다. 그러므로 승진제도의 핵심을 이루는 보다 구체적인 규정으로서 승진시켜야 할 종사원에 대해서 승진절차나 기준을 정해 놓아야 하며, 제도 자체를 수시로 검토하고 개선하여 합리적으로 운영되도록 하여야 한다.

1) 승진에 필요한 자격기준설정
2) 승진후보의 선정이 모든 종사원에게 공정히 행해지도록 보장
3) 승진후보자의 평가방법
4) 서열 및 선택방법

이와 같이 승진방침을 확정하고, 그에 따라 제도 자체가 수시로 검토되어져야 하며, 종사원과 감독자로부터 훌륭한 제도라는 신뢰를 받도록 하지 않으면 안 된다.

제2절 임금관리

1. 임금관리의 이해

임규과 봉급관리(wage and salary administration)는 견해에 따라 상이한 관점에서 정의되고 있으나, 이들이 개개의 종사원에게 노동의 반대급부로 얼마의 액수를 지급할 것이며, 그 액수는 무엇을 기준으로 하여 계산할 것이며, 종사원간의 임금수준에는 어떠한 격차를 둘 것이며, 그 액수는 생활급으로 안정될 수 있는지의 여부와 또 일정기간에 변화가 있는지 등에 대한 적절한 결정을 내리기 위해 발전된 기술이란 점에서 본다면, 임금관리는

① 임금지급액, ② 임금기준 및 지급방법, ③ 임금의 사회적 수준, ④ 생활급으로서의 안정 여부, ⑤ 승급의 가능성 등에 관한 합리적이고 효율적인 결정을 내리기 위한 기술이라고 정의할 수 있다.

2. 임금관리의 형태

임금관리는 총액 임금관리로서의 임금수준관리와 개별임금관리로서의 임금체계 및 형태관리로서 이루어진다. 임금수준관리는 기업이 창출한 부가가치를 얼마나 종사원들에게 분배할 것인가의 문제를 다루는 것으로서 기업과 종사원 모두가 적정하다고 생각

하는 수준에서 이루어져야 한다. 반면에 임금체계 및 형태관리는 임금수준관리에 의해서 결정된 임금총액을 종사원들에게 배분하는 문제를 다루는 것으로서 종사원들이 공정하다고 인식하여 일에 대한 의욕을 높일 수 있도록 행해져야 한다. 따라서 임금수준관리에서는 적정성의 원칙을 중시하며, 임금체계 및 형태관리에서는 공정성의 원칙이 중요한 지주가 되고 있다.

● 임금관리의 목표와 기능

먼저 임금관리는 다음과 같은 개념을 가지고 있다.

- 임금지급액
- 임금기준 및 지급방법
- 임금의 사회적 수준
- 생활급으로서의 안정성
- 승급의 가능성에 있어 합리적이고 능률적인 결정을 내리기 위한 기술

그래서 기업은 노사간에 공정하고 합리적인 임금정책을 수립하고 목표를 설정해 놓고 있다. 이를 통하여 다음과 같은 목표를 기하고자 함에 있다.

- 기업이 필요로 하는 질과 양의 노동력을 확보할 수 있다.
- 종사원의 능력을 충분히 발휘할 수 있도록 적정한 보수를 지급한다.
- 기업경영의 입장에서 노무비의 적정도를 유지한다.
- 납득이 가는 배분으로 노사관계를 원활히 하고 일치 협력해서 기업발전과 종사원 복지향상을 도모할 수 있다. 그리고 임금관리기능에는 첫째, 기업주와 종사원간에 서로 이해할 수 있고, 사회적으로 공정한 기능을 수행하도록 역할을 다해야 하며, 둘째, 기업 활동에 이니셔티브(initiative)를 위한 동기부여의 요소로 그 역할을 다해야 한다.

3. 임금관리의 중요성

임금(pay)이란 조직이 구성원들에게 그들의 조직에 대한 공헌의 대가로 지급하는 화폐적 정보를 말한다. 임금은 흔히 wage 와 salary로 구분하여 사용되기도 하지만, 여기서는 두 가지를 모두 포괄하는 개념으로 사용한다.

조직, 특히 기업이라는 경영주체는 물적 생산수단에 노동을 투입함으로써 제품이나 서비스를 산출한다. 이 때 투입된 노동에 대한 화폐적 형태로서의 보상인 임금은 기업의 입장에서 보면 비용이며, 종사원의 입장에서 보면 소득이다. 따라서 임금은 종사원들의

공헌이라는 자극에 대한 기업의 반응이라고 할 수 있다. 반대로 공헌은 기업으로부터 받는 임금이라는 자극에 대한 종사원의 반응이라고 할 수 있다. 즉 임금은 기업이 종사원을 모집하고 선발하며, 유지하고 동기부여 시키는 관리수단으로서 중요한 의미를 갖는다. 반면에 종사원에게는 임금이 소득으로서 생활의 수단이 되기 때문에 중요한 이유 중의 하나다. 이처럼 임금은 비용으로서의 측면과 소득으로서의 측면의 양면성을 갖기 때문에 대립의 원천이 되는 경우가 많다. 따라서 임금은 기업에 있어서 관리의 대상으로서 매우 중요한 의미를 내포하고 있는 것이다.

이와 같이 임금은 임금구조와 관리, 임금수준과 정책, 지급방법과 형태 등에 따라서 종사원과 기업주, 더 나아가서는 전체사회에 미치는 영향이 지대하며, 그 중요성이 강조되어지고 있다.

1) 종사원에 대한 중요성

① 생계비 유지의 원천(최저생계유지비 원칙), ② 사회적 신분을 규정하는 요소(구매력에 영향), ③ 사회적 생리적 욕구충족의 수단, ④ 자질향상과 공헌도 증진의 요소(유인증진), ⑤ 재무적 인센티브의 요소(주는 것만큼 일하겠다).

2) 기업에 대한 중요성

① 비용의 요소, ② 생산성과 능률성 요소(그레샴 법칙), ③ 생산원가의 주요요소(원재료비, 부자재비, 노무비, 동력비 등) ④ 기업이윤의 요소 ⑤ 기업수입의 원천 ⑥ 최고가격결정과 고객유인의 요소

3) 사회적 중요성

임금은 사회적 집단에 대하여 중요한 영향을 미치고 있다. 높은 임금은 공동사회의 번영을 증대시킬 수 있는 많은 구매력을 종사원에게 부여하고 있다. 그러나 충분한 원천의 확보 없는 높은 임금정책의 시행은 계속기업으로서의 존립 그 자체에까지 영향을 미치게 한다. 따라서 적정판매가격수준의 확보를 위해서는 종사원을 사회집단의 구성원으로 보고, 그들의 생계비 유지에 위협을 배제하기 위하여 물가상승을 억제하고, 임금노동자의 생계비 절감을 기할 수 있는 효율적인 정책의 배려가 있어야 한다. 특히 높은 판매가격은 공동사회 내의 많은 집단에서의 절감현상, 즉 종사원의 생산과 서비스에 대한 수요절감의 결과를 초래하게 되므로 임금은 사회적으로 중요성이 대두되고 있는 것이다.

4. 임금의 문제점 및 개선방안

오늘날 각 기업에 있어서 연공임금체계를 직무급 또는 직능급화 하고자 하는 노력이 경주되고 있다. 그러나 우리나라 일부 호텔에서는 아직도 연 공급 체계를 관리하고 있다. 이 경우 현재의 연 공급이 가지고 있는 결함은 무엇인가, 해소하지 않으면 안 될 점은 무엇인가, 더 나아가서 각 임금체계의 특성을 먼저 고려하여야 할 것이다.

연공임금을 위주로 배분질서를 설명하면 대졸·고졸·중졸 등 학력별로 분류하여 각 기초 임금을 결정하고, 그것을 출발점으로 하여 근속연수에 따라 임금을 가감하여 가는 것이다. 호텔의 영업부서 근무종사원은 대부분 연공에서 벗어나 직무급 또는 직능급체계로 전환되어 운영하고 있다.

연공에 의한 호봉제도 운영시 문제점과 개선방안을 살펴보면 다음과 같다.

1) 호봉제도 운영 시 문제점

매년 급여인상이 호봉에 의한 직종·직위별 일률인상이 불가피하고, 이에 의한 부문 및 직종간 급여의 누적적 불균형이 발생하고 있다.

타 호텔과의 임금변화에 대처가 불가하고, 각 부문별 동일호봉으로 운영되어 직종별 시장성에 의한 임금조정의 대처가 불가능하다.

단계적인 호봉승급으로 최고 호봉에 달한 자는 더 이상 승급할 수가 없다.

직무수행이 탁월한 자는 호봉에 제약을 받고 있다.

개인의 업적과 무관한 비용지출의 증대는 물론 일부 근무자의 소극적 근무태도가 발생되고 있다.

근무성적이 불량한자의 계속적인 호봉승급으로 개인의 능력과 무관한 비용지출이 증대되고 있다.

임금체계의 결정은 노동제약에 따라 결정되고 있으나 사업주의 일방적인 결정에 의하여 성립되고 있으므로, 기업별로 다양한 임금체계가 유지되고 있는 실정이다. 즉 본봉 외에 수당을 분리·운영하고 있다.

2) 임금제도의 개선방안

연공에 의한 호봉제도는 폐지하고 직무에 맞는 급여를 결정 운영하여야 한다. 이에 개인별 능력에 따른 임금결정을 신축성 있게 적용함으로써 종사원의 사기앙양을 제고시킬 수 있다.

동일조건의 동일근로에 대하여 동일임금 지급제도를 선정하여 임금격차를 해소시킬 수 있다.

관리직 또한 연공에서 벗어나 직무급 또는 직능급으로 전환하는 것이 바람직하다. 일정 근속연한 경과에 따른 상위직 승급보다는 능력에 따른 해당직위임금을 적용함이 타당성이 있다. 능력이 없는 자의 일정 근속연한 경과에 따른 상위직 승격은 불합리한 것이다.

다양한 각종 수당을 기본급(통상임금)으로 통합 흡수하여야 한다. 제 수당에 해당하는 기준의 임금이 너무 설정되면 임금체계에 혼란이 생겨 임금관리상 비합리적인 문제가 발생되기 쉬우므로 가능한 이를 기본급으로 흡수시켜 정리해 가도록 하지 않으면 안 된다. 그러므로 임금인상은 수당의 신설 또는 증액보다는 기본급 제고의 조정방법으로 개선하여야 할 것이다.

상여금제도의 경우 일정률 또는 근속에 따른 차등운영을 하고 있으나, 성과배분의 성격으로 전환 운영되어야 할 것이다. 성과배분 측정은 부가가치증가율, 매출액증가율, 경비절감액, 매출이익률 등이 있다. 이러한 생산성 분석이 감안된 목표관리시스템을 강구하여 지급 운영함이 바람직하다.

대부분 임금인상은 매년 부문별 직종별 임금격치가 심화된 직종은 별도 차등인상을 하여 급여경쟁력을 강화시켜야 한다. 그럼으로써 해당자의 직무의욕 고취와 동시에 서비스의 생산성을 제고시킬 수 있다. 우리나라 호텔의 임금관리에 있어 적극적인 반성과 개편이 있어야 할 것이다.

5. 호텔기업에서의 임금의 중요성

임금은 호텔의 성장과 사회적 구조 변화와 국가경제 발전에까지 다각적인 분야에 걸쳐 그 중요성이 인정되고 있다.

1) **비용의 요소** : 호텔에서 지급하는 임금이 종사원에게는 수입의 원천으로 볼 수 있으나 이는 호텔측에서는 비용의 요소가 된다.
2) **생산성과 능률성의 요소** : 호텔기업 임금정책에서 결정되는 임금수준의 적정여부는 호텔의 생산성과 능률성에 영향을 미치고 궁극적으로는 호텔기업 성과에 중대한 영향을 미친다.

3) 생산원천의 주요 요소 : 호텔에서 지급되는 임금은 비용 요소인 동시에 생산원가의 주요 부분을 차지하고 있다.

4) 호텔기업 이윤의 요소 : 비용의 요소인 임금은 호텔의 이윤과도 밀접한 관계를 가지고 있어서 비용의 증감현상은 호텔기업 이윤에 직접적인 영향을 미치고 있다.

5) 호텔기업 수입의 원천 : 호텔에서 종사원에게 지급하는 임금은 지급자체는 비용요소지만 종사원의 생계활동에서는 구매력으로 작용하는 것이므로 종사원의 임금은 호텔기업 수입의 원천으로 간주할 수 있다.

6) 최고가격 형성과 고객유인의 요소 : 호텔의 고임금 수준의 확보는 제품판매가격을 높은 수준에서 결정할 수 있도록 하여 주며, 호텔의 이윤증대와 판매고 증진을 전제로 한다면, 임금의 증대는 최고가격 형성은 물론 고객을 유인할 수 있는 요소로서 작용하게 된다.

Chapter 7

연봉제도 및 임금 피크제 관리

제1절 연봉제도 관리

1. 연봉제의 개념

최근 국내에서는 개인이나 조직단위의 업적·성과에 따라 보수 등의 차등 폭을 확대하는 이른바 성과주의 인사가 관심을 끌고 있다. 그 대표적 사례가 연봉제와 스톡옵션 등에 대한 검토 내지는 도입이라고 볼 수 있다. 이러한 성과주의 인사는 불황과 맞물려 더욱 확산될 것으로 전망된다.

호텔기업을 비롯한 기업에서는 일선 근로자에게는 계약제, 사무직 근로자에게는 월급제 등의 임금계산 방식을 주로 써오고 있다. 그러나 이러한 임금계산 방식은 회사를 위한 기여도를 고려할 수 없을 뿐더러, 정당한 보상의 장애요인으로 작용해 많은 부작용을 낳고 있다.

◎ 연봉제 도입의 배경과 성과

배 경		성 과
경영환경변화 조직 내 외부 경영환경 및 인력 구조의 변화	⇨	도전적, 목표 지향적 조직풍토로의 전환
	연봉제	개인적 업무수행능력 향상
노동시장환경의 변화		영업부서장, 팀장의 권한 강화로 자율적 조직운영의 기반 형성
	도입	인력구조조정과정의 유연성 증진
구성원 가치관의 변화		합리적, 체계적 인사, 조직운영의 프로그램 수용도 제고

자료 : 한국 관광호텔업 협회

그것은 과거 우리나라의 임금체계가 업무 수행 능력과는 무관한 연공 서열형 임금체계를 유지해왔기 때문이다. 그러나 현대의 경쟁사회에서 연공 서열형 임금체계로는 기업 생존에 많은 문제점이 있기 때문에 성과급 임금체제의 일종인 연봉제가 도입되기 시작했다.

이는 근로자의 근로의욕을 높이고, 회사에 대한 기여도를 평가해 보상하는 제도다. 이러한 연봉제는 전년도의 근무성과를 기초로 당해 연도의 1년치 연봉을 정해 지급하는 방식이 보편적이다. 그리고 이 근무성과는 근무 성적평가에 따를 수 있고, 기타 개인별 매출액 등 여러 가지 지표를 기준으로 합리적이고 공정하게 실시하면 될 것이다. 물론 과도한 경쟁촉진으로 인한 근로자 혹사 등 부작용도 예상할 수 있을 것이다. 그러나 연봉제는 회사는 물론이고 국가 전체적으로도 생산성 향상에 도움이 되는 제도로서 권장할 만한 임금지급체계라고 할 수 있다.

2. 연봉제의 특징

연봉제는 고비용 저효율의 체질을 개선할 수 있는 획기적인 임금관리모형으로 자리잡아가고 있다. 연봉제가 가지고 있는 가장 큰 특징은 무엇보다도 변동급으로서 임금체계에 탄력성을 부여할 수 있다는 것이 메리트이다. 임금이 모든 구성원에게 균등하게 배분된다고 하면 조직성원이 열심히 일하려는 동기 부여를 기대할 수가 없게 되며, 따라서 그 조직의 발전은 정체되거나 도태되게 된다. 이는 임금보수의 평등배분이 사회체제의 근간이 되고 있는 구공산권의 몰락이 이를 입증하고 있다.

종래 임금제도와 연봉제의 특징 비교

종래 임금제도	연 봉 제
사람중심의 임금결정 근로시간 기준의 임금 연공서열에 의한 임금	직무중심의 임금결정 성과에 따른 임금지급 직무의 質 기준 임금

연봉제가 갖는 주요한 특징과 장점은 다음과 같이 다섯 가지로 대별된다.

첫째, 연봉제는 조직구성원의 능력과 성과에 따라서 차등 지불되는 임금체계로서 변동급이 특징이다.

둘째, 연봉제가 실시되면 파격인사기용이 가능하게 된다. 능력과 성과에 대해서 보수수준이 결정되기 때문에 능력위주의 인사기용이 용이하게 되는 것이다.

셋째, 연봉제 실시 대상자는 간부직, 전문직 등으로 고급화 및 특수직화되고 있는 것으로 나타난다. 이는 연봉제가 능력 향상을 위한 동기부여가 되며 책임감을 아울러 부여하고 있음을 보여준다고 하겠다.

연봉제의 장·단점

장 점	단 점
- 경영의식의 고양 - 업적에 대응한 개별관리 - 인재확보 - 인긴비 관리용이 - 목표관리의 효율화 - 실력주의의 강화	- 목적의 업적만을 쫓다가 본질적인 생산성 향상을 잃게 됨 - 불공평감의 증대 연대감의 상실 - 화이트칼라의 의욕 저하 - 부하육성의 경시 - 실패를 두려워 함.

넷째, 총액임금제에서 보여주듯이 임금관리가 용이하게 된다. 복잡 다양한 임금보수체계에서 총액산출이 근간이 되기 때문에 단순화된 보수체계를 유도할 수 있다.

다섯째, 연봉 금액산출시 어떠한 기준을 삼을 것인지에 대한 종사원의 참여가 불가피하게 되기 때문에 새로운 노사문화를 실현시킬 수 있다. 특히, 연봉제의 경우에는 개별성과를 토대로 산출되는 경향이 있기 때문에 목표수립과 자신의 기여도를 평가하는데 있어서 상사와 부하간의 의사소통이 불가피하게 됨에 따라서 노사일체감이 형성되게 된다.

3. 연봉제의 전제조건

연봉제가 성공하려면 우선적으로 갖추어야 할 전제조건이 있는데, 이는 목적과 의도가 아무리 훌륭하다고 하여도 이를 성공적으로 도입하려면 사전에 준비 작업이 충분히 이루어져야 함을 말한다. 연봉제의 전제조건은 다음과 같이 집약할 수 있다.

첫째, 기본적 전제조건으로 공정하고 객관적인 평가제도의 마련이다. 연봉제를 실시하고 있는 기관에서 예외 없이 사용하고 있는 연봉액 산정기준은 인사고과평가이다. 따라서 객관적인 인사고과의 평가방법 마련은 연봉제 성공을 위해서는 가장 기본적인 요소라고 할 수 있다. 인사고과의 공정한 평가는 훌륭한 제도만으로는 되지 않으며 평가자의 자질과 전문성 그리고 자세 또한 중요하다. 그러므로 평가자의 인사고과 방법에 대한 교육의 필요성이 중요하게 대두된다.

둘째, 노사합의에 의한 연봉제기준이 마련되어야 한다. 이러한 기준은 바로 연봉액 결정에 직접적인 영향을 미치기 때문에 가급적 합의를 도출하는 노력이 요구된다. 생산기업의 경우에는 생산액, 이익, 매출액 그리고 원가절감 등 측정이 가능한 지표가 기준이 되기 때문에 갈등이 일어날 수 있는 소지가 적으나, 연구기관과 같이 고도로 전문성이 요구되는 지식산업의 경우에는 이에 대한 측정이 간단하지 않다. 따라서 고도의 전문성과 충분한 검토 작업이 요구된다. 또한 어떠한 항목을 기준으로 활용할 것인지에 대해서는 노사합의 뿐만 아니라 이해집단간의 합의를 도출하기 위한 노력이 선행되어야 한다.

셋째, 철저한 사전계획을 마련하여야 한다. 연봉제 실시는 비용이 수반된다. 한정된 재원으로 성과가 높은 조직 구성원에게 보다 많이 분배하게 되므로 과학적인 산출방법이 고려되어야 한다. 또 어느 직종과 직급을 대상으로 실시할 것인지에 대한 사전검토가 이루어져야 한다. 일반적으로 고위직, 전문직에게 일차적으로 실시하고 효과를 검토하여 확대해가는 방법이 일반화되고 있다. 연봉제는 선진국의 개인주의적이고 능력주의 전통에 맞는 제도임으로 평등주의적, 연공서열적 전통에 익숙한 우리의 기업문화에서는 상당한 갈등과 부작용이 연봉제 도입 초기에 대두됨을 간과해서는 안 된다.

넷째, 노사간, 상하간의 신뢰감이 구축되어야 한다. 성공적인 연봉제 실시의 핵심은 조직구성원간의 신뢰감 구축이다. 연봉제 실시가 궁극적으로 조직구성원의 근로조건과 처우를 개선시키기 위한 포지티브시스템이라는 점을 충분히 인식시켜야 한다. 이를 위해서 연봉제 실시에 의한 감봉 우려를 자신의 능력개발과 조직몰입도 제고를 통해서 극복할 수 있도록 다음과 같은 제도 마련이 강구되어야 한다.

특히 연봉제 시행에 있어서 조직의 목표량은 가급적 실현 가능한 정도로 잡고 이에 대한 노사참여가 보장되어야 하며, 제도 실시의 초기 준비단계에서부터 충분한 협의와 대화가 요구되며, 과도기적 기간을 설정, 마일드한 연봉제에서 보다 강력한 제도로 단계를 높여가는 것이 관건이다. 그리고 내부기준마련과 평가항목설정에 어려움이 예견될 경우 외부전문가의 참여로 극복할 수 있도록 하여야 하며, 연 봉액 산정 후 해당자에게 피드백할 수 있는 기회와 상담 제도를 운영하여 수시로 노사 간의 대화가 이루어 질 수 있도록 하여야 한다.

4. 일반기업체의 연봉제 도입 실태

국내 근로자들은 직종이나 연령에 관계없이, 연공주의 인사보다는 능력주의 인사를 선호하는 것으로 나타나고 있다. 조사(2004년)에 따르면, 승진·승격에 있어서는 76~83%가 연공보다는 능력을 중시하고 있다. 다른 조사(2005년)에서도 연령이나 직급, 성별에 관계없이 약 70%가 연공보다 능력위주의 급여시스템을 선호하는 것으로 나타났다. 인사제도의 공정성에 대해서는 저 연령·저 직급일수록 만족도가 낮은데, 이는 연공서열에 의한 평가관행의 결과로 볼 수 있다.

이러한 결과는 상대고과 및 배분율이 적용되는 평가 제도를 채택하고 있는 호텔기업에서도 공통된 현상이다. 한편, 급여·평가·육성 등의 인사시스템이 거의 같다고 할지라도, 회사나 업장에 따라 임직원들의 만족도는 크게 다르다. 이는 직무나 경영실적, 인적자원의 구성내역, 조직의 관리풍토, 지배인의 리더십 스타일, 제도의 운용충실도 등에 따라 영향을 받기 때문이다.

1) 연봉제의 적용범위

한국의 연봉제 실시는 아직은 보편화되어 있지 않으며 역사도 짧다. 다만, 외국계 기업의 경우는 한국 IBM사의 경우와 같이 1968년에 이미 실시한 사례도 있다. 그러나 우리나라 고유 기업의 경우 지금까지 연공급적 임금체계가 보편화되어 있다 보니 1990년대에 들어와서 도입되기 시작했다고 볼 수 있다.

연봉제를 실시하고 있는 대표적 업체 46개사를 대상으로 조사된 실태를 분석하여 보면 우리나라 연봉제가 아직 실시 초기단계에 있음을 알 수 있다. 우리나라에서 연봉제를 실시하고 있는 기업은 업종이 전문적이거나 미국계가 대다수를 차지하고 있으며 이들 특수한 기업을 제외한 대부분의 일반기업은 아직은 과장급 이상 관리직만을 대상으로 연봉제를 실시하고 있다.

연봉제의 적용대상 범위

범 위	전 직원	대리급이상	과장급이상	부장급이상	임원(박사급)	기 타
46(100)	14(30.4)	5(10.9)	13(28.3)	3(6.5)	5(10.9)	6(13.0)

2) 연봉제 지급방법

연봉제 실시에서 중요한 사항은 연 봉급을 어떻게 나누어 지급하고 있는지에 대한 구체적 지불 방법인데, 여기에는 연 봉액을 나누어 월할 지급하는 문제와 연봉제에 포함되지 않는 수당처리 문제 두 가지 사항이 중요하게 고려된다. 우리나라 기업의 연봉제는 12월 내외로 나누어 지급하는 지불방식이 60.9%로 가장 많고, 18개월 이상도 26.1%로서 두 번째로 많은 빈도수를 차지하고 있다. 또한 연봉에 포함되지 않는 수당의 수를 보면 모든 수당이 통합되어 순수 연봉제를 실시하고 있는 기업은 불과 15.2%에 불과하고, 2개 이하 32.6%, 3~5개미만 23.9% 등 대부분의 기업이 수당을 별도로 지급하고 있는 것으로 나타났다.

연봉제 지급방법 및 포함 수당 수

<table>
<tr><td>지급방법</td><td colspan="2">월할(13개월 미만)</td><td colspan="2">월할(13-18개월 미만)</td><td>월할(18개월 이상)</td><td>기타</td></tr>
<tr><td>46(100)</td><td colspan="2">28(60.9)</td><td colspan="2">5(10.9)</td><td>12(26.1)</td><td>1(2.1)</td></tr>
<tr><td>수당수</td><td>없음</td><td>2개 이하</td><td>3-5개미만</td><td>5-7개미만</td><td>7개 이상</td><td>기타</td></tr>
<tr><td>46(100)</td><td>7(15.2)</td><td>15(32.6)</td><td>11(23.9)</td><td>6(13.1)</td><td>3(6.5)</td><td>4(8.7)</td></tr>
</table>

5. 호텔기업의 연봉제 도입

1) 관광호텔 연봉제 도입의 조건

관광호텔기업에서 연봉제를 실시하기 위해서는 먼저 임금제도를 능력주의로 정비하는 것이 필요하다.

둘째는 호텔에 입사하게 되면 월급은 매년 오르는 것이라는 종사원들의 의식을 바꾸는 일이 중요하다. 이를 위해서는 연봉제 도입목적을 확실히 정비해 둘 필요가 있다.

셋째, 연봉제 적용대상자를 결정하는 일이다. 임원급 이상에서 시작해 점차 범위를 확대하는 것이 일반적이다. 범위가 확정되면 연봉을 구성하는 임금항목을 결정해야 한다. 상여금을 포함시킬 것인지, 연봉에서 어떤 수당을 뺄 것인지를 확정해야 한다.

넷째, 기본연봉과 업적연봉을 설계하는 것으로 기본연봉은 종합급, 직능급(직무수행능력에 따라 지급하는 급여), 직능급+역할급(책임과 역할에 따라 주는 급여), 역할 급+기대급(업무상 기대도에 따라 지급되는 급여), 직능급+기초급(생계비 보장용) 등 다양한 방식이 가능하다. 업적연봉은 대체로 기본연봉에 각사가 정한 지급계수를 곱하는 방식으로 산정된다. 지급계수는 대체로 최우수(S)와 최하(D)를 포함, 5단계로 구성된다.

다섯 번째는 운영방법을 정해야 한다. 최하등급이라도 연봉을 깎지 않는 플러스섬(plus sum)방식으로 할 것이냐, 아니면 일부 연봉을 삭감하는 제로섬(zero sum)으로 할 것이냐를 확정해야 한다.

마지막으로 매년 연봉 산정 때 지난해 연봉을 기준으로 하는 누적방식과 회사가 지정하는 직급임금을 기준으로 하는 비 누적방식 중 어느 것을 택할지도 결정해야한다. 지급방식을 매월 균등분할로 할지, 월별로 차이를 둘지도 정해야 한다.

관광호텔 연봉제 도입에 따른 임금지급 원칙

과거 임금체계		바람직한 임금체계
연공/직급중심주의		능력/성과/직책중심주의
호텔경영성과와 무관한 임금수준 결정	⇨	호텔경영성과와 직결되는 임금수준 결정
base-up과 자동승급, 직급성격에 의한 임금인상		고과승급과 성과급, 직무가치에 의한 임금인상
수당, 부가급여체계의 복잡, 과다	연봉제	수당, 부가급여체계의 단순, 최소화
고정임금중심		변동임금확대
종사원 불만해소와 고용안정에 우선	도 입	회사이윤극대화에 기여한 종사원에게 보상 제공
종사원의 충성심과 성실성을 바탕으로 한 평생직장의식강조		종사원의 참여, 능력개발, 경영성과 극대화에 대한 책임강조

자료 : 한국 관광호텔협회

2) 전략 합치형 연봉평가시스템 구축

인사평가제도는 호텔조직의 중장기 경영전략이나 비전을 실현하는데 기여할 수 있는 내용으로 설계되어야 한다. 예컨대 호텔기업들이 장기적 이익실현이 경영목표라면, 이를 달성하기 위해서는 조직과 그 구성원이 어떠한 역량을 갖추어야 할 것인가를 명확히 하고, 또 조직원으로 하여금 이러한 능력을 육성·개발토록 유인할 수 있는 평가항목이나 평가지표 등이 마련되어야 한다.

대내외적으로 호텔경영환경이 급변하고 있음에도 불구하고, 인사평가제도는 한번 작성되면 환경변화와는 무관하게 수년 동안 그대로 실시되어온 것이 일반적이다. 즉 평가항목이나 요소, 가중치가 바뀌지 않는다. 각 업장별 전략은 매년 바뀌고 있으나, 종사원 개인의 평가는 예년과 동일하기 때문에 의식이나 행동상의 변화는 보이지 않는다. 결국 목표달성 성과주의 인사는 그 효과가 줄어들게 될 것이다.

이러한 경직성을 타파하고자 목표관리제도(MBO)를 도입하고 있으나, 바쁘다는 이유로 아예 실시조차 않는 것이 호텔기업의 실정이다. 실시한다고 할지라도, 가중치가 고정되어 있거나 평가항목과 요소가 인쇄되어 있어 유연성이 크게 결여된다. 이러한 경우에는 목표설정란을 공란으로 두고, 매년 평가항목과 가중치를 조정 내지는 재설정함으로써 유연성을 제고하여야 한다. 때문에 고객, 종사원, 주주 등의 이해관계자(stake holders)들의 기대 목표를 MBO의 목표로 설정하는 등 균형적 경영감각을 배려하여야 하며, 각 항목에 대한 가중치를 적절히 조절함으로써 외적 환경변화에 대처해 나가야 할 것이다.

3) 인사평가방식의 다양화 제고

연봉제의 성패는 인사평가방식의 정확성 및 평가자의 공정성에 있다. 따라서 각각의 호텔기업 특성을 고려한 다음과 같은 다양한 방법들을 이용하여 가장 적합한 모델을 찾는 것이 중요하다.

첫째, 직무별·코스별 평가이다. 종사원의 직무에 있어서 직접부문과 간접부문은 서로 구분하여 평가시스템을 달리하도록 하여야 한다. 평가요소가 같을 경우는 요소별 가중치를 달리하고, 목표 달성도에 따른 상여 지급률에 있어서도 차등 폭을 달리하는 등의 방안이 강구되어야 한다.

관광호텔의 전략적인 인사평가제도 설계

호텔의 비전과 경영전략 (vision & strategy)	- 지속적 성장과 안정을 위한 비전 정립 - 경영전략, 추구가치, 기대행동의 정립
호텔의 특성에 맞는 기업문화 정립	
핵심역량의 구축 (core competency)	- 경쟁우위 강화를 위한 critical success factor 중심의 조직역량 확보
인적자원관리 전략수립 (H R-vision strategy)	- 핵심역량의 유지, 강화를 지원하는 구성원의 능력향상, 활용 - 능력에 따른 처우제공이 연계된 HR- vision 수립
평가-보상관리체계구축 (reward system)	- 호텔경영전략 실현을 위한 단위조직별, 종사원 개인별 평가체계와 보상관리체계구축

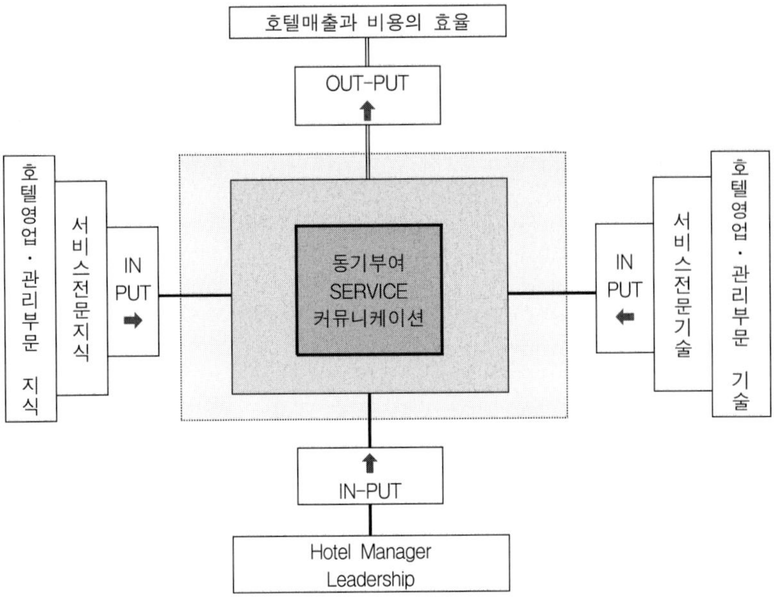

호텔기업에서는 제도의 다양화가 곧바로 인사부의 업무과중으로 직결된다는 점에서 되도록이면 제도를 획일화하려는 것이 그동안의 경향이 있었음으로 이를 제대로 알리는 것도 매우 중요하다.

둘째, 직무와 결과의 절충형이다. 성과주의 인사세도, 특히 업적평가에 있어서는 최종 가시적 결과에 의해서만 평가하려는 경향이 강하지만, 이에 대해서는 각각의 장단점이 있으므로 호텔 각 업장 및 직무의 특성에 따라 종사원 각자에게 적절한 배분(가중치)을 하는 것이 필요할 것이다.

셋째, 호텔상품의 라이프 사이클에 따른 평가이다. 상품의 라이프 사이클, 즉 성장기-성숙기-쇠퇴기 등에 따라 평가지표의 가중치를 달리하는 등의 방안이 필요하다. 또, 고객시장의 특성에 따른 그룹핑 및 평가의 차별화도 필요하다. 이는 평가에 대한 객관성과 납득성을 제고하는 관점에서 확산되는 추세이다.

● 연봉 산출 방식 예

1. 정규직

   (기본급 + 호봉) × 20.1 + 수당 + (가족/자격/직무대리 수당) × 12

2. 연봉 계약직(연 봉직 임명 후 만 2년 미경과자)

   (기본급 + 상여금+가족수당) × 12

3. 정규 연봉직(연 봉직 임명 후 만 2년 경과하여 정규직으로 전환된 자)
(기본급 + 상여금 + 가족 수당) × 12
4. 정규 연봉직(간부급)
(기본급 + 상여금 + 가족/교통/자격/직무대리 수당) × 12
5. 6개월 계약직
(기본급+ 근무 장려수당) × 12

제2절 임금 피크제(salary peak)관리

1. 임금피크제의 개념

임금 피크제란 근로자의 계속 고용을 위해 노사간 합의를 통해 일정연령을 기준으로 임금을 조정하고 소정의 기간 동안 고용을 보장하는 제도이다. 즉, 쉽게 말하면 일정 연령이 되면 임금을 삭감하는 대신 정년을 보장하는 제도이다. 근로자는 해고를 피할 수 있고 (사실상 또는 사규상) 정년 이후에도 계속 일할 수 있다. 사용자는 해고를 둘러싼 노사 갈등을 피할 수 있고, 보다 저렴한 비용으로 훈련된 인력을 유지, 확보하는 한편 경감된 비용을 재원으로 신규인력을 채용할 수 있다. 정부는 인구고령화에 따른 생산인력 부족 문제를 해결하고, 비경제활동 노령인구에 대한 사회보장비용 부담을 완화 할 수 있다.

2. 임금 피크제 도입 배경

1) 세계화로 기업간, 국가간 경쟁이 심화되고 있다.
지식정보화 사회의 도래 및 세계화의 급진전에 따른 무한경쟁으로 기업은 생존을 위한 경영혁신과 인적자원개발의 압력을 받고 있다.

2) 급속한 고령화로 인해 기업의 인건비 부담이 증가하고 있다.
출산율이 급격히 떨어지고 평균수명이 높아지면서 인구고령화가 급진전되고 있다.
65세 이상의 비중이 2005년에 8.7%에 달하여 이미 고령화 사회에 진입하였고, 2019년에는 전체 인구의 14%가 고령인구인 고령사회화로 접어들게 된다. 이와 같은 사회의 고령화는 기업 인력구성의 고령화로 이어져, 연공급이 지배적인 기업들의 인건비 부담이 가중되고 있다.

3) 일자리가 늘지 않는 성장, 저성장 시대 돌입

경제성장률 둔화, 지식 집약적산업 확대에 따른 고용흡수력 저하로 일자리 증가 없는 성장이 지속되고 있다.

4) 경직된 임금체계가 근로자의 고용불안 요인으로 작용되고 있다.

생산성이 아닌 근무경력만을 기준으로 하는 연공급적 임금체계는 기업으로 하여금 근로자의 고령화에 유연하게 대응하지 못하게 하고 인건비 부담을 가중시키고 있다. 연 공급적 임금체계는 근속기간이 길어질수록 퇴직금도 자동적으로 증가함에 따라, 중년근로자의 조기퇴출 요인이 되어 근로자 고용불안 및 구조조정을 둘러싼 노사갈등 요인으로 작용하고 있다.

5) 전반적인 임금수준의 상승으로 단기적인 임금인상보다는 고용연장을 선호하는 현상이 나타나고 있다.

6) 고령 근로자의 계속적인 경제활동방안 마련이 시급한 과제가 되고 있다.

수명연장 시대에서는 정년 이후에도 충분한 근로의욕이나 능력이 있어, 일이 최선의 복지가 되었다. 그러나 고령자의 재취업은 매우 어려운 실정이다.

Chapter 8

노사관계(Labor Relations)관리

제1절 노사관리의 이해

호텔사업을 유지, 발전시키기 위해서 자본의 증대와 창의력 개발 및 노동생산성의 향상 등이 필수요건으로 강조되고 있지만 또 한편으로 중요한 것은 노사간의 안정과 원활화의 문제이다. 일반적으로 경영활동은 노사간의 긴밀한 협력관계에 의해 기업의 생산성을 개대할 수 있다. 노사관계는 공동의 목적을 효과적으로 달성하고 상호 협력하여 업체와 개인의 안정은 물론 경제사회의 발전을 유지하는데 근본적인 의의가 있다. 따라서 노사간의 대립적인 요소를 합리적으로 유도하고 상호 실리적인 관계를 형성하는 것이 매우 중요하다.

노사관계는 공업화와 민주화를 양 수레바퀴로서 발전의 역사를 쌓아오고 있는데 중시하는 가치관이 다르다. 즉 경영자는 생산성의 향상 또는 합리성의 추구에 가치를 인정하는데 반해 종사원은 배분의 공정화나 인간성 존중 등의 민주성을 강하게 추구하고 있다. 노사관계가 지속적으로 안정적이기 위해서는 합리성과 민주성이 동시에 존재하는 것을 노사쌍방이 인정하는 것이 중요하다. 사회의 진보와 번영이란 노사관계의 안정화에 불가결한 요건이며 또한 '영속하는 평화는 사회정의를 기초로 해서만이 확립 한다'라고 하듯이 공정한 배분이 행해지는 것이 노사 간의 신속관계를 배양해 가는 길이라는 사고가 노사관계의 지도이념에 알맞다고 말할 수 있다. 필라델피아 (1944년)에서 이루어진 이러한 사상은 제2차 세계대전의 각국 노사관계에 지대한 영향을 미치고 있고 또 그 이후의 ILO의 활동의 배경으로 되고 있는 것이다.

상술한 노사관계의 지도이념이 노사 쌍방의 공통기반으로서 각각의 입장에서 실천되는 것이 바람직한 노사관계를 형성하는 길이라고 생각된다. 그런데 생산성 운동의 3원칙은 ①고용확대 ②노사협력 협의 ③성과의 공정한 배분으로서 이것은 피구(Pigou, A. C)의 복지개념(제1명제 · 성장성, 제2명제 · 공평성, 제3명제 · 안정성)과도 일치하는 것이다.

오늘날 생산성문제를 피하고 노사관계를 운영하는 것은 곤란하며 또한 생산성 향상 없이는 풍요로운 복지사회의 실현도 있을 수 없다. 따라서 생산성 향상에 수반하는 제문제에 노사가 어떻게 대처할 것인가가 중요한 과제로 된다.

1. 노사관계 관리의 성격

노사관계에는 두 가지 관계가 있다. 하나는 종사원으로서 사용자와의 사이에 조직목표를 수행하기 위해 협동하는 관계 즉, 노사가 참여적으로 협력하는 관계인 것이고, 또 하나는 종사원이 노동조합원으로서 사용자와의 사이에 노동력의 매매라는 거래를 맺는 관계 즉, 노사가 경제적으로 확대하는 관계인 것이다. 통상, 전자를 종사원관계라고 부르고, 후자를 노동관계 또는 광의의 노사관계라고 부른다. 이 경우 종사원 관계는 노무관리의 대상인 것이고, 거기에는 당연히 노사는 조직계층을 형성하고, 조직에 있어서 역할을 분담하여 필연적으로 조직의 질서를 유지하며, 직무의 원활화를 촉진하는 명령 - 복종의 상하관계를 구성한다. 그들 사이에는 조직이 존속과 번영을 위하여 어떻게 생산에 공헌하느냐 하는 공통의 목표가 존재하고, 목표달성을 위하여 최상 · 최고의 협력을 하는 일이 과제가 되고 있다. 이에 대하여 노사관계에서는 종사원은 종사원이라는 자격을 떠나 노동조합원으로서 사용자와 민주 · 자유 · 독립의 대등한 입장에서 먼저 생산에의 협력을 담보로 하여 정당 · 공평한 분배를 요구하는 거래관계를 구성한다.

종사원으로서 생활의 자원을 얻는 유일한 수단은 임금인바, 그러므로 이 분배부문에서의 거래는 그들의 생활을 결정하는 중요한 국면인 것이다. 어떻게 이 거래를 유리하게 이끌 것인가는 종사원으로서 중대한 과제이고, 한편 사용자로서는 종사원의 요구대로 응할 것인가 하는 점에서 중대한 관심사가 된다.

이상과 같이 노사관계의 개념에 있어서는 2중성의 문제가 있다. 즉, 자본과 임금 노동과는 이것을 노동력의 매매라는 경제관계로서 본다면, 진술한 바와 같이 대립관계에 있는 것이나, 본래 자본은 이윤을 목적으로 한다고는 하지만 그 수단으로서 일정한 사회적 유용재의 생산배분을 하고 있기 때문에 이 생산이라는 계기에서 본다면 자본은 그 자신이건 대리인인 관리자이건을 막론하고, 생산계획 · 조직 · 통제 · 지휘의 기능을 담당하는 것이며, 임금 노동은 생산에 있어서는 종사원으로서 작업직능의 담당자이며, 생산적 협동관계는 동시에 경영 관리자와 종사원으로서의 협동관계에 있는 종사관계라는 이중적 성질을 갖게 되는 것이다, 다시 말하면, 하나는 생산적 노사관계이며, 다른 하나는 분배적 노사관계인 것이다.

2. 노사관계 관리의 발전과정

노사관계는 18세기 중엽에 시작한 영국의 산업혁명 이후 오늘날까지 공업화과정을 배경으로 하여 성립한 것이다. 더 노사관계는 공업화의 과정에서 경제적 사회적 제 여건 등에 따라서 여러 가지 단계적 특징으로 나타나고 있다. 그것은 결론적으로 노사관계의 기초인 경제관계, 즉 경제에 있어서의 고용조건의 결정기구의 성질에 따라 다음과 같은 역사적 형태를 갖게 되는 것이다.

1) 자본 전제적 노사관계관리

시대적으로는 19세기 중반까지의 노사관계의 형태로서 자본주의의 초기에 있어서는 자유로운 자본시장이나 근대적 노사시장이 성립되지 못하였으며, 그 결과 호텔기업도 소유자에 의한 경영이 지배석이었으므로 선제적 또는 독재직 성격을 띤 경영형대에서 나타난 것이었다. 이러한 경영단계에서는 근로조건은 사용자의 일방적 의사로서 결정되고, 사용자와 종사원의 관계는 절대명령과 복종 · 예속의 관계로서 인간적인 요소는 무시되었다. 근로시간에 관하여 영국의 경우를 보면, 1802년에 Moral and Health Act of Apprentice라는 노동관계법이 제정됨으로서 1일의 근로시간이 12시간으로 단축되었는데, 그 이전에는 14~18시간이라는 장시간노동이 자행되었던 것이다. 이러한 경영형태에서 형성된 노사관계는 종사원을 종속시킨다는 데 있어서는 성과를 거둘 수 있을지라도 근로의욕을 배양하고, 생산성을 향상시킨다는 데는 많은 문제점이 내재하는 것이었다. 결과적으로 이러한 형태의 노사관계는 종사원의 노동이동을 유발케 함과 동시에, 업체의 사용자 측에서 이의 폐단을 개선하는 노력이 나타나게 된다.

2) 온정주의적 노사관계관리

자본주의적 생산이 발달에 따라 정착 종사원이 증대하는 한편, 경영관리에 있어서는 가족적인 종속관계에서 노사관계가 형성하게 된다. 이 시기의 경영형태도 개인적 경영형태를 탈피하지 못한 만큼 자본과 노동과는 기본적으로는 전제적 관계에 놓여 있었다. 그러나 전제적 노사관계로서는 종사원으로부터 계속적인 협조를 얻을 수 없고, 생산성의 향상도 기대할 수 없게 됨으로써 사용자도 이에 대응하여 종사원에 대하여 가부장적 온정주의에 입각한 복지후생시설을 마련하는 등 노사관계를 개선하지 않을 수 없게 된 것이다. 그 결과 전제와 은혜, 충성과 비자주성이라는 노사간에 온정주의적 관계가 특징으로서 나타나게 된 것이며, 그것은 전세기 초기의 로버트 오웬 이래로 볼 수 있게 되었다.

3) 완화적 노사관계관리

유럽 각국에 있어서 산업혁명이 거의 종료한 19세기 후반에는 근대적인 기업형태로서 유랑사회와 주식사회가 성립하게 되었다. 이 단계에 이르면 기업규모가 확대되고 경영관리의 합리화가 추진되며, 자본의 집중에 의한 경영과 자본의 분화현상이 나타나게 된다. 한편, 노동에 있어서도 직종별 노동조합의 출현 등 근대적인 노동시장의 형성을 보게 되고, 이에 따라 자본과 노동의 관계에 있어서는 필연적으로 종래의 자본의 일방적 지배를 어느 정도 제약 하기에 이른다. 그러나 아직 노동의 조직력이 자본과 대등한 지위에까지 이르지 못하여 자본의 전제를 완화하는데 그친다.

이 시기에 테일러(Taylor, F. W.)나 페이욜(Fayol Henry)등에 의한 관리의 합리화 발전을 보게 되기 시작하였으나, 자본과 경영의 분리가 촉진될 정도는 못되고, 경영자도 주주에 의한 경영으로서의 어느 정도 경영 직능이 분화되었을 뿐이고, 아직도 개별 자본의 성격이 강하게 지속되고 있었다. 이렇게 하여 한편에서는 약간의 합리주의를 발전시키면서, 다른 한편으로는 유래의 온정적·가족 주의적인 노사관계를 다분히 잔존시키지 않을 수 없었다.

4) 민주적 노사관계관리

제1차 대전 후 특히 1929년의 세계공황 이후, 자본의 집중과 독점화가 현저히 진전되고, 또 기업규모가 확대됨에 따라 소유와 경영의 분리가 촉진되어 경영 직능이 분화되고 전문경영자가 등장하게 되며, 경영자단체의 조직화가 일반적인 현상으로 나타난다. 이에 따라 노동력의 이용형태가 달라지고, 과학적 관리기술의 발달로 인한 기계화 및 단순화의 작업방법은 미숙련근로자, 부녀근로자를 대량으로 진출시키게 됨으로써, 산업별 노동직급의 발전이 이루어지고, 특히 산업별 노동조합과 경영자 단체와의 통일 근로협약이 발전하게 된다. 따라서 노동의 성격도 종래의 개개 기업의 종사원이었던 성격에서 계급 연대적 · 총 노동적인 성격을 강하게 띠는 경향을 나타낸 것이다.

이러한 새로운 단계의 노동과 자본의 관계는 그 나라에 따라 경제적 · 사회적인 여건에는 차이는 있으나, 언제나 노동관계법을 전제로 하게 근로조건을 결정하는 단체교섭과정에서 노사는 사회적 지위를 인정받게 되는 것이다. 즉, 본질적으로는 자본의 주도하에 있다고는 하지만, 산업사회에 있어서 대등한 지위를 당연한 것으로 보는 산업 민주주의 이념이 형성되기에 이른다. 말하자면, 민주적 노사관계가 형성되는 것이다.

5) 항쟁적 노사관계관리

이것은 사회주의적 변혁에 직면한 시기, 예를 들면 소련에서는 1917년 2월에서 11월, 독일에서는 1918년 혁명부터 1919년 바이마르 헌법 제정까지의 시기, 프랑스에서는 제2차 대전 후의 1947년까지의 시기, 이탈리아에 있어서의 경영위원회 성립까지의 시기가 이것에 해당되는 것이며, 격화된 계급투쟁이 개별 경영에서 전개되고, 고용조건의 결정은 오직 노사의 실력항쟁에 의하여 결정되었다. 그리고 그 경영사회 지위나 상호의 태도로 모두 노사의 주도권 획득을 둘러싼 대립 항쟁적인 성격을 띤 것이다.

3. 노사관계 관리의 방향

이상에서 고찰한 바와 같이 노사관계관리는 역사적으로 몇 가지 특징 있는 발전과정을 거쳐 왔으나, 오늘날 우리가 말하는 노사관계관리는 주로 민주적 노사관계의 단계를 대상으로 하는 것이다. 다시 말하면 종사원의 조직이 확립되었고, 이를 부인하거나, 파괴하는 시대를 역행하는 것이므로 노사관계의 관리방향에 있어서는 다음의 사항이 충실히 고찰되어야 할 것이다.

첫째. 종사원의 민주적 조직으로서의 노동조합을 인정한다.

둘째, 조직된 노동조합을 적극적으로 경영에 활용한다. 즉, 노동조합의 민주적 경영을 통하여 그들의 민주적 정신을 배양함으로써 생산에 있어서 창의의 신장에 기여토록 하는 동시에 비 항쟁적·협조적 태도를 기르게 된다.

셋째, 그와 같은 자주적 노동조합은 어디까지나 자본주의적 사회질서의 틀 안에 머물러야 한다.

위의 세 가지는 호텔기업전반의 입장에서 소망스러운 노사관계관리의 일반적인 방향에 관한 것인데, 이를 개별 호텔기업의 입장에서 호텔측이 바라는 합리적인 관계로 이끌어 나가려는 일련의 조직적 관리를 경영노사관계 관리라고 할 수 있다. 그리고 그와 같은 바람직한 노사관계 관리의 사상적 기초가 되는 것은 곧 산업민주주의이고, 이를 개별 호텔기업에 적응하는 것이 경영민주주의라고 할 수 있다.

제2절 노사관계의 발전과정

1. 한국, 일본, 독일의 노사관계 발전경험

1) 발전과정

미국은 1929년 말의 대공황으로 호텔기업의 연쇄도산과 대량실업을 가져왔다. 대공황을 계기로 미국정부는 소비자의 다수를 차지하는 종사원의 실질소득의 향상 없이 지속적인 경제발전도 불가능하다는 것을 인식하게 되었다. 이에 따라 미국정부는 30년대로 접어들면서 종사원의 노동조합 활동을 적극적으로 보호하는 정책을 추구하게 되었다. 노사관계에 관련된 법·제도의 확충은 노사의 행위가 법과 제도 내에서 이루어지게 됨으로써 노사관계의 안정은 노사가 외부의 환경 변화에 대해서 소극적인 태도를 갖게 만들어 공동의 대응노력은 결여되었다.

60년대 후반 이후 미국이 유럽이나 일본 등의 국가로부터 경쟁에 직면하기 시작하면서 소극적인 노사관계는 미국 호텔기업의 대외경쟁력을 약화시키는 요인이 되었다. 미국경제가 계속 침체되면서 70년대 말부터 노사는 경쟁력 제고를 위해서 대립적인 관계에서 벗어나 협조적인 관계로 나아가는 것이 필수적이라는 사실에 공동인식을 하게 되었다.

일본은 1945년 제2차 세계대전에서 패배하고 극도의 폐허에 놓이게 되면서 경제의 재건은 국민적 염원이 되었다. 패전 후 일본에 주둔한 미군정 당국은 일본의 정치·사회의 권위주의 요소를 제거하기 위해서 종사원의 노동조합 활동을 전면 허용하고 재벌을 해체하는 등 민주주의 기반을 확고히 하는 조치를 취하였다. 그러나 공산주의를 지향하는 노동조합 운동가들이 발호(跋扈)하여 노사 간의 극단적인 대립을 유발하면서 일본국민의 염원이라고 할 수 있는 경제의 재건작업은 커다란 타격을 받게 되었다. 이러한 가운데 미군정 당국과 일본정부는 노동운동에 있어서 좌익세력을 제거하는데 적극적으로 나서게 되었고, 50년대로 들어오면서 일본의 노동조합은 정치 편향적인 활동목표를 스스로 수정하고 노사관계를 보다 경제적 이해관계 문제에 집중시켰다. 비록 동시다발적인 노사분규가 연중행사처럼 발생하였으나 그 지속기간은 짧았으므로 일본경제에 대한 위협적 존재는 되지 않았다. 그러나 노사관계에 있어서 경제적 이해관계의 대립도 70년대 초반의 오일쇼크로 인하여 일본 경제가 심한 타격을 받게 되면서 급격히 후퇴하고 노사관계가 협조적일 때만 노사가 공존 공영할 수 있다는 인식을 갖게 되었다.

종사원을 둘러싼 측면	노사관계의 지도이념	피구(Piguo)의 복지개념	생산성운동3원칙
생산 활동	합리주의	성장성	고용의 확대
근로조건	사회정의	공평성	공정배분
인간	민주주의	안정성	노사, 협력, 협의

독일은 유럽의 경쟁국에 비해서 봉건제도가 오래 지속되어 왔으며 산업화가 늦게 시작되었기 때문에 정치적으로 불안정하였고, 경제적으로 후발 자본주의 국가로서 치열한 대외경쟁에 직면해 왔다. 특히 제2차 세계대전에서 패전하게 되면서 독일은 본의 아니게 분단되게 되었고, 연합군은 서독의 민주화를 위한 조치로서 노동조합의 활동을 전면 보장하게 되었다. 그러나 서독 국민들은 민주주의를 희구하고 있었지만 동시에 민주화에 따른 사회의 무질서를 뼈아프게 경험한 적이 있었다. 따라서 이러한 정치·사회적 경험은 제2차 세계대전 이후 독일은 연합군의 간섭을 극복하고 독자적인 노사관계 제도를 수립하게 되었다. 종사원과 사용자가 스스로 극단적인 대립을 예방하고 사회 전체 구성원의 이익을 조화시켜야 한다는 합의에 도달하고 있기 때문에 독일의 노사관계 제도는 노사의 사회적 책임의식, 노사이익의 적절한 조화를 추구하는 방향으로 발전하게 되었다.

2) 미국, 일본, 독일의 노사관계 비교

미국은 일본이나 독일과는 달리 민주주의가 일찍부터 뿌리를 내려 국민들의 정치적 권리가 보호받고 있었다. 따라서 30년대 노사관계 제도의 개편과 함께 노동조합 운동이 활발하게 전개되었을 때 종사원들의 주요 관심사는 경제적 권익의 향상에 집중되었다. 또한 이 당시 자본주의 성장과 함께 좌익세력도 성장하였지만 노동운동에 대한 좌익세력의 영향력은 일본이나 독일에 비해서 훨씬 적었다. 미국의 국토는 아주 광활하여 지역에 따라 산업의 성격이 달랐고, 인구는 매우 다양한 인종으로 구성되었다. 또한 권력 구조는 대통령중심제와 양당제가 오랫동안 뿌리 내려오고 있었다. 이러한 여러 요소들은 미국의 노동조합이 산업별 조직체계를 갖게 하였지만, 독일에 비해서 하급 노동조합의 권한을 강하시키게 되었다. 이것은 교섭단위의 수가 많고 다양화되는 것으로 나타났다. 또한 독일이나 일본과 비교해 볼 때 미국의 노동조합은 특정 정당을 지원하거나 종사원의 이익을 대변하는 정당을 만들지 않았고 이익단체로서 정치적 영향력을 행사하기를 원했다.

미국은 시장원리를 경제의 기본골격으로 중시함으로써 국가의 경제에 대한 개입을 최소한의 수준에 머물도록 하였다. 따라서 국가가 국민들의 생활을 개선하기 위해서 직접적으로 나서는 경우가 드물었는데, 이것은 독일에 비해서 국가가 맡은 복지비의 지출이 상대적으로 낮은 것으로 나타난다. 경제행위에 대한 국가의 규제행위가 적고 이해당사자 사이의 계약관계를 중시하였기 때문에, 노사관계의 이해당사자들이 스스로 해결해야 할 문제의 범위가 넓었다. 이것은 미국의 단체협약이 일본이나 독일에 비해서 대단히 구체적인 내용을 담고 있는 것으로 나타났고, 자연히 독일이나 일본에 비해서 노사분규가 많았다.

일본의 산업화는 미국이나 독일에 비해서 늦게 시작되었고, 봉건주의적 잔재가 사회 전반에 깊게 깔려 있어서 근대적 노사관계는 1945년 제2차 세계대전에서 패전한 다음에 실행하게 되었다. 전쟁 전 정치권력과 재벌의 유착상태 속에서 좌익 노동운동 세력은 커지고 있었지만, 군국주의자들의 탄압으로 지하에 잠복하고 있었다. 종전 후 미국이 노동조합의 활동을 전면적으로 보장하게 되면서 이들이 노동조합 조직을 장악하게 되어 일본의 근대적 노사관계는 초기에 이념적인 문제에 크게 지배되게 되었다. 그러나 종전과 함께 연합군이 주도가 되어 과감한 정치적. 경제적 민주화를 단행함으로써 국민들의 정치적 권리는 제도적으로 보장받게 되었다. 이것은 경제의 폐허상태와 더불어 일본 국민들의 주요 관심을 경제적 문제로 돌리게 만들었다.

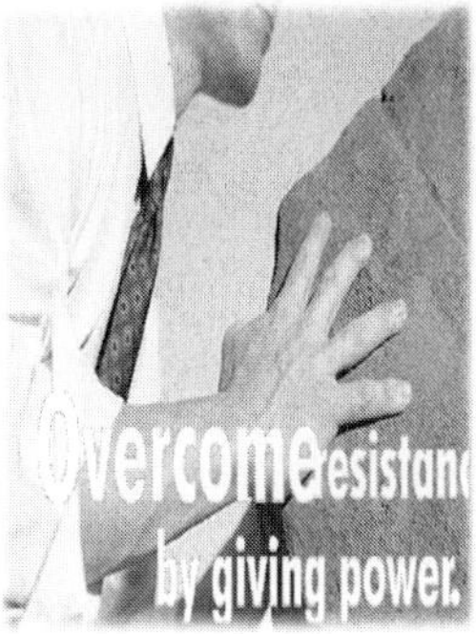

노동조합 지도부의 정치적이며 과격한 운동노선 추구는 대중성을 점점 상실하게 만듦으로서 좌익 노동운동 세력은 1950년대 정부의 좌파수정으로 크게 쾌조하게 되었다.

일본의 노동조합 조직은 미국이나 독일과 비교할 때 호텔기업별 노동조합 조직을 가지고 있고, 단체교섭의 기능이 미국과 비교할 때 정확히 확립되어 있지 않다. 이것은 70년대까지만 해도 일본의 노사관계의 강점으로 인식되고 있다. 호텔기업별 노동조합이 자리 잡은 이유에 대한 정설은 분명하지 않지만 다음과 같은 특징이 큰 영향을 미쳤다고 할 수 있다.

일본은 오랫동안 가부장적 사회를 유지하고 있었기 때문에 산업화와 더불어 종사원들은 노동조합을 호텔 기업단위로 조직함으로써 보다 능동적인 대응을 할 수 있었다. 좌파노동운동가를 대신 할 유능한 노동조합 운동가의 결여 또한 노동조합 조직이 호텔기업별 단위로 만들어지게 된 이유가 되었다. 일본에서 단체교섭이 호텔기업별로 이루어지고, 또한 단체교섭을 보완하는 노사협의회 등의 기능을 중요하게 만들었다. 단체교섭은 노사협의회를 통한 이견조정이 실패하는 경우에 돌입되는 것으로 인식하는 경향을 보였다.

독일은 영국, 프랑스 등 주변국가에 비해서 근대화가 늦었지만 이들 국가와 오랜 대립 경험은 독일 국민의 공동체적 의식을 강화하여 왔다. 독일이 제2차 세계대전에서 미국, 영국, 프랑스 등의 연합군의 영향력 속에서 노사관계 제도를 개편할 때 일본과 달리 독일은 연합군의 영향력 속에서 노사관계 제도를 개편할 때 일본과 달리 경험을 반영할 수 있었다. 히틀러 치하의 경험은 독일 국민들 사이에 민주화를 위한 강력한 제도적 장치를 사회 내부적으로 가져야 한다는 염원으로 나타났다. 이것은 노동조합이 사회의 책임 집단이 되어야 하고, 이를 실현하기 위해서 노동조합이 강력한 조직체계를 갖도록 하였다. 그러나 노동조합 조직이 정치적으로 이용당하지 못하도록 어느 특정 정당의 직접적인 지원세력이 되지 못하도록 만들었다. 독일은 자본주의 원리를 존중하였지만 개인의 삶의 질을 향상시키기 위해서 국가가 경제에 대한 직접적인 관여를 강화하게 되었고, 이것은 독일이 미국이나 일본에 비해 사회복지 지출에서 국가부문이 차지하는 비중을 높이게 하였다. 노사가 당사자의 합의에 따라 해결해야 할 부분이 미국이나 일본에 비해서 줄어들게 되었다. 독일은 다당제에 기초를 둔 내각책임제였기 때문에, 노동조합의 국가정책수립 참여는 물론 정치적 영향력이 강력하였다. 독일의 노동조합은 높은 조직률과 긴밀한 산업별·지역별 조직체계에 힘입어 상당한 재정적인 여유를 확보하게 되었다.

독일 노사관계를 미국이나 일본과 구별 짓는 또 다른 특징은 노사관계에 대한 세부규칙의 상당한 부분을 노사가 스스로 만들어 나간다는 것이다. 이러한 규칙을 일부 노동조합이나 사용자가 위반하였을 때 자율적으로 규제한다. 국가는 노사가 자율적으로 해결하지 못하는 문제에 대해서만 관여하게 되었다. 그리고 노동조합 산업별·지역별 조직체계를 갖는데서 나오는 문제점을 극복하기 위해서 종사원 평의회 제도를 도입하고 있다. 이것은 미국에서 찾아보기 힘든 제도라고 할 수 있으며, 독일의 노사관계가 외부의 환경에 대한 능동적인 대응을 가능하게 하였다.

2. 한국, 일본, 독일 3국의 노사관계 발전경험의 시사점

첫째, 위 세 나라가 근대적 노사관계를 형성하는 시기는 1930~40년대이지만 그 이전에 세 나라는 상당한 기간 동안 노사문제로 인한 진통을 겪어왔다. 또한 이러한 진통은 각국이 처한 정치·사회적 환경에 따라 달랐다. 이것은 우리가 노사관계의 안정을 단기에 달성하기 위해서 무리하거나 외국의 제도를 무비판적으로 모방하는 성급한 정책을 추진해서 안 된다는 것을 시사한다.

둘째, 위 세 나라의 노사관계 제도는 각국의 정치·사회적 환경이 경제적 환경, 법제도적 환경을 반영하고 있지만 이러한 특징은 시간에 따라 바뀌어 왔다. 어떤 시점에서 바람직하였던 제도가 다른 시점에서 바람직하지 않은 제도가 되기도 하였다. 이것은 우리나라가 노사관계 제도를 개편할 때 우리 나라 현실에 맞는 노사관계의 방향을 먼저 거시적 시각에서 고려하여야 하며, 이에 따라 세부적인 내용을 만들어 나가야 한다는 것을 의미한다.

셋째, 위 세 나라가 법과 제도의 도입을 통하여 노사관계를 안정시킬 때 정부의 확고한 개혁의지가 전제되었다. 미국이 1930년대 와그너 법을 도입하고 1940년대 태프트-하트리법을 도입했을 때 사용자와 노동조합의 심한 반발이 있었지만 정부의 단호한 의지로서 이것을 극복할 수 있었다. 일본이 종전 후 노사관계 제도를 개편할 때 군국주의자의 처벌이나 재벌해체 등을 수반함으로써 정부의 의지를 과시할 수 있었다. 이것은 우리나라가 법과 제도의 개편을 통해서 노사관계 안정을 달성하려 한다면 정부의 확고한 정책의지가 중요하다는 것을 의미한다.

넷째, 미국과 일본의 경험이 보여 주듯이 근대적 노사관계 제도는 초기에는 법과 제도의 정비를 통하여 달성되었지만 법과 제도에 대한 지나친 의존은 노사가 공동의 이익을 확대하는데 소극적으로 만든다. 노사는 노사관계를 규율하는 법과 제도를 이용하여 자신의 이익을 지키거나 확대시키는 경향이 있기 때문에 노사관계의 환경변화에 대해서 노사가 자발적으로 대응하는 것을 가로막기도 한다.

다섯째, 노사관계의 개선에 있어서 가장 바람직한 것은 개선에 대한 노사의 공감대가 선행되고 여기에 정부가 적극적으로 제도의 개선을 단행하는 것이라 할 수 있다. 법과 제도의 개선만으로는 노사관계에 대한 인식을 노사가 자발적으로 바꾸도록 만드는데 한계를 가지며, 노사가 공동의 대응을 통해서만 공존 공영할 수 있도록 사회·경제적 여건을 조성해야 한다.

제3절 노사문제

1. 관광산업에 있어서의 노사문제

노사관계를 사전에서는 노동시장에서 노동력을 제공하여 임금을 지급 받는 노동자와 노동력 수요자로서의 사용자가 형성하는 관계를 말한다. 단위 사업장에서 노동시장을 매개로 하여 개별 노동자와 사용자가 형성하는 관계를 개별적 노사관계라고 하며, 노동자 집단과 개별적 사용자 혹은 노동자 집단과 사용자 집단 간의 관계를 집단적 노사관계라고 한다. 노사관계란 일반적으로 집단적 노사관계를 의미하는 개념이다. 산업화 과정에서 사업장을 중심으로 노사간에 많은 노동문제가 발생하였고, 이러한 문제에 대하여 노동자들이 저항하는 과정에서, 노동조합을 조직하게 되었다. 집단적 노사관계는 근대적 계약관계와 전근대적 신분관계가 교차하는 시점에서 노동자들이 자신의 권익을 확보하려는 투쟁을 하는 가운데에 성립한 것이다. 결론은 고용주에 의해서 고용된 노동자들이 자신의 용역을 제공하면서 생기는 불이익이나 불만들을 효과적으로 해결하기 위한 단체가 노사단체라는 것이다.

노사관계는 다음과 같은 4단계를 거쳐 발전하여 왔다. ① 제1단계: 신분적 지배관계,

② 제2단계: 사용자 우위단계, ③ 제3단계: 노사 대등관계, ④ 제4단계: 경쟁 지향적 단계(노사협조단계). 노사관계에는 본질적으로 한편에서는 협력적이고 다른 한편에서는 대항적인 요소가 공존하고 있다. 노동운동이 제도화되면서 노동조합이 노사관계의 필수적 요소로 자리 잡게 되면 대항적 경향은 장점에 이르지만, 그 이후에 노동운동이 제도 속에 순응하면서 협조적 경향이 강화된다. 오늘날 선진국들은 대부분 제4단계인 협조적 단계에 도달하였으며, 한국은 현재 제3단계인 노사 대등 단계에 있다. 현재 한국에서는 분배의 관계를 노동조합과 사용자 사이의 단체(임금)교섭을 통해, 생산의 관계를 노사협의제를 통해 설정하고 있다.

이런 노사문제가 관광산업에 있어서 어떤 영향을 미칠 것인가. 크게 두 가지로 나누어 볼 수가 있을 것이다. 관광기업에 직접적인 영향을 미치는 경우 즉 관광기업자체에 노사문제로 인한 파업이 일어나는 경우 그래서 관광산업에 직접적으로 영향을 미치는 경우. 또 하나는 직접적으로 관광기업에서 노사문제가 발생하지는 않지만 관련 산업이나 혹은 사회 전반적으로 영향력 있는 기업에서의 노사문제 발생으로 인해서 관광산업에 간접적으로 영향을 미치는 경우. 이 두 가지로 볼 수 있을 것이다.

2. 노사문제의 대두

노사문제는 처음 산업이 발전하고 즉 고용자와 노동자라는 개념이 생겼을 때부터 존재하기는 했었다. 하지만 그 당시에는 사회 전반적으로 고용자가 우선 이라는 생각이 존재했기 때문에 그다지 큰 문제가 되지는 않았었다. 하지만 산업이 발전하고 기업이 규모가 커지고 할수록 이 문제가 불거져 나오기 시작했다. 기업이 대규모화 되면서 기업은 보다 많은 인력이 필요하게 되었고 또한 기업 기능이 분화되며 조직화가 되게 되었다. 그런 상태에서 그런 분화되고 조직화된 조직을 관리하는데 있어서 관리자와 피 관리자로 나누어지게 되고 역작용으로서 계층 간의 갈등이 심화 되게 된 것이다. 또한 사회가 민주주의 이념의 도입으로 인한 평등주의의 발전도 그에 많은 영향을 끼치게 되었다. 사회의 주체가 되는 국민의 대부분이 피 관리자이기 때문에 또한 그 수도 많기 때문에 근로자들은 자신들의 이익과 권위를 찾게 되었고, 또한 경영자와 같은 입장에서 서려고 하는 생각을 갖게 되고 그로 인해서 그에 걸 맞는 힘을 찾으려 단체 행동을 하게 된다. 그럼으로써 같은 의견을 가진 이들이 모이기 시작하고 그들이 그들의 이견을 피력하고 해결하기 위해 그들은 파업이라는 극단적인 행동을 하기에 이른 것이다. 이에 기업들 역시 그들 나름대로 노동자에게 바라는 것이 많기 때문에 서로 부딪치게 되는 것이다. 노동자 단체나 기업이나 자신들이 처한 입장이 틀리기 때문에 그들은 서로에 대한 이해가 무척이나 부족하게 되고 그로 인해서 현재 노사 간의 갈등과 그로 인해서 일어나는 파업은 무척이나 큰 사회문제로 인식되고 있다.

3. 호텔노조 조직

현재 호텔업계의 노조는 민주노총과 한국노총의 양대 노총 산하 전국 서비스 연맹, 전국 관광 노동연합 연맹에 각각 소속되어 있다.

전국 관광 노동연합 연맹은 현재 90개의 조직에 1만 4천 여 명의 회원을 가지고 있다. 이 중 호텔 노동조합은 워커힐호텔, 홀리데이 인 서울, 그랜드 하얏트호텔, 르네상스, 리츠칼튼, 조선호텔 노동조합, 해운대 그랜드, 파라다이스 카지노, 부산 롯데 호텔, 강원 렌드, 부산 메리어트가 있다.

전국 민간서비스연맹은 2001년 12월 기준으로 75개의 조직에 1만 4천 3백 32명이 회원을 가지고 있다.

전국 민간서비스연맹은 비정규직 문제, 유급 휴가, 유급 휴일 확대 및 고용안정 등을 기본과제로 삼고 있으며 여기에 소속되어 있는 호텔 노조는 그랜드 힐튼호텔, 파라다이스 카지노, 호텔롯데, 힐튼호텔, 리베라호텔 노동조합이 있다. 이 외에 인터콘티넨탈, 아코르그룹의 노보 텔과 소피텔 등은 노동조합의 조직된 형태는 아니지만 노사협의회라는 좀 더 작은 개념의 기구를 가지고 있다.

제4절 노사문제의 영향 및 특성

1. 노사문제가 관광기업에 미치는 영향

1) 호텔파업이 관광산업에 미치는 영향

몇 년 전 특급호텔들의 파업사태가 장기화되면 입국 예정이던 해외 관광객들은 다른 나라로 발길을 돌리게 된다. 호텔의 파업사태는 외래 관광객으로 하여금 객실을 구하지 못하거나 서비스가 부실해진다는 느낌을 들게 하여 행선지를 동남아 등으로 바꾸게 되는 것이다. 당시 한국관광공사는 이들 호텔의 파업사태로 그해 6월 한 달 동안 일본인 관광객이 20% 가량 줄었다고 밝혔다. 한 여행사의 경우 그해 4월말부터 이들 호텔을 예약한 일본인 단체관광객들이 하루에도 4~5건씩 예약을 취소하는 사태가 생겼었다고 한다.

이 여행사 관계자는 외국 관광객들에게 시내 주변의 다른 호텔을 권하고 있지만 교통, 쇼핑에 불편하다며 싱가포르, 태국 등으로 관광지를 바꾸고 있다고 말했다. 그해 여름휴가로 그 호텔을 찾은 일본인 관광객은 안내데스크에서 투숙에 불편을 겪을 수 있다는 말을 듣고 부근의 다른 호텔을 찾았으나 빈 객실이 없었다고 밝혔다. 호텔 관계자는 노조원의 파업으로 객실 서비스 인원이 부족해 여행사나 손님들에게 예약을 취소하지 말아 달라고 하지도 못하는 실정이라고 토로했다. 그 호텔 관계자는 특급호텔의 경우 평소 1년 전부터 예약을 받고 있어 파업이 곧 종결된다 해도 앞으로 몇 달간은 정상 영업이 안 될 것이라고 예상했다. 다시 말하자면 파업 중인 호텔들은 전년 같은 기간에 비해 투숙률이 30~70% 떨어지며, 그로 인한 주변 호텔들의 객실대란으로 인해 전체적인 외래관광객 수는 줄어든다는 것이다. 파업 당시 그 호텔은 영업 손실과 시설파손 액수가 350여억 원에 이른다고 밝혔었으며 전년 7월 90%를 웃돌던 이 호텔 객실이용률은 당시 20%에도 미치지 못하고 있다고 발표했었다.

2. 관광기업의 노사문제에 대한 정부의 역할

다른 여타 산업에서도 마찬가지지만 관광산업에 있어서의 노사문제는 국가의 이익과 바로 연결된다. 일단 외국에 보이는 우리나라의 직접적인 이미지가 보인다는 점에서 그렇고 또한 안으로 봐서는 국민들의 복지생활과 여가생활에 직접적인 영향을 미치는 관광산업에 문제가 생긴다는 것은 국가의 기반이 흔들리는 일이기 때문이다. 노사 간에 어떠한 문제로 의견충돌을 보이고 그것이 발전해서 파업이라는 극단적인 결과로 번지게 되면 국가의 개입은 불가피하다. 하지만 호텔 사태에서도 봤듯이 국가의 무차별적인 강압적인 개입은 오히려 역효과를 보이게 된다. 특히 관광산업에 있어서 이것은 매우 심각한 문제이다. 관광산업은 여타 산업과는 다르게 인력에 많은 기반을 둔다. 즉 서비스를 주체로 하는 산업인 관광산업에 있어서 그 주체인 노동자에게 그런 행위를 했다는 것은 소비주체인 관광객들에게 부정적인 시선을 준 것이 사실이라는 이야기이다.

앞으로 정부는 관광산업에 있어서 노사문제가 발생할 경우 눈앞에 처한 상황만을 해결하고 보자는 그런 안일한 생각은 우리가 관광산업을 발전시키고 앞으로 생길 문제를 해결하는데 있어서 절대로 없어져야만 할 생각이라는 점이다. 노사문제의 해결에서 정부는 철저히 중립적인 입장으로서 노사 양측간의 대화를 주선하는 중간입장이 되어야 하지 절대로 어느 한쪽으로 치우쳐서 정책을 펼치는 것은 절대로 안 될 일이다.

3. 노사문제에 대한 관광기업의 대응방안

노사문제가 생기는데에 대하여 기업은 어떠한 대응방안을 가지고 있어야 하는가. 현재 지금처럼 국가에 의지하여 강압적인 태도로 일관하면 앞으로 우리 관광기업의 발전은 절대로 기대할 수 없을 것이다. 그럼 앞으로 기업은 어떠한 태도를 가져야 하는가.

먼저 기업은 권위적인 생각을 버리고 노동자 단체와 협조적인 관계를 가지고 계속해서 지켜야 할 것이다. 노동자는 자신들이 피지배층이라는 생각을 버리고 또한 기업은 노동자를 자신의 아래로 보는 행위를 버리고 평등적인 관계를 유지하고 협조에 힘써야 할 것이다.

일단은 그런 생각을 갖고 나서 생각과 이념의 정립에 멈출 것이 아니라 실천에 힘써야 할 것이다. 기업은 노동자들의 단체를 인정하고 그 단체의 요구 수용을 하는데 노력하며 노동자 집단은 가능한 한 회사의 입장을 이해하고 무리한 요구를 하지 않는 서로를 생각하는 그런 자세를 유지해 나가야 할 것이다.

전반적으로 기업은 근로자들에게 근로 생활의 안정성을 보장해주고 그들로 하여금 자발적인 회사 참여를 유도해 나가야 할 것이다. 그리고 정기적으로 그들과의 만남을 가져서 그들의 의견을 많이 듣고 수렴해 나가야 할 것이다.

다른 모든 산업에서도 마찬가지지만 특히 관광산업에 있어서 노사문제는 매우 신중히 생각해야 할 문제이다. 관광산업들이 대부분 우리나라의 얼굴을 차지하는 산업들이기 때문에 여기서 문제가 생기거나 마찰이 있을 경우 그것은 바로 외국에 우리나라를 찾는 모든 이들에게 우리의 얼굴에 먹칠을 하는 경우가 되는 것이다. 이런 점에서도 관광산업은 매우 중요한 문제이다. 하지만 외국뿐 아니라 우리나라 자체적으로 볼 때도 관광산업은 국민들의 기본적인 생활에 관련된 문제이다. 쉽게 말해서 적어도 관광산업이라는 것이 국민들의 여가에 관련되어 있다는 것 그 한 가지 문제로 봐서도 우리는 이 문제를 쉽게 생각할 수 없는 것이다. 앞으로 노사 그리고 정부 그리고 우리 모두가 우리나라의 관광산업의 발전을 위해서 더 이상 마찰 없이 대화로 해결해 나가며 또한 그 것을 위해 서로 조금씩 양보하고 실천하는 노력을 보여야 할 것이다.

4. 호텔 노사관계의 특성

관광호텔은 인적서비스의 의존도가 높은 산업이므로 노사관계에 따라 서비스 질의 차이가 있을 수 있으며, 호텔 경영의 성패에 영향을 미치는 관광호텔 노사 관계의 특성을 살펴보면 다음과 같다.

첫째, 임금체계의 특성이다. 관광호텔 임금체계는 고정적 임금인 기본급, 변동적 임금인 제 수당, 상여금으로 구분되어 있다. 여기서 일반기업에서는 없는 변동적 임금에 해당하는 봉사료가 있다. 관광호텔에서는 기본급이 타 산업에 비해 상대적으로 낮은 편이지만 봉사료와 합계하면 높은 임금이 된다. 그러나 봉사료는 퇴직금에는 합산되지 않으므로 종사원들의 불만이 많아 노사분규의 원인이 되고 있어 개선이 요구되고 있다.

둘째, 낮은 노동 생산성이다. 관광호텔은 노동 생산성이 낮기 때문에 높은 복지 후생을 실시하기가 어려운 실정이며 지속적인 관광호텔 시설의 유지관리 비용이 발생되어 노력의 대가에 대한 보상이 낮아서 직무 만족을 주기 어렵다. 따라서 낮은 노동 생산성으로 인해 종사원들에게 만족할 보상이 지급되지 않으므로 이것으로 인한 대립적인 노사관계가 형성되고 있다.

셋째, 높은 이직률이다. 관광호텔 종사원들의 이직률은 타 산업에 비해 더욱 높게 나타나고 있다. 관광호텔 종사원들의 높은 이직률로 인해 노동조합의 단결력 약화와 경영자들과 의사소통 결여로 인한 상호협조와 협동력의 부족으로 노사관계의 안정성이 정착되지 못하고 있다.

넷째, 경영자의 권위주의적 성격이다. 타산업체에서는 노동조합의 역사가 길고 노동조합을 운영한 경험들이 풍부하여 경영자들의 권위적인 자세가 많이 완화되어 노사관계의 안정성을 이룬 기업들이 많이 있다. 그러나 관광호텔은 노동조합의 역사가 짧고 노동조합 운영 경험의 부족에서 오는 현상으로 인해 경영자들 중에는 권위적인 자세에서 종사원들의 절대 복종을 강요하고 상하 수직적 위계서열과 권위주의로 경영하기 때문에 종사원들의 반감은 노사간의 잠재적 갈등을 내포하고 있다.

다섯째, 노조에 대한 인식 부족이다. 노동조합의 임원과 종사원의 상당수가 노동조합의 의의와 목적을 올바로 인식하지 못하여 자신들의 권익 보호를 위해 충분한 활동을 전개하지 못하고 있고, 노사분규가 발생하면 경영자들과 적대관계를 갖고 합리적인 해결대책을 세우지 못하여 파업을 한다. 그리고 경영자 역시 종사원이나 노조를 올바로 이해하지 못하여 일부에서는 노동조합의 결성을 방해할 뿐만 아니라 노동조합이 조직되어 있다 할지라도 단체 교섭이나 노사협의를 회피하고 사용자에 의해 일방적으로 결정되는 경우도 있다.

여섯째, 가부장적 노사관계이다. 대규모 관광호텔은 합리적인 노사관계가 형성되고 있지만 중・소규모의 대부분의 관광호텔은 혈연, 지연, 학연 등의 특수한 관계를 중심으로 종사원을 채용하기 때문에 합리적인 노사 관계가 이루어지지 못하고 있다. 또한 민주적인 노사 관계의 발전을 의도적으로 억제 혹은 회피하려는 성향을 보여 왔다.

이와 같이 우리나라는 관광호텔에 있어서 노사관계 관리는 전근대적인 요소들에서 탈피하여 노사는 적이 아니라 동업자라는 사고를 서로 확고히 가져서 노사공동체의 실현을 시키는 것이 무엇보다 중요하고, 새로운 노사관계의 정립이 절실히 요구되고 있다. 새로운 노사관계의 정립을 위해서는 노사 간의 상호신뢰의 바탕에서 각자의 입장을 인식하고 이해하는 것이 중요하다. 현시점에서 노사관계의 문제를 파악 중장기적 발전전략을 세워서 종사원들의 직장만족을 유도하고 관광호텔 노사관계의 안정성을 유지하도록 하여야 한다.

제5절 노동관계법

1. 단체교섭

1) 정의

단체교섭(collective bargaining)이란 노동자단체(노동조합)가 사용자 또는 사용자단체와 임금, 근로시간 및 그 밖의 근로조건 등을 유지·개선하기 위하여 교섭하는 것을 말한다.

즉, 단체교섭은 피고용인의 단결체(노동조합)가 피고용인들의 경제적 지위향상을 도모할 목적으로 사용자 또는 사용자단체와 단결의 힘을 배경으로 교섭하는 것을 말한다.

근로자들의 지위가 법적으로는 대등하나 경제적으로는 대등하지 못한 약자로서 진정한 의미에서의 대등성을 획득하고자 오랜 세월의 투쟁을 거쳐 근로자조직을 만들었다.

그러나 단결권은 근로자의 단결의 자유를 주된 목적으로 하지만 단결 그 자체만으로는 무의미한 것이고 조직력을 배경으로 하여 사용자와 단체교섭을 전개함으로써 노동조합운동의 본래 목적을 달성할 수 있는 것이다.

그러므로 노사가 대등한 입장에서 협상과 타협을 통하여 근로조건을 결정하는 단체교섭은 노동조합의 가장 중요한 기능이며, 집단고용관계의 핵심이라고 할 수 있다.

2) 단체교섭 세 가지 성격

(1) 단체교섭은 피고용자 단체인 노동조합과 사용자 대표 간에 쌍방적 결정의 성격을 가진다.

즉, 노동조합이 사용자와 대등한 별개의 인격을 가진 단체가 되어, 과거 사용자측이 일방적으로 결정해 온 피고용인의 근로조건에 관한 사항 기타 고용관계에 있어서의 피고용인의 지위에 관하여 노동조합과 사용자간에 대등한 위치에서 쌍방적으로 결정하게 된다.

(2) 단체교섭은 이 자체가 목적이나 귀결점이 아닌 과정이다. 단체교섭은 노동조합과 사용자 또는 사용자단체가 근로계약과 이에 부수되는 노사 간의 관계를 규정하기 위하여 만든 규범을 공동으로 작성하기 위하여 행동하는 하나의 과정이다.

단체교섭을 통하여 단체협약이라는 규범을 탄생시키게 되며, 이 단체협약이 목적이며 귀결점이고 단체교섭은 이러한 목적을 향해 나가는 일련의 과정이다.

(3) 마지막으로, 단체교섭은 노사가 서로 상반되는 주장에 대하여 다양한 수단과 방법을 동원 여 타결점을 찾으려는 일련의 협약상의 과정이다.

2. 단체교섭의 기능

오늘날과 같이 변화가 심화되고 기술진보 및 사회구조가 급격하게 변모되고 있는 시대에 있어서 단체교섭의 중요성이 한층 부각되고 있다.

즉, 단체교섭은 사회적 변화에 대응하여 잠재적인 불만요인을 해소하고 이해관계에 있는 모든 집단의 요구를 수용하고 해결토록 모색하는 안전장치(safety valve)의 역할을 담당하게 된다.

이에 대하여 버틀러(Butler)는 단체교섭의 성격을 사회적 변화에 대한 적응갈등의 평화적 해소 및 대립 당사자의 권리의무의 설정으로 보았으며, 허킨즈(Hawkins)는 단체교섭의 일반적 기능을 시장기능(marketing functions)과 경영기능(managerial functions) 등으로 보았다.

3. 노사협의회

1) 노사협의회의 개념

근로자측과 사용자측 대표가 노사간의 이해와 협조를 구하기 위해 설치한 협의기구로서 근로조건, 단체협약의 체결 및 실시, 노사분규의 예방, 생산성 향상, 근로자의 고충처리 등에 관한 사항을 협의한다. 1980년 12월 31일 제정, 공포된 '노사협의회법'은 1997년 3월 13일에 '근로자참여 및 협력증진에 관한 법률'(법률 제5312호)로 대체입법 되었다. 제1조에 규정된 노사협의회의 목적은 "근로자와 사용자 쌍방이 참여와 협력을 통하여 노사공동의 이익을 증진함으로써 산업평화를 도모하고 국민경제발전에 이바지한다."는 데 있다. 이 협의회는 30명 이상을 고용하는 근로조건에 대한 결정권이 있는 사업장, 하나의 사업에 지역을 달리하는 상근 근로자가 30명 이상 고용된 사업장은 주된 사무소에 노사협의회를 설치하도록 되어 있다.

2) 노사협의회 구성

구성은 노사 각 3~10명 동수로 하되 근로자의 과반수로 조직된 노동조합(약칭 노조)이 조직되어 있는 사업장에서는 노조대표 및 노조가 위촉하는 자가 노동자 측의 위원이 되며, 노조가 조직되어 있지 않은 사업장에서는 근로자의 직접·비밀·무기명 투표에 의하여 근로자 위원을 선출한다. 다만, 사업 또는 사업장의 특수성으로 인하여 부득이하다고 인정되는 경우에는 직업부서별로 근로자수에 비례하여 근로자위원을 선출할 근로자(이하 위원선거인)를 선출하고 위원선거인 과반수의 직접·비밀·무기명 투표에 의하여 근로자 위원을 선출할 수 있다. 사용자측 위원은 해당 사업장의 대표자와 그 대표자가 위촉하는 자가 된다. 의장은 위원 중에서 위촉하며, 이 경우 근로자위원과 사용자위원 중 각 1인을 공동의장으로 할 수 있다. 회무(會務)기록과 사무담당을 위해 노사 쌍방이 각각 간사 1명씩을 둔다. 위원의 임기는 3년으로 연임이 가능하다. 회의는 3개월에 1회 정기적으로 개최하며, 필요에 따라 임시회의를 소집할 수 있다. 회의의 정족수는 노사 각 측의 출석이 과반수여야 하며, 출석위원 2/3 이상의 찬성으로 의결된다. 정기회의에서는 사용자측이 경영방침 및 실적에 관한 사항, 분기별 생산계획과 실적, 인력계획에 관한 사항, 기업의 경제적·재정적 상황을 보고, 설명하며 모든 회의에서 근로자측 위원들이 근로자들의 요구사항을 보고, 설명할 수 있다.

노사협의회에서는 고충처리위원회를 구성한다. 이 위원회는 3명 이내의 위원을 협의회 위원 중에서 선임하고, 노사협의회가 없는 사업장에서는 사용자가 위촉하는데, 고충처리위원의 임기는 노사협의회 위원과 같이 3년이다. 고충처리의 대상은 인사·근로조건·급여·승급·보건·안전·위생·상사와의 관계 등이며, 일정하게 규정되어 있는 것은 아니다. 한편, 국가의 산업·경제·사회정책과 관련된 노사관계·고용·근로복지 등 주요 노동문제를 협의하기 위하여 근로자 대표·사용자대표·공익대표 및 정부대표로 구성되는 중앙노사정협의회를 설치·운영하도록 하고 있다. 중앙노사정협의회의 의장은 노동부장관으로 하되 필요한 경우에는 근로자대표·사용자대표 및 공익대표 각 1인을 공동의장으로 추가할 수 있다. 중앙노사정협의회를 효율적으로 운영하기 위하여 부문별 분과위원회를 둘 수 있도록 규정하고 있으며, 현재 인력분과위원회·근로복지 분과위원회·노사관계분과위원회를 두고 있다.

4. 노동3권

노동자의 사회·경제적 지위향상을 목적으로 법률이 정한 기본권으로서 산업사회에서 개인은 일반적으로 고용관계 속에서 경제생활을 영위한다. 이때 고용관계의 내용이 사적자치의 원칙에 의해서 지배된다는 것은 결과적으로 근로자의 열악한 근로환경과 직결되어왔다. 왜냐하면 사용자는 근로자와의 근로조건에 대한 협상을 함에 있어서 항상 강자의 지위에서 계약자유의 원칙에 따라 고용조건을 일방적으로 결정할 수 있었기 때문이다. 이러한 상태가 장기적으로 지속된다는 것은 국가·사용자·근로자 모두에게 위기로 인식되었다. 국가에게는 사용자와 피용자로 형성되는 새로운 계급사회가 공동체의 동질성을 파괴하리라는 것이, 사용자에게는 근로자가 극단에 가서는 사회전체의 구조를 변혁하는 혁명적 방법을 사용하리라는 것이, 그리고 노동자에게는 무엇보다도 열악한 노동환경은 개인의 인간다운 생활을 저해한다는 것이 인식되었던 것이다. 이러한 인식은 사용자와 근로자의 협상력을 대등하게 하기 위한 법개혁으로 이어졌다.

노동3권, 즉 단결권·단체교섭권·단체행동권이 그것으로 현대헌법에는 일반적으로 기본권으로 인정되어 있다.

1) 단결권

근로조건의 향상을 위하여 근로자와 그 단체에게 부여된, 단체의 조직·활동을 비롯하여 단결 체에의 가입 및 단결 체의 존립이 보호될 헌법에 보장된 노동3권(勞動三權)의 하나로서 단결권은 자유주의 사회에 있어서 조직화된 이해의 대립을 전제로 하여 근로자들의 민주적이고 자주적인 단결을 그 보장내용으로 하고 있다. 단결권에 있어서 사용자측에서 이를 제한하거나 방해하는 약정은 무효이며, 근로자 상호간의 측면에서도 어느 정도의 단결강제는 단결 방어적 견지에서 용인될 수 있다고 한다. 이 점이 단결권과 일반 결사의 자유가 구별되어야 할 중요한 이유가 된다. 헌법 제33조 1항은 근로자 개인의 단결권을 보장하는 것처럼 보이지만 실질적으로는 근로자 개인의 단결권과 단결 체(노동조합)의 단결권을 함께 보장하는 것으로 해석함이 옳다. 근로자 개인의 단결권은 근로자가 노동조합을 조직할 수 있는 권리와 그가 원하는 기존 노동조합에 가입하고 그 조합에 머물러 있을 권리를 말한다. 이를 개별적 단결권 또는 개인의 적극적 단결권이라고 한다. 다음 단결체로서의 노동조합이 가지는 단결권은 노동조합 자체의 존립에 관한 권리와 노동조합의 활동에 관한 권리로 나누어진다. 전자는 노동조합의 설립·운영·발전과 같이 일반적으로 단결체의 존립 자체를 위하여 필요한 보호를 받을 권리를 말하며 후자는 특히 단결체로서의 활동을 보호받을 권리를 말하는데, 이에는 노동조합이 사업장 내에서 근로자들에게 노동조합가입을 권유·유세하는 등의 조직 활동을 할 수 있는 권리가 포함된다.

단결권은 대국가적 효력과 대사인적 효력을 가진다.

대국가적 효력은 소극적으로는 단결권에 대한 국가권력의 간섭을 배제하고 적극적으로는 단결권행사가 사용자의 부당노동행위 등에 방해 받지 않도록 국가가 보호해야 할 의무를 지게 한다.

단결권의 대사인적 효력은 대사용자 측면에서는 사용자가 근로자의 단결권을 침해하는 부당노동행위를 하지 못하도록 방어하는 효과가 있고, 근로자 상호간의 관계에 있어서는 특히 단체 탈퇴 내지 소극적 단결권을 상호 존중해야 할 헌법적 의무를 지게 한다.

2) 단체교섭권

근로자가 근로조건을 유지·개선하기 위해 일시적 또는 계속적인 단결체를 통하여 사용자 또는 사용자단체와 자주적으로 교섭할 수 있는 권리를 말한다.

단결권은 근로자의 단결의 자유를 주목적으로 하지만 그 자체만으로는 무의미한 것이다. 근로자가 단결권에 의한 조직력을 배경으로 사용자에게 단체교섭을 전개함으로써

근대, 노동입법의 본래의 목적이 달성될 수 있다. 즉 근로자의 근로조건을 개선하여 근로자의 경제적·사회적 지위를 향상시킨다는 목적은 단체교섭권을 중추로 하여 구체화될 수 있다.

노동조합과 사용자 또는 사용자단체는 신의에 따라 성실히 교섭하고 단체협약을 체결하여야 하며, 그 권한을 남용하여서는 아니 된다. 또한 정당한 이유 없이 교섭 또는 단체협약의 체결을 거부하거나 해태(懈怠)하여서는 아니 되는 의무를 부담하고 있다. 이러한 노동자의 단체교섭권에 대하여 국가는 그 자유를 제한 또는 금지해서는 안 된다. 단결권의 경우와 마찬가지로 국가가 법령이나 행정조치 또는 경찰권의 발동으로 근로자의 단체교섭행위를 방해하게 되면 위헌적 행위로서 불법행위가 된다. 단결권이나 단체행동권의 경우와 마찬가지로 단체교섭권도 근로자를 위해 보장된 것으로 사용자측의 권리는 아니다. 다만 사용자는 단체교섭의 상대방으로서의 지위를 가지며, 사용자가 정당한 이유 없이 단체교섭을 거부할 때에는 부당노동행위가 된다. 물론 단체교섭의 내용은 정당한 것이어야 하며, 단체교섭에 부수되는 행위 또는 정당하고 합리적이어야 한다.

단체교섭권은 근로자 개인이 행사할 수 있는 권리가 아니며 그 교섭의 목적이 근로자 집단의 문제를 대상으로 한다. 따라서 단결권의 경우와는 달리 원칙적으로 근로자의 단결체가 행사할 수 있는 권리이다. 그리고 근로자 단체가 노동조합으로서의 지위를 가지면 차별 없이 단체교섭권을 행사할 수 있다. 단체교섭권은 근로조건의 유지 및 개선을 위하여 행사할 수 있으나 그 교섭의 대상은 반드시 노동조건의 유재, 개선에 관한 것일 필요는 없다. 근로자들의 사회적·경제적 지위의 향상에 관한 사항이면 교섭의 대상이 된다고 본다. 또한 단체교섭의 결과로서 단체협약이 체결되는 것이 보통이고 이상적이지만 반드시 그럴 필요는 없다.

3) 단체행동권

노동3권의 하나로 노동쟁의가 발생한 경우에 쟁의행위를 할 수 있는 권리로서 노동조합 및 노동관계조정법(구 노동조합법·노동쟁의조정법)에 따르면 노동쟁의란 "노동조합과 사용자 또는 사용자단체 간에 임금, 근로시간, 복지, 해고, 기타 대우 등 근로조건의 결정에 관한 주장의 불일치로 인하여 발생한 분쟁상태"(제2조 5호)를, 쟁의행위란 "파업, 태업, 직장폐쇄, 기타 노동관계 당사자가 그 주장을 관철할 목적으로 하는 행위와 이에 대항하는 행위로서 업무의 정상적인 운영을 저해하는 행위"(제2조 6호)를 말한다. 그러나 집단적 행위인 단체행동은 반드시 업무의 정상적인 운영의 저해를 수반하지는 않는다는 점에서 쟁의행위보다 넓은 개념이다. 단체행동권이야말로 단결권의 궁극적 목표이고 단체적 투쟁에 있어서 가장 본질적인 권리라 할 수 있는 것으로, 단체행동권이 인정되지 않는 단결권이란 칼날 없는 칼과 다를 바 없다.

● 단체행동권의 헌법적 보장

첫째, 국가권력에 대한 관계에서 형사상의 책임을 추급당하지 않는다. 노동조합 및 노동관계조정법 제39조의 근로자 구속제한에 관한 규정에 명시되어 있다.

둘째, 사용자에 대한 관계에서 민사상의 채무불이행 책임과 불법행위 책임을 추급당하지 않는다(노동자조합 및 노동관계조정법 제3조). 또한 단체행동에 참가했음을 이유로 해고나 그 밖의 불리한 처우를 받지 않는다. 이와 같은 단체행동권의 헌법적 보호는 재산권에 대한 노동3권의 상대적 우월성을 인정한 것이라 할 수 있다. 그러나 이와 같은 근로자의 단체행동권은 헌법과 법률이 정하는 바에 의하여 근로자의 단체행동권을 제한하거나 인정하지 않을 수 있다고 하여 그 제한근거를 마련하고, 이에 따라 노동조합 및 노동관계조정법 제4장 쟁의행위(제37~46조) 등의 특별법으로 이를 금지하고 있다. 종전의 노동쟁의조정법과는 달리 노동조합 및 노동관계조정법에서는 쟁의기간 중 사용자측의 대체인력 채용제한(제43조)과 함께 노동조합의 지도와 책임으로서 폭행·협박의 사용금지와 작업시설의 손상이나 원료·제품의 변질 또는 부패를 방지하기 위한 작업을 정상적으로 수행할 의무(제38조 2항)를 부여하고 있고, 쟁의행위 기간 중의 임금지급 요구를 금지(제44조)하는 등 극단적인 파행으로 쟁의행위가 치닫지 않도록 규정하고 있다.

5. 부당노동행위

노동운동에 대한 사용자의 방해 행위로서 일반적으로 사용자보다 약자일 수밖에 없는 근로자들이 집단적으로 사용자에 대항할 수 있는 권리가 노동3권(단결권·단체교섭권·단체행동권)이다. 노동조합이 충분한 힘을 갖지 못하면 이 노동3권이 사용자로부터 침해받기 쉽다. 이를 방지하기 위해 국가는 사용자가 노동운동을 방해하는 것을 법으로 금하고 있는데 이것이 '부당노동행위금지법'이다. 이 부당노동행위의 금지는 1935년 미국의 '와그너 법'에서 최초로 채택된 제도이다. 한국은 1963년 개정 이전의 노동조합법에서 그 위반에 대한 처벌만을 규정했으나, 1963년 법 개정으로 부당노동행위를 배제하는 원상회복주의를 취하고 있다.

노동조합 및 노동관계조정법 제81조에서 규정하는 부당노동행위

1) 근로자가 노동조합에 가입 또는 가입하려고 했거나 노동조합을 조직하려고 했거나 기타 노동조합의 업무를 위한 정당한 행위를 한 것을 이유로 그 근로자를 해고하거나 그 근로자에게 불이익을 주는 행위

2) 근로자의 조합가입이나 탈퇴를 고용조건으로 삼는 행위
3) 노동조합대표와의 단체협약체결이나 단체교섭을 정당한 이유 없이 거부하는 행위
4) 노동조합의 조직과 운영에 지배·개입하는 행위와 노동조합의 전임자(前任者)에게 급여를 지원하거나 조합에 운영비를 원조하는 행위
5) 근로자의 단체행동 참가나 노동위원회에 제소한 것 등을 이유로 근로자를 해고하거나 기타 불이익을 주는 행위 등이다. 이러한 행위가 있을 경우 근로자나 조합은 노동위원회에 3개월 이내에 부당노동행위구제를 신청할 수 있다. 노동위원회는 이를 조사·심문하여 부당노동행위가 성립한다고 인정되면 복직이나 기타 원상회복 명령, 단체교섭에 응해야 한다는 명령 또는 경비지원의 중지명령 등을 내린다.

6. 쟁의행위

근로자가 자신들의 요구와 주장을 관철하기 위해 하는 행위 또는 사용자가 근로자의 행위에 대응하는 행위(쟁의권)로서 쟁의행위는 노사 일방이 자기의 주장을 유리하게 하기 위하여 상대방 업무의 정상적 운영을 저해하게 된다.

쟁의행위를 할 수 있는 노사관계 당사자는 근로자 측에서는 노동조합이고 사용자측에서는 사용자 개인 또는 사용자단체이다. 쟁의행위는 평화적인 단체교섭이 결렬되어 단체협약의 체결이 실패했을 때 행하는 것이므로 단체교섭의 당사자와 쟁의행위의 당사자는 같은 것으로 생각된다. 따라서 단체교섭권이 없는 일시적인 근로자단체나 쟁의단체 또는 근로자 개인은 노동조합 및 노동관계조정법(구 노동쟁의조정법 제3조)에서 말하는 노동관계 당사자가 될 수 없다.

쟁의행위의 목적은 근로조건의 유지·개선이다. 따라서 이러한 목적이 아닌 동정파업이나 정치파업은 노동조합 및 노동관계조정법상의 쟁의행위가 아니다. 그리고 사용자의 인사권과 경영권의 부분적 쟁취를 목적으로 하는 실력행사도 쟁의행위라 하기 어렵다.

쟁의행위는 집단적 노무제공을 거부하거나 근로자들의 조업을 봉쇄하는 것이어야 한다. 그러므로 평상시의 업무를 운영하면서 완장 또는 리본의 착용 등에 의한 시위적인 단체 행동을 하는 것은 노동조합 및 노동관계조정법상의 쟁의행위로 볼 수 없다.

쟁의행위는 노사 간의 분쟁상태를 의미하는 노동쟁의와는 달리 일정한 투쟁행위를 가리키지만 단체행동과 반드시 같은 뜻이라 할 수 없다. 단체행동은 집단적 행위를 말하는 것으로 동일한 목적을 추구하는 다수 근로자의 의식적이고 의욕적인 공동행위를 가리키며, 업무의 정상운영의 저해를 요건으로 하지 않는다는 점에서 쟁의행위보다 그 개념이 넓다. 또 근로관계를 종국적으로 끝내기 위한 총사직도 쟁의행위라 볼 수 없다. 쟁의행위의 종류로는 파업・태업・보이콧・생산관리・피케팅・직장폐쇄 등이 있다.

파업은 다수의 근로자가 근로조건의 유지 또는 개선을 위하여 조직적・공동적으로 노무제공을 거부하는 행위이다. 이때 근로자들이 집단적으로 노무를 거부하는 것은 개선된 근로조건하에서는 근로를 계속할 것을 전제로 하는 것이다.

1) 파업

파업에는 노동조합의 조직 하에 행해지는 조합원파업(조직파업)과 노동조합의 규약 또는 지시에 위반하는 조합원파업 및 비조합원파업이 있다. 또 파업은 일정산업 또는 일정기업의 모든 조직근로자가 참여하는 전면파업과 일정산업의 일부 또는 일정기업의 일부 근로자들만이 참가하는 이른바 부분파업으로 구분된다.

총파업이라는 것도 있는데 이는 전면파업보다 그 범위가 넓은 것으로서 전 산업에 걸쳐 전국적으로 행해지는 파업이다. 파업이 사용자의 직장폐쇄보다 먼저 행해질 때 이를 공격적 파업이라 하고, 선제적 직장폐쇄 후에 행해지는 파업을 방어적 파업이라 한다. 그리고 파업에는 상대방의 주장을 꺾고 자기의 주장을 관철하려고 하는 투쟁파업이 있고, 사용자에 대한 직접적인 투쟁목적이 없이 하는 시위파업이 있다. 파업 중 투쟁 상대방이 사용자인 경우를 노동법상의 파업이라 하고, 그 상대방이 행정부나 의회일 경우 정치파업이라 한다.

2) 태업

태업은 근로자들이 단결하여 의식적으로 작업능률을 저하시키는 것을 말한다. 이는 이론적으로는 작업을 하지만 실제적으로는 작업을 하지 않거나, 필요 이상의 완만한 또는 조잡한 작업을 하는 것을 말한다.

3) 보이콧

사용자 또는 그와 거래관계에 있는 제3자와의 근로계약 체결을 거절한다든가, 상품구입이나 시설이용을 거절할 것을 호소하는 투쟁행위이다.

4) 생산관리

근로자들이 단결하여 사용자의 지휘명령을 거부하면서 산 업장 또는 공장을 점거하여 조합간부의 지휘 하에 노무를 제공하는 행위이다. 이에는 사용자들의 종전의 경영방침을 그대로 따르면서 다만 근로자들이 직접 경영을 하되 수익금은 회사를 위해 보관하고 임금은 종래대로 지급하는 생산관리가 있고, 또 회사 자재를 마음대로 처분하거나 회사의 수익금을 일방적으로 인상한 임금에 충당하는 생산관리가 있다. 생산관리는 어느 경우를 막론하고 소극적으로 업무를 거부하는 부작위적 행위가 아니라 적극적으로 공장·사업장·설비 등을 점유하여 사용자의 지휘명령을 배제하면서 기업경영을 지배하는 작위적 쟁의행위이다.

5) 피케팅

파업을 효과적으로 수행하기 위해 근로희망자들의 사업장 또는 공장에의 출입을 저지하고 파업참여에 협력할 것을 요구하는 행위이다. 이는 파업 중인 사업장의 사용자에 대하여 노동력의 제공을 철저히 차단함으로써 경제적인 타격을 보다 효과적으로 가하려는 것이다. 피케팅은 대체로 사업장 또는 공장의 입구에서 플래카드를 들고 확성기 등을 이용하여 출입자를 감시하고 근로희망자들에게 파업에 동조할 것을 요구하는 것으로 나타난다. 피케팅은 그 자체로 독립된 쟁의행위라고 할 수 없고 파업이나 보이콧에 수반되는 보조적인 쟁의행위이다.

직장폐쇄는 집단적 분쟁에 있어서 사용자가 그의 주장을 관철하기 위해 일정한 산업 또는 사업체 내의 다수 근로자를 취업할 수 없게 하는 것이다. 이는 노사 간의 집단적 분쟁상태(노동쟁의)를 전제로 하는 것이기 때문에 경영운영상 또는 경영기술상의 이유에서 하는 휴업 또는 정업(停業)과 다르다. 직장폐쇄를 하려면 노무를 수령하지 않겠다는 통고 또는 선언만으로는 불충분하고, 현실적으로 공장 또는 사업장의 출입구를 폐쇄함으로써 사회통념상 그 공장 또는 사업장에의 출입과 노무제공 등이 불가능하다고 생각되는 상태를 발생하게 해야 한다. 결국 쟁의행위가 정당화되기 위해서는 집단적 노사관계의 전개를 용인하는 노동조합 및 노동관계조정법의 목적과 현행 법질서 전체에 부합해야 하고 실정 노동법규에 위배되지 않아야 한다. 쟁의행위는 그것이 정당하게 수행되는 한, 형사상의 구성요건에 해당되지 않고 민법상의 손해배상책임이 발생되지 않는다.

7. 노동쟁의 조정제도

1) 노동쟁의 조정제도란

노사당사자가 단체협약의 체결을 위해서 단체교섭을 계속하였음에도 불구하고 합의에 이르지 못하면 노동쟁의가 발생하게 된다. 노동쟁의란 당사자가 노력을 계속하여도 더 이상 자주적 교섭에 의하여 합의의 여지가 없는 상태인데 이 상태가 파업 등 쟁의행위로 발전하게 되면 노사 당사자의 손실은 물론 국가경제에 손실이 발생하게 된다. 따라서 쟁의행위가 발생하기 이전에 당사자가 서정한 제3자 또는 국가기관의 개입, 조정을 통하여 문제를 해결하는 것이 바람직하다.

이와 같이 조정제도는 노사의 자주적 단체교섭이 결렬된 경우에 제3자가 개입하여 객관적 지위에서 쌍방의 주장내용을 듣고 타협안을 제시하는 방식으로 분쟁의 자주적 해결을 촉진하고자 마련된 제도이다.

2) 쟁의조정의 원칙

(1) 자주적 조정의 노력

쟁의조정은 노사관계 당사자의 자주적 조정을 원칙으로 한다. 따라서 국가에 의한 조정절차가 진행되더라도 당사자 간의 자주적 조정은 존중된다.

(2) 노사당사자의 노동쟁의 해결 노력

노사관계 당사자가 단체협약에 노동쟁의를 해결하는 방법과 절차를 규정하고 있으면 이 협약에 따라 노동쟁의를 해결하도록 노력하여야 한다.

(3) 국가 등의 책무

국가, 지방자치단체는 노동관계 당사자 간에 노동관계에 관한 주장이 일치하지 아니할 경우 이를 자주적으로 조정할 수 있도록 조력함으로써 쟁의행위를 가능한 한 예방하고 노동쟁의의 신속, 공정한 해결에 노력하여야 한다.

(4) 신속한 처리

국가가 노동관계의 조정을 할 경우 노동관계 당사자와 노동위원회 기타 관계기관은 사건을 신속히 처리하도록 노력하여야 한다. 법 제54조는 일반사업은 10일, 공익사업은 15일 이내에 조정을 종료하도록 규정하고 있다.

⑸ 공익사업 등의 우선적 취급

국가, 지방자치단체, 국공영기업체, 방위산업체 및 공익사업에 있어서의 노동쟁의의 조정은 우선적으로 취급하고 신속히 처리하여야 한다. 즉, 공익사업의 조정은 15일 이내에 종료하여야 하는데 이 기간을 다 채우지 않고 가능한 한 빠른 시간 안에 조정을 종료하여야 한다.

3) 노동쟁의 조정의 대상

조정의 대상은 노동쟁의입니다. 노동쟁의란 당사자가 계속 노력을 하여도 더 이상 자주적 교섭에 의하여 합의의 여지가 없는 분쟁상태를 말한다. 여기서 주의할 사항은 모든 노동분쟁이 다 조정의 대상이 되지 않는다는 점이다. 근로조건 등의 결정에 관한 분쟁인 집단적인 이익분쟁만이 노동쟁의 조정의 대상이 되고 기타 권리분쟁과 고충은 각각 법원, 노사협의회를 통하여 해결하는 것이 타당하다.

⑴ 사적 조정, 중재제도

노동쟁의가 발생하면 노동위원회의 조정, 중재를 거쳐야 하는데 노사관계 당사자가 단체협약에 노동위원회의 조정, 중재가 아닌 제3자의 조정, 중재를 받기로 정한 경우에는 그 단체협약에 정한 조정, 중재를 우선적으로 받도록 하는 제도가 사적 조정, 중재제도이다. 이 제도는 노사문제에 대한 국가의 개입을 가급적 피하고 노사당사자가 자율적으로 해결할 수 있도록 하자는데 그 취지가 있다.

⑵ 사적 조정, 중재의 요건

사적 조정, 중재는 향후 노동쟁의가 발생하면 특정 인물에게 또는 노사합의에 의해 정하는 자에게 조정, 중재를 맡긴다는 단체협약의 규정 또는 이러한 규정이 없는 경우에는 노사 간의 합의를 전제로 한다. 이와 같은 단체협약 또는 합의를 근거로 사적 조정, 중재를 수행하고자 하는 경우에는 노동위원회에 신고를 해야 한다.

⑶ 사적 조정, 중재의 효과

사적 조정의 경우 일반사업에서는 10일, 공익사업에서는 15일간 쟁의행위 금지(개시일 부터 가산함)되며 사적 중재의 경우 15일간 쟁의행위가 금지(개시일 부터 기산함) 된다. 그리고 사적 조정, 중재가 이루어진 경우에는 조정, 중재 내용은 단체협약과 동일한 효력을 가진다.

4) 조 정

(1) 조정의 의의

조정은 노동위원회 내에서 근로자위원, 사용자위원, 공익위원 3인으로 구성되는 조정위원회 또는 단독 조정인이 노동쟁의 조정신청을 한 관계 당사자의 의견을 들어서 조정안을 작성한 후 노사의 수락을 권고하고 노사당사자가 이 조정안을 수락하면 그 조정서가 단체협약과 동일한 효력을 가지게 되는 노동쟁의 해결제도이다.

(2) 조정과 중재의 차이

조정은 당사자가 조정안의 수락을 거부할 수 있다는 점에서 당사자의 수락여부와 상관없이 확정적인 효력을 가지는 중재와 다르다.

(3) 조정의 개시절차

조정은 관계당사자 일방(노동조합 또는 사용인)이 노동위원회에 노동쟁의의 조정을 신청하면 개시된다. 그러나 만일 그 신청내용이 노동조합 및 노동관계조정법상의 조정대상이 아닌 경우에는 노동위원회는 그 사유와 다른 해결방안을 알려주어야 한다. 노동위원회는 조정을 하게 된 경우에는 지체 없이 이를 서면으로 관계당사자에게 각각 통보하여야 한다.

(4) 조정기간의 소요

조정은 신청이 있은 날로부터 일반사업에 있어서는 10일, 공익사업에 있어서는 15일 이내에 종료하여야 한다. 다만 당사자 간의 합의로 일반사업에 있어서는 10일, 공익사업에 있어서는 15일 이내에서 연장할 수 있다. 이 기간 동안에는 쟁의행의를 하여서는 안 된다.

(5) 조정서의 효력

조정안이 당사자에 의해서 수락된 경우에는 조정위원 전원 또는 단독 조정인이 조정서를 작성하고 관계 당사자와 함께 서명날인을 해야 한다. 조정서의 내용은 단체협약과 동일한 효력을 가진다.

⑹ 조정안에 대한 의견의 불일치

조정안에 대해 노사당사자의 의견이 불일치하는 경우에는 조정위원회 또는 단독 조정인이 작성한 조정안을 수락하여 서명하고 조정서가 되고 조정서는 단체협약으로서의 효력을 가지게 된다. 그런데 당사자가 조정안에 대하여 수락한 후 서명하기 전에 그 해석 또는 이행방법에 관하여 의견의 불일치가 있는 경우가 발생할 수 있는데 이때에는 관계당사자는 당해 조정위원회 또는 단독 조정인에게 그 해석 또는 이행방법에 관한 명확한 견해의 제시를 서면으로 요청할 수 있다. 조정위원회 또는 단독조정인은 그 요청을 받은 날로부터 7일 이내에 명확한 견해를 제시하여야 하며 견해가 제시될 때까지는 관계당사자는 당해 조정안의 해석 또는 이행에 관하여 쟁의행위를 할 수 없다.

5) 중 재

⑴ 중재의 의의

중재란 노동위원회 내의 중재위원회로 하여금 노동쟁의 상태를 해결하도록 하는 제도이다. 현행법에는 임의중재와 강제중재가 있는 데 전자는 일반사업과 공익사업에 모두 적용되나 후자는 필수공익사업에만 적용된다.

⑵ 중재의 개시

일반사업과 공익사업의 경우에는 당사자의 쌍방의 합의에 의한 신청 또는 단체협약에 근거한 일방의 신청(합의에 의한 신청)이 있으면 중재절차가 개시된다. 그러나 필수공익사업의 경우에는 노동위원회 위원장이 특별조정위원회의 권고에 의해서 중재에 회부한다는 결정(직권중재 회부)을 한 때에 개시될 수 있다.

노동쟁의가 중재에 회부된 때(중재신청서가 노동위원회에 접수된 날)에는 노동관계당사자는 그 날로부터 15일간은 쟁의행위를 할 수 없다. 쟁의행위 금지기간 중에 쟁의행위를 한 자는 1년 이항의 징역 또는 1천만 원 이하의 벌금형에 처해진다.

Chapter 9

복지후생 및 인간관계관리

제 1 절 복지후생관리

1. 복지후생 관리의 의의

호텔기업에 있어서 복지후생(employee benefit and service programs)이란 종사원의 복지향상을 위하여 시행하는 임금 이외의 간접적인 제 급부(給付)를 말한다. 복지후생을 증진하는 주체는 호텔측이 되는 것이 보통이지만, 실제의 관리운영을 반드시 호텔측이 담당할 필요는 없다. 현실적으로 호텔측과 종사원측이 공동 관리를 하는 경우도 많으며, 또는 종사원측의 자치적 운영에 일임하는 경우도 있다. 원래 호텔에 있어서 종사원에 대한 복지후생 제도는 온정적, 은혜적 의미에서 사용자의 자유의사에 의한 임의적 제도로서의 성격을 가진 것이었으나, 산업사회의 발전과 특히 노사관계의 변화로 말미암아 오늘날에 있어서는 국가의 입법에 의하여 강제되는 법정제도로서의 성격을 띠게 되었다.

복지후생은 종사원에 대한 생활보장적, 은혜(恩惠)적 시책으로서의 성격을 지니고 있는 이상, 호텔이 임금 이외의 수단에 의하여 종사원의 노동력을 조달·유지·발전시켜 종사원이 가진 능력을 호텔에 대하여 최고도로 발휘케 하여 생산성 향상을 도모하고, 호텔을 번영토록 하는 동시에 종사원의 경제적·문화적 생활향상을 도모하는 것을 목적으로한 시책의 총칭이라고 할 수 있다.

호텔기업복지란 일반적으로 개별 호텔기업이 그 책임과 비용부담에 있어서 그 종사원과 가족을 대상으로 호텔 인적자원관리의 일환으로서 행하는바의 기본적 근로조건 이외의 복지의 안정·향상을 내용으로하는 제시책 및 제도라고 한다.

우리나라에 있어서도 호텔이 종사원과 그 가족의 복지 향상을 도모하기 위해서 각종의 시책이나 제도를 가지고 있다. 이것은 호텔기업별로 호텔의 임의적, 독자적인 의의와 부담으로서 행하여지고 오랫동안에 걸쳐「호텔기업 내 복지후생」이라고 불리어 왔다. 그리고 호텔기업 복지는 '호텔기업 내 복지후생', '호텔기업 복리후생', ' 복리후생', '후생복지' 등 다양하게 불리어졌다. 그러나 최근에는 호텔기업의 시설을 지역주민에게 일부 개방한다든지, 사회보장의 손이 닿지 않는 것으로서 종사원이 필요로 하는 것, 또는 사회보장에 있어서 부족한 것을 보완하는 것, 종사원의 노후나 불시의 경우에 생활을 안정시키는 것 등 공적 근로복지나 종사원의 자주적 복지와의 사회적 관계에서 '호텔기업 복지'라는 용어가 많이 사용되고 있다. 따라서 본서에 있어서는 용어상의 통일과 개념의 정립을 위해, 호텔에서 베푸는 복지후생을 '호텔기업 복지후생'(corporate welfare, company welfare, employee welfare work)이라 부르기로 한다. 이런 점에서 호텔기업 복지후생을 다음과 같이 정의할 수 있다.

즉, 호텔기업이 어디까지나 종사원의 의사를 존중하면서 임금이나 근로시간 등의 기본적 근로조건 이외에 자주적으로 행하는 법정 외 복지후생인 것이다. 호텔기업은 그 목적을 달성하기 위해 그 종사원과 가족까지도 대상으로 직접적인 근로조건의 개선 등으로 충족하기 어려운 종사원의 사적 생활 속에서의 불안에 대한 경제생활의 안정, 생활수준의 향상, 심신건강의 증진 등으로 종사원의 복지를 선하는 것이다. 특히 여가대책, 노동능력의 개발, 호텔기업을 중심으로 한 조직적·종합적인 원조체제, 일할 수 없게 되었을 때의 생활보장의 역할을 다하고, 근로의욕의 개선을 통하여 노동생산성의 향상과 노사 간의 협의의 커뮤니케이션을 전제로 참가 시스템에 의한 노사관계의 안정과 노동능력의 조화를 기하는 것이다.

2. 복지후생의 증진에 의한 효과

복지후생의 성격을 보다 명확하게 파악하기 위해서는 이와 대칭되는 임금과의 비교를 시도해 보는 것이 도움이 된다. 즉, 다 같이 종사원에 대한 보상이지만 직접적 성격을 갖는 임금과 간접적 성격을 갖는 복지후생은 그 성격상 뚜렷한 대조를 이루고 있으므로, 이를 파악하는 것이 복지후생의 성격을 이해하는 방법이 되는 것이다.

첫째, 임금은 노동의 질・량・능률 등에 따라서 차이가 있지만 복지후생비의 급부는 신분기준에 따라서 운영되고 있다. 다시 말해서 연령・성별・지위・근속년수 등에 따라 급부조건이나 내용에 차이가 있을 수 있지만 원칙적으로 노동의 질이나 량, 능률 등에 의해 차등을 두지 않는다.

둘째, 그리하여 복지 후생비는 기본적으로 집단적 보상의 성격을 갖는다. 실질적인 후생복지비의 금액은 일정기간에 지출한 총액을 그 기간의 평균 종사원수로 나누어 1인당 금액으로 산출하기 때문에, 개별적으로 표시된 금액을 종사원에게 현금으로 지급하는 임금과는 달리 종사원 집단을 대상으로 하는 집단보상이 성격을 띤다.

셋째, 복지후생비는 필요성의 원칙에 의해서 지급된다. 복지후생의 구체적 내용이 설정되어 있다 하더라도 종사원 자신에게 급부의 상황이나 조건이 발생하지 않으면 혜택이 주어지지 않을 것이다. 예를 들어, 의료보험의 혜택이란 질병이 사유가 발생한 경우에만 주어지는 것이다.

넷째, 이처럼 필요성의 원칙에 의해서 지급되는 복지후생비는 당연히 그 용도가 한정되어 있다. 임금은 어떻게 시출하든지 고용규약에 따른 종사원의 의사에 달린 것이지만, 복지후생비는 그 필요성의 구체적 내용에 따라 용도가 제한받는 것이다.

다섯째, 복지후생비는 기대소득이라는 성격을 갖는다. 복지후생비 지급의 경우가 구체적으로 설정되어 있더라도 대체로 일정기간 내에 전 종사원이 그 혜택을 누리게끔 상황이 전개되지는 않는다. 따라서 지정시점에서는 복지후생비의 지급을 받지 못하더라도 언젠가 그러한 혜택의 조건이 성립되면, 자신에게도 반드시 복지후생비의 지급이 이루어지리라는 확실한 기대를 가질 수 있을 것이다. 이런 의미에서 복지후생비는 일종의 기대소득인 것이다.

여섯째, 복지후생비는 다양한 형태로 지급된다. 임금이 현금으로만 지급되는 것이 원칙으로 되어 있는 반면, 복지후생비는 현금 외에도 현물이나 서비스의 제공, 시설물의 이용 등을 통해서도 지급되는 것이다.

끝으로, 복지후생비는 종사원의 생활수준을 안정시키는 기능을 갖는다. 임금이란 그 상승에 따라서 직접 생활수준의 향상을 초래하지만, 필요성의 원칙에 의해 지급되는 복지후생비는 생활수준의 직접적 향상보다는 그 안정화에 기여한다고 볼 수 있다. 특히 생활시점을 예측할 수 없으며, 많은 돈이 일시에 지출되는 생활상의 곤란을 복지후생비로써 충당하게 됨으로써 생활을 안정시켜 주는 것이다.

3. 복지후생 관리의 목적

종래의 호텔기업 복지의 목적은 종사원의 호텔에의 귀속심 · 충성심의 확보, 노동력의 유지 · 함양, 노사관계의 안정, 생산성 향상 등으로 되고 있었다. 호텔로서는 격심한 시장경쟁하에서 적응원칙에 따라 호텔기업 복지를 행하는 것이며 그와 같은 효과를 얻기 위해 호텔기업 복지를 행하는 것은 당연한 일이다. 그러나 이것으로서는 종사원 측이 참된 협력을 얻는 것은 어려울 것이다. 그러므로 오늘날에 있어서는 호텔기업 복지의 목적은 종사원의 생애에 걸친 종합적 복지의 확립이 있는 것으로 파악하고 그것에 의해 종사원은 일하고자 하는 의욕을 스스로 가지고 일함으로써 인간관계는 양호하게 유지되고, 그 결과로서 생산성이 향상되고 노사관계의 안정이 유지될 수 있는 것이다. 그리고 호텔기업 복지는 호텔기업 복지를 둘러싼 이해관계자들이 대립적으로 존재하므로 각 이해관계자에 따라 목표하는 바가 다르다. 정부는 호텔기업 복지가 확충될수록 사회복지비 부담의 감소를 가져올 수 있어, 호텔기업 복지를 주장하는 목적이 호텔과 상충되기도 한다. 노동조합은 호텔기업 복지가 강화되면 그만큼 공제활동의 축소가 용이하여 본연의 조직기반과 단체교섭에 전념할 수 있다. 또 종사원 개인은 이용의 편리성의 효과를 기대한다. 그러나 호텔기업 복지는 호텔이 주체인 만큼 그 목적이 이해관계자들과는 차원을 달리한다.

호텔기업 복지의 목적은 프렌치(French,W) 헤네만(Heneman, H.G.) 마이너(Miner,J.B) 등 경영 인적자원관리 학자들이 제시하고 있는데, 이들 내용을 정리하면 2가지로 대별된다. 하나는 호텔의 입장을 위한 목적, 다른 하나는 종사원이 입장을 위한 목적이다. 전자는 호텔기업 복지를 실시함으로써 종사원의 사기가 앙양되고 이로 인해 보다 직무에 충실토록 하여 호텔의 수익성 목표달성에 기여토록 함이고, 후자는 호텔기업 복지가 보상이 일부로서 임금의 보완적 성격이 있으므로 종사원의 실지소득을 향상시키기 위함이다. 그런데 특히 우리나라의 경우와 같이 현실적으로는 호텔기업 복지가 일부 호텔만의 시책이 아닌 보편적 시책인 만큼 특정목적을 갖고 실시하는 것이 아니라 타 호텔이 실시하므로 이에 처지지 않으려는 소극적 입장에서 실시하는 경우가 있다. 그러나 호텔기업 복지의 목적은 상술 한 바 이상이 의미를 포함한 제도로서 정책과 결부되어 운영된다고 하는 점도 부정할 수 없을 것이다.

4. 복지후생 관리의 원칙

호텔기업의 인적자원관리에 있어서 복지후생관리는 중요한 관리 중 하나이다 따라서 그 관리 효율을 높이기 위한 고려가 충실히 이루어져야 한다. 복지후생의 증진은 호텔의 노사쌍방에 다 같이 이득을 가져온다. 그것은 호텔의 생산성이 제고될 수 있는 긴요한 방안인 동시에 종사원의 생활향상을 기하는 지름길이 된다. 또한 종사원에 대한 복지후생의 혜택은 사용자의 은혜적 조치가 아니면, 노동력의 재생산을 원활히 하는 밑받침이 되는 것이다. 더욱이 산업의 민주화라는 관점에서 볼 때, 복지후생의 증대는 현재보다 오히려 내일을 위해서 강조되어야 할 것이다.

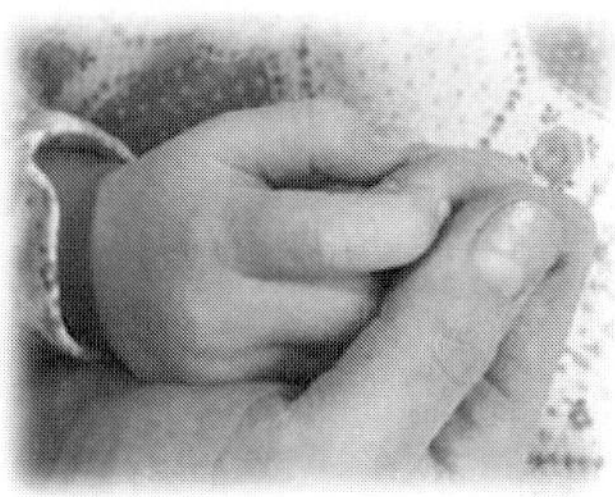

종사원에 대한 이익	사용자에 대한 이익
① 사기가 앙양된다. ② 복지에 대한 인식이 깊어진다. ③ 불만이 감소된다. ④ 경영자와의 관계가 개선된다. ⑤ 고용이 안정되고 생활수준이 향상된다. ⑥ 건설적으로 참가하는 기회가 늘어난다. ⑦ 호텔기업의 방침 및 목적에 대한 이해가 커진다. ⑧ 지역사회의 시설 및 기관에 대한 종사원 개인으로서의 관심과 이해가 촉진된다.	① 생산성의 향상과 원가절감이 된다. ② '팀워크'의 정신이 왕성해 진다. ③ 결근·지각·사고·불만 및 노동이동률이 감소된다. ④ 인간관계가 개선된다. ⑤ 채용 및 훈련비용이 절감된다. ⑥ 종사원과 건설적으로 일할 기회가 늘어난다. ⑦ 호텔기업의 방침과 목적을 과시할 기회가 많아진다. ⑧ 호텔의 P.R.을 할 계기가 다음에 의하여 늘어난다. Ⅰ. 지역사회의 지도자와의 협력 Ⅱ. 지방봉사단체의 강화 Ⅲ. 호텔의 목적, 활동에 대한 선전

그러나 복지후생 관리에 있어서는 무조건 그 시설이나 제도를 확대하는 것만이 소망스러운 일은 아니다, 거기에는 호텔의 경비 부담에 한계가 있을뿐더러, 종사원으로서도 복리적 혜택보다 도리어 직접적인 임금의 증액을 바라는 경향이 짙은 것이다. 한편 오늘날에는 사회적인 복지시설들이 확충되어가고 있으므로 호텔기업으로서는 그것과 중복되는 시설 등을 마련할 필요는 없는 것이다. 이러한 견지에서 호텔기업이 복지후생 관리

에서 기본적으로 고려되어야 할 세 가지 원칙을 제시하면 ①적정성의 원칙, ②합리성의 원칙, ③협력성의 원칙이라고 할 것이다.

1) 적정성의 원칙

적정성의 원칙에 있어서는, 첫째로 호텔의 모든 종사원에게 절실히 필요하고, 둘째로 경비부담이 적당하며, 셋째로 동종 산업이나 그 지역 내 산업과 비교하여 크게 차등이 없는 정도의 복지후생을 하는 것이다. 그러기 위하여서는 그 관리에 있어 종사원의 의견조사를 한다든가, 호텔의 복지시설에 관한 연차적 확대계획을 세우는 것이 바람직하다. 또한 동업종이나 동지역내의 시설 등에 관하여 조사하고, 그 일반적 수준을 파악하는 것도 중요한 일이다. 실제로 중소규모 호텔의 복지후생이 대규모 호텔의 수준에 도달하기는 어렵다고 보아야 하지만, 반대로 대규모 호텔의 복지후생이 중소규모 호텔의 부실한 복지시설 상태와 동일한 수준을 유지하는 것을 목표로 할 수는 없다고 할 것이다.

2) 합리성의 원칙

복지후생에 관한 시설 및 제도는 호텔기업 내에서만이 아니고, 국가가 지역사회에 의해서도 추진되므로 호텔기업으로서는 서로 중복되거나 관련성이 결여되는 일이 없이 합리적으로 조정, 관리하여야 한다. 예를 들면, 호텔은 국가의 사회보장제도를 활용한다든가 민간사회의 보험 사업을 이용하거나 혹은 지역사회와 협력하여 복지시설을 공동으로 설치, 운영할 수도 있다. 요컨대, 오늘날에 있어서의 호텔은 그와 같은 합리성을 추구하는 방향에서 복지후생 관리를 하지 않으면 안 된다.

3) 협력성의 원칙

여기에서 협력성이라는 것은 지역사회와 복지시설을 공동운영하는 것과 같은 호텔기업 외적 협력관계도 들어가지만, 그보다는 호텔기업 내적인 노사간의 협력관계를 중점적으로 뜻하고 있다. 복지후생의 유지, 향상을 위해서는 호텔의 책임이 크지만, 동시에 종사원의 책무도 적지 않다는 점이 명백하게 되어야 한다. 종사원은 자신들을 위한 복지후생임을 인식하여야 한다.

따라서 노사가 협의하여 복지후생의 내용을 충실하게 검토함으로써 알찬 시설이나, 제도를 마련할 수 있으며, 그 운영에 있어서는 더 한층 협력적 성과를 발휘할 수 있는 것이다. 복지후생의 관점에서 본 노사위원회, 경영협의회의 역할은 참으로 중요하다고 할 수 있다. 또한 호텔에 따라서는 복지후생위원회를 따로 설치하고 노사쌍방의 협조 밑에서 운영됨으로써 큰 성과를 거두고 있는 예도 적지 않다. 그러한 위원회 제도는 복지후생관리에서 고려되어야 할 점의 하나라고 하겠다.

5. 복지후생시설의 본질

호텔기업내의 복지후생시설의 본질에 대한 주요한 견해로서는'호텔기업에 있어서의 경영자와 그 종사원과의 사이에 성립되는 고용생활관계의 내용을 형성하는 요소 중에서 임금급부의 규정, 근로일수의 규정, 해고조건의 규정 등 3가지 기본적인 것 이외의 것으로서 경영자측의 책임으로 설치되고, 적어도 그 자신, 직·간접적으로는 종사원 본인 내지는 그 가족의 생활복지에 대하여 어떻게 적극적으로 공헌을 할 수 있는가? 같은 성격을 가진 조직적 수단이라는 설이 있다.

이 견해에 따르면 임금, 근로일, 해고조건의 세 가지 기본조건을 제외한 모든 업무 및 생활조건-노사관계도 포함하는 물적·제도적 시설이 그것을 포함되고 있는 것으로 보아야 한다. 그러므로 그 구체적인 시설내용으로서는 첫째, 경영내의 세력 관계적 시설, 둘째, 교육관계적 시설, 셋째, 보건위생 관계적 시설, 넷째, 주거 관계적 시설, 다섯째, 제무관계적 시설 등이 되고 있다.

그런데 이들 내용 중에는 일반적으로 현재에는 노동보험입법에 의하여 시설되지 않으면 안 되는 법정시설도 포함되고 있는 바, 현재의 시점에서는 분명히 호텔의 복지시설이라고는 생각하기 어려운 것까지도 포함되고 있다. 따라서 오늘날 호텔기업내에 있어서 복지후생시설이라고 하는 본질을 규명함에 있어서는 복지후생시설 개념의 변천과 발전을 설정하여야 할 것이다. 호텔기업내의 복지후생시설의 본질에 대한 요점을 서술하면 다음과 같다.

첫째, 복지시설은 그 자체로서는 매우 광의로 해석된 노동력의 확보·유지·배양의 보조적 시설이다. 그러나 그것은 보조적인 것이기 때문에 그 구체적 시설내용은 노동력의 유지배양에 기본적 내지 불가결한 시설의 범위에 관한 사회적 통념이 역사적으로 확대됨에 따라 필연적으로 축소 변화하지 않을 수 없다.

둘째, 호텔 내 복지시설은 여하튼 경영자의 부담으로 경영자가 행하는 시설이라는 점에서, 비록 그것이 객관적으로는 광의의 노동력 유지배양의 보조시설이라 하더라도 그것은 필연적으로 경영자의 경영노동관리 목적에 비추어 현실적 역할의 담당수단으로 전

환하지 않을 수 없다고 하는 점에서 그 본질적 의의가 있다고 하겠다. 즉, 이 개념의 본질은 시설이 가지는 객관적 기능을 은혜적 이념에 의하여 이용하려고 하는 데서 구하지 않으면 안 되는 것으로, 시설 그 자체의 노동력 유지 배양적 기능에만 구한다는 것은 전혀 잘못이다.

셋째, 호텔에 있어서의 복지시설은 자본제적 인적자원관리의 일환으로서 개개의 호텔에 있어서의 종사원에게 그 호텔에 대한 호의적 태도·자본제적 경영질서에의 충성심을 형성케 하기 위한 물적 제도적 수단으로서 이것을 부여하려고 하는 것이다.

넷째, 더욱 주목해야 할 것은 노동력의 유지·배양의 보조적 시설이 경영에의 호의적 태도를 형성시키기 위한 수단으로 되기 위해서는 개개의 호텔기업 시설수준은 각 시대의 근로조건, 사회보장제도, 사회시설 등의 사회적 수준보다도 상회되어 있는 것이 아니면 안 되므로 사회적 수준의 상승에 따라 개별 호텔기업의 시설수준도 부단히 상승하지 않으면 안 된다고 한다면, 거기에는 자본제적으로는 스스로 어떤 한계가 있다고 보지 않을 수 없다. 또 개별 호텔기업이 특별히 종사원에게 부여한다고 하는 형태를 취하는 한 전술한 바와 같이 점차로 발달하게 되는 종사원의 사회의식에 반발하여 결국의 호의적 태도형성의 수단으로는 될 수 없게 되고, 어떠한 다른 이념에 의한 시설에 전화하지 않을 수 없으며, 이것이 welfare work에서 personnel service로의 전환인 것이다.

호텔기업 내 복지시설의 인적자원관리상에 있어서의 의의 관련은 다음과 같이 생각할 수 있다.

먼저 1900년 전후에서 1920년 전까지 시기는 아직 종사원의 근로생활을 다소나마 쾌적하게 해주려는 시설을 경영자가 자발적으로 설치함으로써 종사원의 호텔에 대한 호의를, 또 나아가서는 현 근로질서에 대한 신뢰감을 형성할 것을 기대하여 부여한 시대였다. 따라서 당시에 있어서는 직접의 고용, 해고나 임금, 근로일과 같이 경영외의 사회적 단체교섭에 의한 사항 이외의 경영내적 전 노무시설이 복지시설로 간주되고, 따라서 복지시설이야말로 인적자원관리 형성기에 있어서는 오히려 인적자원관리의 주요한 형태로서 취급되었다.

그러나 1920년 이후의 인적자원관리의 체계적 성립시기에 있어서는 노동 과학적 방법에 의한 노동능률의 증진이 인적자원관리의 중심이 되고 , 또한 경영사회 관계에 대해서는 산업 민주주의적 이념을 기조로 하는 노사관계의 조정에 역점을 두게 됨으로써 호텔기업내 근로조건도 호텔내 단체교섭 내지 노사협의의 대상으로서 취급되게 된 것이다.

이리하여 직접적으로 생산에 관계하는 제 조건(작업장 환경의 정비, 안전위생, 교육훈련 등)은 경영으로서 당연히 해야 할 필요한 제도로서 취급되고, 복지시설은 직접으로는 생산과 관계없는 공장내외에 있어서의 종사원의 생활조건의 개선정비를 위한 시설(클럽, 금융시설, 레크리에이션, 식당 등)로 생각하게 된 것이다. 환언하면 그것은 이미 호텔인적자원관리의 보조적 역할을 부과하게 된 것이다.

1940년 전후부터의 현대적 호텔 인적자원관리 단계에 들어와서는 세계 자본주의 체제 자체의 전반적 위기를 배경으로 하여 노사의 대립이 격화할 가능성이 증대함에 대하여 그 방파제로서 노사의 협력관계 형성을 지향하기 위하여 인간관계 관리를 중시하게 됨으로써, 종래의 복지시설도 이러한 배경 하에서는 그에 따른 호텔인적자원관리의 일환으로서 재편성하기에 이르렀다. 즉, 주로 종사원의 정신적 안정과 욕구 충족감을 형성하는데 유용한 생활시설의 정비라든가 제안제도(提案制度) 등이며, 그것은 바로 human relations program의 일환으로서 노사의 협동관계 의식을 형성하는 것이라 하여도 과언은 아니다. 이리하여 그것은 personnel services를 위한 시설로서 현재 다시 새로운 의미의 인간관계적 호텔 인적자원관리 중에 하나의 중요한 역할을 담당하고 있다고 할 수 있다.

한편, 국가를 정책주체로 해서 개개의 호텔기업을 법적규제하에 드는데 있어서 호텔기업에도 법정비용의 부담을 강제하고 종사원 전반을 대상으로 획일적으로 행하여지는 공적 노동복지정책과도 같으며, 종사원의 복지나 노동력의 유지배양에 기여한다고 하지만 그 성격이 근본적으로 다르다는 것을 쉽게 알 수 있을 것이다.

이와 같이 호텔기업 복지는 호텔을 주체로 하는 경영정책의 일환이므로 경영목적을 떠나서 다만 종사원 · 가족 · 지역주민의 복지의 증진을 도모한다는 것은 있을 수 없으며, 경영목적에 합치되어야 한다는 성질을 가지고 있다. 가령 호텔기업 복지의 관리운영에 노동조합이 참가하고 규제를 가하는 경우에도 그것은 어떠한 의미에서 언제나 호텔에 있어서의 인적자원관리의 수단으로서, 거기에서는 부당한 코스트를 상회하는 보다 많은 효과가 기대되고 있다. 또한 특정한 시설이나 서비스의 효과가 코스트에 비추어 기대할 수 없는 조건이 발생하면, 폐지되거나 축소되어 합리화의 대상으로 되고 그 중점은 시대와 함께 변화되는 것이라 하겠다. 이와 같이 호텔기업 복지의 개념이 경제발전의 시대의 흐름에 따라 달라져서 그것을 명확하게 구분 지우기란 대단히 어려운 것이다. 그러므로 호텔기업 복지의 정의를 내리는 데 있어서 국가에 따라 상이하다 할 것이다.

이것은 그 자체가 하나의 독립된 경영시책이라 하기보다는, 그 시대에 경제적·사회적·문화적 기반을 통해 호텔기업 경영의 필요성과 그것을 받아들이는 생활욕구에 따라서 그 시대와 함께 추이하는 호텔기업에 의한 제 시설 및 제 시책의 집합개념이기 때문인 것이다.

제2절 인간관계관리

1. 인간관계관리의 의의

인간관계는 인간의 관계, 즉 인간상호간의 관계이며, 사회적 존재인 사람과 사람과의 사이를 말한다. 인간이 사회를 구성하고 있고 사회의 실체는 인간관계라고도 생각된다.

신 인간관계는 첫째로 종사원의 연구로서 자기 실현욕구를 중시하고 이것을 충족시키기 위한 참가나 자기관리의 시스템을 강조하고 둘째 공식 조직과 비공식 조직을 구별하지 않고 행동과학의 입장에서 조직이나 관리시스템을 사람과 사람과의 관계에서 이루어지는 사회시스템으로 보는 점을 그 특징으로 하고 있다.

조직은 인간으로 이루어진다. 다수의 인간이 조직을 형성할 때 조직 내부에서 그들 사이에 여러 가지 관계가 이루어지며, 조직에서의 사람과 사람사이의 이러한 관계를 인간관계라고 한다. 경영학에 있어서의 인간관계는 단순히 상호관계의 측면에서가 아니라 조직의 효율성을 향상시킬 수 있는 측면에서의 인간관계를 의미한다.

2. 인간관계관리의 중요성

인간이 조직을 형성하여 집단적으로 행동을 할 때에는 눈에 보이지 않는 인간 대 인간의 상호관계가 필연적으로 생긴다. 인간이 형성하고 있는 지식내의 휴머니즘에 입각한 상호 협동관계, 이것이 이른바 인간관계(human relation)인 것이다.

경영조직내의 감독자와 종사원, 또는 종사원 상호간에 불평불만이 많아져서 원만한 인간관계가 형성되지 못할 때에는 사기가 떨어지고 업무의욕을 잃게 되어 생산성을 높일 수 없게 된다. 반면에 원만한 인간관계가 형성되고 사기가 고조되어 있는 경우는 종사원의 자발적 협력을 확보할 수 있으므로 능률의 향상, 품질의 개선, 원가의 절감 등을 실현할 수 있고, 나아가서는 합리적인 임금과 근무조건의 형성, 원만한 고객관계 및 공중관계의 유지, 타 호텔과의 경쟁의 우월성 등을 구현할 수 있게 된다. 오늘날 인간관계의 개선문제가 호텔기업의 인사관리에 있어서 중요한 과제의 하나로 되고 있는 것이다.

3. 인간관계관리 제도의 종류

인간관계를 관리하기 위해서 여러가지 제도가 있다. 제안제도, 고충처리, 인사(人事)상남세도, 사기(士氣)조사, 사내보(社內報) 등이 있다.

1) 제안제도란 업무나 제품, 서비스 등에 대한 개선, 능률향상, 비용절감 등에 대한 방법이나 아이디어를 종사원 전체로부터 제안하도록 시켜 그 방법이나 아이디어, 개신인을 평가하고 실제로 이러한 제안에 따라 개선해 나가는 제도이다. 그러나 우리나라 호텔기업에서는 이 제도에 대해 아직도 회의적이다. 그 이유는 제안 제도를 실시함으로 경영자의 많은 시간과 노력을 요구하며 일선 감독자의 권한을 약화시킬 가능성이 있고 호텔측에서 계획과 연구를 충분히 못하고 있다는 표시가 될 수 있어서이다.

2) 고충처리는 종사원들이 근로환경이나 근로조건에 대해 불평, 불만을 적절히 해결하도록 노력하는 것으로 노사관계의 안정을 도모하고 생산성을 향상함과 동시에 종사원에게는 개별 종사원에게까지 전달되는 구체적인 관심을 통해 소외감을 극복하고 만족한 직무수행과 소속감을 고취시켜 주는 의의를 갖는다.

인사상담제도란 말 그대로 혼자 힘으로써 해결할 수 없는 어려운 문제를 가지고 있는 종사원에게 상담을 통해 전문적인 조언을 하고 문제해결에 도움을 줌으로써 개인적인 인격성장을 촉진하고 아울러 직장의 사기를 앙양시키는 제도이다.

3) 사기조사는 일명 태도조사(attitude survey),혹은 의견조사(opinion survey)라고도 한다.

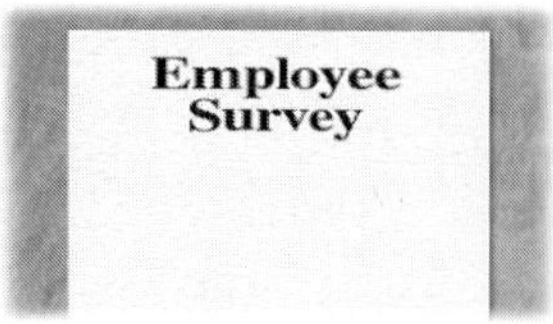

이것은 직접적으로 조직내의 여건에 대한 종사원의 태도, 즉 호의(好意)·비호의(非 好意)의 정도를 조사하고자 하는 것이다. 따라서 이것은 경영에 대한 종사원의 만족도 조사라고도 할 수 있다.

4) 사내보(社內報)는 현재 대부분의 호텔에서도 도입되고 있다. 호텔의 모든 정보를 종사원에게 제공하는 것이 목적이며 또 종사원의 의견이나 개인적인 요구 등도 다루어진다. 특히 사내보(house organ, employee magazine, employee newspaper)는 호텔과 종사원간의 원만한 인간관계를 목적으로 정기적으로 호텔 측에서 발행하는 간행물로서 호텔의 경영방침·현상·차후의 전망 등을 종사원에게 예고하는 동시에, 종사원측에서 호텔에 대한 고정 상담사항, 의견 등을 포함하여 상의하달, 하의상달을 위한 기구로서의 역할을 한다.

4. 권한부여(empowerment)

임파워먼트를 단어 그대로 해석하면 '파워(Power)를 부여하는 것'이라고 말할 수 있다. 그런데 여기에서 파워(Power)는 권한과 능력이라는 두 가지 의미를 가지고 있다. 실제로 Webster 사전은 'empower'의 뜻을 '권한을 부여하다(give authority to)'와 '능력을 부여하다(give ability to)'의 두 가지로 설명하고 있다. 따라서 임파워먼트란 실무자들의 업무수행 능력을 제고시키고, 관리자들이 지니고 있는 권한을 실무자에게 이양하여 그들의 책임 범위를 확대함으로써 종업원들이 보유하고 있는 잠재능력 및 창의력을 최대한 발휘하도록 하는 방법이라고 말할 수 있다.

경쟁환경이 급변하는 현 상황에서는 변화를 신속하게 인지하고, 여기에 적절하게 대응하는 구성원의 능력이 기업 성공의 가장 중요한 핵심역량으로 부각되고 있다. 따라서 임파워먼트에 대한 관심도가 높아지고 있는 것이다.

1) 임파워먼트의 효과

첫째, 구성원의 보유능력을 최대한 발휘하게 하고 그들의 직무 몰입을 극대화 할 수 있다.

둘째, 업무 수행상의 문제점과 그 해결 방안을 가장 잘 알고 있는 실무자들이 고객들에게 적절한 대응을 하게 됨으로써 품질과 서비스 수준을 제고할 수 있게 된다.

셋째, 고객 접점에서의 시장 대응이 보다 신속하고 탄력적으로 이루어진다.

넷째, 지시, 점검, 감독, 감시, 연락, 조정 등에 필요한 노력과 비용이 줄어들기 때문에 코스트가 절감된다.

2) 임파워먼트의 제약조건

임파워먼트의 취지와 효과가 아무리 바람직하다 할지라도 이를 실행에 옮기지 못하면 의미가 없다. 실제로 임파워먼트를 추진하고 있는 많은 기업들이 어려움을 겪고 있는데, 그 주된 이유는 다음과 같다.

(1) 관료적 문화

관료적 문화를 가진 조직은 변화나 위험을 감수하고 새로운 아이디어를 장려하기보다는 현재의 상황을 유지하려는 경향이 강하다. 이러한 문화에 젖은 기업은 미래에 대한 명확한 비전 제시나, 실질적 변화에 필요한 지원을 제대로 하지 못한다. 또한 장기적인 성과보다는 단기적 성과에 집착하는 경향이 강하며, 보상 시스템을 통해 현재 상황의 유지를 더욱 공고히 다지는 경우가 나반사이다.

따라서 이러한 문화 속에서 경영자가 아무리 임파워먼트를 외친다 할지라도 대부분의 조직 구성원들은 오히려 현재의 구도 속에 안주하는 것이 더 바람직하다는 메시지를 얻게 되는 것이다.

(2) 갈등의 발생

상하간 또는 부문간 발생하는 갈등도 성공적인 임파워먼트의 실행을 가로막는 장애물이다. 대부분의 관리자들은 자신의 권한을 하위자에게 위임하는 것을 별로 달가워하지 않는다. 설사 위임을 하였다 할지라도 하위자가 자신의 의지에 반하는 의사결정을 하는 경우 그 종업원에게 불이익을 주는 경향이 있다. 때로는 관리자들이 임파워먼트를 자신들의 책임 회피를 위한 수단으로 사용하는 경우도 있다. 즉, 과업이 성공했을 때는 그 열매를 같이 공유하지만, 실패시에는 그 책임을 부하에게 전가하는 것이다. 이러한 경우 상하간의 신뢰는 깨지게 되고 구성원들은 자신의 창의력을 발휘하고 소신 있는 의사결정을 내리기보다는 상사의 눈치를 보는 등 자기보호에 더 신경을 쓰게 된다.

(3) 구성원들의 스킬 부족

업무부담이 너무 크거나 스킬 및 지식의 부족 등으로 인해 조직구성원들이 주어진 일만 하기에도 시간이 부족한 경우가 있다. 이러한 작업 환경하에서 뭔가 새로운 아이디어를 생각해 내고 새로운 일을 주도적으로 추진한다는 것은 매우 힘든 일이다.

종업원들을 임파워먼트 시키기 위해서는 이러한 장애 요인을 제거하여야 한다. 관리자들은 구성원에 대한 통제를 최소한으로 줄이고, 구성원들을 신뢰하고 어느 정도의 위험을 감수함으로써 그들의 잠재 능력이 발휘될 수 있도록 하여야 한다. 그러나 많은 사람들이 동의하는 일이지만 통제를 포기한다는 것은 결코 쉽지 않은 일이다. 관리자들은 자신들이 임파워먼트 되기를 원하지만 다른 사람이 임파워먼트되는 것을 원하지 않는 듯한 행동을 보이는 경우가 종종 있다. 성공적 실행을 위한 환경 조성이 필요하다.

4) 임파워먼트의 효과적 실행 조건

임파워먼트가 효과적으로 실행되기 위한 환경 조성을 위해서는 다음과 같은 노력이 필요하다.

(1) 명확한 비전과 원칙 제시

임파워먼트가 성공적으로 실행되기 위해서는 기업의 비전과 전략 방향이 명확하게 제시되어야 한다. 또한 구성원들에게 임파워먼트의 의미를 명확하게 이해시켜야 한다. 조직 구성원들은 이러한 이해를 바탕으로 상사의 허락이나 지침을 기다리지 않고 자기 스스로 업무를 수행하며 조직 성과와 개인의 능력을 향상시킬 수 있다. 동시에 구성원들이 가지고 있는 재량권의 한계가 어디까지인가를 확실하게 인식시켜야 한다. 이러한 가이드라인이 없다면 구성원들은 임파워먼트되기보다는 오히려 혼란을 느끼게 될 것이다. 리츠-칼튼(Ritz-Carlton)은 고객 만족을 자사의 가장 중요한 전략과제로 제시하고 있다. 따라서 모든 종업원들은 불만을 갖는 손님들을 만족시키기 위해 모든 노력을 기울여야 한다. 하지만 거기에 소요되는 비용이 2,500달러를 초과하지 못하도록 한계를 두고 있다. 메리엇(Marriott)은 '안전 구역(Safe Zones)'이라는 것을 제시하고 있다. 이에 근거하여 종업원들은 스스로 의사결정을 내려야 할 상황과 그렇지 않는 상황을 명확하게 인식하고 있다.

(2) 인적 자산을 중시하는 기업문화 구축

기업은 구성원들이 회사가 자신들을 임파워먼트 시키기 위해 노력하고 있다는 것을 느낄 수 있도록 인적자산을 중시하는 문화를 구축하여야 한다. 예를 들어 리바이 스트라

우스(Levi Strauss)는 미션 스테이트먼트에서 “우리는 우리의 구성원들이 존경받고 있으며, 정당하게 대우받고, 자신들의 의견이 존중되고 있으며, 기업의 일원이라고 느끼기를 원한다. 우리는 우리의 종업원들이 회사에 공헌하고, 새로운 것을 학습하고, 성장할 수 있는 기회를 가질 수 있기 때문에 자부심을 갖고 회사에 남아있으려 하는 기업이 되기를 원한다”라고 명시함으로써 인적 자산의 중요성을 강조하고 있다.

구성원들은 그들의 직업과 회사에 대해서 긍지를 느껴야 하며, 다른 구성원들과 문제를 해결하기 위해 함께 일하고 있다는 동료애를 느껴야 한다. 또한 구성원들은 자신들이 존중받고 있으며, 자신들의 의견이 경청되고 있다는 것을 느낄 수 있어야 한다. 이런 감정을 느낄 수 있어야 개인은 자신이 맡은 일에 주인 의식을 갖고 성과 향상을 위해 열성을 다해 노력하게 된다.

(3) 실패에 대한 격려

임파워먼트는 새로운 아이디어를 생각해 내고 과거의 관행에 얽매이지 않고 새로운 행동방식을 실험해 나가는 것을 권장한다. 따라서 이에는 위험이 수반되기 마련이다. 기업은 구성원들이 이러한 위험을 감수하고 업무를 주도적으로 추진하는 동안 발생하는 실패에 대해서는 그것을 인정하고 격려하는 문화를 가져야 한다. 만약 업무 수행시 발생한 실수에 대해 강력한 제재가 가해진다면, 대부분의 조직 구성원들은 상사의 허락을 받기 전에는 새로운 업무를 수행하려고 하지 않을 것이다.

몇 년 전 UPS의 한 종업원이 크리스마스 시즌에 배달 물량이 밀리자 이들 물품을 적시에 고객에게 보내기 위해 보잉 737기를 주문하였다. 물론 이러한 행동은 이 종업원의 권한 영역 밖의 일이였다. 그러나 회사는 그 종업원에게 제재를 가하기보다는 그가 주도적으로 일을 처리하려고 노력한 것에 대해 높이 평가하고 격려하였다.

(4) 공정한 보상

임파워먼트 된 종업원들은 그들의 책임감의 증가에 따라 보상이 이루어져야 한다. 성공에 대한 적절한 보상은 생산성을 향상시키고 조직에 대한 관심도 및 몰입도(commitment)를 제고시킬 수 있는 방법이다. 공정하고 적절한 보상을 통해 기업은 구성원 모두가 자신의 능력개발을 위해 열심히 노력하고, 신 바람나게 일할 수 있는 조직 풍토를 구축할 수 있다.

모든 관리자들은 조직 문화의 일부로서 이러한 환경이 확립될 수 있도록 해야 한다. 만약 이러한 환경이 조직의 기본으로 확립될 수 있다면 임파워먼트 실행의 성공 가능성은 매우 높을 것이다.

Chapter 10

징계 · 해고 및 이직 · 정년관리

제1절 징계 · 해고(Discipline and Termination)관리

1. 징계활동의 정의

징계활동은 그 의미에서 부정적으로 들릴 수 있으나, 적절히 이용되면 종사원들의 업무수행에 매우 긍정적인 효과를 가진다. 그러나 징계활동은 부적절한 행동을 수정하는데 이용되어야 한다. 어떤 상황에서도 종사원에 대한 보복의 수단으로 이용되어서는 안 된다. 인적자원관리부서에서는 모든 종사원들이 징계처리가 공정하다는 인식을 주어 불만이 없도록 해야 한다. 최근 이러한 관심은 점점 더 높아지고 있다. 징계활동을 이용하는 고용주들은 보통 불평이나 심지어 불공정 노동관행이라는 오해와 비난을 받을 수도 있다. 이는 과거 많은 사업체들이 불합리한 사유로 종사원들을 무단 해고한 사례가 빈번했기 때문이다. 따라서 모든 징계절차는 약정된 문서 서류로 제출되어야 한다. 징계활동은 바람직하지 못한 행동을 교정하지 못했을 때, 고용상태를 종결시킬 필요가 생길 수가 있다. 최근의 노동법은 이러한 종업원의 고용이나 해고에 관한 일정한 법률적 규정을 하고 있다.

2. 징계 위원회 부의 내용 예

1) 인적 사항

성 명	홍길동
사 번	980312
부서 및 직무(직급)	프론트(사원)
주 민 등 록 번 호	650905-1464417
입 사 일	1998. 3. 21

2) 사규 위반 내용

2000.05.10 (일) 03:00경 상기인 000가 리포트 작성관계로 프론트 뒤편 사무실로 가기 위해 벨맨 000에게 프론트 데스크 대기를 요청하면서 "방 없다. 손님이 오면 없다고 해라"(실제는 Walk-in 고객을 위해 미리 준비한 객실만 다 팔렸고 나머지 빈방은 있었음)라고 하고 사무실로 들어가 작업을 하였고 이 말을 들은 000은 프론트 데스크에 대기하고 있다가 고객에게 빈방이 없다고 말해 고객이 되돌아갔음.

3) 관련 규정에 의한 징계 기준

(1) 취업 규칙 제60조(징계 사유)

(2) 회사 취업 규칙 및 제 규정과 복무규율을 위반하거나 직무에 배치되는 행위를 한 자(제5조1항 : 직원은 회사의 제 규정을 준수할 것은 물론 업무상 명령에 순응하여 주어진 업무를 성실히 이행하여야 한다.)

(3) 고의 또는 과실로 업무상의 장애 또는 분쟁을 야기 시키거나 회사 발전을 저해할 원인을 조장하여 회사의 손실을 초래한 자

(4) 취업 규칙 제63조(징계 절차 및 양정 기준) 징계 절차 및 양정 기준은 별도로 정하는 징계 규정에 의한다.

(5) 징계 규정 제9조 양정 기준

㉮ 징계의 양은 별표의 징계 양정 기준에 의하여 정한다.

- 중대한 규칙 위반 : 고의 또는 중대한 과실로 인하여 회사의 시설과 재산을 손실, 훼손케 하거나 업무에 중대한 차질과 지장을 초래케 한 행위 → 해고

(5) 이 기준의 위규 행위 횟수의 계산은 년 통산으로 하고 위규 사항이 동시에 2건 이상일 때는 이를 각각의 횟수로 간주한다.

4) 참고 사항(과거 상벌 등)

1999. 11. 22 - 2001. 1. 21　　　정직 2개월(모욕적 언동 및 업무 방해)

* 첨부 : 1. 사고 보고서

5) 진술서(000,000)

6) 000 문답 조사서

제2절 이직관리

1. 이직의 의의

이직(separation)이란 종업원이 자기가 소속한 조직으로부터 이탈하는 것을 의미한다. 종업원이 기업을 떠나는 이직은 그 주도자에 따라 두 가지로 구분된다.

즉, 기업이 종업원의 퇴직을 주도하는 인력감축과 종업원이 스스로 기업을 떠나는 자발적 이직이 있다. 인력감축의 원인은 바로 인력공급의 과잉현상이다. 기업이 인력을 감축하고자 하는 이유는 바로 경기후퇴로 인한 매출액의 감소, 신기술 도입을 통한 필요인력감소 그리고 제품시장에서의 원가절감 압력으로 기업이 경영합리화 프로그램을 도입해야 할 때 등 궁극적으로 기업의 경쟁력을 유지 내지 제고시키는 데 있다.

인력감축을 위해 기업은 여러 종류의 전략을 도입할 수 있는데 이러한 전략의 유형으로는 초과근무시간의 단축, 신규채용의 억제(자발적 이직의 활용), 조기퇴직제도의 도입, 보상의 동결, 보상의 감소 그리고 해고 등이 있다.

종업원의 자발적 이직은 이직자 자신, 기업에 남아있는 잔류자 그리고 기업에 부정적

효과뿐만 아니라 긍정적 효과를 가져다준다. 특히 기업의 입장에서 보면 이직비용의 발생, 유능한 인재의 상실 및 조직의 불안정이라는 부정적 측면뿐만 아니라 신규인력의 유입으로 인한 조직에의 활기부여, 무능한 인재의 퇴직 등 긍정적인 측면도 있다. 자발적 이직은 그 수준이 적정이직률을 넘어가게 되면 기업에 긍정적 효과보다 부정적 효과가 크기 때문에 이직률의 감소를 위해 기업은 대책을 강구해야 한다. 이러한 대책을 강구하기 위해 기업은 자발적 이직의 정확한 원인을 규명하고 그 비용을 측정해야 하겠다.

2. 이직의 분류

이직을 결정하는 주체(종업원 vs. 조직)에 따라 자발적 이직(종업원) 즉 사직(resignation)과 비자발적 이직(조직) 즉 일시해고(lay-off), 징계해고(discharge), 정년퇴직(retirement) 등이 있다.

1) 자발적 이직(사직)

조직에 불만이 있거나 보다 나은 기회를 찾기 위해 다른 기업으로 옮기는 경우와 결혼, 임신, 출산, 질병, 가족의 이동 등으로 조직을 떠나는 경우를 말한다.

2) 비자발적 이직(면직)

종업원의 의사와는 관계없이, 사용자나 조직의 입장에서 강제되는 것을 말한다.

3) 회피가능성의 여부

(1) 회피가능 이직(avoidable separation): 경영자의 노력에 의해서 그 발생을 최소화할 수 있는 것.

(2) 회피불가능 이직(unavoidable separation): 종업원의 질병, 사망 등의 불가피한 원인에 의해 발생하는 이직

3. 이직의 원인과 대책

1) 이직의 원인

(1) 보다 나은 직무를 찾아서

(2) 통근조건, 작업조건, 교대근무의 어려움 때문에

(3) 다른 종업원들이나 동료들 때문에

(4) 성취감을 못 느껴서(직무만족을 못 느껴서)

(5) 집안사정, 결혼, 임신, 가족의 이주 등으로 일할 수 없게 되는 데서

종업원은 기업이 제공하는 유인이 자기의 공헌도와 최소한 같거나 더 많을 때 기업에 남게 된다.

따라서 종업원은 그가 원하는 보상을 기업이 충족시켜 주지 못하면 조직을 떠나게 된다.

2) 이직에 대한 대책

(1) 자발적 이직의 감소

① 종업원 개개인의 불만이나 고민을 해결하기 위해 고충처리기구나 인사상담제도의 활용

② 인간관계개선 프로그램의 운영

③ 직무를 보다 도전성이 있고 만족스러울 수 있도록 직무설계

④ 승진, 임금, 복리후생 등의 정책을 이용하여 종업원의 욕구 충족

⑤ 이직의 원인을 파악하여 그에 대한 대책 강구

원인 파악방법 - '퇴직면접 방법', '퇴직 후 질문방법'

(2) 비자발적 이직의 감소

생산량의 감소나 조직의 축소 등 조직체의 내외적 상황의 변화에 따라 부득이한 인력의 감원조치가 이루어지는 경우를 말한다.

① 근로분배(work sharing)

인원감축을 하기 전에 고려해야할 대책은 근로시간의 단축, 즉 업무량의 감소로 인하여 어느 일부 구성원들을 희생하지 않고 모든 구성원들이 공동으로 조금씩 희생하는 원칙을 말한다.

예) 미국 : 이 방침을 단체협약사항으로 포함, 독일 : 폭스바겐(volks-wagen)

경영난을 극복하기 위하여 인원감축 대신에 근로자들의 주당 작업일수를 4일로 줄임

② 직무분배(job sharing)

업무량의 감소로 불필요해진 직무를 없애는 대신에 이에 영향을 받게 되는 구성원들

을 다른 직무에 배치하여 몇 시간이나 일하도록 하는 것으로 경제 불황에 따른 인력조정의 방법으로 특히 선진국에서 많이 사용한다.

③ 보상의 절감

업무량의 감소가 일시적이라는 전제하에 일시적인 고난을 조직구성원들 모두가 공동으로 타개하려는 목적으로 자신의 임금을 희생해서라도 인력감축을 피하고 조직체를 되살리려는 대책으로 평소에 온정적이고 가족적인 분위기를 유지해온 중소기업에서 주로 시행가능성이 높다.

④ 이직기준의 설정

선임권(seniority), 능력(competence), 연령 등으로 정규종업원보다는 임시직 또는 수습 중에 있는 종업원을 먼저 감원하는 것이 원칙이다.

제3절 정년퇴직관리

1. 정년퇴직의 개념

정년퇴직(retirement)이란 본인의 의사와 노동능력의 유무와 상관없이 취업규칙이나 단체협약의 규정에 따라 일정한 연령에 도달함으로써 고용계약이 자동적으로 소멸되는 것을 말한다.

2. 정년퇴직의 유형

1) 통상정년제(normal retirement)

퇴직연금(노령연금)의 수급개시 연령에서 퇴직하는 정년제로 강요되지 않고 어디까지나 근로자의 임의의사에 맡긴다.

조기정년(early retirement): 전액의 연금수급자격을 얻기 전에 감액연금을 받고 퇴직하는 경우로 명예 퇴직제를 말한다.

2) 강제정년제(compulsory retirement)

종업원의 연령이 기업의 퇴직을 강제하는 연령에 도달한 경우에 적용하는 정년제로 노사간에 합의가 이루어지면 고용을 연장하거나 다시 고용될 수 있다.

3) 자동 정년제(automatic retirement)

기업으로부터 자동적으로 퇴직하게 되는 정년제도로 고용연장이나 재고용의 여지가 없다.

4) 기타

(1) **연령정년** : 일정연령에 도달하면 자동적으로 퇴직하는 제도이다.

(2) **근속정년** : 조직에 들어간 후 일정한 기간이 지나면 자동적으로 퇴직하는 제도이다: ex - 군인장교

(3) **계급정년** : 조직에 들어간 후 일정기간이 지나도 승진하지 못하고 한 계급에만 머물러 있으면 일정한 기간(5년, 10년, 15년 등)이 만료됨에 따라 자동적으로 퇴직하는 제도이다.

3. 정년퇴직의 관리

1) 정년퇴직의 찬성론

(1) 나이가 많아지면 생산성이 저하된다.

(2) 젊은 층의 승진기회가 제공된다.

(3) 퇴직계획을 파악함으로써 인적자원의 계획이 용이하다.

(4) 생산성이 감퇴되는 마지막 몇 년을 감안한다면 더 이상 자격을 갖추지 못하는 인적자원들에게 은혜적 퇴직기회가 제공될 수 있다.

(5) 정년퇴직은 인적자원들에게 퇴직 시기를 알게 하여 미리 퇴직계획을 세울 수 있도록 해준다.

2) 정년퇴직의 반대론

나이를 먹는다고 해서 생산성이나 창의력이 떨러지는 것은 아니며 오히려 많은 공헌이 가능하나 제도가 이것을 제한하고 있다.

4. 최근의 추세

정년퇴직의 연령이 점차 연장: ex : 미국의 경우 - 퇴직 연령을 65세에서 70세로 연장 퇴직연령의 상한선을 폐지하는 추세이다.

퇴직관리의 체계와 프로세스

구분	내 용	효과
사전적 퇴직경고	- 전략적 퇴직률을 발표하는 「명시적 고용정책」 - 조기경보(구조조정 사전예고제)	고용의 예측 가능성
시장가치 향상지원	- 고용가능성 진단 및 제고(계층별 경력개발연수) - 제2의 인생설계 플랜 연수 - 개인의 시장가치 향상 지원(개인이력관리)	고용 불안감 해소
자율적 선택참여	- 희망퇴직제의 상시화 - 노사공동의 전직지원(outplacement) 강화	공감대 형성
상시적 퇴직지원	- 퇴직면담을 통한 피드백 강화 - 퇴직자의 재활용 - 인재유동화 전담팀 설치	배용과 갈등의 최소화

1) 퇴직사전준비프로그램

정년퇴직으로 인한 구성원들의 경제적·심리적 충격을 완화하기 위한 제도이다.

- 미국 : 기업체의 1/3이 이 프로그램을 제공한다.

(1) 퇴직사전상담(pre-retirement counselling)

퇴직 후의 생계유지와 이와 관련된 재정적 및 경제적 문제, 그리고 이에 대비하여 여러 가지 계획과 적응에 대한 전문적인 상담을 제공한다.

(2) 퇴직사전계획(pre-retirement planning)

퇴직 후의 생활안정을 위해 퇴직하기 오래 전부터 구성원의 저축계획을 적극 권장하고 사무적 지원을 한다.

퇴직 후에도 다른 조직체로의 취업을 희망하는 구성원들에게 이에 필요한 기술을 습득하도록 협조한다.

(3) 점진적 퇴직(phased retirement)

퇴직에 따른 심리적 충격을 완화하기 위하여 퇴직자의 의사에 따라서 근무시간을 점차적으로 줄이고, 정신적으로 신체적으로 비교적 부담이 적은 직무에 배치함으로서 퇴직과정을 점진적으로 조정한다.

5. 관광호텔 퇴직 및 이직관리의 중요성

호텔의 가장 중요한 자산은 인적자원인 '종사원'이다. 아무리 호텔의 시설이 훌륭하고 최첨단 설비를 갖추었다 하더라도 누구나 그 호텔을 명문호텔이라고 하지 않는다. 고객이 느끼는 호텔에 대한 만족도는 직원으로부터 직접 제공되기 때문에 세계적인 많은 명문 호텔들은 규모에 의하여 짧은 시간 안에 원하는 바를 얻을 수 있지만 우수한 서비스 인력은 하루아침에 양성되지 않는다. 그래서 서비스산업에 있어서 직원들의 퇴직은 제조업체와 달리 심각한 문제를 야기 시킬 수 있다.

관광호텔기업의 종사원 이동은 일반기업체와는 상당한 차이를 보인다. 많은 호텔들에 있어 직원들의 주요한 퇴직 및 이직원인은 급여 및 복리후생 수준의 불만족, 승진 불만, 근무환경 및 불만족, 감독자와의 마찰 등과 같은 사항들이 지적되고 있다.

이는 관광호텔의 비합리적인 인사 제도에 가장 큰 원인이 있다는 것이 전문가들의 공통된 견해이다. 특히 임원 및 부서장들에 대한 종사원의 현격한 인사고과 불신, 리더십의 부재, 급여체계의 복잡성과 비합리성 등이 큰 문제로 대두되고 있다. 때문에 과거의 호텔인사시스템으로 21세기를 운영해 나간다는 것은 매우 어리석은 방식이 되고 있으며, 이미 종사원의 능력향상과 직무능력 개발면에서 긍정적 효과를 나타내고 있는 연봉제를 도입하여 단계적・점진적으로 전종사원으로 확대하여 합리적이고 공정한 인사정책, 급여시스템을 구축할 필요가 있다.

Chapter 11

인재 및 고용 조정관리

제1절 인재관리

1. 인재 유지의 중요성

유지는 이직의 반대 개념으로 한 해 평균 산업별 이직률은 약 12%~40% 선에 이르고 있다.

1) 지적 자산의 중요성 증가

산업시대에는 회사의 '물적 자산'(기계, 공장, 지대 등)이 회사의 경쟁력을 결정했으나 현대에는 '지적 자산'이 회사의 경쟁력을 나타낸다. 이는 직원들의 지식과 Skill에서 비롯. 경쟁사로 이직시 지식기반의 중요한 부분을 빼앗길 뿐 아니라 회사가 투자한 시간과 금전적 투자를 잃게 된다.

2) 직원의 근속과 고객 만족의 연관성

고객만족은 기업의 생존과 성장에 있어서 가장 중요한 요소 중 하나로서 자기 일에 만족하는 직원들로 구성된 조직은 고객을 만족시킬 확률이 높다.

회사의 직원에 대한 애정은 고객으로 이어져, 고객은 호의적인 직원을 보면 회사에 대해 우호적인 반응을 보인다. 이런 직원들의 이직은 결국, 고객을 잃어버릴 수 있는 확률이 높다.

3) 이직에 따른 높은 비용 절감

직원의 이직은 세 가지 형태의 비용으로 나타나는데 이는 모두 기업의 경쟁력 약화와 연결된다.

① 직접비용 : 모집, 면접, 교체 교육에 들어가는 모든 비용을 포함

② 간접비용 : 업무량, 사기, 고객 만족에 미치는 영향 등을 의미

③ 기회비용: 교체인력을 구해 원활하게 업무가 돌아가기까지 발생하는 업무적 손실 비용

2. 인재유지가 어려운 이유

1) 첨단 기술의 발전으로 인하여 첨단 기술자와 전문인의 부족 현상
2) 개인적 기대가치 차이로 사람마다 조직 내에서 추구하는 바가 다르므로, 조직에서는 개인적 욕구를 모두 충족시킬 수 없다.
3) 고용패턴의 지각 변동으로 a) 자유 계약직의 추세 b) 고용주와 피고용인 사이의 계약 관계 와해 c) 인터넷 모집의 성장 d) 일과 생활의 균형 유지에 대한 욕구 증가

3. 인재가 떠나는 이유

1) 정말로 현재 기업에서 자신의 성장과 비전 문제를 깊이 고민하다 이직을 결심하는 경우로서 단순한 보수나 대우에 대한 불만족이 아닌, 더 이상 다니던 회사에서 꿈과 포부를 펼칠 기회가 오지 않는다고 생각할 때이다.
2) 과중한 업무와 스트레스를 조직 내에서 더 이상 해결할 방법이 없어 탈출구를 모색할 경우로서 눈에 보이는 보상이 아니더라도 감성적인 측면인 '수고 한다', '고생 한다'라는 표현이 제대로 전달되지 않을 때이며, 또한 과중한 업무에도 불구하고 회사 차원의 보상이 제대로 이루어지지 않을 때이다.
3) 조직구성원들간의 인간관계의 문제로서 이직률이 낮은 회사는 대체적으로 조직구성원들의 긴밀한 감성적 유대감이 존재한다.
4) 외환위기를 계기로 평생 직장의 개념이 사라짐에 따라 정년퇴직을 기대하기 힘든 현실에서 회사의 충성보다는 개인의 실리를 중시한다.
5) 이직이 경력개발의 수단으로 부각되어 한 직장보단 더 좋은 직무 및 업무가치를 제공하는 회사로 이직하는 추세이다.

6) 사회적으로 이직에 대한 거부감이 감소하여 과거에 부정적 인식이 현재에는 도전적이고 진취적으로 보는 시각이 확산되고 있다.

◎ 이직자의 전직이유 변화 추이

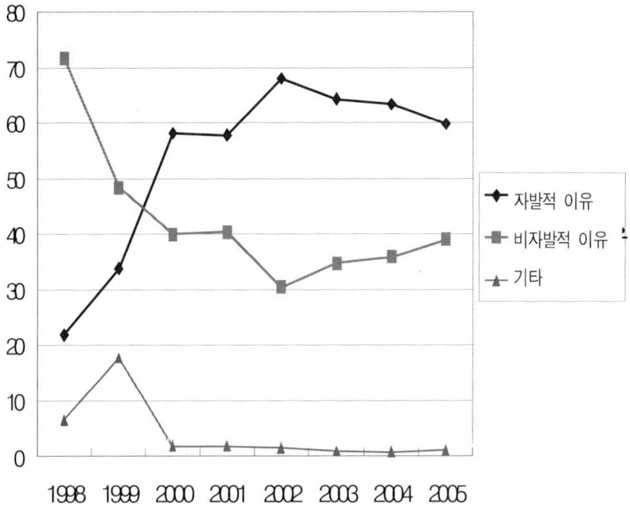

주 : 자발적 이유는 개인적 이유 및 건강 시간보수 등에 의한 것이며, 비자발적 이유는 명예퇴직 조기퇴직 정리해고가 대표적임

자료 : 통계청 KOSIS이용

4. 인재를 잡기 위한 효과적인 방법

1) 노력한 만큼 얻을 수 있는 경제적인 금 지원한다.

① 존스의 헤머스트 렝스 社(미국의 헬스기구 제조업체)에서는 자신의 회사에서 일하면 가장 많은 임금을 받을 수 있다는 사실을 분명히 하여 직원들의 업무성과에 대해 적절한 보상을 할 줄 아는 기업 문화를 형성함에 따라 1인당 생산율의 증가, 회사이직률 감소시켰다.

② 페니 사(미국에서 4번째로 큰 소매점)에서는 1년 동안 한 번도 결근하지 않은 직원들에게 유급 휴일을 주는 보상 제도를 실시하여 페니사의 아울렛 사업부는 13주간의 연휴 동안 한 번도 결근하지 않은 임시직원과 정규직원 모두에게 200달러의 상품권을 제공 하였다.

2) 쾌적한 근무환경을 위한 복지지원 한다.

① 한국도자기 (본차이나제품)

- 공장 화장실은 특급 호텔 수준 - 청주공장 안에는 무료식당, 목욕실, 사원후생복지관, 실내체육관, 미혼여사원용 아파트 등이 갖춰져 있음
- 사원들의 취학전 자녀를 돌보는 어린이집까지 운영
- 본인의 희망에 따라 퇴직 후에도 근무할 수 있는 환경조성

  이런 까닭에 한국도자기에는 10년 이상 장기 근속사원이 20%가 넘고 부부사원, 형제자매 사원도 많다.

② 마이크로소프트사

마이크로소프트사의 개발실은 일반사원까지 자신의 방을 따로 가질 정도의 작업 환경을 가지고 있다.

3) 사원의 능력 개발을 위한 학업활동 지원한다.

① 삼성그룹

- 직급 소양교육(각 사별 신입사원, 신임대리 등)
- 기본 소양교육(외국어, 정보화 등)
- 직무 역량 향상교육(리더십, 제품지식, 기타 직무지식 등)
- 각종 연수 및 위탁교육

② 페니사

- 생방송으로 진행되는 쌍 방향 교육 방송 시스템
- 원격 교육에서 제공하는 원격 수업 외에도 경영과정을 듣고 있는 피교육생들은 매주의 교육 목표, 지원자료, 그리고 활동 과정들을 퍼스트 클래스가 설치된 자신의 컴퓨터에서 받아볼 수 있음

4) 조직에 대한 자부심 고취

① 조직의 장래에 대한 비전을 명확히 제시하고 실현토록 노력한다.

② 믿고 신뢰할 수 있는 사내 분위기를 조성한다.

③ 능력에 맞는 업무를 주어 의미 있는 업무를 하고 있다는 인식을 준다.

④ 정보를 공유하고 자율성과 유연성을 갖추어야 한다.

⑤ 고용유지를 높이는 직무를 설계한다.

5) 대상에 따른 차별적 노력

① 젊은 근로자

- 근로자의 장래희망, 적성 등을 고려한 직무배치를 한다.
- 정식 훈련과 교육을 제공하고, 근로자의 전문가적인 능력 개발을 위해 힘쓰고 있다는 의지를 보여주어야 한다.
- 개방된 대화창구를 열어 젊은 근로자의 의견을 적극적으로 수렴한다.

② 40대 후반이후

- 나이든 직원의 욕구를 파악한다. (예 : 임금인상보다는 종합건강진단)
- 시간과 일의 유연성을 제공해준다. (50대부터 인생이 짧아 보인다.) (예 : 무, 유급휴가, 근무시간조정 등)
- 보상시스템의 차별화 (예 : 젊은 근로자 - 현금중시, 나이든 근로자 - 퇴직금중시)
- 여성의 성공을 방해하는 보이지 않는 장벽을 부순다.

제2절 고용조정관리

1. 고용조정의 개념

고용 조정이란 기업이 종업원과 맺은 고용계약을 정년전에 변경 또는 해지하는 것을 말한다.

해고비용을 줄이고 남은 근로자의 사기를 손상시키지 않으면서 기업의 사회적 이미지도 손상되지 않도록 하는 것이 고용조정 관리의 핵심이다.

1) 해고 - 근로자의 잘못에 대한 징계의 일환으로 이루어짐

2) 정리해고 - 기업경영상의 필요에 의하여 이루어짐

2. 경영상의 이유로 인한 해고시 원칙

노동조합은 고용조정을 원칙적으로 수용하지 않기 때문에 파산위기에 몰리기 전에 정리해고를 하기가 불가능한 실정이다.

1) 심각한 경영상의 위기
2) 해고 회피를 위한 노력
3) 합리적이고 공정한 원칙에 의한 해고자 선정
4) 노조 또는 근로자 대표와 대상자 선정 원칙과 해고를 회피하기 위한 방안의 협의

3. 효과적 고용조정 방법

1) 전직지원(out placement) 프로그램 운영

(1) 퇴직자에 대해 전직지원 서비스를 제공한다.

(2) 해고 근로자들이 직면하는 잠재적 문제들을 리스트만 만들어 두고 가능한 퇴직 과정의 초기에 겪는 문제들을 도와준다.

(3) 전문가들이 해고자 가족에 대해 조언을 해 주고 스트레스 해소를 위한 워크숍을 실시한다.

(4) 종업원에게 실질적으로 도움이 되는 맞춤형 전직지원 프로그램을 개발하고 운영한다.

예로 보잉사에서는 90년대 초 대대적인 구조조정을 실시할 때 노사합의로 보잉 재취업 프로그램을 운영하여 사내 교육기관 운영, 외부 직업훈련기관 및 대학에서 위탁교육 실시, 취업알선 등을 실시하여 1만 3천명의 전직을 성사시켰다.

2) 사전적 퇴직 경고 제 운영

(1) 신입사원 연수에 고용계약식이나 서약식과 같은 공식적인 절차를 포함 하거나 조건부 고용 보장을 명확히 표명한다.

(2) 일정 성과를 올리지 못하면 구조조정에 들어간다는 원칙을 사전에 공유한다.

예로 IBM은 종업원에게 경영상황을 정확하게 알리며 일정기준(세후수익률8%)이하로 악화되면 단계적 구조조정에 들어간다는 것을 명시한다.

GE에서는 중간간부 이상에 대해 업무 성적별로 등급을 부여하며 성과가 부진한 하위 10% 인력은 자발적 퇴직을 유도한다.

3) 고용가능성 제고 및 자립형 직원 양성

(1) 스스로 경력을 설계하고 필요능력을 확보할 수 있도록 계층별 경력개발 연수를 실시

(2) 경력비전 연수, 생애설계 연수 등을 새롭게 도입하여 전직과 독립에 대비하도록 함

(3) 회사형 인간이 아닌 자립형 인간을 만들기 위한 다양한 교육프로그램을 운영한다. 예로 연수를 통해서 자기 직무 경력서를 작성하게 하여 자기 자신의 시장 가치를 알게 하면서 자립적인 의식으로 변환토록 교육한다.

4) 종업원의 선택과 참여를 통한 공감대 형성

(1) 희망 퇴직제를 상시 운영하여 단순한 인원삭감 목적이 아닌 인생지원 방안으로서의 이미지를 확립한다.

(2) 회사와 노조가 함께하고 근로자를 위한 지원센터를 운영한다.

(3) 사원들의 자유의사와 희망을 존중하며 자율적 퇴직을 유도한다.

예로 리쿠르트에서는 종업원이 38세가 되면 스스로 정년퇴직 연령을 정하는 플렉시블 선택 정년제도를 도입하고 퇴직금과 가산금을 지급하여 사원의 퇴직이나 전직을 적극 권장하기에 이직률이 다른 기업의 3배가 되는 6-8%에 이르게 하였다.

자발적 이직이 아닌 이상 공정한 인사고과를 통해 퇴직했더라도 직원입장에서는 불쾌할 수밖에 없다.

회사에서는 공정한 퇴직 관리 시스템을 도입하여 비자발적 퇴직이 발생할 때 직원들의 불만을 최소화하도록 노력해야 할 것이다. 또한 누구나 탁월한 성과에 대한 최고의 대우를 받을 수 있다는 것을 직원들에게 인식시킴으로써 긍정적 효과를 이끌어내야 한다.

Chapter 12

호텔의 보건·안전 및 산업재해관리

제1절 안전관리

1. 안전관리의 의의

안전관리는 호텔기업 경영관리, 호텔인사관리의 일환으로서 인적·물적인 재해를 미연에 방지하고 특히 종사원의 귀중한 생명과 신체를 보전함으로써 자기들의 생활을 유지·발전시키고 사회에 공헌하기 위한 것이다. 또 국가의 사회·정책적 시책으로 특히 부녀자, 청소년 보호를 비롯하여 인도적 또는 경영관리적 입장에서 과학적이며 계획적이고 합리적으로 이루어져야 할 것이다.

안전관리의 정의 역시 다양하게 내릴 수 있으나, 호텔 인사관리 측면에 한정시킨다면 "안전관리란 호텔기업이 업무시에 종사원의 육체적·정신적 건강을 보호하고 증진시키기 위해 질병과 재해의 원인을 사전에 방지하는 대책을 강구하여, 호텔기업의 재해율을 최소한으로 방지시킬 수 있는 대책을 수립하는 일련의 절차" 라고 정의할 수 있다.

호텔기업에 있어서 안전관리의 대상은 첫째로, 호텔기업의 고정자산인 건물과 시설을 비롯하여 비품 및 각종 재료이며, 둘째는 고객의 생명과 재산, 셋째, 종사원의 생명과 재산 등이다.

2. 객실부문의 안전관리

법률상으로 호텔의 주인은 손님이 호텔 내에 휴대하여 온 모든 물건에 대하여 그 손실에 있어 책임을 지도록 되어 있다.

호텔 주인은 절대적인 보증자이며, 다만 천재·지변이나 전쟁 혹은 고객의 태만에 의한 물건의 손상의 경우에만 그 책임을 면할 수 있다.

1) **규칙 내에서의 책임** : 대부분의 국가에서는 고객들의 종류에 따라 호텔경영자의 보증책임을 제한하거나 또는 고객들의 자신의 귀중품을 호텔의 금고에 맡겨야 하도록 규칙을 정하고 있다.

2) **객실외의 분실** : 객실 외의 장소에서의 고객물품의 분실은 일반적으로 호텔측에는 책임이 별로 없다 할 것이다. 만약 고객의 물품을 호텔 측에 보관시켰거나 분실되었을 경우는 법률상으로 그 호텔의 책임범위에 관해 명시하고 있다.

3) 객실의 안전

(1) 객실의 문 : 호텔의 내외부로 통하는 통로의 문은 어떤 문이건간에 호텔 내부로 들어가는 출입용의 문이 열릴 경우에는, 내부에서만 여닫을 수 있는 자물쇠장치가 장착되어져야 한다.

(2) 열쇠 관리 : 고객은 호텔에 머무르는 동안 열쇠를 자기가 보관하며 또는 객실을 떠날 때 프론트에 다시 열쇠를 맡기기도 한다. 프론트에서 열쇠를 요구하는 사람은 항상 철저하게 본인인지의 여부가 확인되어져야 한다.

(3) 창문 : 창문의 양면에 적절한 여러 가지 안전장치들이 있다. 창문에 설치되어 있는 안전장치는 그 객실에 들어가기 위해서는 그 창문을 파괴하지 않고서는 절대적으로 안 되는 안전한 것이어야 한다.

(4) 룸 메이드에 대한 안전의식 고취 : 객실 내에서 항상 일을 하는 룸 메이드는 고객의 물품 및 객실내의 비품 및 소모품 등을 절취하는 행위도 간혹 발생되기에 룸 메이드로 채용 결정되기 전에 우선 채용하고자 하는 룸 메이드의 신분을 조사하여야 할 것이다. 일단 채용된 신입 룸 메이드는 항상 감독자에 의해서 교육과 훈련을 통하여 관리감독 되어야 할 것이다.

(5) 분실물 관리 : 고객의 유실물과 습득물의 관리는 독립된 부서 없이 하우스키핑 부서에서 관리하는 호텔이 대부분이다. 고객의 유실물과 습득물에 대한 서비스 기능은 서비스를 기본으로 하는 호텔경영에 있어서 매우 중요하다.

3. 식음료부문의 안전관리

1) 식음료 관리책임

일단 식음료 등이 창고로부터 인계되면 그 식재료에 대한 관리는 주방장이 책임진다. 이러한 식재료는 주방내의 냉장고 및 냉동실에 보관되며 또한 식음료는 음식을 만드는 데 사용되므로 냉동실 및 냉장고의 열쇠관리는 안전관리 확보에 있어서 결정적이다.

2) 식음료 도난

식료품이 종사원에 의해 쉽게 그리고 빈번하게 도난되는 경우가 있다. 그 도난의 유형들은 종사원이 근무지에서 음식을 먹어 버리는 경우와 식료품을 절취하여 호텔 외부로 반출시키는 경우이다.

4. 기타 서비스부문의 안전관리

1) 시설유지관리

대부분의 호텔은 보수나 수리에 대한 책임이 있는 종사원이 있다. 전문적인 종사원들은 그들의 업무를 수행하는 데 필요한 기구와 보급품이 요구된다.

2) 주차시설관리

호텔 주차장은 호텔의 고객뿐만 아니라 일반인도 이용 가능한 곳으로 절도, 강도나 그밖에 범죄들이 발생될 수 있는 장소로 제공될 수 있다. 호텔 지하 주차장의 안전을 도모하기 위해 배치된 호텔의 운전전담 안전관리원이 있는 주차장 관리체제가 안전의 측면에서 바람직하다.

제2절 산업재해관리

1. 산업 재해의 일반적 배경

1) 재해의 정의

법에서 정의하는 산업재해라 함은 '근로자가 업무에 관계되는 건설물·설비·원재료·가스·증기·분진 등에 의하거나 작업, 기타 업무에 기인하여 사망 또는 부상하거나 질병에 이환 되는 것'을 의미하며, 중대재해라 함은 '산업재해 중 사망 등 재해의 정도가 심한 것'으로서 다음과 같은 재해를 말함 ⓐ 사망자가 1인 이상 발생한 재해 ⓑ 3월 이상의 요양을 요하는 부상자가 동시에 2인 이상 발생한 재해 ⓒ 부상자 또는 직업성 질병자가 동시에 10인 이상 발생한 재해를 말한다. 또한 산업재해는 사고 때문에 생기는 사고성 재해와 유해한 물질, 환경 등에 노출됨으로써 얻게 되는 직업성 질병(직업병)으로 크게 나누어 볼 수 있다. 프레스에 손가락이 잘려 나간 다거나 공사장에서 추락사고를 당하는 것은 사고성 재해에 해당되고, 중금속이나 유기용제에 중독되는 이산화탄소 중독이나 크롬중독 등은 직업병에 해당된다. 직업병에는 또한 먼지(분진) 등으로 인한 진폐, 면폐증, 시끄러운 기계소리(소음) 등으로 인한 소음성 난청, 방사선에 의한 질병, 컴퓨터 단말기 질병(VDT) 등 유해환경이나 유해물질로 인해 발생하는 광범위한 질병이 포함된다. 일반적으로 광의의 산업재해란 과학의 발달로 산업이 다양화함에 따라 수반되는 헤아릴 수 없는 사고나 재해가 광범위한 영역에 발생되어, 인간생활에 예기치 못한 피해를 주는 모든 것을 총칭하는 것이다.

(1) 사고의 정의

사고란 생산활동에 지장을 초래하는 비계획적이고 관리되지 못한 사건으로 인적재해, 물적손실 및 환경적 손실 등을 포함한다. 또한 사고는 원하지 않는 스트레스(Stress)를 넘어 스트레인(Strain)된 사상(Event)이다.

① 사고는 원하지 않는 사상(事象 : Undesired Event)

② 사고는 비효율적인 사상

③ 사고는 변형된 사상(Strained Event)

(2) 안전사고와 재해의 정의

① 안전사고(Accident) : 고의성 없는 어떤 불안전한 행동이나 조건이 선행되어 작업능률을 저하시키며 직접 또는 간접적으로 인명이나 손실을 가져올 수 있는 사건

② 재해(Loss, Calamity) : 안전사고의 결과로 일어난 인명피해 및 재산손실, ILO(국제노동기구)에서는 사람이 물질 또는 그 작업방법 등에 의해서 상해를 입는 것.

③ 산업재해(Industrial Losses) : 사전적으로는 통제를 벗어난 에너지(Energy)의 광란으로 인하여 입은 인명과 재산의 피해 현상을 말하고, 법에서 정의하는 산업재해란 "근로자가 업무에 관계되는 건설물・설비・원재료・가스・증기・분진 등에 의하거

나 작업, 기타 업무에 기인하여 사망 또는 부상하거나 질병에 이환되는 것"을 의미한다.

④ 중대재해(Major Injury) : 중대재해란 "산업재해 중 사망 등 재해의 정도가 심한 것"으로서 다음과 같은 재해를 말한다.
- 사망자가 1인 이상 발생한 재해
- 3월 이상의 요양을 요하는 부상자가 동시에 2인 이상 발생한 재해
- 부상자 또는 직업성 질병자가 동시에 10인 이상 발생한 재해

⑤ 자연재해 : "지진 등 천재지변에 의해 발생되는 재해"로서 조기에 예견하여 그 피해를 최소화시키는 대책을 수립해야 한다.

⑥ 인위재해 : 원칙적으로 예방 가능한 재해이며 전체 재해의 97%를 점유한 재해로 산업 종류별로 공장재해, 광산재해, 교통재해, 항공재해, 선박재해 등이 있다.

(3) 사고(Accident)와 상해(injury)

① 상해 : 인명 피해만을 초래하였을 경우

② 사고 또는 손실 : 인명 피해 없이 물적 피해만을 수반할 경우

③ Near Accident : 인적이나 물적으로 일체의 피해가 없는 사고

2. 호텔 산업재해의 요인

1) 물적 요인

호텔 내의 각종 물적 시설 면에서 오는 요인을 말하는 것이며, 물적 요인은 물적 시설 그 자체의 결여에서 오는 경우와 물적 시설의 보전·관리·운용의 과오에서 오는 경우가 있다.

2) 인적 요인

개개인의 선천적·후천적 소질에서 오는 요인(과격한 기질, 신경질, 시력 및 청력의 결함, 지식 및 기능의 부족, 각종 질환 등)과 부주의(지시를 무시하거나 불완전한 자세, 미숙한 작업 기법, 안전장치 등의 점검소홀 등) 그리고 무모한 행동에서 오는 요인, 피로에서 오는 요인 등으로 구분할 수 있다.

3) 환경적 요인

작업환경에 따르는 각종의 물리적(통로의 협소· 작업대의 협소)·화학적 위험요소(고열·소음)를 말한다.

4) 사고의 피해보상

우리나라의 근로기준법은 근로자의 근로상 재해에 대한 치료와 보상을 사용자의 직접 의무로 규정하여 왔으니 산업재해를 국가의 사회보장사업으로 하여 노동부를 통하여 보호하게 되어 산업재해에 대한 보상을 근로기준법에 의한 보상과 산재보험법에 의한 보상으로 이원화되어 있다.

3. 호텔의 안전사고

사고의 약 50%는 사전에 예방할 수 있는 형태라는 것이 통계로 밝혀지고 있다. 사고는 시간·예지·예기 등에 구애 없이 발생한다고 볼 수 있다. 그러나 사고에는 직접적인 원인, 제 3의 원인, 근원 등의 이유가 있다.

1) 식당사고의 인적 원인

① 앞을 보지 않고 전진할 때
② 주방출입시 바른 출입구를 사용하지 않을 때
③ 바닥에 어질러진 물품을 방치했을 때

2) 식당사고의 물적 원인

① 수분 또는 미끄러운 바닥이나 떨어진 카펫
② 어질러진 물건과 조명의 불충분
③ 식당 간의 불충분한 가격

3) 주방사고의 인적 요인

① 앞을 보지 않고 걷거나 달릴 때
② 자기 주위를 살피지 못했을 때
③ 절단기 사용 부주의

4) 주방사고의 물적 요인

① 냄비나 기물, 프라이팬 손잡이가 통로에 돌출되어 지나가는 사람에 걸렸을 경우

② 객실내 과열과 통풍의 부분

③ 설계나 위치가 나쁜 조리실

5) 객실사고의 원인

① 수리를 요하는 가구의 방치

② 전기·전화선의 정비가 미비하여 걸려 넘어질 때

③ 사용된 면도날의 처리 태만

6) 영선사고의 원인

① 연료 및 인화물질의 불안전한 저장과 관리

② 승강기의 불안전한 조작

③ 화재경보시설의 미비

7) 불안전한 행동

① 앞을 보지 않고 전진할 때

② 너무 긴 바지를 착용했을 때

③ 손잡이를 사용치 않을 때

8) 불안전한 조건

① 손잡이 파손

② 정전

③ 층계의 파손

9) 호텔 도난방지

① 고객의 귀중품은 입실전에 프론트에서 관리

② 야간순찰 강화 및 숙직간부 순찰제 실시

③ 객실출입문은 자동 폐쇄식으로 설치하고 매일 점검

4. 호텔의 소방관리

1) 화재예방

화재의 예방은 무엇보다도 일반이나 기업체의 종사원들의 철저한 훈련에 중점을 두어야 할 것이다.

① 담배는 화재원인의 수위를 차지하고 있으며, 우선 허용된 장소에서 담배를 피우고 피우다 남은 담배는 올바른 장소에다 버리거나 처리해야 한다.

② 마모되어서 노출된 전선, 고장난 전동기, 전기기구도 화재의 원인이 된다.

③ 세탁장소는 상시 인화물질이 있고 세탁물이 가연성 물질이기 때문에 화재를 유발하는 가장 큰 원인이 되는 것이다.

2) 호텔 화재시 대비조치

화재의 발생은 거의 90%가 부주의로 인한 과실 혹은 인식부족 등으로 일어나는 것이다. 남녀노소를 막론하고 화재가 발행하는 동기와 처리할 수 있는 방법을 알면서 화재예방조치를 하지 않는 관계로 발행하는 실례가 허다하며, 불에 대한 인식부족으로 기인하는 예도 시급히 해소되어야 할 문제인 것이다.

(1) 소화방법

① 파괴소방: 불의 대상을 제거하는 방법

② 질식소방: 공기를 차단하는 방법

③ 냉각소방: 주수(注水), 기타 방법으로 화기를 감퇴시켜 소화하는 방법

(2) 소화기사용법

- 포말소화기 : 내부에 두 개의 용기, 즉 내통과 외통으로 되어 있으며, 외통에는 중탄산소다와 물의 혼합물이 들어 있고, 내통에는 유산 알루미늄과 물의 혼합물이 들어 있다.
- 이산화탄소(CO2) 소화기 : 인명의 질식 또는 설상편이 피부에 접촉하면 동상의 위험이 있다.
- 4염화탄소(CTC) 소화기 : 4염화탄소를 사용하여 액체를 분산시키는 압축공기를 축적하고, 사용시는 분사공의 손잡이를 회전하여 공기의 압력으로 자동적으로 분사되는 소화기이다.
- 소방안전수칙 : 야간순찰 철저, 각부 화기책임자 선정, 비상시기 조 편성 운영, 소화

기 및 소화전 등 소화 장비 사용법 교육실시, 피난경로에 장애물 유무

- 화재의 원인 : 담배는 화재원인의 수위에 있으므로 흡연으로 인한 사고, 세탁장의 누출의 점검이 부실할 때, 도장실의 화기접근의 경우, 전기누전 점검의 부실

3) 고객안전

- 현관, 보도 및 공공시설

회전문은 항상 점검 수리하여 회전속도가 규칙대로 회전하도록 하고, 영선계에서는 정기적으로 점검을 실시하여 이상이 있는 곳은 즉시 수리하며, 승강기 운전원은 승강기 근무 중 잠시라도 자리를 이탈해서는 안 된다.

- 객실과 복도

객실정비에 있어서 사고를 미연에 방지하려면 사고의 인적원인과 물적원인으로 나누어 생각할 수 있는데, 인적원인은 종사원이나 고객으로 인한 사고이며, 물적 원인은 사람이 개입되지 않고 어떤 자연적으로서 가는 방향을 보지 않아 발생하는 사고이다. 실내 서비스를 하고 남은 정리를 하지 않아 일어나는 사고, 객실 내 욕실에서의 사고 등이 발생할 수 있으므로 점검을 철저히 해야 한다.

- 식당

요리에 이물의 혼입, 종사원과의 충돌 또는 자기부서 점검의 태만 등이 주원인이다.

- 음식물 중독

주원인은 개인위생관념의 결여, 비위생적인 구매 · 저장 · 조리 · 제공 · 취급 등이다.

① 화장실 사용 후는 본인과 손님의 위생을 위하여 반드시 씻는다.

② 필요 이상의 음식물을 다루지 말 것

③ 여름철에는 유기물의 분해와 세균의 번식이 강하므로 조리된 음식물을 냉장고에서 꺼내어 3시간 이상 내놓으면 안 된다.

4) 안전관리수칙

안전관리란 종사원의 중요한 과제로서 모든 업무에 우선해 교육훈련을 철저히 받아 빈틈없고 완전한 화재예방체계가 확립되어야 한다.

(1) 주방 및 식품위생 안전수칙

가. 건물의 위생구조

① 식품취급 장소와 범위는 청소하기 쉬운 구조와 재료로 하고 항상 청결하게 유지

② 바닥은 적당한 경사로 하여 배수의 용이 및 하수구에 폐기물 유출방지

③ 일반적인 세척용 설비 외에 사용이 편리하고 적당한 수세시설과 수지소독 용기의 구비

나. 조리실 위생

① 취급식품의 수량, 물량, 종류 및 취급방법에 따라 조리용기는 충분한 크기와 수량을 확보

② 조리대, 칼, 도마 및 선반 등은 1일 1회 소득액(차아염소산, 소다액 등)에 적신 행주로 닦고 가능한 건조하게 보관

③ 식품 취급 실내에 쥐 및 곤충 서식방지 및 구제작업 실시(연 2회 이상)

다. 식품취급위생

① 생으로 제공하는 야채, 과실은 유효하고 무해한 약액(차아염소 소다액 등)으로 완전 소독하고 충분히 씻은 후 제공

② 조리가 끝난 음식은 짧은 시간 안에 식탁에 제공하되, 시간이 다소 소요될 때에는 반드시 적당한 뚜껑을 사용

③ 냉각보존할 식품은 5℃ 이하, 가열 보존하는 식품은 65℃ 이상으로 하고, 식품의 장시간 온실방치 엄금

라. 종사원의 위생

① 연 2회 정기 건강진단실시

② 손으로 식품을 취급하는 경우는 머리카락, 눈, 코, 입 등을 접촉금지

③ 작업 중의 흡연, 침 뱉는 습관 금지

(2) 위험물 안전수칙

가. 액화석유가스(LPG)

① 사용시 주위 청결

② 개폐담당자 선정 및 점검일지 작성

③ 사용시설에 경계표시

나. 벙커시유

① 통제구역 실시 및 화기엄금

② 저장소실내 공기 환기

③ 저장량 파악

다. 기타 일반사항

① 사용시설에 경계표시

② 고압가스의 충전용기는 항상 섭씨 40° 이하 온도유지

③ 산소 저장설비의 주위 5m 이내에서는 화기취급 엄금

⑶ 전기안전수칙

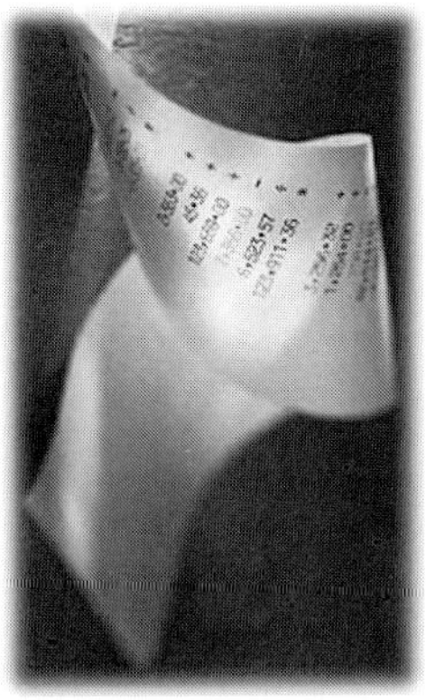

① 퓨즈는 전력용량에 합당한 것만을 사용

② 전기기기는 해당되는 접지공사를 실시하되 규격치 저항값은 유지

③ 스위치는 넣기 전 확인과 종료시 스위치 차단

5) 안전훈련

안전훈련은 우선 신규 채용된 사원이나 종사원에게 치중되어야 한다. 종사원의 신규채용에 있어서 재치있고 효과적인 면접을 한다면 사고전력의 유무와 성격도 파악할 수 있으며, 시력, 복장의 단정 여하, 출입시의 보행 등 결함이 있어 근무에 임할 수 없다는 추측도 할 수 있다.

안전훈련은 실제 근무해 가면서 지노층은 참다운 벗이 되어서 편리하게 지도하고, 이해가 충분히 가도록 납득시키고, 습성이 되도록 계속해야 할 것이다.

지도하는 층도 자기의 과거를 생각하여 자기가 체험한 당황·불안을 회고하여 친절히 그리고 철저히 몇 번이고 납득이 갈 때까지 실시하도록 한다.

각부 상호간의 사고방지에 대한 유기적인 연관이 확립되어서 의견이 교환되고 요망사항이 시달되어 완전한 친목과 의사소통이 이루어져야 한다. 손발이 맞는다는 것은 사고방지의 가장 큰 요소이며. 다른 종사원을 이해한다는 것은 사고 미연방지에 큰 도움이 될 것이다.

상호간의 인격과 입장을 존중하는 분위기에서 감독이 아니라 자기의 장래의 행복과 안전을 위하여 조언한다는 것이 수긍이 되면 종사원은 누구나 사고방지에 충실하게 될 것이다.

2) 사고와 재해의 종류

(1) 물적 사고와 인적 사고

① 물적 사고

물건의 낙하, 토사의 붕괴, 구조물의 붕괴, 차륜의 탈선, 용기의 파열, 로프의 절단, 파편, 위험물질이나 유해물질의 누출, 압력용기로부터의 내용물의 분출, 가열장치의 과열, 플랜트의 폭발, 위험물질의 착화, 전기기기의 누전, 동력원의 정전, 기타

② 인적 사고

전도, 추락, 충돌, 협착, 격돌, 압중, 감전, 중독, 질식, 기타

(2) 자연적 재해와 인위적 재해

① 자연적 재해

지진, 태풍, 홍수, 번개, 이상기온, 가뭄, 적설, 동결 등

② 인위적 재해

공장재해, 광산재해, 교통재해, 항공재해, 선박재해(해난), 도시화재, 도시공해, 가정재해, 공공재해(군중재해) 등

(3) 에너지 형태의 차이점에 의한 분류

① 화학적 위험 - 가연성 가스 및 인화성 증기의 화재·폭발

② 물리적 위험 - 자외선, 방사선, 소음, 진동에 의한 재해

③ 기계적 위험 - 프레스·전단기에 의한 절단, 협착재해

④ 전기적 위험 - 감전, 누전 등

⑤ 기타 중량물 운반, 추락 등

(4) 재해 발생 원인에 의한 재해

① 동력운전재해

② 특수위험재해

③ 비상시재해

④ 기타 원인 재해

⑤ 공해

5. 재해 예방

1) 산업재해관리의 내적인 문제점에 대한 대책

(1) 사업장 안전관리교육방법의 개선책

산업재해에 대한 사전정보를 취득, 그에 대한 적응성을 높이기 위해서는 노동자들을 작업 전 교육에 참여시킬 필요가 있다. 앞에서 지적한 바와 같이 재해자의 53%가 근속년수가 1년이 안 되는 근로자에게서 발생하고 있으며, 재해발생의 인적요인 중 불완전한 자세, 동작과 기계 기구의 오용이 61%를 넘어서고 있다. 이 두 가지 통계조사 결과로 근속년수나 숙련도에 따라서 몇 개의 소집단으로 구분, 다른 교육방법과 내용을 적용시켜야 함을 암시하는 것이다.

(2) 체계적인 작업장내의 안전보건

산업안전보건법에서 사전예방의 차원에서 사업주가 져야 할 안전시설과 보건에 관한 기준을 정하여 사업주가 무조건 지켜주기를 바라고만 있으므로 사전예방의 실효성이 술어둘 수밖에 없다. 노동자와 노동조합은 건강실태조사, 공정별 위험, 작업환경조사 등을 기초로 하여 개선계획이 수립되면 노동자의 통일된 요구를 근거로 노사협상과 투쟁을 통하여 개선시켜 나가야 하며 그 원칙이 되는 중요한 내용은 단체협약에 명문화시켜야 한다.

2) 산업재해의 외적인 문제점에 대한 대책

(1) 산업재해예방단체의 개선책

우리나라에는 안전 분야별 전문기관은 대부분 기술 수준이 낮아 각 단체에서 실시하는 정부대행검사 및 교육이 사업장의 요구도에 미치지 못하는 실정이고 사업장에서 시설 등 물적 조건에 관하여 깊은 수준의 지휘를 받고자 하여도 이 요건에 충족시킬만한 전문기술이 축적되어 있지 않은 실정이다. 이처럼 기술여건을 갖추지 못한 것은 안전기금의 부족을 들었는데 이는 정부나 각 기업체에서 예방차원으로 기금을 넉넉히 투자하고, 또한 전문단체와 사업장 및 안전행정기관과의 유기적, 협력적으로 마련되어야 하며 안전기관 단체 사이에도 상호보완적 협력체제가 잘 구축되어 안전의 종합적 연계가 이루어져야 한다. 이러한 것을 보완하여 중복되거나 낭비적 요소가 발생하지 않아야 한다.

(2) 산업재해예방을 위한 노사의 역할

우리나라의 산업재해는 점진적 감소추세를 보이고 있으나 그 속도가 일본, 독일, 영국 등에 비해 너무 완만하고 중대재해 발생율 및 재해 강도율은 계속 상승하여 재해가 다양화, 심각화 되고 있는 양상을 나타내고 있다.

첫째, 노사의 산업재해 예방의식과 노력의 부족이다. 현행 산업보험제도는 사업주와 산재근로자 보호자에게 사회 정책적 차원에서 재해발생 전 진료와 보상, 필요한 경우에는 재활훈련까지 맡아 처리해 주므로 사업주는 자연히 돈과 노력이 한없이 필요한 예방노력에서 멀어지는 경향이 있다. 또한 근로자는 많은 예산을 들여 설치한 안전장치를 익숙지 않다는 이유로 제거시켜 버리거나 무용화시키는 경우가 있으며 개인보호구는 불편하다는 이유로 사용을 기피하기도 한다. 즉, 이러한 사업주의 산업재해 예방을 위한 인식결여와 근로자의 수동적 자세 등이 우리나라 산업재해 예방활동의 전망을 흐리게 하고 있다.

둘째 산업발전에 따른 잠재위험의 급증이다. 사용하는 기계, 설비에 대한 위험이나 대형화 등은 공장내의 문제만 아니라 공장밖에 주거하는 주민들에게도 재해의 영향 영역을 넓히고 있다. 공장자동화와 함께 근로자는 대화가 단절되고 있으며 단조로운 작업이 계속적으로 노출되므로 그로 인한 스트레스 또한 앞으로 재해발생 추세에 좋지 못한 영향을 미칠 것이다.

셋째, 근원적 안전조치의 실시 미흡이다. 작업장은 근로자가 안전하게 작업할 수 있는 공간이 확보되어야 하고, 조명 및 환기시설은 작업하기에 불편을 주어서는 안 된다. 기계, 설비 등도 제작 시부터 완벽한 안전이 고려되어 설계되고 작업장에 설치되어야 하나 우리나라의 현실은 불완전한 상태로 제작된 기계, 설비를 사용하면서 보호조치를 하고 안전장치를 설치하므로 안전화 작업 자체에 어려움이 있을 뿐만 아니라 기능에도 많은 문제를 야기하고 있다.

위의 세 가지 양상을 살펴본 바와 같이 산업재해 예방에서는 무엇보다도 사업주의 역할이 중요하다. 사업주는 도의적 차원에서 근로자의 안전, 보건을 생각하고 근로자는 나의 복지와 내 사회의 번영이라는 차원에서 재해예방사업에 동참할 때에 재해 없는 사업장의 목표가 달성되는 것이다.

(3) 산업재해예방을 위한 보험제도 개선

노동자가 산재를 당하면 우선 치료를 받는데 써야 할 치료비, 치료기간 동안 재해자와 그 가족의 최소한의 생활비, 치료가 끝난 후 불구가 되었으면 앞으로 정상적인 노동을 할 수 없기 때문에 발생하는 임금, 퇴직금, 향후 치료비, 보조기구 구입비 등의 손해, 사망하였을 경우에는 남아 있는 유족이 살아가는 데 필요한 생계비 등의 문제가 생기게 된다. 그리고 치료기간 동안이나 그 후 불구로서 본인과 가족 등이 받는 고통이라는 큰 문제도 있다.

가해자는 피해자에게 손해를 입힌 것만큼 물어주어야 하는데 이것을 산재의 경우 "산재보상" 또는 "손해배상"을 한다고 하며 이는 법적으로 보장된 권리이다. "산재보상"은 노동법의 규정에 따라 피해를 당한 노동자가 잘못이 있든 없든 관계없이(무과실 책임주의)보상하도록 한 것이고, "손해배상"은 민법의 규정에 따라 기업주가 잘못한 만큼(과실책임주의)배상하도록 하는 것이다. 산업재해보상보험법의 취지는 산재를 당하였다 하더라도 기업주가 보상금을 지불할 돈이 없거나 일부러 지불하지 않는다면 근로기준법상의 재해보상 규정은 실효가 없다. 그래서 노동자를 고용하는 기업주로부터 1년 단위로 일정액의 보험료를 노동부가 강제로 징수하여 이 돈으로 어떤 공장에서 산업재해가 발생하면 보상을 할 수 있도록 한 법이 산업재해보상법이다. 이런 제도를 사회보장적 책임보험 제도라 한다. 예를 들어 우리가 자동차 보험에 가입된 자동차에 의해 사고를 당하면 보험회사에서 치료는 물론이고 모두 손해배상을 다해 주는데 이와 마찬가지로 산재사고가 나면 보험회사역할을 하는 노동부가 보상을 해 주도록 하는 법이 산업재해보상보험법이다.

• 기업주의 산재처리를 기피하는 이유

노동자가 취업 중에 산재를 당하였으면 당연히 산재로 처리되어야 하며, 재해자는 기업주의 지불능력을 걱정하지 않고 산재보상을 받을 수 있도록 보험제도로서 산재보상법이 제정되었다. 기업주는 1년 단위로 산재보험료를 노동부에 납부하여야 한다. 보험액은 종업원들에게 지불된 임금총액에 노동부가 매년 고시하는 보험률을 곱한 금액이 된다. 그런데 지난 3년간 업주가 낸 보험료보다 그 기간 동안 당해 사업장에서 발생한 산재처리 비용이 많고 적음에 따라 그 해에 내는 보험료가 증감되어 부가된다. 즉 납부한 보험료보다 산재처리 비용이 더 많을 경우에는 가산금을 내야 함은 물론이고, 산재다발업체로 낙인찍혀 노동부로부터 시설개선 명령을 받게 된다. 그렇게 되면 기업주는 금전적으로 많은 부담을 안게 될 뿐 아니라 형사처벌까지 받을 수 있기 때문에 기업주는 산재처리를 될 수 있는 한 기피하고 치료비는 대 주지만 의료보험으로 처리하려고 한다.

• 산재보상의 종류

ⓐ 요양급여

산업재해보상보험이 적용되는 사업장에서 일하던 노동자가 업무와 관련된 재해로 인하여 부상을 당하거나 질병이 발생하였을 때 다 나을 때까지 노동부가 내주는 치료비 등을 말한다. 재해자가 산재지정 병원에서 치를 받은 경우에는 그 병원이 노동부에 직접 청구하여 받고 부득이 산재지정 병원이 아닌 병원에서 치료를 받았다면 재해 당사자는 치료비를 일단 낸 휴 나중에 노동부에 청구해서 지급 받는다.

ⓑ 휴업급여

산업재해를 당한 노동자가 산재처리가 되어 치료를 받는 동안 치료비는 걱정이 없더라도 또 다른 걱정, 즉 본인을 포함한 가족들의 생활비 문제가 있게 된다. 그래서 산재보상법에는 산업재해를 당한 노동자가 치료를 받는 동안 일을 하지 못해 임금을 벌 수 없어도 생활을 해 나갈 수 있도록 평균임금의 70% 이상을 매월 노동부에서 지급하도록 규정되어 있는데 이것이 바로 휴업급여이다.

ⓒ 장애급여

치료는 다 끝났지만 손가락이 잘렸다거나 피부에 심한 흉터가 남거나 해서 불구가 되는 경우 그 장해 정도에 따라 보상을 받게 된다. 이를 장해급여라고 한다. 보상급여는 신체장애 정도에 따라 달라진다.

ⓓ 유족 급여

노동자가 업무상 재해로 사망한 경우(업무상 부상 또는 질병으로 요양을 받다가 사망하거나, 치유되었던 부상, 질병이 재발, 악화되어 사망한 경우도 포함된다.)에는 재해를 당한 노동자가 죽기 전에 부양하고 있던 가족들에게 보상금을 지급하게 된다.

ⓔ 장의비

장의비는 유족에게 지급되는 것이 원칙이지만 유족이 없거나 부득이한 사정으로 제 3자가 장례를 치른다면 그가 청구할 수 있다.

ⓕ 장해 또는 유족 특별급여

장해급여 또는 유족특별급여는 그 장해정도나 사망에 비추어 보상금이 너무 적다. 그래서 대개의 재해자들은 산재보상법상의 보상금을 받고 난 후 민사소송을 제기하여 별도의 손해배상을 받으려고 한다. 그러나 민사소송이란 시일이 오래 걸리고 드는 비용도 적지 않아 소송을 한다는 것이 그리 간단하지만은 않다. 특별급여는 노동자가 업무상 재해를 당하여 장해등급 제 1급에서 제3 급에 해당하는 중장 해를 입었거나 사망했을 때 사업주가 그 재해발생이 사업주의 고의, 과실임을 자인하고 수급권자는 민사소송을 하지 않는 조건으로 임금 손해에 따른 민사배상액 상당액을 받기로 하고, 반면 사업주는 그 배상액을 후에 분할하여 노동부에 납부하기로 합의해서 노동부에 특별급여를 청구하면 산재보험에서 지불해주는 것이다. 따라서 재해자와 사업주가 이와 같은 내용을 합의하지 않으면 청구가 불가능하다.

ⓖ 민사상 손해배상

산재로 인한 민사상 손해보상제도는 민법의 불법행위로 인한 손해배상에 관한 규정을 근거로 하고 있다. 예를 들어 노동자가 프레스 작업을 하다가 손가락이 잘렸는데 그 프레스 기계에 산업안전보건법에 규정한 안전장치가 설치되지 않았거나 설치되어 있었다 하더라도 제대로 작동되지 않았기 때문에 사고가 발생하였다면 사업주(사용자)는 법이 정한대로 하지 않아 법을 위반한 것이고, 이것이 민법 제 750조에서 말하는 위법행위이다.

우리는 크게 보험 제도를 "손해배상"과 "재해보상"을 받을 수 있다. "재해보상"에 있어 노동조합의 단결교섭에 힘입어 단체협약을 체결하여 회사로부터 산업재해자 생계 보조비를 추가로 받을 수 도 있고, 재해를 예방할 수 도 있는 것이다. 그리고 "법은 권리위에서 잠자는 사람을 보호하지 않는다."라는 말이 있듯이 기업주의 과실이 있다면 근로자는 민사소송이라는 장치를 이용하여 기업주를 자극할 필요가 있다. 물론 중소기업의 학력은 거의 고졸 출신으로 법적 두려움도 있겠지만 , 민사소송이라는 제도를 이용하여 보상을 받을 수 있도록 노력하며 노동조합 또한 근로자의 권위를 위하여 진취적인 성향을 가져야 하겠다.

3) 재해방지의 4원칙

(1) 예방가능의 원칙 : 재해는 원칙적으로 근원적인 원인만 제거하면 모두 예방이 가능하다.

(2) 손실우연의 원칙 : 재해손실은 사고발생시 대상 조건에 따라 달라지므로 사고의 결과로서 생긴 재해손실은 우연에 의해 결정된다. 따라서 재해방지의 대상은 우연

에 의해 좌우되는 재해손실 방지 보다는 사고발생 자체의 방지에 힘써야 한다.
안전관리 조건 - ①작업조건, ②기상조건, ③환경조건, ④생산조건, ⑤운영요건

(3) 원인연계의 원칙 : 모든 재해는 필연적인 원인에 의해서 발생한다. 즉, 사고와 손실과의 관계는 우연적이지만 원인과의 관계는 필연적인 계기가 있다.

① 기술적 요인
② 교육적 원인
③ 신체적 원인
④ 정신적 원인
⑤ 관리적 원인

(4) 대책선정의 원칙 : 가장 적절한 예방대책의 선정은, 이들 원인을 정확히 분석함으로써 얻어진다.

- 하아리(Harry J.H.)의 3E 시정방향

① 기술적 대책 : 기술적 원인 제거(Engineering)
② 교육적 대책 : 교육적 원인 제거(Education)
③ 관리적 대책 : 관리적 원인 제거(Enforcement)
  - 적절한 기준설정
  - 엄격한 규칙준수
  - 전사원의 기준이해
  - 경영자·관리자의 솔선수범
  - 부단한 동기부여와 사기진작

(5) 하인리히 사고예방대책 5단계(기본원리)

① 1단계 : 안전관리 조직
  - 안전관리 조직과 책임부여
  - 안전관리 규정 작성 제정 및 시행철저
  - 매년 안전관리 계획을 수립 시행

② 2단계 : 현상파악(사실의 발견)
  - 각종 재해통계 및 사례 등 자료를 수집
  - 안전점검 및 진단을 실시하고 그 결과를 토의 분석하여 위험작업·공정 확인

• 정밀검사 및 진단을 통해 정확한 현상파악

③ 3단계 : 분석평가

• 재해를 정확히 조사·분석하고 진단결과를 평가
• 재해의 직접원인과 간접원인을 규명

④ 4단계 : 시정책의 선정(대책선정)

• 기술적인 개선안
• 교육훈련 등 교육적인 개선안
• 관리제도적 측면의 개선안 등 효과적인 개선방안을 선정

⑤ 5단계 : 시정책의 적용

• 시정책에 대한 목표를 설정
• 3E에 대한 대책을 철저히 실시
• 그 결과를 재평가하며 개선된 목표와 시정책을 적용

제3절 보건 위생관리

1. 보건 위생관리의 개념

좁은 의미의 안전관리와 다르게, 주된 업무 활동보다는 업무 활동에 있어서의 여러 환경적인 요소와 개인적인 요소 등 업무 활동의 기반에 있어서 발생할 수 있는 산업재해를 예방하는 활동이다.

2. 보건 위생관리의 중요성

(1) 업무 환경 요소의 영향

사무실의 환경평가에 관한 연구에 따르면 직원들에게 영향을 주는 업무 환경 요소로 다음과 같은 8가지를 들었다. 직원 개인적인 속성, 전반적인 작업 환경의 만족도, 심리상태, OA 기기, 사무실 계획, 소음 및 온도, 조명환경, 색채. 이를 통해서 단순히 조명과 온도 등과 같은 기본적인 환경의 요소와 더불어서, 업무 만족도, 사무실의 친목 관계 등 보다 인간적이고 사회 생활적인 요소들 또한 업무 환경으로서 인식하고 관리의 대상이 되

어야 한다는 것을 알 수 있다.

ⓐ 관리의 어려움

기업업무의 주된 활동에서 비롯되는 사고나 재해가 아닌 업무 주변환경들에 대한 영향으로 발생할 수 있는 재해와 질병, 사고 등을 예방하고 관리, 보상하는 활동이다.

직원들이 의식하고 적극적으로 관심을 가지는 분야가 아니고 오랜 기간 업무 활동을 함으로써 발생하는 것으로, 직업병을 단적인 예로 들 수 있다. 그러므로 인사 담당자나 작업안전 감독자등의 활동이 더욱 더 중요하다.

ⓑ 보건 위생 관리의 중요성 증대

사무 환경의 변화 : 정보 기술의 발달은 사무환경에 있어서 큰 변화를 일으켜 왔다. 문서 지향적이고 컴퓨터를 기반으로 이루어지는 대부분의 사무 업무를 통해서 정보 집약형 사무환경이라는 새로운 업무문화가 생겨나게 되었다.

그리고 노동인구의 구조의 변화도 새로운 사무 환경의 변화를 일으켰다. 국제적인 인력의 유입으로 외국 근로자들과의 업무문화의 마찰 등의 문제도 생겼지만 고학력, 다른 문화의 다양성 등을 통한 긍정적인 변화도 이루어졌다. 그리고 여성 인력의 진출로 인해 여러 업무문화가 바뀌었다. 신규 인력과 퇴직 등의 연령층의 변화에 따라서도 사무문화의 변화를 가져오게 되었다.

직원 가치관의 변화 : 직원들의 개인적인 욕구에 있어서도 전반적 근무 환경, 책상 배치, 칸막이 설치유무, 대화 및 토의의 공간, 개인별 점유면적, 작업 동선, 실내 소음, 온도, 실내 공기의 청정도, 채광 및 조명, 실내 색채, 외부의 경관, 화분 및 식채, 휴식 공간 등 갈수록 보건 위생 관리에 대한 욕구도와 관련 요소가 다양화되고 있다. 직원 개성의 다양화와 여러 가지 요소에 대한 자극과 만족도의 인식이 그 원인으로 볼 수 있다. 결국 이러한 업무 환경에 있어서의 더 나은 업무 욕구를 원하는 직원 가치관의 변화로 인해 보건 위생 관리의 중요성이 증대되었다.

정보 기기의 효용 증대 : 컴퓨터 기반 업무 환경으로의 변화는 보건 위생관리에 있어서도 큰 변화를 가져오게 하였다. 사무 업무 환경에 있어서 정보 집약형 사무 환경으로의 변화를 가져오게 하면서 의자에 앉아 컴퓨터를 통해 대부분의 업무를 처리하는 환경이 조성되었다. 다양한 업무 환경에 있어서도 변화의 핵심은 컴퓨터를 비롯한 여러 정보기기들의 사용이다.

이에 따라서 문제점도 등장하였다. RSI Repetitive Stress Injuries 반복적 긴장 부상이 그것이다. 시력 저하, 충혈, 피로, 근육통, 관절통, 집중력 저하, 건망증, 전자기파에 의한 피해, 심적 정신적인 스트레스, 욕구불만, 인간관계 단절, 사회적 고립감 등의 문제가 있다.

이러한 변화에 따라서, 보건 위생관리의 중요성을 인식하고 개선하는 것의 필요성이 증대되었다. 이는 다른 기업과 관련하여 차별화 전략을 꾀할 수 있는 것이기 때문에, 전략적 인적자원관리에서도 중요시되는 것이기도 하다.

(2) 기본 제 위험들

가. 조명

ⓐ 조도(조명의 밝기)의 취약함은 시각 생리기능에 많은 부담을 주어, 피로를 느끼며 두통과 신경성 긴장, 불필요한 동작으로 능률을 저하시켜 불량률과 재해를 가져오게 된다.

ⓑ 작업의 성질에 따라 조금씩 다른 기준. 보통 150luk 이상.

ⓒ 관리: 광원의 광도를 줄이고 여러 개를 설치. 광원을 덮는다. 채광 관리. 무광택 도료를 칠한다.

나. 온도와 습도

ⓐ 온도는 생활에 매우 중요하며 건강에 직접적 영향. 근로의욕과 생산성에도 영향.

ⓑ 습도는 육체노동에 큰 영향을 미친다. 땀 배출과 관련해서 근로의욕에 영향.

ⓒ 여름철의 고도, 고습에 따른 짜증 등의 영향으로 재해 사고율이 높은 경향이 있다.

다. 분진

대기 중의 미립자를 말한다. 진폐증, 급성폐렴, 만성기관지염, 중독, 피부점막장애, 폐암, 알레르기성 질환 등 인체 건강에 큰 영향을 끼침.

라. 유해화학물질

인체에 해로운 유기물과 무기물.

마. 소음

ⓐ 청력손실을 가져오며 울림, 두통, 불면 등을 초래함.

ⓑ 작업성 난청의 경우는 산업재해로 인정됨.

ⓒ 신경을 피로하게 하여 정신작용을 둔화시키고, 판단력을 흐리게 하며, 홍분, 화를 내게 하여 불쾌감을 느끼게 하고 주의집중을 방해해서 정확도, 신속도를 유지할 수 없게 되어 노동능률의 저하와 재해발생의 원인이 되고 직업병을 일으키게 된다.

바. 진동

ⓐ 안면과 수족의 경련을 일으키는 레이노드씨병이 발생.

ⓑ 골관절의 장애 발생, 소화력 감소와 혈압 및 맥박수 변화.

사. 생체리듬

ⓐ 생체리듬의 불균형은 인체의 활동에 리듬을 잃게 하고 나아가 신진대사의 원활한 활동을 저해시키게 된다. 신진대사의 균형이 깨어짐에 따라 피로가 발생하게 된다.

ⓑ 신체적 리듬: 식욕, 소화력, 활동력, 스테미나, 지구력 등과 연관.

ⓒ 감정적 리듬: 주의력, 창조력, 예감통찰력.

ⓓ 지성적 리듬: 상상력, 사고력, 기억력, 의지, 판단, 비판.

ⓔ 바이오리듬: 생채리듬의 변화에 따라 오전 10~11시, 오후 3~4시, 새벽 3~5시에 안전사고가 많이 나는 통계치가 있다.

아. 피로와 스트레스

ⓐ 피로는 심리적으로나 신체적으로 피곤이 와서 의욕을 상실하게 되고 일의 능률이 떨어지며 각종 병의 원인이 되고, 작업에 있어서 직접적인 사고의 원인이 되기도 한다.

ⓑ 지나친 근육노동: 신체적 피로.

ⓒ 지나친 정신노동: 지루함, 싫증, 짜증, 주관적 피로. (심리적 피로). → 갈등, 공포, 욕구 좌절.

ⓓ 지나치게 불량한 환경에서의 노동: 환기불량, 소음, 안 좋은 조명 등 작업환경의 불량에 따라 생기는 피로.

ⓔ 피로의 예방: 적재적소 배치, 이상적인 작업자세와 작업방법, 사용시설 공고의 적정 배치와 그 조작방법의 개선, 적절한 작업환경조건, 적절한 작업복장과 작업시간, 휴식시간의 배정, 작업 교대의 효율화, 리듬감 있는 생활 증진, 피로의 축적 이유를 제거, 적절한 운동이나 레크리에이션과 휴식, 스트레스 감소 노력.

ⓕ 피로의 회복: 휴식시간을 잘 활용하여 회복. 단전호흡 등 적절한 운동 을 통해서 신체를 이완시킨다. 영양식을 한다. 안마, 마사지, 목욕, 산보 등의 활동. 커피나 음료를 적당히 마신다. 안면운동을 한다.

ⓖ 생체 리듬과 피로, 스트레스에 대한 관리는 개인적 측면의 사전 예방단계에서 자세히 다루겠다.

3. 전략적 보건 위생관리 제시

1) FM Facility Management

FM은 미국에서 일어나고 있는 사무 선진화의 기법이다. 업무 환경이라는 공간을 하드웨어로 인식하고, 직원을 소프트웨어로 인식하는 것으로, 소프트웨어의 활용성을 높이기 위해 하드웨어를 업그레이드 한다는 것이다. 이는 곧 직원의 독창성과 창조성을 구현하여 생산성을 높이는 데에 그 목적이 있다. FM이 효과적으로 이루어지기 위해서 우리나라에서 시급한 것은 경영진의 관심과 적극적인 지원이라고 볼 수 있다. 업무 환경을 경영 전략 요소로 인식하는 관점의 변화가 필요하다.

2) 인체 공학적 직무 설계

인적자원관리에서 언급되는 QWLI, 곧 업무 생활의 질을 높이는 데에 있어서의 가장 큰 관심분야이다. 컴퓨터 기반 작업 환경의 문제점인 RSI의 부작용을 개선하여, 보다 인간적이고 인체 효율적인 업무 환경을 제공하는 데에 그 의의가 있다. 노력의 여하에 따라 충분히 사무 환경을 개선할 수 있고, 그를 통해 직원의 건강을 유지할 수 있기 때문에 인체 공학적 설계에 대한 관심이 늘어나고 있다.

인체 공학적 의자, 높이 조절 책상, 시력 보호 모니터, 동선 관리 등의 기법이 활발히 진행되고 있으며 앞으로도 계속 인테리어와 환경적인 요소에 있어서 인체 공학적 직무 설계의 발전이 이루어 질 것이다.

3) 피로 관리

(1) 피로로 인한 손실 : 업무 활동과 그 외 생활에서 느끼는 직원들의 피로는 곧 활동력의 저하로 인해서 업무 생산성 저하를 일으키고 근로 의욕의 상실 등 업무 활동에 직접적인 영향을 끼친다. 이는 곧 직원 개인의 건강 문제에서 작은 안전사고, 과로사와 산업 재해까지 초래할 수 있다.

(2) 신체적 피로 : 신체적, 육체적으로 역량에 비해 과중한 업무와 활동을 시키면 그에 대한 부담을 느끼게 된다.

(3) 정신적 피로 : 지루함, 싫증, 짜증, 심리적 피로 등의 원인을 통해서 정신적 피로를 느끼게 되면, 갈등 문제, 공포, 욕구 좌절 등 개인과 업무에 있어서 굉장히 부정적인 결과를 초래하게 된다.

피로 예방법

ⓐ 적재적소 배치

ⓑ 이상적인 작업 자세와 작업방법, 사용시설 기구의 적정 배치

ⓒ 적절한 작업환경조건, 적절한 작업복장과 작업시간, 휴식시간의 배정

ⓓ 작업교대의 효율화

ⓔ 리듬감 있는 생활 증진, 적절한 운동이나 레크리에이션과 휴식

ⓕ 업무 스트레스 감소 노력

ⓖ 휴식시간을 잘 활용하여 회복

ⓗ 단전호흡 등 적절한 운동을 통해서 신체를 이완

4) 스트레스 관리

(1) 중요성 : 설문조사에 의하면 전체 직장인들의 10% 정도가 극심한 직업 내 스트레스로 인해 고통을 겪고 있다. 단순히 힘든 직장 생활이 아니라, 스트레스로 인해 우울증, 과다 콜레스테롤, 고혈압, 심장병 등의 질병이 생겨나는 등 피해가 크다. 반면에 직장 내 스트레스를 잘 관리해주고 편안한 환경에서 작업하는 문화가 조성된 기업은 높은 생산성을 보이며 성공하는 사례를 볼 수 있다.

(2) 종류

ⓐ 업무 자체에 대한 스트레스 : 과다한 업무량, 비효율적인 업무환경 등으로 인한 스트레스

ⓑ 직장 안정성에 대한 스트레스 : 구조조정을 걱정하는 스트레스

ⓒ 테크노스트레스 : 컴퓨터 기반 업무 환경에 따른 새로운 스트레스

ⓓ 속박 스트레스 : 핸드폰, 노트북 등 직장 내에서 이루어지는 업무뿐만 아니라 일상생활에서 구속 당하고 속박 받는 느낌을 가지는 스트레스. 현대 사회에서 굉장히 크게 부각되고 있는 문제점이다.

ⓔ 자기 자신에 대한 스트레스 : 직원 개인에 대해 가지고 있는 스트레스

ⓕ 이처럼 다양한 직장 스트레스로 인해 기업 사회에서 굉장히 큰 비중을 두고 고려되는 분야가 스트레스 관리이다.

(3) 문제점 : 기업 선진 문화를 가지고 있는 미국, 유럽 등과 달리 우리나라는 스트레스 관리에 있어서 큰 문제점을 가지고 있다. 스트레스에 대한 중요성과 그 적극적인 개선에 대해 기업과 직원 모두 인색한 것이다.

기업은 직원의 스트레스 관리에 있어서 적극적인 지원과 복지 프로그램이 미비하다. 더군다나 직원은 자신의 직무 스트레스를 언급하면 활동에 있어서 제약을 받거나 직장에서 퇴출당하는 등의 부작용이 있을까봐 자신이 이러이러한 스트레스를 받고 있다는 것을 말하기 꺼려한다. 이러한 문화적인 요소 때문에 직장 내 스트레스의 피해가 지속되고 있다.

(4) 개선 방향 : 외국의 선진 기업 문화를 보면, 직원의 정신적인 문제에 있어 적극적으로 지원하는 문화가 조성되어 있다. 그리고 그에 따른 업무 생산성이 향상된다는 긍정적인 사례가 많다. 이처럼 우리나라도 직장 내 스트레스에 있어서 적극적으로 해결해주고 상담, 치료해주는 문화가 조성되어야 할 것이다.

4. 직업병과 사후관리

1) 징의

일정한 직업에 종사함으로써 작업조건 이나 작업방법이 직접적인 원인이 되거나 이와 관련하여 발생하는 질병. 잘 알려진 직업병은 광부에게 나타나는 진폐증이나 소음 작업에서 일하는 근로자에게 생기는 소음성 난청 그리고 중금속이나 유기용제를 사용하는 근로자에게 나타나는 중독증 등이다.

그러나 직업병은 어떤 특정한 직업을 가진 사람들에게만 나타나는 것이 아니라 직업을 가진 모든 근로자에게 나타날 수 있다. 진폐증은 광부에게 많이 발생하지만 각종 화학물질이나 유기물질에 노출되는 근로자는 천식에 걸릴 수 있으며, 또한 화학물질 중에는 발암물질이 많아 폐암을 일으키기도 한다. 산업 현장에서 발생하는 유해 물질과 질병의 인과관계가 뚜렷한 경우에는 이를 진단하고 이를 예방할 수 있으나 산업이 발달함에 따라 새로운 물질과 생산 공정에 의하여 새로운 신체장애가 발견되기도 하고 현대의학 기술로도 찾아내지 못하는 직업성 질환도 많다.

2) 원인

(1) 외적인 요인: 외상, 동상, 소음, 온도의 영향, 각종 유해물질, 전염성 병원체 등 이외에 영양장해 등

(2) 내적인 요인: 생체 상이나 기능상의 특성(체질 또는 소인)과 기초질병이 있어서 이에 직접 작용하거나 또는 이것이 원인이 되어 새로운 질병이 발생하는 경우 질병

이 업무상이 아니라는 것을 판정하는 것은 외적원인에 의한 경우에는 쉽지만 내적 원인과 그 밖의 원인이 합친 경우에는 그리 쉬운 일이 아니다.

3) 종류

현대 사회의 직종, 업무 환경의 다양화에 따라서 직업병의 유형과 특이한 판례 등이 많아지면서 그 보상관리에 있어서도 많은 갈등과 판정 시비가 이는 실정이다.

5. 전략적 보상관리

1) 적극적인 보상을 통해 기업이 얻을 수 있는 이점

(1) 근로자들의 의욕 증대, 생산 효율성의 향상을 기대할 수 있다. 근로자들은 안심하고 업무를 볼 수 있는 환경에서 더 큰 의욕을 가질 수 있고 생산성 향상을 이룰 수 있다.

(2) 기업 이미지 제고 : 취업 준비생들이 자신의 직장으로 원하는 기업의 기준에 기업의 복리후생 정도가 중요한 비중을 차지하는 추세이다. 직원의 복리후생을 적극적으로 제공하는 기업은 그에 대한 이미지를 제고함으로써 능력 있는 직원을 채용할 수 있을 것이다.

(3) 산업재해의 감소 기대 : 보상관리를 통해 얻을 수 있는 결과를 피드백 함으로써 산업재해의 문제점을 개선, 처리해서 사고 발생률을 감소시킬 수 있다.

2) 이러한 적극적인 보상은 현대 사회에서 중시되는 인간존중, 인적자원관리의 개념과 부합하는 것으로 미래 지향적인 보상관리의 모습이다.

Chapter 13

비정규직 관리

제1절 비정규직 근로자의 정의 및 유형

1. 비정규직 근로자의 정의

일반적으로 비정규직과 정규직 근로자의 구분은 고용계약형태, 고용계약기간, 근로시간 등에 의해서 구분된다. 즉, 정규직 근로자는 특정한 사용자와 기간을 정하지 않은 고용계약을 맺고 풀타임(full-time) 근무를 하고 있으며, 특정기업의 범위 내에서 경력 개발과 승진, 교육 훈련, 사내 복지제도 등을 적용받는 근로자들이다. 이에 비하여 비정규직 근로자는 단기간의 고용계약을 맺고, 고용계약의 종료에 따라 다수의 사용자와 고용계약을 하며, 경력개발이나 인적자원 투자를 개인적으로 해결하며, 비교적 단시간 근무를 적용받는 근로자를 말한다.

2. 비정규직 근로자의 유형

1) 임시직 근로자

임시직 근로자는 사용자와 일정한 기간에 한해 고용계약관계를 맺고 있는 근로자를 말한다. 통계청 분류에 따르면, 임시직 근로자는 1개월 이상 1년 미만의 고용계약을 맺은 근로자로 분류되어 있으나, 1년 이상의 고용계약을 맺었더라도 그것이 기간을 정한 고용계약일 경우에는 정규 고용과는 다르다는 점에서 비정규직 근로의 형태로 보아야 할 것이다. 대표적인 형태로 계약직, 촉탁직, 일용직 근로자 등이 있다.

2) 시간제 근로자

시간제 근로자는 임시직 노동자의 대표적인 형태로, 기간을 정한 고용계약을 맺고 정규직 근로자의 통상적 노동시간보다 짧게 일하는 근로자이다. 현행 근로기준법 제21조에서는 단시간근로자의 정의를 "1주간의 소정 근로시간이 당해 사업장의 동종 업무에 종사하는 통상 근로자의 1주간의 소정 근로시간에 비해 짧은 근로자"라고 정의하고 있다. 흔히들 불리는 파트타이머근로자, 아르바이트 근로자들이 여기에 속한다.

3) 파견근로자

파견근로자는 사용자가 자신과 고용계약을 맺은 노동자를 다른 회사에 파견하고, 그 회사 사용자의 지휘 · 감독 하에 일하는 근로자를 말한다. 즉, 근로자 파견이라 함은 파견사업주가 근로자를 고용한 후 그 고용관계를 유지하면서 근로자 파견계약의 내용에 따라 사용사업주의 지휘·명령을 받아 사용사업주를 위한 근로에 종사하게 하는 것을 의미한다. 우리나라에서의 근로자 파견에 관한 법률은 1998.2.6 노사정위원회에서 근로자 파견법 제정에 합의를 보아, 같은 해 2월 20일 파견근로자보호등에 관한법률(법률 제5512호)을 제정했고, 그해 7월 1일부터 시행되었다.

4) 기타 특수한 고용형태의 근로자

사내하청, 용역, 도급, 재택근로, 가내근로 근로자 등의 고용상의 특징은 고용한 사업주의 감독 관할범위 밖에서 일하는 근로형태라는 데 있다. 이들 근로자는 근로관계의 사용종속관계가 다양하고 복잡한 이유로 근로기준법상의 근로자성 인정에 항상 다툼의 소지를 안고 있다.

제2절 비정규직 고용의 규모 및 실태

1. 비정규직 고용의 규모와 특징

최근 국내외 호텔들은 급변하는 환경변화에 신속하게 대응하기 위해 인력운용의 유연화를 추구하고 있다. 특히 IMF 체제하에서 많은 호텔들은 종사원들에 대한 구조조정의 일환으로 정규직보다는 비정규직을 선호하여 많은 비정규직 종사원을 고용하고 있는 실정이다.

인력의 유연성을 높이는 방편으로 점차 많이 이용하는 수단이 비정규직 고용이다. 비정규직 근로자(contingent workers)는 정규직과 비교해서 임금, 복리후생, 계약기간, 근로시간 등 모든 처우와 고용형태가 다른 근로자(파트타임, 임시직, 일용직, 계약직, 파견근로자 등)를 총칭하는 개념으로, 비정규직 고용은 정규직에 비하여 고용과 해고가 자유롭기 때문에 기업환경의 변화에 따른 인력의 적기공급이 가능할 뿐 아니라 인건비 절감과 노사분규의 예방 등 기업에게 여러 가지 이점을 제공해 준다. 또한 인력공급측면에서 유휴인력의 경제활동 참가가 활발해 짐에 따라 이들의 취업에 적합한 고용형태로 인식되고 있다. 이러한 이유로 1990년대에 들어와서 OECD 국가를 비롯한 세계 각국의 기업들은 비정규직의 고용비율을 점차 증가시켜 나가는 경향을 보이고 있다.

우리나라의 경우에도 과거 일부 기업 및 공사현장 같은 곳에서 단순노무 형태의 보조적인 업무에 주로 도입되던 비정규직이 최근 많은 직장으로 확산되어 가고 있다. 특히 호텔 및 보험업 등 서비스산업에 있어서 비정규직 고용이 빠른 속도로 확산되고 있다. 전국경제인연합회에 따르면 1990년 우리나라 임금근로자중 비정규직의 비중은 45.8%이었으나, 1999년 3월에는 처음으로 비정규직의 비중이 50%를 넘어선 50.6%를 기록하였다. 이어 1999년 말에는 비정규직의 비중이 51.7%로 증가하였는데, 이를 인원수로 보면 약 640만 명에 달하는 수치이다.

우리나라의 비정규직 규모

(단위 : 천명, %)

년도	임금 근로자	정규직	비정규직(순계*)	한시적 근로자		시간제 근로	비전형근로					
					기간제		소계	파견근로	용역근로	특수형태	재택가내근로	일일(단기)근로
'01. 8월	13,540 (100)	9,905 (73.2)	3,635 (26.8)	1,865 (13.8)	1,477 (10.9)	878 (6.5)	1,702 (12.6)	135 (1.0)	307 (2.3)	810 (6.0)	256 (1.9)	298 (2.2)
'02. 8월	14,030 (100)	10,191 (72.6)	3,839 (27.4)	2,063 (14.7)	1,536 (10.9)	807 (5.8)	1,742 (12.4)	94 (0.7)	332 (2.4)	772 (5.5)	235 (1.7)	412 (2.9)
'03. 8월	14,149 (100)	9,543 (67.4)	4,606 (32.6)	3,013 (21.3)	2,403 (17.0)	929 (6.6)	1,678 (11.9)	98 (0.7)	346 (2.4)	600 (4.2)	166 (1.2)	589 (4.2)
'04. 8월	14,584 (100)	9,190 (63.0)	5,394 (37.0)	3,597 (24.7)	2,491 (17.1)	1,072 (7.4)	1,948 (13.4)	117 (0.8)	413 (2.8)	711 (4.9)	171 (1.2)	666 (4.6)
'05. 8월	14,968 (100)	9,486 (63.4)	5,483 (36.6)	3,615 (24.2)	2,728 (18.2)	1,044 (7.0)	1,907 (12.7)	118 (0.8)	431 (2.9)	633 (4.2)	141 (0.9)	718 (4.8)

* 주 : 순계는 각 고용형태별 중복인원을 제외하고 산정한 숫자임

2. 비정규직 근로자의 근로조건에 관한 실태

최근에 노동부 및 노동단체를 중심으로 비정규직 근로자의 근로조건에 관한 많은 조사가 이루어지고 있다. 이들 조사에서 나타난 공통점으로

첫째, 비정규직 근로자는 동일노동을 하는 정규직 근로자에 비해 임금수준(정규직의 50~75%)이 현저히 저하되어 있을 뿐만 아니라 정규직 근로자가 받는 각종 복지혜택도 제대로 받지 못하고 있는 실정이다.

둘째, 근로기준법상 보장된 각종 보호제도(해고, 각종 법정수당-연·월차수당, 휴일, 휴가 등)가 배제되어 있다는 점

셋째, 국민연금, 의료보험, 산재보험, 고용보험 등의 사회보험의 적용에서도 배제되어 있다. 그리고 이들은 일반적으로 사업장 단위의 단체협약의 적용이 배제되어 있고 심지어는 노동조합의 가입도 제한되어 있어 자신들의 근로조건을 스스로 개선 또는 유지 발전시키기 힘든 상황에 처해 있다는데 문제의 심각성이 있다 하겠다.

따라서 비정규직 근로자의 근로조건 측면에서 접근할 때 핵심적인 문제는 동일노동에 대한 동일임금의 원칙이 무너지고 있다는 점이다. 이에 대한 근본원인은 비정규직의 출현이 근로자의 순수한 직업관의 변화 또는 자발적 선택에 의한 것이 아니라 노동시장에서의 수요와 공급 간의 불일치로 인한 구조적 원인에서 발생한다는 사실과 자본주의 내에서 여전히 불평등한 고용계약을 체결할 수밖에 없는 근로자들이 불리한 지위에 있다는 사실, 그리고 사용자들의 비정규직에 대한 선호(장기적으로 인건비 절감)에서 기인한다는 데 있다.

제3절 사용자 및 노동조합의 수용전략

1. 사용자의 수용전략

사용자의 새로운 사고방식의 전환비정규직이란 말 그대로 정규직 근로자가 하기 곤란하거나 하면 오히려 비효율적인 업무를 수행하기 위한 직종을 말한다. 그러나 우리나라 대부분의 비정규직의 고용은 특별히 단기고용계약을 체결할 만한 업무상의 필요성 및 특성이 없음에도 불구하고 인건비 절감 및 고용의 유동성 확보만을 위해 활용되어온 측면이 있다. 이는 아직도 대부분의 사용자들이 기업의 경쟁력 및 생산력이 인건비 절감(노동시간의 확보)에서만 온다는 전근대적 사고방식을 극복하고 있지 못하기 때문이다. 이제는 기업이 보유한 정보와 근로자의 기술, 창의성이 경쟁력의 원천이 되는 시대이므로 비정규직의 활용에 있어서도 단순한 비용절감 차원이 아닌 보다 창의적인 업무를 수행하기 위해서 또는 정규직을 사용하기 곤란한 업무(근로시간을 탄력적으로 운영할 필요가 있는 업무, 출퇴근 및 업무수행 방식을 근로자의 재량에 맡겨야 할 업무)를 수행하기 위해서 등과 같이 인력자원의 활용에 대한 전략적 차원에서 접근하여야 한다.

2. 노동조합의 수용전략

최근 비정규직의 증가에 대해 가장 민감하게 반응하는 곳이 바로 노동조합이다. 지금까지 우리나라 노동조합의 조합원은 정규직 근로자를 주 대상으로 조직되어왔다. 이러한 원인은 우리나라 고용구조가 개별기업단위의 종신고용제 형태를 중심으로 형성되어왔기 때문이다. 그러나 최근의 비정규직의 급격한 증가는 주로 노동조합의 1차 조직대상이었던 정규직 근로자의 고용마저 위협할 뿐만 아니라 정규직 근로자의 기존 근로조건까지 저하시키는 결과를 초래하고 있다. 따라서 상급노동단체에서는 비정규직의 근로조건 및 기존 정규직의 고용을 보장하기 위해서라도 비정규직의 조직화 및 비정규직의 정규직화를 위한 다각적인 차원에서 노력을 경주해야 한다. 구체적으로 비정규직 근로자의 조직화를 위해서는 비정규직 근로자의 노동조합 결성지원 및 기존 정규노동조합의 가입자격 부여, 단체협약의 적용 보장을 통한 근로조건 개선 등으로 나타나야 하고, 비정규직의 정규직화를 위해서는 주로 비정규직과 관련된 노동법·제도를 비정규직을 상시 고용화 및 직접 고용화하는 방향으로 개선하기 위해 노력해야 한다.

대표적인 비정규직의 유형

분류 기준	유 형	정 의
계 약 기 간	임시직	임금 근로자 중 상용이 아닌 자로 계약기간이 1개월 이상 1년 미만인 자
	일용직	임금 근로자 중 1개월 미만인자 또는 일정한 사업장이 없이 사업을 경영하는 자
간 접 고 용	파견근로	사용자가 자신과 고용계약을 맺은 노동자를 다른 회사에 파견하고, 그 회사 사용자의 지휘·감독 하에 일하는 노동자. 우리나라 노동자 파견에 관한 법률은 1998.2.6 노사정위원회에서 노동자파견법 제정에 합의를 보아, 같은 해 2월 20일 파견근로자보호 등에 관한 법률(법률 제5512호)을 제정했고, 그 해 7월 1일부터 시행
	용역근로	사용자가 근로자를 직접 채용하지 않고 외부에서 인력만 공급받아서 쓸 때 그 노동자를 용역노동자로 칭함
특 수 고 용	독립도급	사용자가 직접 고용하는 형태를 취하지 않고 노동자로 하여금 사업자 등록을 하게하고 근로계약이 아닌 도급, 위탁계약 등의 명칭으로 계약을 체결하여 그 노동력을 이용하고 대가를 지급하는 방식

주 : 통계청의 '경제활동인구 부가조사'

제4절 비정규직의 확산 원인

IMF 이후 비정규직은 확산되는 추세이고 비정규직 근로자의 임금 및 근무형태도 열악하다는 것을 알 수 있었다. 그러나 세계적으로 비정규직 근로자는 증가하는 추세이고 세계화 시대에 있어서 노동유연화는 필연적 현상인 것도 사실이다. 그러나 우리나라의 경우는 그 수가 이미 전체 임금근로자의 50% 이상을 차지하는 현실이고, 그에 따른 많은 문제점이 발생하고 있다.

1. 사회적 변화

세계화가 진전되고 또한 정보화 사회와 지식 기반사회로의 진입에 따라 노동시장 유연화와 기업구조조정을 요구하는 목소리가 높아졌다. 이로 인해 고용체계가 급속히 변화하게 되었다. 장기고용관행의 퇴조와 평생직장개념 희석 직장 불안정성 증대 그리고 정리해고의 도입으로 빠른 속도로 비정규직근로자가 확산되었다.

2. 기업 내부적 관점

1) 비용 절감

IMF가 발발하자 기업들은 생존을 위해 구조조정에 박차를 가하였고, 그 과정 중 가장 논란이 많았고 많이 사용되었던 방법이 정리해고였다. 기업들은 그 과정에서 정리해고로 인해 발생한 노동력의 부족분을 비정규직 근로자의 확충으로 채웠다.

비정규직은 상용직근로자에 비해 50%에서 60%정도의 임금만을 지급하면 되었다. 또한 임금에서뿐만 아니라 기타 정규직 근로자에게 지급되는 각종 부가급부(퇴직금 및 각종 수당, 사회보험 등)에 대한 비용을 비정규직 근로자에게는 지불하지 않아도 되게 되었다.

2) 노동 통제

계약기간이 정해지지 않은 정규직 근로자와는 달리 비정규직 근로자는 계약기간이 정해져 있다. 따라서 이들은 근로기준법에 의해 보호받지 못한다. 이들이 사용자에 반하는 행동을 하더라도 사용자는 다음 계약시 다시 재계약하지 않으면 되기 때문에 자연스레 해고할 수 있게 된다. 이처럼 근로계약기간을 정함으로써 사용자는 근로기준법에 명시된 해고제한 제도를 회피할 수 있게 된다. 따라서 비정규직 근로자들은 부당한 처우를 받아도 다음 계약을 염두에 두기 때문에 그들의 처지를 그대로 받아들일 수밖에 없게 된다.

다음으로 파견이나 용역근로자들과 같은 간접고용을 통해 근로기준법상, 노조법상의 책임을 회피할 수 있게 된다. 이들은 실질 사용자와 근로자가 직접 근로계약을 체결하지 않고 근로자가 소속되어 있는 업체가 실질사용자와 계약을 맺는 형태이다. 근로자들이 소속되어 있는 업체들은 대부분 영세하기 때문에 근로기준법상, 노조법상의 책임을 지기 힘들다. 또한 이들 근로자들을 여러 기업들에 분산되어 있기 때문에 노조의 가입이나 노조결성을 하기 힘들게 된다. 따라서 실질 사용자는 이들에 대한 법적 책임 회피와 노조결성을 막는 효과까지 보게 된다.

3) 노동시장의 분절화

미국의 급진경제학자였던 Howard Wachtel, Barry Bluestone 과 David Gordon 등은

미국 노동시장에는 둘 또는 그 이상이 존재한다고 주장했다. 이 두 시장 내에는 서로 다른 법칙이 작용되고 철저하게 상이한 경제적 보상이 주어진다고 말했다. 임금 및 부가급부가 적고 고용환경이 열악한 2차 노동시장과 보다 나은 임금 및 고용안정 의료보험 등이 보장된 1차 노동시장이 그것이다. 사용자들은 노동시장의 분절화를 통해 비용감축 효과를 가지게 된다. 또한 이를 통해 노동자들이 노동조합을 결성하고 인금인상과 노동조건 개선요구를 하기 힘들게 한다. 이러한 2차 노동자들의 희생으로 1차 노동자들의 임금과 복지가 보호받는다.

3. 사례로 본 비정규직 문제

비정규직으로 인해 발생하는 문제점들을 비정규직을 나누는 기준으로 삼았던 기간을 정한 근로계약, 간접고용 형태 그리고 특수고용으로 나누어 이들 각각의 유형 중에서 대표적인 사례를 들어본다.

1) 기간을 정한 근로계약

대부분의 비정규직 근로자가 비슷하지만 부가급여나 사내 복지(자녀학비 지원, 대출지원, 교육, 훈련, 교통비 지급 등)에서 정규직이 아니라는 이유로 제외되고 있다. 또한 원칙적으로는 근로기준법 등 노동관계법이 전면 적용되나, 계약을 갱신하지 않는 방법을 통한 강력한 일자리 상실 위협으로 인해 낮은 임금과 정규직과의 차별적인 대우를 받고 있는 실정이다. 그리고 각종 부당행위나, 노동강도 강화에도 문제제기를 하기가 어렵고 노조설립도 어려운 상황이다. 더 큰 문제는 정규직과 같은 업무를 수행한다고 하더라도 비정규직이라는 이유로 더 적은 급여를 부여받게 된다는 것이다. 전에는 건설업과 서비스업에서 주로 나타났지만 지금은 제조업, 금융 부문 등 전체적으로 확대되고 있는 실정이다. 하위 사무직도 상당부분 임시직 · 계약직 형태로 전환되고 있으며, 나아가 전문직 · 관리직 등에서도 임시직 · 계약직이 확산되는 추세이다.

2) 간접고용

이러한 파견 · 용역노동의 증가는 '간접 고용'의 형식으로 노동관계법상의 사용자책임을 피하려는 것에 목적이 있다. 즉 노동력을 최대한 탄력적으로 그리고 적은 비용으로 사용하면서, 노조의 결성을 어렵게 하여 저항을 피할 수 있는 수단이 되는 것이다.

청소, 경비, 구내식당 운영 등의 업무는 용역업체에 맡기는 것이 거의 일반화되어 있고, 그 외 운전이나 하위사무직, 서비스나 판매 등의 단순 업무에서 확대되고 있다.

3) 특수고용

특수고용에서 독립도급 노동자의 경우 실질적으로는 사용자에 종속된 노동자임에도 불구하고 형식적으로는 독립된 사업자처럼 되어 있어 노동법의 보호영역밖에 방치되고 있다. 이 유형에는 제조업에서 하청의 최 말단 고리로서 다른 사람을 고용하지 않고 혼자 일하는 개인 하도급 계약자들이 있고, 더불어 최근 성장하고 있는 산업인 교육서비스, 상업유통 등의 분야에서 급격히 증가하고 있다.

이 유형의 경우 사용자의 입장에서는 노동자와 고용계약을 맺음으로써 노동비용을 들이는 것보다는 개개 노동자를 독립된 사업주로 만들어 경쟁을 부추기는 것이 훨씬 비용이 적게 소요된다. 보험설계사를 비롯한 외판원이나 학습지 교사, 학원 강사 등은 임금에서 실적에 따른 수당의 비율이 매우 높기 때문에, 노동자는 자발적으로 자신의 임금을 높이기 위해서 또 결국 기업의 이윤을 증가시키기 위해서 노력하게 된다. 더군다나 이처럼 경쟁적으로 고객을 유치・유지하여야 하기 때문에 고객 관리를 위한 비용을 노동자가 직접지불하며, 결국 사용자로서는 자신이 들여야 할 비용을 노동자에게 전가시킬 수 있는 셈이 된다. 또한 해고가 어려운 고용계약이 아니라 쌍방에서 언제든지 계약을 해지할 수 있는 도급계약으로서 사용자는 손쉽게 노동력 유연화를 달성할 수 있다는 이점도 존재한다.

호텔기업의 아웃소싱

제1절 아웃소싱의 개념 및 정의

1. 아웃소싱의 개념

최근의 기업환경에서 아웃소싱(Outsourcing)이라는 단어가 자주 등장하고 있다. 특히 IMF의 체제 내에서 기업에 요구되는 구조적인 개혁을 실현하기 위한 한 수단으로 활용되고 있는데, 그 목적은 단순히 비용 삭감을 위한 리스트럭처링이 아니라 미래의 새로운 가치창조에 있으며 호텔기업들에게 있어서도 새로운 전략적 경영기법으로 주목을 받고 있다.

국내의 호텔업계에서 보안 및 경비, 주차관리와 일부 시설물관리를 외부에 용역을 주는 것은 이미 오래 전부터 실시되어 왔고, 이외에 세탁실이나 기물관리와 같은 단순직 또는 DM 발송이나 텔레마케팅, 디자인업무나 광고대행사, 홍보대행사를 선정 프로젝트별로 대행시키는 경우도 자주 찾아볼 수 있었다. 그러나 아웃소싱이 이미 선진국에서 널리 활용되어 왔고, 최근에는 국내 호텔기업 내에도 빠르게 확산되고 있다.

2. 아웃소싱의 정의

아웃소싱이란 회사 내부 인력, 설비로 수행하던 업무를 외부 용역으로 대체하는 것을 말한다. 기업의 핵심 사업을 제외한 주변업무를 전문화된 외부업체에 맡김으로써 비용

부담을 덜면서 업무효율성을 높일 수 있어서 이미 선진국에서는 널리 활용되고 있는 기법이다. 이와 관련해서 분사란 한 기업의 특정 부서를 별도 회사로 분리, 독립하는 것을 말한다. 따라서 국내 최초로 객실관리부와 디자인, 스튜어드와 외식사업부를 분사시킨 S호텔의 경우, 객실관리부를 분사시킨 후 아웃소싱의 형태로 경영을 하고 있다고 말할 수 있다.

임직원이 호텔기업의 특정업무를 인수, 독립 경영하는 분사제도는 호텔 측에서는 무리 없이 인원감축의 효과를 거둘 수 있고, 독립된 회사는 모기업으로부터 일정기간 일정 물량을 배당받아 안정적인 경영이 가능하고, 기업은 노사 간의 갈등이 없이 해당 사업의 인력을 크게 줄일 수 있다는 측면에서 긍정적으로 받아들여지고 있다. 기업의 특정 부서를 별도 회사로 분리, 독립하는 분사는 인수 주체에 따라 스핀오프, EBO, MBO 등으로 나눌 수 있다.

위의 내용으로 보면 국내 S호텔의 경우 객실관리부의 부서장이 전체 직원 70명중 40명과 함께 퇴사 후 새로운 회사를 설립하였으므로 MBO 형태의 분사라 할 수 있다. 따라서 S호텔은 객실관리를 아웃소싱 형태로 경영하고 있고 분사된 회사는 아웃소서(Outsourcer: 아웃소싱 서비스의 제공자)가 되는 것이다.

많은 기업이 실시하고 있는 저 부가가치노동, 예를 들어 사무실 청소, 우편발송과 같은 업무를 다른 회사에 위탁하거나 나아가 경비 삭감과 고정비의 변동비화를 노려 파견노동과 파트타이머를 활용하는 것도 넓은 뜻에서 일종의 아웃소싱이라고 할 수 있다.

그러나 진보된 의미의 아웃소싱이란 외주 화, 경비 삭감, 리스트럭처링 같은 자원 절감의 의미보다는 기업이 미래의 새로운 가치 창조를 위해 핵심 역량에 집중하기 위해 힘을 모아주는 것이라고 해석할 수 있겠다.

따라서 아웃소싱을 다시 정의한다면, '기업이 전략적 경쟁우위를 획득하기 위해 종래 사내에서 수행하던 업무 프로세스를 외부자원을 이용하여 처리하는 일'이라고 말할 수 있다.

제2절 호텔의 아웃소싱

1. 아웃소싱의 장점

호텔업에서 아웃소싱을 하는 최대의 효과는 고정비를 변동비로 바꿀 수 있어 시장의 변화에 대한 대응력을 높여주어 경쟁력과 이익률을 향상시켜준다는 것이다. 그 외에 기대할 수 있는 효과로는

1) 인사의 효율성 향상 : 연공서열위주의 인사에서 능력위주 인사 변화로 기업의 경쟁력 향상
2) 핵심 분야에 경영자원 집중
3) 최첨단 기능의 빠른 도입 및 개선(전산화 업무 및 예약 전산망 등의 확대)
4) 신규시장 진출용이 : 홍보대행사, 광고대행사를 이용할 경우 보다 전문화된 상품 개발 및 특화된 시장 진출이 쉽다.
5) 호텔 내 여분 공간의 활용으로 또 다른 수입원 창출 가능

2. 아웃소싱의 단점

호텔기업에서의 아웃소싱 전략은 양질의 서비스를 계속적으로 공급받을 수 있는지의 여부가 성공의 관건이라 할 수 있다. 그러나 국내의 기업 환경에서 아웃소싱은 역사가 짧고 특히 호텔업에서는 아웃소서가 많지 않으므로 공급측면에서 다분히 위험한 요소를 내포하고 있다. 이 외의 단점을 살펴보면,

1) 호텔의 주요 업무를 맡길 경우 호텔 내부의 커뮤니케이션의 문제가 발생할 수 있다. 호텔 업무는 타 업종에 비해 업무의 상호 연관성이 매우 높기 때문에 의사소통의 문제는 무시할 수 없다.

2) 고객의 불만 또는 불평이 발생하거나 보상 등의 문제가 발생했을 경우 책임 소재가 분명치 않다.

3) 외부의 전문화된 업체를 이용할 경우 때로 과다한 비용이 발생하거나 '뇌물'과 같은 부작용이 발생할 소지가 있다.

3. 호텔의 사례

H호텔은 IMF를 거치면서 98년 초 대규모 인원감축을 단행했다. 그중 크게 눈에 띄는 부분은 야간청소 및 공공장소 청소를 대행해오던 용역회사에 호텔의 주요 판매품인 객실청소부분을 아웃소싱화 함으로써 H호텔의 객실관리부 인원을 23명 감축할 수 있었다.

이 호텔의 객실관리부서의 평균임금을 직접운영비 부문에서 산출한 결과 1백96만6천1백40원이고 만약 호텔이 23명의 인원을 감축하지 않았다면 4천5백22만1천2백20원의 비용을 지불했어야 하는 것으로 나타났다. 반면 아웃소싱업체에 23명의 인원의 용역비로 지출한 금액은 한 달 평균 2천7백31만원으로 계산되었다. 따라서 이 호텔은 객실부문의 일부를 아웃소싱 화함으로써 당해 연도 1년간 2억1천5백만원, 즉 한달 1천7백91만1천2백20원의 비용을 절감하여 수익을 올리는 효과를 얻을 수 있었다.

4. 아웃소싱 가능범위와 한계

호텔의 객실관리부서 전체를 분사화 한 S호텔의 사례와 일부를 아웃소싱 한 H호텔 두 경우의 사례에서 우리는 아웃소싱이 호텔의 영업이익에 기여할 수 있다는 가능성을 볼 수 있었다. 만약 호텔이 객실 관리부서 외에 필요하다면 가능한 모든 부서(시설관리부, 교육부, 연회서비스 부문 등)를 아웃소싱 형태로 운영한다면 영업 이익률을 현저히 높일 수 있을 것이다.

최근 국내 특1급 호텔에서 예식이 허용된 후 몇몇 호텔에서는 예식 연회서비스를 아웃소싱으로 운영할 것을 검토하고 있는 것으로 알려졌다. 주말에 주로 편중되고 한 번에 많은 인력을 필요로 하는 이런 행사를 위해 정규직을 채용하는 것도 어렵고 일반 아르바이트를 채용한다면 고급 연회를 위해 호텔을 찾아온 고객을 만족시키기 어려울 것이다. 만약 호텔 수준의 서비스를 제공해줄 수 있는 예식 및 고급연회를 전문으로 아웃소싱해주는 업체가 있다면 시장성을 충분하다고 볼 수 있다.

그러나 진정한 의미의 아웃소싱이란 비용절감보다는 전문 업체를 통해 호텔 서비스품질을 향상시킴으로써 경쟁우위를 확보하는 것이 목적일 것이다. 사례에서 본 두 호텔의 경우 과거에 객실관리부를 내부에서 운영하는 방법에 비해 아웃소싱 전략을 채택하여 실제적으로 어느 정도 향상된 서비스를 고객에게 제공할 수 있는가에 대한 객관적 입증이 필요할 것이다.

첨단 기술부분의 경우나 선진국과 기업의 아웃소싱 성공사례를 살펴보면 아웃소싱 체제도입을 통해 직원들에게 전문성을 갖고 보다 자유롭게 근무할 수 있는 여건이 조성되고, 나아가 보수체계와 작업환경도 좀 더 개선되는 경우가 많음을 알 수 있는데, 이러한 사례는 직원의 노동생산성이 근무여건이나 급여수준 등과 밀접한 관계가 있음을 시사해준다. 그러나 기존 S호텔 소속하에서 근무했던 직원의 입장에서 보면, 분사 이후 근무여건이나 급여수준의 향상을 당장 기대하기는 어려울 것으로 예상된다. 분사 초기에는 직원의 애사심과 창립의지 등으로 일정수준의 서비스 공급을 기대할 수 있겠지만, 분사된 회사 직원들이 직업적 안정감 확보나 적정한 급여수준 유지, 지속적인 교육훈련 등이 뒷받침되어야만 고품질 서비스가 지속적으로 제공될 수 있을 것이다.

또 다른 문제점은 아웃소싱전략을 실행할 경우, 해당 서비스를 제공해줄 수 있는 대체 또는 보완적 아웃소서가 시장에 충분히 존재하지 않는 상황이라면, 그 서비스 수급 때문에 호텔기업이 오히려 분사된 회사에게 부분적으로 종속되는 입장에 처해질 수도 있으며, 나아가 분사된 회사가 부도 또는 파산하게 되면 대체 서비스 제공이 어려워져 상당한 혼란이 야기될 수 있다. 그 결과 호텔기업은 다시 인 소스(In source : 종래 아웃소싱되었던 업무를 다시 기업내부로 가져와 수행)할 수밖에 없을 것이며 호텔기업은 상당한 추가비용을 지불해야할 경우도 일어날 수 있다.

부 록

- 단체협약
- 취업규칙
- 징계규정
- 근로기준법
- 기간제및단시간근로자보호등에관한법률안
- 파견근로자보호등에관한법률
- 안전보건관리규정

단 체 협 약

A호텔 서울(이하 "회사"라 칭한다)과 A호텔 노동조합(이하 "조합"이라 칭한다)은 헌법과 노동관계 법규의 기본 정신에 입각하여 사용자의 경영권과 근로자의 노동권에 대한 상호 존중을 통하여 회사의 번영과 조합원의 복리 증진의 실현을 목적으로 이 협약을 체결하고 노사 협조 정신과 신의·성실의 원칙하에 이 협약을 준수한다.

제1장 총 칙

제1조(교섭 단체의 인정) 회사는 노동조합을 조합원을 대표하는 유일한 교섭 단체로 인정한다.

제2조(협약의 적용 범위) 이 협약은 당사자인 회사와 조합 및 조합원에게 적용한다.

제3조(협약의 우선) 이 협약은 취업 규칙 및 회사와 조합원간에 체결된 모든 협정 또는 계약에 우선한다.

제4조(조합의 가입 및 탈퇴) 단체 협약 제5조 규정에 해당하는 자를 제외하고는 본인의 의사에 따라 조합에 가입하거나 탈퇴할 수 있다. 입·탈퇴 시에는 사전 서면으로 조합에 제출해야 하며, 조합은 회사에 서면으로 통보한다. 단, 조합 가입 및 탈퇴 시 본인 이외의 어느 누구도 조종, 선동, 방해 행위를 하여서는 아니 된다.

제5조(비조합원의 범위) 다음 각 호의 1에 해당하는 자는 조합원이 될 수 없다.

1. 과장급 이상의 자
2. 인사부 및 재경부 직원(캐셔, 창고 및 검수 업무 담당자 제외)
3. 경비, 임원의 비서, 예비군 및 민방위 관계자
4. 수습 기간 중의 자(실습 만료 수습자 제외), 고문, 촉탁, 계약직, 실습생 및 일용직

제6조(근로 조건의 불이익 변경 금지) 회사는 조합원에 대하여 이미 실시하고 있는 근로 조건이 근로 기준법이 정하는 수준보다 상회한다거나, 이 협약에 정함이 없다는 이유로 그 근로 조건을 근로자에게 불이익하게 변경시킬 수 없다.

제7조(자료 교환 및 열람 편의 제공) 회사와 조합은 업무상 필요로 하는 자료는 상호 합의하에 열람 · 제공한다.

제 2 장 조 합 활 동

제8조(조합 활동의 보장)

1. 회사는 조합원의 정당한 조합 활동의 자유를 보장하며, 정당한 조합 활동을 이유로 불이익한 처우를 하지 아니한다.
2. 회사는 어떠한 이유로도 조합 운영에 개입해서는 아니 된다.

제9조(근무 시간 중의 조합 활동)

1. 조합의 조합 활동은 원칙적으로 근무 시간외에 행하여야 한다. 그러나 근무 시간 중 조합에서 조합 활동을 하고자 할 때에는 회사의 사전 양해를 얻어야 하며 회사는 부득이한 사정이 없는 한 그 편의를 제공한다.

(1) 정규 절차를 거쳐 행하는 단체 교섭

(2) 회사와 조합 쌍방이 협의하여 개최하는 각종 화합 및 노사 협의회

(3) 조합에서 조합 활동을 위해서 하는 경우

(4) 조합 간부 수련회(년3일)

2. 조합이 각 항의 활동을 하고자 할 때는 회사 측에 목적, 종류, 참가 인원 및 성명, 일시, 장소, 소요 기간을 기재한 문서를 24시간 전에 회사에 통보하여야 한다. 단, 긴급을 요할 시는 예외로 한다.

3. 조합 활동은 회사의 양해를 얻은 경우에는 이를 근무한 것으로 간주한다.

제10조(조합의 전임자) 회사는 조합이 일상 업무를 처리하기 위한 위원장 외 1명을 조합 업무에 전임하는 것을 인정한다.

제11조(조합 전임자의 처우)

1. 조합 전임자는 조합 업무를 전담하며 전임 기간은 회사의 근무 기간으로 간주한다.
2. 전임자의 임금은 회사가 부담하며 그에 상응한 예우를 한다.
3. 회사는 전임 해지와 동시에 전임자를 원직에 복귀시키되 원직이 소멸되었을 때에는 본인의 의사를 존중 원직 및 전임을 고려, 그에 상응하는 직에 복귀시키며 전임자였다는 이유로 복직 후 어떠한 인사상의 불이익한 처우를 할 수 없다.

제12조(회사 시설의 이용)

1. 회사는 조합 활동상 필요하다고 인정되는 사무실, 사무용 집기 및 비품, 통신 시설을 지원한다.
2. 조합이 회의 및 행사를 위한 시설 및 장소를 이용해야 할 경우 회사와 협의하고 회사는 특별한 사정이 없는 한 최대한 편의를 제공한다.

제13조(조합의 홍보 활동)

1. 조합은 조합의 일상 활동에 필요한 게시 및 유인물을 자유로이 배부할 수 있으며, 일상 활동 이외의 게시 및 유인물을 배부할 경우 회사에 사전 통보한다. 단, 일상 활동의 범위는 다음과 같다.

(1) 조합의 각종 집회에 관한 사항

(2) 조합의 선거, 임원 임명, 이동에 관한 사항

(3) 조합의 교육, 문화, 체육, 후생, 오락, 친목에 관한 사항

2. 회사는 조합만이 게시할 수 있는 게시판을 설치해 준다.

3. 회사와 조합은 상호 신용 실추, 개인의 명예 훼손 및 사실 무근한 사항을 게시하지 아니한다.

제14조(조합비 징수 방법)

1. 회사는 조합원의 급여 지급 시 조합이 요청한 매월 소정의 조합비를 본인이 동의한 가입 원서를 확인한 후 일괄 공제하여 공제 명세서와 함께 즉시 인계한다.
2. 회사는 조합이 전 조합원을 대상으로 회의 기구에서 결의하여 공제 의뢰한 부과금에 대하여 급여 지급시 경리 업무상 지장이 없는 한도 내에서 일괄 공제하여 인계한다.

제15조(통지 의무) 조합과 회사는 상호 다음과 같은 사항을 문서로 통보한다.

1. 조합에서 통지할 사항
   (1) 조합의 규약 및 규정의 개폐
   (2) 조합 임원, 간부, 대의원의 변동 사항
   (3) 기타 노사가 합의한 자료
2. 회사에서 통지할 사항
   (1) 조합원 인사 변동 사항
   (2) 조합원 임금 대장
   (3) 년 대차 대조표, 손익 계산서, 매출 원가 명세서
   (4) 영업 현황 및 인원 현황
   (5) 기타 노사가 합의한 자료

제16조(타 상급 단체의 임원 취임)

1. 회사는 조합이 가맹한 상급 단체 및 정부에서 인정하는 노동 운동에 관계있는 단체의 임원으로 전임함을 인정한다. 단, 이 경우 전임자는 무급 휴직으로 처리한다.
2. 상기 1항의 경우 발생 시 조합에 추가 전임을 인정한다.

제3장 인 사

제17조(인사권)

1. 인사 운영에 관한 권한은 회사에 있다.
2. 회사는 인사의 공정 타당성을 기함과 아울러 조합원임을 이유로 차별 대우를 하지 아니한다.
3. 인사 관리의 시행은 이 협약이 정한 기준과 회사의 인사 관리 규정에 의한다.
4. 회사 조합의 임원 및 대의원에 대한 인사는 조합과 협의하여 행하며, 조합원을 "부" 단위의 타 부서로 이동시킬 때에는 본인의 동의를 얻어야 한다.
5. 회사는 조합에서 조합원의 인사가 불공정하게 시행되었다고 판단되어 이의를 제기할 경우 이에 관하여 조합 대표자와 협의한다.

제18조(여성 조합원 차별 처우 금지) 회사는 여성 조합원의 제반 인사 및 근로 조건에 있어서 남녀 고용 평등법에 따라 공정하게 적용하여야 한다.

제19조(수습 기간)

1. 신규 채용된 자의 수습 및 시용 기간은 관계 법규에 따라 정한다.

2. 특수 기능 또는 경험이 있다고 인정된 자에 대해서는 수습 기간을 면제 또는 단축할 수 있다.
3. 수습의 해지, 연장, 해고 시에는 본인에게 수습 기간 중에 통보하여야 하며 통보 의무 불이행시는 관계 법령에 따라 처리한다.
4. 수습 기간 중의 임금은 기본급의 90%로 한다.
5. 수습 기간은 근속년수에 산입한다.

제20조(휴직) 회사는 다음 각 호에 해당하는 자는 휴직을 명하거나 허가할 수 있다.

1. 병역법, 전시 근로 동원법 등에 의거 징소집에 응함으로써 계속하여 업무에 종사하지 못할 경우
2. 업무 외 상병으로 인한 결근이 1회 30일 혹은 년 통산 90일에 달한 경우
3. 형사 입건되어 정상적인 업무 수행이 불가능하다고 판단될 경우
4. 기타 회사가 정한 이유가 있다고 인정하는 경우

제21조(휴직자의 처우) 휴직자의 급여는 무급으로 함을 원칙으로 하되, 제20조 2항의 경우 최초 3개월에 한하여 평균 임금의 50%를 지급한다.

제22조(휴직자의 신분) 조합원이 휴직되었을 때에는 직원으로서의 신분은 보유하나 직무에는 종사하지 못한다.

제23조(휴직 기간의 계산)

1. 제 20조 1호 및 4호의 휴직 기간은 소요 기간, 2호 및 3호의 휴직 기간은 3개월 이내로 한다. 단, 휴직 기간의 연장이 부득이하다고 회사가 인정할 때에는 1회에 한하여 그 기간을 연장할 수 있다.
2. 휴직 기간의 연장은 최초 휴직 기간 만료일로부터 3개월 이내로 한다.
3. 휴직 기간 중 10일 이내의 출근만으로는 휴직이 중단되지 아니한다.
4. 휴직 기간은 근속 기간에 산입함을 원칙으로 하되 다음 각 호의 1에 해당하는 때는 예외로 할 수 있다.
   (1) 휴직 기간 만료 후 복직하지 아니한 때
   (2) 기타 복직의 의사가 없었음이 명백할 때

제24조(복직)

1. 휴직자가 휴직 기간 만료 또는 휴직 사유 해소 후 회사에 복직 원을 제출하였을 때에는 회사는 10일 이내에 원직에 복직시킴을 원칙으로 한다.
2. 휴직자가 휴직 기간 만료 또는 휴직 사유 해소 후 14일 이내 복직 원을 제출하지 아니하는 경우 또는 휴직 기간 경과 후에도 휴직 사유가 해소되지 아니한 경우에는 자동 퇴직으로 간주한다.

제25조(사직)

1. 조합원은 다음 각 호의 1에 해당하는 때에는 사직으로 처리한다.
   (1) 정년에 달하였을 때

(2) 사망하였을 때
(3) 임원으로 선임되었을 때
(4) 조건부 또는 기한부의 채용에서 퇴직 조건이 성취되거나 기한이 도래한 때
(5) 본인의 원이 있고 회사가 동의한 때

2. 조합원이 사직하고자 할 경우에는 30일 이전에 사직원을 제출하여 회사 업무 운영상 지장을 초래하지 않도록 하여야 한다. 다만, 사직 예고 기간 중 적치된 년·월차 휴가나 휴일이 있을 경우 이를 사용하거나 보상 받을 수 있다.

제26조(징계의 종류)

1. 해고(파면, 해임) : 직원으로서의 신분을 박탈
2. 강등 : 직급 자격을 강하
3. 정직 : 3개월 이내로 하되 그 기간 중에는 직원으로서의 신분은 보유하나 직무에 종사하지 못하며 무급으로 한다.
4. 감봉 : 1개월 이상 3개월 이내로 하고 총액은 월 임금 총액의 10분의 1 이내로 한다.
5. 견책 : 서면으로 훈계하고 시말서를 제출케 한다.
6. 경고 : 경고장 발부, 개선을 촉구

제27조(징계 위원회)

1. 조합원의 징계를 심의하는 징계 위원회는 총지배인, 부 총지배인, 인사부장 및 총지배인이 지명하는 부서장으로 구성된다. 단, 징계 위원회의 징계 의결 전에 회사는 노동조합의 대표자와 조합원의 징계에 대하여 사전에 협의한다.
2. 조합원을 징계하고자 할 경우에는 징계 사유 발생을 인지한 날로부터 1개월 이내에 사실조사를 포함한 소정의 징계 절차에 착수하여야 한다. 단, 부득이한 경우에는 이를 연기할 수 있다.
3. 징계 위원회는 해당 조합원에게 소명의 기회를 주어야 하며 공정한 징계가 되도록 하여야 한다.
4. 노조 대표자는 징계 대상자인 조합원의 요청에 따라 징계 위원회에 참석하여 구두로 변호하거나 서면으로 변론을 제출할 수 있다.

제28조(고정)

1. 징계 위원회에서 결정된 사항에 대하여 이의가 있을 때에는 신청서를 제출하여 1회에 한하여 재심을 청구할 수 있다.
2. 재심을 위한 신청은 징계 통보일로부터 7일 이내에 하여야 한다.

제29조(해고의 예고) 회사는 조합원을 해고하고자 할 때에는 30일 이전에 그 예고를 하며 예고하지 아니하고 해고할 때에는 30일분의 급여를 지급한다. 다만, 다음의 경우에는 그러하지 아니한다.

1. 천재지변, 사변 기타 부득이한 사유로 사업 계속이 불가능하여 노동부 장관의 승인을 받은 경우

2. 조합원이 고의로 사업에 막대한 지장을 초래하거나 재산상 손해를 끼친 경우로서 노동부 장관의 승인을 받은 경우

제30조(해고 예고의 적용 제한) 제29조의 해고의 예고는 다음 각 호에 해당하는 자에게는 적용하지 아니한다.

1. 일용 근로자로서 3월 미만 근속자
2. 2월 이내의 기간을 정하여 사용된 자
3. 계절적 업무에 6월 이내의 기간을 정하여 사용된 자
4. 수습 사용 중인 자
5. 월급 근로자로서 6월이 되지 못한 자

제31조(해고의 제한) 제29조의 규정에 불구하고 회사는 업무상 상병으로 인한 요양 중인 자로서 일시 보상이 행해지지 않은 자 및 출산 휴가 중에 있는 자에 대하여는 해고하지 아니한다. 다만, 제30조 제1항 및 2항의 경우에는 그러하지 아니한다.

제32조(적정 인력 확보) 적정 인력 확보는 노사 협의회를 통하여 노사 협의 후 결정한다.

제33조(인원 정리)

1. 회사는 긴박한 경영상의 이유로 인원의 일부 또는 전부를 정리하고자 하는 경우 60일 전에 조합에 통보하고 성실하게 협의하여야 한다.
2. 상기 1항의 경우 회사는 합리적이고 공정한 해고의 기준을 정해야 하고 법에서 정한 해고 회피를 위한 노력에 최선을 다한다.
3. 회사는 1항에 의하여 퇴직한 조합원이 기업의 회복으로 종업원을 채용할 시에는 본인의 의사에 따라 동일 직종에 우선 채용하여야 한다.

제34조(원상회복)

징계에 의해 해고 등 불이익을 당한 조합원이 노동 위원회의 결정 또는 법원의 판결에 의해 부당 해고 및 불이익이 판명되었을 때에는 회사는 다음과 같이 조치하여야 한다.

1. 부당 징계의 판정이 확정된 때에는 그 때부터 징계를 무효로 한다.
2. 징계로 인해 출근하지 못한 기간의 임금에 대해서는 출근 시 당연히 받을 수 있었던 임금(상여금 포함)의 전액을 지급하며, 감봉된 조합원에게는 공제한 감봉 금액을 즉시 지급한다.

제35조(우선 채용) 회사는 15년 이상 장기 근속한 퇴직자 및 업무상 상병으로 불가피하게 퇴직한 조합원의 피부양 가족은 우선으로 채용한다.

제36조(표창) 회사는 다음 각 호의 1에 해당하는 자를 표창할 수 있다.

1. 업무상 공적이 현저한 자
2. 재난의 미연 방지 또는 비상사태 수습에 있어서 특별한 공로가 있는 자
3. 다년간 근속자로서 타 직원의 모범이 되는 자
4. 교육 훈련 성적이 우수한 자
5. 기타 필요하다고 인정되는 자

제37조(승진 및 채용)

1. 회사는 조합원의 승진에 있어서 근무 평정, 근속년수, 학력, 경력 등 제반 사항을 고려하여 공정하게 결정한다.
2. 회사는 승진 대상자 중 심사 항목별로 동일한 수준의 경합자가 있을 경우 장기 근속자에게 우선권을 부여한다.
3. 공석 지위는 사내에서 충당하되 사내 승진 대상자보다 월등히 우수한 자가 있을 때에 한해 외부 충원을 고려한다.
4. 사직, 전보 등의 사유로 충원이 필요하다고 인정될 경우 1개월 이내에 인원을 보충함을 원칙으로 한다.

제38조(정년)

1. 조합원의 정년은 만58세로 한다. 그러나 업무상 회사가 필요하다고 인정한 자에 대하여는 일정 기간 이를 연장할 수 있다.
2. 정년 퇴직일은 만58세가 되는 해의 12월 31일로 한다.

제4장 근로 시간 및 휴일, 휴가

제39조(근로 시간) 근로 시간은 휴게 시간을 제외하고 1일 8시간, 주 44시간을 원칙으로 하며 필요시에는 당사자 간의 합의에 의하여 1주일에 12시간까지 연장 근로할 수 있다. 단, 소정 근로 시간 이외의 근로 시간은 시간외 근로 시간으로 본다.

제40조(출·퇴근 시간)

1. 조합원은 근무 시간 시작 전에 출근하여 출근 카드에 각인하거나 출근부에 서명 또는 날인하여야 한다.
2. 회사와 조합은 호텔이 24시간을 연중무휴로 영업하는 것을 인정하며, 이에 따라 조합원에게 교대 근무를 명할 수 있다.
3. 일반 사무직 근로 시간은 휴식 시간을 포함 오전 9시부터 오후 6시로 함을 원칙으로 하고 영업 부서의 근로 시간은 각 영업장의 영업시간에 따라 시업 및 종업 시간을 따로 정하되 근무 시간의 현격한 변동이 있을 경우에는 조합에 사전 통보한다.
4. 근무 시간표는 특정 조합원에게 유리 또는 불리하게 작성하지 아니한다.

제41조(시간외 야간 및 휴일 근로)

1. 회사가 조합원에게 시간외 근로 및 휴일 근로를 시킬 경우 사전에 당사자 합의가 있어야 한다.
2. 시간외 근로는 1일 2시간, 1주 12시간을 초과하지 못한다.
3. (1) 18세 미만의 근로자에게 야간 근로는 명할 수 없다.

   (2) 여성 근로자는 특수한 부서를 제외하고는 야간 근로를 명할 수 없다.

   단, 특수한 부서란 업장의 특수성에 의해 노동부장관이 허가한 업장을 말하며, 또한 여기서 야간 근로라 함은 22시부터 06시까지를 말한다.

제42조(지각, 조퇴)

1. 소정의 근무 시간 개시 후에 출근하는 조합원은 직접 감독자의 사전 또는 사후 승인을 받지 아니하는 한 무단 지각으로 처리한다.
2. 소정의 근무 시간 전에 근무를 이탈하려는 조합원은 직접 감독자의 사전 서면 승인을 받지 아니하는 한 무단 조퇴로 처리한다.
3. 회사는 무단 지각 또는 조퇴를 월 3회 이상 함으로써 사내 근무 질서를 어지럽히거나 이를 상습적으로 자행하는 조합원을 징계한다.
4. 지각, 무단 조퇴 횟수 결과는 인사 고과에 반영한다.

제43조(결근)

1. 조합원이 질병 기타 사유로 인하여 결근하고자 할 경우에는 사전 결근계를 제출하여 소속 부서장의 승인을 얻어야 한다. 다만, 부득이한 사유로 인하여 사후에 제출할 경우에는 사유서를 첨부하여 즉시 제출해야 한다.
2. 결근계의 제출이 없는 결근은 무단결근으로 처리한다.

제44조(공민권 행사) 조합원이 근무 시간 중에 선거권 기타 공민권의 행사, 공의 직무를 수행할 시간을 필요로 할 때에는 사전에 소정의 승인을 받아야 한다. 다만, 회사는 그 권리의 행사 또는 공의 직무를 수행함에 지장이 없는 한 청구한 시각을 변경할 수 있다.

제45조(유급 휴일)

1. 회사의 유급 휴일은 다음 각 호와 같다.
   (1) 주휴일 : 회사는 1주일에 1일의 유급 휴일을 준다. 단, 주간 개근하지 아니한 자에게는 무급으로 한다.
   (2) 신 정 (1월 1·2일)
   (3) 설 날 (음력 12월 30·31일, 1월 1·2일)
   (4) 3.1절 (3월 1일)
   (5) 석가 탄신일 (음력 4월 8일)
   (6) 식목일 (4월 5일)
   (7) 근로자의 날(5월 1일)
   (8) 어린이 날 (5월 5일)
   (9) 회사 창립일(5월 16일)
   (10) 현충일 (6월 6일)
   (11) 제헌절 (7월 17일)
   (12) 광복절 (8월 15일)
   (13) 추석 (음력 8월 14·15·16일)
   (14) 개천절 (10월 3일)
   (15) 성탄절 (12월 25일)

2. 회사는 정부가 "관공서의 공휴일에 관한 규정"을 개정하는 경우 제1항의 유급 휴일을 그에 따라 조정한다.

제46조(유급 휴일의 대체)

1. 회사는 업무상 사정에 따라 조합원과 협의하여 휴일을 다른 날로 대체할 수 있다.
2. 설날 및 추석 연휴를 다른 날로 대체할 경우 통상임금의 50%를 가산 지급한다.

제47조(년·월차 유급 휴가)

1. 회사는 1월 만근한 자에 대하여 1일의 월차 휴가를 준다.
2. 연간 통상 근무 일수를 만근한 조합원에게 10일, 9할 이상 출근한 조합원에게 8일의 연차 유급 휴가를 준다.
3. 2년 이상 근속한 자에 대하여는 1년을 초과하는 근속년수 매1년에 대하여 전호의 휴가 일수에 1일을 가산한 연차 휴가를 허가한다.
4. 년·월차 유급 휴가 기간 중 주휴일이나 공휴일이 끼어 있으면 휴일은 제외하고 전·후일만 휴가로 취급한다.

제48조(유급 휴일의 보상) 본 협약 제46조 및 제61조에 의거 유급 휴일은 발생 당월 중 사용하거나 이를 대체하여 부여하지 못하였을 경우 정산하여 익월 급여 지급시 수당으로 지급한다.

제49조(년·월차 유급 휴가의 이용 및 보상)

1. 년·월차 유급 휴가는 조합원의 자율 의사에 따라 1년에 한하여 적치하여 사용하거나 분할하여 사용할 수 있다.
2. 회사의 귀책사유로 년·월차 휴가를 부여하지 못한 때에는 매년말 정산하여 익년도 1월 급여 지급시 수당으로 지급한다.
3. 년·월차 유급 휴가를 청구한 일자가 회사 운영상 지장을 초래한다고 인정될 경우는 회사가 그 시기를 조합원과 협의·조정할 수 있다.
4. 년·월차 휴가 사용은 1년간 행사하지 아니한 때에는 소멸된다. 단, 회사의 귀책사유로 사용하지 못한 경우에는 그러하지 아니한다.

제50조(년·월차 휴가 산정 기간) 월차 휴가는 매월 1일부터 말일까지, 년차 휴가는 1월 1일부터 12월 31일까지를 그 휴가 산정 기간으로 한다. 단, 년차 휴가에 있어 산정 기간 중의 중도 입사자에 대하여는 불이익을 주지 않는 범위 내에서 그에 상응하는 년차 일수를 허가하고 입사일 기준 1년 이상 만 근시 익년도 중 휴가를 부여할 수 있다.

제51조(유급 병가) 업무 외 상병으로 적치 년·월차 휴가 사용 후 1회 30일 년 통산 90일 이내의 진료를 요하는 경우에는 회사 지정 병원, 국·공립 병원 및 대학 병원의 진단서를 근거로 유급 병가를 부여할 수 있다.

제52조(생리 휴가) 여자 조합원에 대하여는 월 1일의 유급 생리 휴가를 부여하고 조합원이 청구한 날에 사용하는 것을 원칙으로 한다.

제53조(산전·후 휴가)

1. 회사는 임신 중의 여자 조합원에 대하여는 90일의 보호휴가를 주어야 하며 산후에 45일 이상이 보장 되도록 한다. 단, 최초 60일을 유급으로 한다.
2. 임신 중인 여자 조합원이 신청한 경우에는 경미한 작업에 전환 배치하여야 하며, 무급 휴가를 신청할 경우 산전·후에 10개월에 한하여 회사는 허가한다.

제54조(유산 휴가) 임신 4개월 이상의 여자 조합원이 자연 유산했을 경우 종합 병원 진단서를 근거로 30일의 유급 유산 휴가를 부여한다.

제55조(경조 휴가) 회사는 다음 각 호에 해당하는 조합원에 대하여 청원에 의하여 유급 휴가를 허가한다.

1. 축하일
   - (1) 본인의 결혼 6일
   - (2) 자녀의 결혼 3일
   - (3) 동일 호적 내의 직계 형제자매의 결혼 1일
   - (4) 부모 회갑 2일
   - (5) 조부모 회갑 1일
   - (6) 배우자 부모 회갑 2일
   - (7) 자녀 출산 1일
2. 기복일
   - (1) 부모상 5일
   - (2) 배우자상 5일
   - (3) 배우자 부모상 5일
   - (4) 자녀 상 4일
   - (5) 조부모상 3일
   - (6) 동일 호적내의 직계 형제 자매상 2일
   - (7) 부모, 배우자 대 소 기일 1일
   - (8) 조부모, 배우자 부모 대소기일 1일

제56조(병무 휴가) 회사는 병역법에 의한 징병 검사일 및 향토 예비군 설치법에 의한 동원 기간에 대해서는 유급 휴가를 준다.

제57조(하계 유급 휴가) 회사는 조합원에게 하계 유급 휴가 2일을 부여한다.
(여기서 하계라 함은 7,8,9월을 의미한다.)

제58조(특별 휴가) 조합원이 화재, 천재지변, 기타 중대한 재해를 당하였거나 특별한 사유가 인정되는 경우에 회사는 그에 상응하는 기간의 유급 휴가를 허가할 수 있다. 다만, 본인이 적치된 년·월차 휴가 일수가 없을 경우에 한한다.

제59조(비상근무) 조합원은 재해, 비상사태 발생 등 업무상 부득이한 사유로 회사의 출근 명령

을 받을 때에는 휴일 또는 휴가 중이라도 출근하여야 하며, 회사의 지시에 따라 업무를 처리하여야 한다.

제5장 임 금

제60조(임 금)

1. 임금이란 조합원에게 노동력의 대가로 지급하는 일체의 금품을 말하며, 임금 결정은 대체로 동일 업무에 동일 임금의 원칙에 따른다.
2. 임금의 구성
   (1) 기본급 (2) 상여금 (3) 제수당 (4) 기타 임시로 지급하는 임금

제61조(임금 협상의 적용과 시기)

1. 조합원의 임금은 매년 회사와 단체 교섭을 통하여 결정한다.
2. 단체 교섭에서 결정된 임금의 적용 시기는 매년 6월 1일을 기준으로 한다.

제62조(임금의 계산 기간) 임금의 계산 기간은 당월 1일부터 당월 말일까지 1개월분으로 하여 지급한다. 다만, 시간외 야간 및 휴일 근로 수당은 전월 1일부터 전월 말일까지를 1개월분으로 하여 지급한다.

제63조(임금의 지불일) 임금 지불일은 매월 25일로 한다. 단, 임금 지불일이 공휴일인 경우에는 그 전일에 지급한다.

제64조(임금의 일할 계산) 채용, 승진, 승급, 휴직, 퇴직 기타 임금 변동을 수반하는 인사 발령 사항이 있을 때의 임금 계산은 인사 발령 일자를 기준하여 일할 계산한다.

제65조(임금의 가불) 회사는 다음 각 호의 경우에는 본인 또는 정당한 권리자의 요구에 의하여 기왕의 노동에 대한 임금을 지불할 수 있다.

1. 결혼, 출산, 장례의 비용에 충당하고자 할 때
2. 천재지변, 기타 사고로서 필요하다고 인정될 때

제66조(시간외 근로 수당) 회사는 1일 근무 시간을 초과하여 근무한 시간에 대하여는 통상 임금의 50%를 가산 지급한다.

제67조(야간 근로 수당) 22시부터 06시까지의 근무에 대하여는 통상 임금의 50%를 가산 지급한다.

제68조(휴일 근로 수당) 조합원이 유급 휴일에 근무한 경우에는 통상 임금의 50%를 가산 지급한다.

제69조(휴업 수당) 회사의 귀책사유로 휴업할 경우에는 평균 임금의 100분의 70 이상을 휴업 수당으로 지급한다. 다만 부득이한 사유로 인하여 사업 계속이 불가능하여 노동 위원회의 승인을 얻은 경우에는 그 범위 이하의 휴업 수당을 지급할 수 있다.

제70조(기타 수당) 기타 수당의 지급 요인 발생 시는 노사 협의 하에 결정할 수 있다.

제71조(상 여 금)

1. 회사는 조합원에게 상여금을 지급하되 지급액 및 지급 시기는 매년 노사가 합의한 임금 협약서에 의한다.
2. 정규직으로 신규 입사한 자에 대하여는 지급일 기준 1월 이상 근무자에 한하여 지급하되 1월 이상 3월 미만 근무자는 지급액의 50%, 3월 이상 근무자는 지급액의 100%를 지급하고 임시, 일용, 실습, 파트타임 근무자는 제외한다.
3. 회사는 경영 실적에 따라 정기 상여금 외에 특별 상여금을 지급할 수 있다.

제72조(퇴 직 금)

1. 회사는 조합원이 만 1년 이상 근무한 이후 퇴직할 때에는 근속년수 1년에 대하여 30일분의 평균 임금을 퇴직금으로 지급한다.
2. 퇴직금은 지급 사유가 발생한 날로부터 14일 이내에 지불한다. 단, 당사자 간의 합의가 있을 경우에는 3개월까지 연장할 수 있다.

제73조(전직 후의 임금)

업무상 사정 또는 직제 변경에 따라 전직 되었을 경우 평균 임금 수준을 저하시키지 아니한다.

제6장 안전과 보건

제74조(안전 관리) 회사는 작업상 위험한 시설에 대하여서는 법이 정하는 이상의 안전 조치를 취하고 안전사고 방지에 노력하여야 하며, 조합원은 안전 수칙을 준수하여 사고의 미연 방지에 최선을 다하여야 한다.

제75조(보건 관리) 회사는 조합원의 보건 위생 철저를 기하기 위하여 산업 안전 보건법에 따른 제반 조치를 취한다.

제76조(건강 진단)

1. 회사는 조합원에 대해 매년 1회의 정기 건강 진단을 실시하며, 조합원은 정당한 이유 없이 건강 진단을 거부하지 못한다. 다만, 식음료 부서나 유해 업무에 종사하는 조합원에 대해서는 연2회의 건강 진단을 실시한다.
2. 회사는 건강 진단 결과를 즉시 본인에게 통보하여야 하며, 진단 결과에 따라 요보호자로 판명되었을 경우 회사는 회사 지정 의사의 소견에 따라 적절한 조치를 취하여야 한다.

제77조(여성 및 연소자, 미경험자 보호) 회사는 여성 및 연소자, 미숙자에게는 위험 혹은 안전 보건 상 유해한 직종에 종사시키지 아니한다.

제78조(취업 금지) 회사는 전염병, 정신병 또는 근무를 계속함으로써 병세가 악화되거나 이로 인해 타인에게 피해를 끼칠 우려가 있는 조합원에 대해서는 취업을 금지시킨다.

제79조(안전 보건 위원회) 회사는 산업 안전 보건법에 의한 산업 안전 보건 위원회를 설치 운영한다.

제7장　복리 후생 및 교육 훈련

제80조(후생 시설)

1. 회사는 조합원의 복리 후생을 위해 다음 시설을 완비하는데 최선을 다한다.
   (1) 식당　(2) 휴게실　(3) 탈의실　(4) 욕실　(5) 간이 숙소
   (6) 이·미용실　(7) 매점　(8) 각종 레크리에이션 시설
2. 전 항의 시설과 관리 및 운영은 회사와 조합이 상호 협의하여 운영한다.

제81조(급　식)

1. 회사는 근무 중인 조합원에게 1일 1식을 기준하여 급식을 제공하며 특히 위생과 영양에 유의하여야 한다. 다만, 대외 업무 수행 시에는 실비를 지급한다.
2. 회사는 직원 급식운영에 관하여 노동조합과 협의한다.

제82조(근무복, 안전화, 방한복, 안전모 지급) 회사는 근무복, 안전화, 방한복 및 안전모를 회사의 지급 기준에 따라 무상으로 대여한다.

제83조(장기 근속자 예우) 회사는 다음과 같이 장기 근속자를 예우한다.

1. 10년 근속 : 금 10돈 (창립기념일에 지급),
2. 15년 근속 : 제주 호텔 무료숙박 권 (2박3일, 조식포함)
   축하 금 200,000원 지급

단, 제주호텔의 예약상황에 따라 시기를 조정할 수 있음.

제84조(경조금) 회사는 조합원이 경조 시 다음 각 호와 같이 경조금을 지급한다.

1. 본인 결혼　30만원
2. 자녀 결혼　15만원
3. 부모 회갑　10만원
4. 배우자 부모 회갑　10만원
5. 본인 사망　100만원
6. 배우자 사망　30만원
7. 부모 사망　30만원
8. 배우자 부모 사망　20만원
9. 자녀 사망　15만원
10. 자녀 출산　3만원

제85조(블랙 타임 수당) 회사는 근로 시간 중 BREAK TIME 제도를 시행하는 부서의 조합원에 대하여는 실제 해당 근무일 기준 1일 8,000원의 특별 수당을 지급한다.

제86조(심야 교통비 지급) 회사는 23:30 - 06:00 사이에 출·퇴근하는 조합원에게 최고 8,000원 한도 내에서 심야 교통비를 실비 보조한다.

제87조(학 자 금) 회사는 정규 직원으로 3년 이상 근속한 조합원의 직계 자녀에 대하여 아래와

같이 학자금을 보조한다. 단, 아래 각 항의 학자금지원에 대하여 수혜자녀의 교체는 가능하나 교체 시 수혜기간은 앞서 수혜 받은 자녀의 남은 기간으로 한정한다.

1. 중·고생 : 2인의 등록금 전액
2. 대학생(전문대 생포함) : 1인의 등록금 50%
3. 유치원생 등 : 만4세 이상(3월1일 기준) 부터 초등학교 입학 전까지 최고 2년간 유치원생 등 자녀 1인에 대하여 등록금 월 50,000원 (본 항은 2003.3월부터 적용함.)

제88조(교육 훈련) 회사는 조합원이 직무를 효율적으로 수행하고 각자의 자질을 향상시킴으로써 개인의 능력 개발과 회사의 발전에 공헌할 수 있도록 아래와 같은 교육 훈련을 계획 실행하고 그 성과를 분석한다.

1. 입사 교육 : 회사 근무 환경 적응에 필요한 교육
2. 직무 교육 : 높은 품질 및 생산성을 달성하는데 필요한 직무 교육
3. 보수 교육 : 필요에 따라 직무에 대한 재교육, 감독자 교육, 견학 및 파 견 교육
4. 교양 교육 : 건전한 사회 및 조직 구성원으로서의 인격 함양을 위한 교육
5. 해외 파견 교육

제8장 재 해 보 상

제89조(업무상 부상 또는 질병) 회사는 조합원이 업무상 부상하거나 또는 질병에 걸렸을 때에는 산업 재해 보상 보험법에 의거하여 보상한다.

제90조(생계 보조비) 회사는 조합원이 업무상의 부상 또는 질병으로 취업하지 못하였을 때에는 관계법이 정한 바에 따라 휴업 급여를 지급하되, 휴업 급여와 조합원의 평균 임금을 비교하여 휴업 급여가 적을 경우, 그 차액 분을 생계 보조비 명목으로 1년 한도 내에서 추가 지급한다.

제9장 단 체 교 섭

제91조(교섭 원칙) 단체 교섭은 회사와 조합이 상호 신뢰 관계를 기초로 하여 상대를 존중하고 그 성의를 다하여 질서 있고 평화적으로 행하여야 한다.

제92조(교섭 절차)

1. 회사와 조합은 그 어느 일방으로부터 단체 교섭을 요구 받았을 경우 정당한 이유 없이 거부 또는 해태할 수 없다.
2. 어느 일방이 단체 교섭 요구 시 교섭 일시, 장소 및 요구 사항 또는 부의 사항을 기재하여 교섭일 5일 전에 서면으로 상대방에게 통지하여야 한다. 단, 긴급한 사정이 있을 때에는 회사와 조합 쌍방이 협의에 따라 절차를 간략하게 할 수 있다.

제93조(교섭 위원)

1. 단체 교섭은 교섭 위원이 행하며, 교섭 위원은 회사, 조합 공히 4명으로 하되 교체 위원 2

명을 둘 수 있다.

2. 이 교섭에는 교섭 위원 이외의 자는 출석할 수 없다. 다만, 교섭 사항의 설명이 필요한 때에는 예외로 한다.

제94조(교섭 사항) 단체 교섭의 대상이 되는 사항은 조합원의 근로 조건 및 기타 처우에 대한 사항과 이에 관련 있는 사항으로 한다.

제95조(협약서의 작성) 단체 교섭의 사항이 합의에 도달하였을 때에는 협약서를 작성한 다음 회사, 조합 쌍방의 대표자가 서명 날인하여야 한다.

제96조(비밀 준수의 의무) 교섭 위원은 교섭에 응해 지득한 비밀을 외부에 누설하여서는 아니된다. 단, 상호 합의한 내용에 대해서는 그러하지 아니한다.

제97조(회의록 작성)

1. 당사자 쌍방이 필요하다고 인정한 경우에는 단체 교섭의 의사에 따라 회의록을 작성한다.
2. 회의록에는 교섭 사항, 의사 경과 개요 및 그 결과를 기입하고 당사자 대표가 기명날인한다.

제98조(결정 사항의 성문화) 단체 교섭에서 결정한 사항은 성문화하여 이 협약의 일부로 할 수 있다.

제10장 취 업 규 칙

제99조(취업 규칙의 제정) 회사가 종업원에게 통용한 취업 규칙을 제정 또는 변경하고자 할 때에는 노동 관계법에 따른다.

제100조(취업 규칙의 공시 의무)

1. 회사는 취업 규칙을 제정 또는 개정, 폐기할 때에는 종업원이 관람할 수 있는 장소에 공지하여야 한다.
2. 취업 규칙(사규 포함)이 근로 기준법에 위반 시는 동 규칙은 무효가 되며, 그 효력은 상실된다.

제11장 노 사 협 의 회

제101조(노사 협의회)

1. 회사와 조합은 이해와 협조를 통하여 노사 공동의 이익을 증진함으로써 산업 평화를 도모키 위해 노사 협의회를 구성 운영한다.
2. 노사 협의회 구성과 운영에 관한 세부 사항은 회사와 조합이 별도 합의 결정한 노사 협의회 규정에 따른다.

제102조(합의 사항 처리 및 효력) 노사 협의회에서 합의된 사항을 성문화(회의록 및 합의서)하여 노사 대표가 확인 날인하였을 때에는 단체 협약과 동일한 효력을 갖는다.

제12장 평 화 협 정

제103조(노동 쟁의) 회사와 조합은 노동 쟁의 조정법의 제 규정을 준수하며 모든 쟁의 행위를 노동법의 규정에 따라 행하여야 한다.

제13장 부 칙

제104조(유효 기간) 본 협약의 유효 기간은 2004년 12월 19일까지로 한다. 단체 협약 개정을 위한 교섭은 매 2년마다 임금 교섭 시기에 동시에 진행하되 교섭은 각각 별도로 하고 개정된 단체 협약은 유효 기간 만료 시점부터 적용한다. 단, 임금 협약의 유효 기간은 1년으로 한다.

제105조(개폐 절차)

1. 본 협약을 갱신하고자 할 때에는 유효 기간 만료 90일 전에 개정안을 작성하여 상대방에게 제출하여야 한다.
2. 본 협약의 유효 기간 중에도 회사와 조합 쌍방이 동의하였을 때에 한하여 본 협약을 개정할 수 있다.

제106조(효력의 연장) 본 협약의 기간이 만료된 후 회사와 조합 간에 갱신 안이 결정되지 아니하였을 때에도 본 협약은 계속 효력을 지닌다.

제107조(협약의 승계) 본 협약을 체결한 후 회사나 조합의 명칭 또는 대표자(협약서 서명, 날인자)의 명의가 변경된 때에도 본 협약은 계속 그 효력을 유지한다.

제108조(준 용) 본 협약에 규정되지 않은 사항에 대하여는 노동관계 법령, 기존의 노사 합의, 취업 규칙 및 회사 제 규정에 의한다.

제109조(협약서의 보관) 본 협약서는 협약을 확인하기 위하여 3부를 작성하여 회사와 조합이 각각 1부씩 보관하고 1부는 행정 관청에 제출한다.

2006년 12월 30일

총 지 배 인 노동조합 위원장

취 업 규 칙

(EMPLOYMENT REGULATIONS)

제1장 총 칙

제1조(목적)

1. 이 규칙은 유한회사 A호텔 서울(이하 회사라 한다)에 취업하고 있는 직원의 근로 조건에 관한 사항을 정함을 목적으로 한다.
2. 이 규칙에 명시되지 아니한 근로 조건에 대하여는 별도의 규정을 정할 수 있으며 그 규정의 정하는 바에 의한다.

제2조(적용범위) 이 규칙은 회사에 재직하는 모든 정규 직원에게 적용된다. 단, 아르바이트, 실습생, 일용직, 계약직, 임시 및 촉탁직, 파트 타이머 등에 대하여는 별도의 규정을 둔다.

제3조(정의) 이 규칙에서 직원이라 함은 제3장에서 정하는 소정의 채용 절차에 따라 채용된 자로서 제2조의 비적용 직원을 제외한 회사 구성원을 말한다.

제4조(준수) 회사의 직원은 이 규칙을 성실히 준수하여야 하며 각자가 성실하게 이행할 의무를 가진다.

제2장 복 무

제1절 통 칙

제5조(복무원칙)

1. 직원은 회사의 제 규정을 준수할 것은 물론 업무상 명령에 순응하여 주어진 업무를 성실히 이행하여야 한다.
2. 직원은 상호간에 신의를 지키고 품성을 도야하여 회사의 명예를 훼손하지 말아야 하며 업무에 관한 최대의 협조를 하여야 한다.
3. 직원은 솔선수범하여 질서를 유지하며 선량한 관리자로서 회사의 재산을 보전하여야 한다.

제6조(업무상 기밀 준수) 직원은 업무상의 일체의 기밀을 재직 중은 물론 퇴직 후라도 이를 누설하여서는 안 된다.

제7조(금지사항) 직원은 다음의 행위를 하여서는 안 된다.

1. 개인의 영리를 목적으로 하는 영업 행위 및 회사의 허가 없이 회사 업무 이외에 다른 직무를 겸하는 것.
2. 회사와의 거래처로부터 사례, 증여, 향연을 받거나 또는 금전의 차용 행위를 하는 것.

3. 대한민국 정책과 회사 정신에 위배되는 정당 사회단체에 임의로 가입하거나 회사의 승인 없이 사내에서 비공식 조직을 만드는 것.
4. 회사의 허가 없이 업무에 관한 사항에 대하여 신문, 잡지, 방송 좌담회 등에 투고하거나 출연하며 인쇄물 등을 게재 배포하는 것.
5. 회사의 명예와 신용을 훼손하는 언동을 하거나 고객 및 동료에게 불손, 거만 또는 모욕적인 언동을 하는 것.
6. 회사의 허가 없이 자기 직무를 무단이탈하거나 특별한 사유 없이 근무 종료 후 회사 내에 잔류하는 것.
7. 폭력, 도박 또는 풍기 문제로 직장의 규율을 문란케 하는 것.
8. 회사의 허가 없이 비라, 벽보, 집회, 시위운동을 하거나 시도하려는 것.
9. 불법적인 파업, 태업 등 쟁의 행위를 하거나 이를 선동하는 것.
10. 업무상의 권한을 남용하거나 상사의 업무 지시에 정당한 사유 없이 불복하는 것.
11. 근무 및 출·퇴근 시간 기록, 각종 보고서, 고객 청구서, 수표 등을 위조하는 것.
12. 회사 내에서 고객과의 사교 행위나 고객에게 부당 요금 및 팁을 강요하는 것.
13. 허가 없이 회사의 식음료를 사용하거나 회사 물품을 부당 소유 및 반출하는 것.
14. 윤락 행위를 알선하거나 이와 관련하여 금품을 수수하는 것.

제8조(변상) 직원은 고의 또는 과실로 인하여 회사 재산에 손해를 끼쳤을 때에는 이를 변상하여야 한다.

제9조 (신상 변동 보고)

1. 직원이 전거, 전적, 개명 또는 자격의 취득, 상실 등 신상에 변동 상황이 발생한 때에는 그 사유 발생일로부터 10일 이내에 서면으로 신고하여야 한다.
2. 신원 및 재정 보증인의 이력 사항 변동 및 자격 상실 등의 경우에도 지체 없이 신고하여야 한다.

제10조(회사 보전 협력) 직원은 재해, 기타 비상사태에 대하여서는 공동 협력하여 회사 보전에 협력하여야 한다.

제11조(물품관리) 직원은 회사의 제반 설비, 제품, 원재료, 연료 도구, 기타 일체의 물품을 소중히 취급하여야 하며 사외로의 반출은 금한다. 단, 사외로 반출하고자 하는 경우에는 소정의 절차에 의하여 회사의 허가를 얻어야 한다. 또한 불필요한 개인 물품의 사내 반입은 금한다.

제12조(출입 및 소지품 검사) 직원의 회사 출입은 지정된 출입문을 이용하여야 하며 회사는 출·퇴근시 위해 방지와 질서 유지의 필요에 따라 직원의 소지품을 검사할 수 있다.

제2절 근무시간 및 휴게시간

제13조 (근무시간)

1. 직원의 근무시간은 휴게 시간을 제외하고 1일 8시간, 1주일에 44시간을 원칙으로 하되 회

사가 별도로 정하는 바에 따라 일부 직원에 대하여 2주간의 총 근로 시간이 88시간 범위 내에서 1주 48시간을 초과하지 않는 2주 단위의 탄력적 근로 시간제를 실시할 수 있다.

2. 사무실 근무자의 시업 시간은 오전 9시, 종업 시간은 오후 6시로 하고, 영업장 및 기타 부서 근무자의 시업과 종업 시간은 영업 사정과 업무 특성에 따라 별도로 정한다.

제14조 (휴게시간)

1. 휴게 시간은1일 1시간 이상으로 하되 그 시각은 부서별 실정에 따라 정한다.
2. 휴게 시간은회사의 질서와 규율을 혼란케 하지 않는 범위 내에서 자유로이 이용할 수 있다.

제3절 출근 및 결근

제15조(출퇴근) 직원은 시업 시각 전 출근 시와 종업 시각 후 퇴근 시에 반드시 본인이 출근 카드에 각인하거나 출근부에 서명 확인하여야 한다.

제16조(결근 및 조퇴)

1. 직원이 결근코자 할 때에는 사전에 그 사유와 예정 일수를 기재한 결근계를 제출하여 소속 부서장의 승인을 받아야 한다. 단, 질병 또는 기타 부득이한 사유로 사전에 승인을 득할 수가 없는 경우 유선으로 출근 시간 전 즉시 소속 부서장에게 보고하고 사유서를 첨부하여 24시간 내에 제출하고 승인을 받아야 한다.
2. 직원이 종업시간 이전에 퇴근하려 할 때에도 그 사유를 기재한 조퇴서를 제출, 소속 부서장의 승인을 받아야 한다.
3. 상기 1, 2호에 따라 결근 및 조퇴계를 제출하지 않거나 승인을 받지 못한 경우는 무단결근 및 무단 조퇴로 간주한다.

제4절 휴일 및 휴가

제17조(유급 휴일)

1. 직원의 유급휴일은 다음 각 호와 같다.
   (1) 주휴일 : 회사는 1주일에 1일의 유급 휴일을 준다. 단, 주간 개근하지 아니한 자는 무급으로 한다.
   (2) 신정 (1월 1일)
   (3) 설날 (음력 12월 30·31일, 1월 1·2일)
   (4) 삼일절 (3월 1일)
   (5) 식목일 (4월 5일)
   (6) 석가 탄신일 (음력 4월 8일)
   (7) 근로자의 날 (5월 1일)
   (8) 어린이날 (5월 5일)
   (9) 회사 개관 기념일 (5월 16일)

(10) 현충일 (6월 6일)
(11) 제헌절 (7월 17일)
(12) 광복절 (8월 15일)
(13) 추석 (음력 8월 14·15·16일)
(14) 개천절 (10월 3일)
(15) 성탄절 (12월 25일)
(16) 기타 정부와 회사가 정한 휴일

2. 회사는 정부가 법정 및 임시 공휴일을 변경할 경우 상기 1항의 유급 휴일을 그에 따라 조정한다.

제18조(휴일의 대체) 회사는 업무상 사정에 따라 휴일을 다른 날로 대체할 수 있다. 단, 설날 및 추석 연휴를 다른 날로 대체할 경우 통상임금의 50%를 가산한다.

제19조(공민권 등의 행사시간) 직원이 근무 시간 중 선거권, 기타 공민권의 행사, 공의 직무를 수행할 시간을 필요로 할 때에는 사전에 소정의 승인을 받아야 한다. 단, 회사는 그 권리의 행사 또는 공의 직무를 수행함에 지장이 없는 한 청구한 시각을 변경할 수 있다.

제20조(민방위 및 예비군 훈련시간) 직원이 근무 시간에 민방위 및 예비군 훈련 소집에 참가하여 훈련 받은 경우에는 소요된 시간을 유급으로 한다.

제21조(경조휴가) 회사는 다음에 해당하는 직원에 대하여 직원의 청원에 따라 유급 휴가를 허가할 수 있다.

1. 축하일

(1) 본인 결혼	6일
(2) 자녀 결혼	3일
(3) 동일 호적 내의 직계 형제자매 결혼	1일
(4) 부모 회갑	2일
(5) 조부모 회갑	1일
(6) 배우자 부모 회갑	2일
(7) 자녀 출산	1일(남자 직원에게 적용)

2. 기복일

(1) 부모·배우자상	5일
(2) 배우자 부모상	5일
(3) 자녀상	4일
(4) 조부모상	3일
(5) 동일 호적 내의 직계 형제자매 상	2일
(6) 부모, 배우자 대소기일	1일
(7) 조부모, 배우자 부모 대소기일	1일

제22조(특별휴가) 직원이 화재, 천재지변, 기타 중대한 재해를 당하였거나 특별한 사유가 인정되는 경우에 회사는 그에 상당하는 기간의 유급 휴가를 허가할 수 있다. 다만, 본인이 적치된 연월차 휴가 일수가 없을 경우에 한한다.

제23조(산전후 휴가) 회사는 임신 중인 여자 직원에 대하여는 90일의 휴가를 주되, 산후에 최소 45일이 확보되도록 한다. 단, 최초 60일은 유급으로 한다.

제24조(생리휴가) 회사는 여자 직원에 대하여 월 1일의 유급 생리 휴가를 부여한다.

제25조(병가) 업무 외의 상병으로 연월차 휴가 사용 후 1회 30일, 년 통산 90일 이내의 요양을 요하는 경우 회사는 국·공립, 대학 병원의 진단서를 근거로 유급 병가를 허가하되 누계 7일을 초과하는 일수에 대하여는 평균 임금의 50%를 지급한다.

제26조(연월차 휴가)

1. 월간 개근한자에 대하여는 1일의 월차 휴가를 준다.
2. 1년간 개근한 자에 대하여는 10일, 9할 이상의 출근자는 8일의 년차 휴가를 허가한다.
3. 2년 이상 근속한 자에 대하여는 1년을 초과하는 근속 년수 매 1년에 대하여 전호의 휴가 일수에 1일을 가산한 년차 휴가를 허가한다. 단, 휴가 총일 수가 20일을 초과할 경우에는 그 초과 일수에 대하여 통상 임금을 지급하고 유급 휴가를 주지 아니할 수도 있다.
4. 연월차 휴가는 1년간 행사하지 아니한 때에는 소멸된다. 단, 회사의 귀책사유로 사용하지 못한 경우 그 휴가 일수에 상응하는 통상 임금을 지급할 수 있다.
5. 월차 휴가는 매월 1일부터 말일까지, 년차 휴가는 매년 1월 1일부터 12월 31일까지를 그 휴가 산정 기간으로 한다. 다만, 년차 휴가에 있어 산정 기간 중의 중도 입사 직원에 대하여는 불이익을 주지 않는 범위 내에서 그에 상응하는 년차 휴가를 부여한다.

제27조 (휴가시기의 변경) 연월차 유급 휴가를 청구한 일자가 회사 운영상 지장을 초래한다고 인정될 경우 그 시기를 변경할 수 있다.

제28조 (휴일의 통산) 연월차 휴가를 제외한 기타의 휴가 기간 중 휴일이 겹친 경우는 휴가 일수에 통산한다.

제29조 (출근명령) 회사는 재해, 비상사태 발생 등 업무상 부득이한 사유로 휴일 또는 휴가 중에라도 직원에게 출근을 명할 수 있으며, 직원은 출근하여 회사 지시에 따라 업무를 처리하여야 한다.

제30조 (휴가의 허가) 상기 제21조, 제22조, 제23조, 제24조, 제25조, 제26조의 규정에 의한 휴가는 사전에 소속 부서장을 통하여 서면으로 신청하여 승인을 얻어야 한다.

제5절 출 장

제31조 (출장)

1. 회사는 업무상 필요에 따라 사원에게 출장을 명할 수 있다.

2. 출장자는 용건을 마치고 귀사한 후 즉시 그 결과를 서면으로 소속 장에게 보고하여야 한다.

제32조(여비지급 및 정산)

1. 출장자에게는 별도로 정하는 여비 규정에 따라 사전에 여비를 지급한다.
2. 출장자는 출장 사유가 끝나면 여비를 정산하여야 한다.
3. 여비 정산 시는 교통비 지불증 등 증빙 서류를 첨부하여야 하며 불분명한 지출이 있을시는 이를 출장자가 부담할 수도 있다.

제33조(출장자의 근로시간) 출장자의 근무는 특별한 경우를 제외하고는 소정 근로 시간을 근무한 것으로 인정한다.

제3장 채 용

제34조(채용)

1. 직원의 채용은 모든 지원자에게 공정하고 균등한 고용 기회를 부여하는 방법에 따라 실시한다.
2. 공석 중인 지위는 그 자격 요건을 구비한 자 중에서 가장 적격자를 채용한다.

제35조(채용절차) 직원의 채용을 위하여 입사 지원 서류 전형, 면접시험, 신체검사를 실시하며 필요한 경우 필기 또는 실기 시험을 병행 실시할 수 있다.

제36조(채용 결격 사유)

다음 각 호의 1에 해당하는 자는 직원으로 채용하지 아니한다.

1. 금치산 및 한정치산자
2. 파산자로서 복권되지 않은 자
3. 금고 이상의형을 받고 그 집행이 종료되거나 집행을 안 하기로 확정된 후 3년이 경과되지 않은 자
4. 형의 선고 유예를 받고 선고 유예 중에 있는 자
5. 법률에 의하여 공민권이 박탈 또는 정지된 자
6. 병역 의무를 기피한 자
7. 신체검사 결과 불합격으로 판정된 자
8. 전직에서 해고된 자로서 3년이 경과되지 아니한 자
9. 가족 중 남편, 처, 자녀 혹은 부모, 형제, 자매가 당 회사에 근무하고 있는 자
10. 이 규칙 제55조에 의한 정년에 도달하는 자
11. 관광 사업법에 의한 결격 사유가 있는 자

제37조(입사 구비 서류) 직원으로 채용될 자는 다음과 같은 서류를 채용 전에 구비하여야 하며, 회사가 지정한 기간 내에 구비 서류를 제출하지 못할 경우 채용을 취소할 수 있다.

1. 입사 지원서(회사 소정 양식) 1부
2. 최종 학교 졸업(예정) 증명서 1부

3. 자격증(필요한 직종에 한함) 1부
4. 호적 등본 2부
5. 주민 등록 등본 3부
6. 병적 관계 증명서 1부
7. 신원 및 재정 보증서 1부
8. 개인 인사 기록 카드(회사 소정 양식) 1부
9. 서약서(회사 소정 양식) 1부
10. 최근 3개월 이내 촬영한 반명함판 사진 4매
11. 기타 필요한 서류

제38조(수습기간) 모든 직원은 3개월간의 수습 기간을 거치는 것을 원칙으로 한다.

1. 수습 기간에 있는 자로서 근무 성적이 불량하거나 소질이 적합지 않다고 인정될 때에는 즉시 채용을 취소한다.
2. 수습 기간 중 품행, 적성 및 자질을 평가하여 수습 연장의 필요성이 인정될 경우는 그 기간을 1회에 한하여 3개월까지다 연장할 수 있다.
3. 수습 기간 동안의 임금은 기본급의 90%로 지급할 수 있다.
4. 수습 기간 동안 업무를 성공적으로 수행한 사원은 정규 사원으로 임명하며 수습 기간을 근속 년수에 산입한다.
5. 특수 기능 또는 일정한 경력이 인정되는 자에 대하여는 수습 기간을 면제 또는 단축할 수 있다.

제 4 장 인 사

제39조(적용) 직원의 전보, 승진, 고과 등 인사에 관한 사항은 별도 정하는 인사 규정에 의한다.

제 5 장 임 금

제40조(임금의 종류) 임금은 기본급과 상여금 및 제 수당 등으로 구분하며 직책과 직무에 따라 별도로 정하는 급여 규정에 의거 결정한다.

제41조(임금의 계산 기간) 임금의 계산 기간은 당월 1일부터 말일까지로 하되 연장, 야간, 휴일 근로 수당은 전월 1일부터 전월 말일까지를 1개월분으로 하여 지급한다.

제42조(임금의 지불일) 임금의 지불일은 매월 25일로 한다. 단, 임금 지불일이 휴일일 경우에는 그 전일에 지급한다.

제43조(임금의 일할 계산) 채용, 승진, 승급, 전보, 휴직, 퇴직, 기타 임금 변동을 수반하는 인사 발령 사항이 있을 때의 임금 계산은 인사 발령 일자를 기준하여 일할 계산한다.

제44조(연장 근로 수당) 소정의 근로 시간을 초과하여 근무한 시간에 대하여는 통상 임금의

50%를 가산 지급한다.

제45조(야간 근로 수당) 하오 10시부터 오전 6시까지의 근무 시간에 대하여는 통상 임금의 50%를 가산 지급한다.

제46조(휴일 근로 수당) 유급 휴일에 근무한 시간에 대하여는 통상 임금의 50%를 가산 지급한다.

제47조(상여금) 회사는 별도로 정하는 상여금 지급 규정에 따라 상여금을 지급한다.

제48조(퇴직금)

1. 직원이 1년 이상 계속 근무하고 퇴직하였을 때는 근속 년수 1년에 대하여 30일분의 평균 임금을 퇴직금으로 지급한다.
2. 퇴직금 계산은 입사일로부터 기산하고1년을 초과하는 1년 미만의 단수는 일할 계산하여 가산한다.
3. 퇴직금은 지급 사유가 발생한 날로부터 14일 이내에 지불한다. 단, 회사 사정상 당사자 간의 합의에 의하여 3개월까지 연장할 수 있다.

제 6 장 휴직 · 복직 · 퇴직

제1절 휴직 및 복직

제49조(휴직사유) 직원이 다음 각 호의 1에 해당될 때에는 회사는 휴직을 명할 수 있다.

1. 병역법, 전시 근로 동원법 등에 의거 징·소집에 응함으로써 계속하여 업무에 종사하지 못할 경우
2. 업무에 상병으로 인한 결근이 1회 30일 혹은 통산 90일에 달한 경우
3. 형사 입건되어 정상적인 업무 수행이 불가능하다고 판단될 경우
4. 기타 회사가필요하다고 인정하는 경우

제50조(휴직자의 신분) 직원이 휴직되었을 때에는 직원으로서의 신분은 보유하나 직무에는 종사하지 못한다.

제51조(휴직자의 의무)

1. 휴직의 명을 받은 자는 업무에 종사하지 않더라도 회사의 제반 규칙을 준수하여야 한다.
2. 휴직의 명을 받은 자가 회사의 허가 없이 타 직무에 종사할 경우에는 퇴직으로 간주한다.

제52조(휴직자의 급여) 휴직자의 급여는 무급으로 함을 원칙으로 하되, 제49조 2호의 경우에는 최초 3개월에 한하여 평균 임금의 50%를 지급한다.

제53조(휴직기간 계산)

1. 제49조 1호 및 4호의 휴직 기간은 소요 기간, 2호 및 3호의 휴직 기간은 3개월 이내로 한다. 단, 휴직 기간의 연장이 부득이하다고 회사가 인정할 때에는 1회에 한하여 그 기간을 연장할 수 있다.

2. 휴직 기간의 연장은 최초의 휴직 기간 만료일로부터 3개월 이내로 한다.
3. 휴직 기간 중 10일 이내의 출근만으로는 휴직이 중단되지 아니한다.
4. 휴직 기간은 근속 기간에 산입함을 원칙으로 하되 다음 각 호의 1에 해당하는 때는 예외로 한다.
   (1) 휴직 기간 만료 후 복직하지 아니할 때
   (2) 기타의 복직의 의사가 없었음이 명백할 때

제54조(복직)

1. 휴직자는 휴직 기간 만료 또는 휴직 사유가 해소되었을 경우 지체 없이 복직 원을 회사에 제출하여야 한다.
2. 휴직자가 휴직 기간 만료 또는 휴직 사유 해소 후 14일 이내 복직 원을 제출하지 아니하는 경우 또는 휴직 기간 경과 후에도 휴직 사유가 해소되지 아니한 경우에는 자동 퇴직으로 간주한다.
3. 업무에 상병으로 인한 휴직자의 복직은 의사의 완치 증명서를 첨부하여야 한다.

제2절 퇴 직

제55조(정년)

1. 직원의 정년은 만 58세로 한다. 단, 업무상 회사에서 필요하다고 인정한 자에 대하여는 일정 기간 이를 연장할 수 있다.
2. 정년 퇴직일은 정년이 되는 해의 12월 31일로 한다.

제56조(퇴직)

1. 회사는 직원이 다음 각 호의 1에 해당하는 경우에는 당연 사직으로 처리한다.
   (1) 정년에 달하였을 때
   (2) 사망하였을 때
   (3) 임원으로 선임되었을 때
   (4) 기간의 정함이 있는 고용 계약 기간이 만료되고 연장 또는 갱신 계약이 체결되지 아니한 때
   (5) 휴직 기간이 만료되거나 휴직 사유가 해소된 후 14일 이내에 복직 원을 제출하지 아니하거나 휴직 기간 경과 후에도 휴직 사유가 해소되지 아니한 때
   (6) 본인의 원이 있고 회사가 동의한 때
2. 회사는 직원이 다음 각 호의 1에 해당하는 경우 해고하거나 채용을 취소할 수 있다.
   (1) 형사상 유죄 판결이 확정되었을 때
   (2) 징계 위원회 심의에서 파면이 결의되었을 때
   (3) 징계 위원회 심의에서 의결된 권고사직에 불응할 때
   (4) 금치산, 한정치산 또는 파산 선고를 받았을 때
   (5) 공민권이 정지 또는 박탈되었을 때

(6) 업무상의 상병으로 요양 중에 있는 자로서 근로 기준법이 정하는 바에 따라 일시 보상을 하였을 경우
(7) 업무상의 상병으로 인하여 재해 보상을 받은 자가 그 상병 또는 장해로 인하여 업무를 담당할 수 없다고 인정될 경우
(8) 의원 사직 자가 사직 절차 중 예고 의무를 불응하고 회사의 사직 수리 전까지 계속 무단결근할 때
(9) 기구 개편 또는 희귀한 직종의 업무 소멸로 인하여 전환할 보직이 없거나 영업 단축 등으로 인원 감축이 부득이할 때
(10) 기타 회사 경영상 인원 감축이 부득이할 때
(11) 신체 또는 정신상의 장애로 직무를 감당하기 곤란하다고 인정될 때
(12) 수습 기간 중에 있는 자가 수습 성적이 불량하여 부적격함이 인정될 때
(13) 본 규칙 제36조의 채용 결격 사유에 해당하는 사유가 발생 또는 발견되는 경우
(14) 기타 전 각 호에 준하는 사유가 있는 경우

제57조(사직원 제출) 직원이 사직코자 할 경우에는 최소 30일 이전에 사직원을 제출하여 회사 업무 운영상 지장을 초래하지 않도록 하여야 한다.

제7장 표창 및 징계

제1절 표 창

제58조(표창의 기준) 다음 각 호의 1에 해당하는 자에 대하여는 그 공적에 따라 표창할 수 있다.

1. 업무상 공적이 현저한 자
2. 재난의 미연방지 또는 비상사태 수습에 있어서 특별한 공로가 있는 자
3. 장기 근속자
4. 업무에 성실하여 타 직원의 모범이 되는 자
5. 교육 훈련 성적이 우수한 자
6. 창의적 제안으로 회사 발전이나 이익에 기여한 자
7. 기타 회사가필요하다고 인정되는 자

제59조(표창의 종류) 표창의 종류는 별도로 정한 바에 의한다.

제2절 징 계

제60조(징계사유) 직원이 다음 각 호의 1에 해당할 때에는 이를 징계한다.

1. 형사 소송의 원인이 되는 위법 행위를 한 자
2. 회사 취업 규칙 및 제 규정과 복무규율을 위반하거나 직무에 배치되는 행위를 한 자
3. 고의 또는 과실로 업무상의 장애 또는 분쟁을 야기 시키거나 회사 발전을 저해할 원인을 조장하여 회사의 손실을 초래한 자

4. 기타 징계 규정에 정한 사규 위반 행위 및 이에 준하는 불미한 행위를 한 자

제61조(징계의 종류)

1. 해고(파면, 해임) : 직원으로서의 신분을 박탈한다.
2. 강등 : 직급 자격을 강하한다.
3. 정직 : 3개월 이내로 하되 그 기간 중에는 직원으로서의 신분은 보유하나 직무에 종사하지 못하며 무급으로 한다.
4. 감봉 : 1개월 이상 3개월 이내로 하고 감급 총액은 월 임금 총액의 10분의 1 이내로 한다.
5. 견책 : 서면으로 훈계하고 시말서를 제출케 한다.
6. 경고 : 경고장을 발부하고 개선을 촉구한다.

제62조(업무정지) 직원이 다음 각 호의 1에 해당할 때는 징계 위원회의 징계 확정 전 1개월 범위 내에서 업무 정지를 명할 수 있으며 급여는 기본급만 지급한다.

1. 정직 이상의 중징계 대상자
2. 업무상 부정행위 또는 불상사를 야기할 우려가 있을 때
3. 기타 정상적인 업무 수행이 불가능하다고 판단될 때

제63조(징계절차 및 양정기준) 징계 절차 및 양정 기준은 별도로 정하는 징계 규정에 의한다.

제8장 교육훈련

제64조(교육훈련) 회사는 교육 훈련 계획에 따라 직원의 업무 수행상 필요한 지식, 기능의 습득 및 자질 향상을 위한 교육 훈련을 실시한다.

제9장 안전과 보건

제65조(위험방지) 작업상 위험 또는 보건 상 유해한 장소에 대하여 위험 방지 또는 직원의 건강과 안전에 필요한 조치를 취한다.

제66조(안전위생 준수사항) 직원은 규정의 정하는 바에 의하여 회사가 지시하는 안전 위생 수칙을 준수하여야 한다.

제67조(안전 보건 관리 책임자 등) 회사는 직원의 안전과 보건을 위하여 산업안전보건법에 따른 제반 조치를 취한다.

제68조(건강진단 및 신체검사)

1. 회사는 직원 채용 시 및 매년 1회 정기 건강 진단을 실시하고 필요시 전부 또는 일부에 대하여 임시 건강 진단을 실시할 수 있다. 직원은 정당한 이유 없이 이를 거부할 수 없다.
2. 식음료부 직원은 보건 증을 소지하여야 한다.
3. 회사는 건강 진단 결과를 즉시 본인에게 통보하며, 진단 결과에 따라 요보호자로 판명되었

을 경우 회사는 의사의 소견에 따라 건강 유지에 필요한 적절한 조치를 취하여야 한다.

4. 회사는 전염병, 정신병 또는 근무를 계속함으로써 병세가 악화되거나 이로 인해 타인에게 피해를 끼칠 우려가 있는 직원에 대해서는 취업을 금지시킨다.

第69조(지정 병원) 직원의 상병 치료와 의학적 평가를 위하여 지정 병원을 둔다.

제10장 재해보상

第70조(재해보상)

직원의 업무상 부상 및 사망에 대하여는 산업재해보상보험법에 의하여 보상한다.

부 칙

1. (시행)

이 규칙은 1988년 7월1일부터 시행한다.

이 규칙은 1989년 8월 1일부터 변경 시행한다.

이 규칙은 1997년 6월 1일부터 변경 시행한다.

이 규칙은 2003년 1월 1일부터 변경 시행한다.

2. (경과규정)

이 규칙 시행 이전의 해당 사항은 이 규칙에 의하여 처리된 것으로 간주한다.

3. (기타시항)

이 규칙에 정하지 않은 사항은 관계 법령 또는 별도의 규정이 정하는 바에 따른다.

4. (한글 및 영문판)

이 규칙은 한글 및 영문판으로 작성하고 해석상의 문제는 한글판을 기준 한다.

징 계 규 정

제1장 총 칙

제1조(목적) 이 규정은 모든 징계 대상 직원에 대하여 객관적인 방법에 따라 공정한 징계를 함으로써 회사의 질서를 유지하고 원상회복의 기함을 목적으로 한다.

제2조(적용범위) 이 규정은 회사에 재직하는 모든 직원에게 적용한다.

제2장 징계 위원회

제3조(구성)

1. 위원회 구성은 다음과 같은 직에 있는 자를 당연직으로 한다.
   (1) 총지배인 위원장
   (2) 해당부서장 위 원
   (3) 인사부장 위 원
   (4) 총지배인이 지명하는 부서장 위 원
2. 필요하다고 인정되는 경우 위원장이 지명하는 자를 임시 위원으로 위촉할 수 있다.

제4조(회의)

1. 위원장은 필요에 따라 수시로 회의를 소집할 수 있다.
2. 동 위원회의 성립은 재적 위원 과반수의 참석과 참석 인원 과반수의 찬성으로 결정한다.

제5조(징계절차)

1. 직원을 징계하여야 할 경우 징계 사유 발생을 인지한 날로부터 1개월 이내에 사실 조사를 포함한 소정의 징계 절차에 착수한다. 단, 부득이한 경우에는 이를 연기할 수 있다.
2. 규정 위반 또는 비위 행위가 있는 자는 이에 관한 진술서를 제출케 한다.
3. 비행 또는 비위 행위에 관한 고발 자가 있을 시에는 고발자의 고발 내용을 피징계 대상자에게 통고하고 이에 대하여 서면 또는 구두로 진술케 한다.
4. 피징계자를 징계 위원회에 출두시켜 진술토록 함으로써 소명의 기회를 주는 것을 원칙으로 하되 서면으로 대신할 수도 있다.
5. 징계 위원회에서 결의된 사항은 인사부에 통고하여 이에 대한 행정 처리를 하도록 한다.

제3장 징 계

제6조(징계의 종류) 취업 규칙 제61조에 의한 해고, 강등, 정직, 감봉, 견책, 경고로 정한다.

제7조(징계방법)

1. 경고는 부서장 및 인사부장 책임 하에 서면으로 행한다.

2. 견책은 인사부장 및 총지배인의 서면 확인에 의하여 행한다.
3. 감봉, 정직, 강등, 해고는 이 규정 제2장 징계 위원회 규정에 의하여 징계 위원회를 개최 처리 결정한다.

제8조(고정)

1. 징계 위원회에서 결정된 사항에 대하여 이의가 있을 때에는 신청서를 제출하여 1회에 한하여 재심을 청구할 수 있다.
2. 재심을 위한신청은 징계 통보일로부터 7일 이내에 한하여 유효하다.

제4장　징계 양정 기준

제9조(양정기준)

1. 징계의 양은 별표 징계 양정 기준에 의하여 정한다.
2. 이 기준은 피징계자 또는 당해 위반 사항의 정상을 참작하여 감량 결정할 수 있다.
3. 이 기준의 위규 행위 횟수의 계산은 년 통산으로 하고 위규 사항이 동시에 2건 이상일 때에는 이를 각각의 횟수로 간주한다.
4. 이 기준에 명시되지 않은 명백한 규정 위반이나 질서 문란 행위로 인정되는 사항에 대하여는 통상 관례에 준하여 징계 위원회에서 결정한다.

제10조 (개정) 본 규정의 개정을 요할 시에는 징계 위원 과반수의 참석과 참석 인원 과반수의 찬성으로 개정할 수 있다.

부　칙

1. 시 행 일 : 1988년 7월 1일부터 시행한다.
   1997년 6월 1일부터 변경 시행한다.
2. 경과조치 : 이 규정 시행 이전에 징계 처분된 사항은 이 규정에 의하여 처리된 것으로 간주한다.

징계 양정 기준

구 분	위 반 사 항	징계벌칙		
		1회	2회	3회
경미한 규칙위반	출근 카드 미각인	경고	정직	해고
	무단결근 또는 월3회 이상 지각 및 무단 조퇴			
	근무지 무단이탈			
	특별한 사유 없이 근무 종료 후 회사 내 잔류			
	회사 출입 시 지정되지 않은 출입구 사용			
	고객용 시설물(전화, 승강기, 화장실 등) 이용			
	금연 지역에서의 흡연			
	회사의 게시물 훼손 혹은 낙서하는 행위			
	회사 신분증 분실			
	직원의 신고 의무 불이행			
	기타 이에 준하는 위반 행위			
중요한 규칙위반	출근 카드 대리 각인 또는 출퇴근 시간 기록 위조	정직	해고	
	휴대품 검색 불응			
	사내에서의 상행위			
	습득물 신고 불이행			
	근무 중 정한 복장이나 유니폼 미착용			
	회사 신분증 대여			
	신체검사 기피 및 불응			
	안전 수칙 불이행 및 회사 보건 위생 지침 위반			
	허가 없는 회사의 식음료 사용			
	허가 없이 게시판 및 사내 장소에 게시물을 부착하거나 유인물 배포			
	근무 중 음주			
	근무 중 허가 없이 취침			
	사내에서의 도박 또는 풍기 문란 행위			
	고객과의 사교 행위			
	회사나 직원들에 대한 유언비어 유포			
	고객에게 불친절 및 무례함으로써 회사의 위신과 이익을 손상시키는 행위			
	고객 및 동료나 상사에게 불손, 거만, 협박 또는 모욕적인 언동			
	사내에서의 규율과 질서를 문란 시킨 행위			
	직무 태만 또는 지휘 감독 태만			
	회사 업무 방해			
	업무상 권한 남용			
	업무상 기밀 누설			
	상사의 업무 지시에 정당한 사유 없이 불복			

구 분	위 반 사 항	징계벌칙		
		1회	2회	3회
중요한 규칙위반	회사의 비상 출근 명령 불복	정직	해고	
	근태 불량			
	근무 성적 불량			
	회사 또는 직원의 명예와 신용 훼손			
	경고 이상 징계 3회 이상			
	기타 이에 준하는 위반 행위			
중대한 규칙위반	개인의 영리를 목적으로 하는 영업 행위 및 타 직무에 종사	해고		
	회사 내의 거래처로부터 사례, 증여, 향연을 받거나 또는 금전의 차용			
	대한민국 정책과 회사 정신에 위배되는 사회단체에 임의로 가입			
	성명, 이력서, 기타 주요 사항을 허위로 작성하는 등 부정한 방법으로 채용된 경우			
	회사의 승인 없이 사내에서 비공식 조직을 만드는 것			
	회사의 허가 없이 업무에 관한 사항에 대하여 신문, 잡지, 방송 좌담회 등에 투고, 출연 혹은 인쇄물을 게재 배포			
	불법적인 파업, 태업 등 쟁의 행위를 하거나 이를 선동하는 것			
	각종 보고서, 고객 청구서 혹은 수표 등을 위조			
	고객에게 부당 요금 및 팁을 강요			
	회사 물품 부당 소유 및 반출 기도			
	윤락 행위 알선 및 이와 관련한 금품 수수			
	고객 및 직원의 재산 절도 또는 미수 행위			
	사내에서의 하극상			
	사내에서의 허가 없는 연판장 또는 불온 유인물 배포, 집단행동, 시위, 집회 등의 행위를 하거나 타인에게 사주하는 언동			
	불법 외환 거래			
	마약이나 독극물 또는 법률로 금하는 물질의 복용			
	고의 또는 중대한 과실로 인하여 회사의 시설과 재산을 손실, 훼손케 하거나 업무에 중대한 차질과 지장을 초래케 한 행위			
	고의 또는 중대한 과실로 화재, 도난, 기타 중대한 사고를 발생케 한 행위			
	공금 횡령			
	상사, 동료 및 하급 직원을 모함하는 행위			
	직원 폭행			
	연속 무단결근 3일 이상 또는 연간 무단결근 10일 이상			
	견책 이상 징계 3회 이상			
	기타 이에 준하는 위반 행위			

근로기준법

법률 제5309호 신규제정 1997. 03. 13.
법률 제5473호 일부개정 1997. 12. 24.
법률 제5510호 일부개정 1998. 02. 20.
법률 제5885호 일부개정 1999. 02. 08.
법률 제6507호 일부개정 2001. 08. 14.
법률 제6974호 일부개정 2003. 09. 15.
법률 제7379호(근로자퇴직급여보장법) 일부개정 2005. 01. 27.
법률 제7465호 일부개정 2005. 03. 31.
법률 제7566호 법제명변경 및 일부개정 2005. 05. 31.("근로기준법"에서 변경)
법률 제8072호 일부개정 2006. 12. 21.
법률 제8074호(기간제 및 단시간근로자 보호 등에 관한 법률) 일부개정 2006. 12. 21.
법률 제8293호 일부개정 2007. 01. 26.
법률 제8372호 전면개정 2007. 04. 11.
법률 제8435호(가족관계의 등록 등에 관한 법률) 일부개정 2007. 05. 17.

제 1 장 총 칙

제1조 (목적) 이 법은 헌법에 따라 근로조건의 기준을 정함으로써 근로자의 기본적 생활을 보장, 향상시키며 균형 있는 국민경제의 발전을 꾀하는 것을 목적으로 한다.

제2조 (정의) ①이 법에서 사용하는 용어의 뜻은 다음과 같다.

1. "근로자"란 직업의 종류와 관계없이 임금을 목적으로 사업이나 사업장에 근로를 제공하는 자를 말한다.
2. "사용자"란 사업주 또는 사업 경영 담당자, 그 밖에 근로자에 관한 사항에 대하여 사업주를 위하여 행위하는 자를 말한다.
3. "근로"란 정신노동과 육체노동을 말한다.
4. "근로계약"이란 근로자가 사용자에게 근로를 제공하고 사용자는 이에 대하여 임금을 지급하는 것을 목적으로 체결된 계약을 말한다.
5. "임금"이란 사용자가 근로의 대가로 근로자에게 임금, 봉급, 그 밖에 어떠한 명칭으로든지 지급하는 일체의 금품을 말한다.
6. "평균임금"이란 이를 산정하여야 할 사유가 발생한 날 이전 3개월 동안에 그 근로자에게 지급된 임금의 총액을 그 기간의 총일수로 나눈 금액을 말한다. 근로자가 취업한 후 3개월 미만인 경우도 이에 준한다.
7. "소정(所定)근로시간"이란 제50조, 제69조 본문 또는 「산업안전 보건법」 제46조에 따른 근로시간의 범위에서 근로자와 사용자 사이에 정한 근로시간을 말한다.
8. "단시간근로자"란 1주 동안의 소정근로시간이 그 사업장에서 같은 종류의 업무에 종사하는 통상 근로자의 1주 동안의 소정근로시간에 비하여 짧은 근로자를 말한다.

②제1항제6호에 따라 산출된 금액이 그 근로자의 통상임금보다 적으면 그 통상임금액을 평균임금으로 한다.

제3조 (근로조건의 기준) 이 법에서 정하는 근로조건은 최저기준이므로 근로관계 당사자는 이 기준을 이유로 근로조건을 낮출 수 없다.

제4조 (근로조건의 결정) 근로조건은 근로자와 사용자가 동등한 지위에서 자유의사에 따라 결정하여야 한다.

제5조 (근로조건의 준수) 근로자와 사용자는 각자가 단체협약, 취업규칙과 근로계약을 지키고 성실하게 이행할 의무가 있다.

제6조 (균등한 처우) 사용자는 근로자에 대하여 남녀의 성(性)을 이유로 차별적 대우를 하지 못하고, 국적·신앙 또는 사회적 신분을 이유로 근로조건에 대한 차별적 처우를 하지 못한다.

제7조 (강제 근로의 금지) 사용자는 폭행, 협박, 감금, 그 밖에 정신상 또는 신체상의 자유를 부당하게 구속하는 수단으로써 근로자의 자유의사에 어긋나는 근로를 강요하지 못한다.

제8조 (폭행의 금지) 사용자는 사고의 발생이나 그 밖의 어떠한 이유로도 근로자에게 폭행을 하지 못한다.

제9조 (중간착취의 배제) 누구든지 법률에 따르지 아니하고는 영리로 다른 사람의 취업에 개입하거나 중간인으로서 이익을 취득하지 못한다.

제10조 (공민권 행시의 보장) 사용자는 근로자가 근로시간 중에 선거권, 그 밖의 공민권(公民權) 행사 또는 공(公)의 직무를 집행하기 위하여 필요한 시간을 청구하면 거부하지 못한다. 다만, 그 권리 행사나 공(公)의 직무를 수행하는 데에 지장이 없으면 청구한 시간을 변경할 수 있다.

제11조 (적용 범위) ①이 법은 상시 5명 이상의 근로자를 사용하는 모든 사업 또는 사업장에 적용한다. 다만, 동거하는 친족만을 사용하는 사업 또는 사업장과 가사(家事) 사용인에 대하여는 적용하지 아니한다.
②상시 4명 이하의 근로자를 사용하는 사업 또는 사업장에 대하여는 대통령령으로 정하는 바에 따라 이 법의 일부 규정을 적용할 수 있다.

제12조 (적용 범위) 이 법과 이 법에 따른 대통령령은 국가, 특별시·광역시·도, 시·군·구, 읍·면·동, 그 밖에 이에 준하는 것에 대하여도 적용된다.
[[시행일 2007.7.1]]

제13조 (보고, 출석의 의무) 사용자 또는 근로자는 이 법의 시행에 관하여 노동부장관·「노동위원회법」에 따른 노동위원회(이하 "노동위원회"라 한다) 또는 근로감독관의 요구가 있으면 지체 없이 필요한 사항에 대하여 보고하거나 출석하여야 한다.
[[시행일 2007.7.1]]

제14조 (법령 요지 등의 게시) ①사용자는 이 법과 이 법에 다른 대통령령의 요지(要旨)와 취업규칙을 근로자가 자유롭게 열람할 수 있는 장소에 항상 게시하거나 갖추어 두어 근로자에게 널리 알려야 한다.

②사용자는 제1항에 따른 대통령령 중 기숙사에 관한 규정과 제99조제1항에 따른 기숙사규칙을 기숙사에 게시하기나 갖추어 두어 기숙(寄宿)하는 근로자에게 널리 알려야 한다.

제2장 근로계약

제15조 (이 법을 위반한 근로계약) ①이 법에서 정하는 기준에 미치지 못하는 근로조건을 정한 근로계약은 그 부분에 한하여 무효로 한다.

②제1항에 따라 무효로 된 부분은 이 법에서 정한 기준에 따른다.

제16조 (계약기간) 근로계약은 기간을 정하지 아니한 것과 일정한 사업의 완료에 필요한 기간을 정한 것 외에는 그 기간은 1년을 초과하지 못한다.

제17조 (근로조건의 명시) 사용자는 근로계약을 체결할 때에 근로자에게 임금, 소정근로시간, 제55조에 따른 휴일, 제60조에 따른 연차 유급휴가, 그 밖에 대통령령으로 정하는 근로조건을 명시하여야 한다. 이 경우 임금의 구성항목·계산방법·지급방법, 소정근로시간, 제55조에 따른 휴일 및 제60조에 따른 연차 유급휴가에 관한 사항은 서면으로 명시하고 근로자의 요구가 있으면 그 근로자에게 교부하여야 한다.

[[시행일 2007.7.1]]

제18조 (단시간근로자의 근로조건) ①단시간근로자의 근로조건은 그 사업장의 같은 종류의 업무에 종사하는 통상 근로자의 근로시간을 기준으로 산정한 비율에 따라 결정되어야 한다.

②제1항에 따라 근로조건을 결정할 때에 기준이 되는 사항이나 그 밖에 필요한 사항은 대통령령으로 정한다.

③1주 동안의 소정근로시간이 뚜렷하게 짧은 단시간근로자로서 대통령령으로 정하는 자에 대하여는 이 법의 일부 규정을 대통령령으로 정하는 바에 따라 적용하지 아니할 수 있다.

제19조 (근로조건의 위반) ①제17조에 따라 명시된 근로조건이 사실과 다를 경우에 근로자는 근로조건 위반을 이유로 손해의 배상을 청구할 수 있으며 즉시 근로계약을 해제할 수 있다.

②제1항에 따라 근로자가 손해배상을 청구할 경우에는 노동위원회에 신청할 수 있으며, 근로계약이 해제되었을 경우에는 사용자는 취업을 목적으로 거주를 변경하는 근로자에게 귀향 여비를 지급하여야 한다.

제20조 (위약 예정의 금지) 사용자는 근로계약 불이행에 대한 위약금 또는 손해배상액을 예정하는 계약을 체결하지 못한다.

제21조 (전차금 상계의 금지) 사용자는 전차금(前借金)이나 그 밖에 근로할 것을 조건으로 하는 전대(前貸)채권과 임금을 상계하지 못한다.

[[시행일 2007.7.1]]

제22조 (강제 저금의 금지) ①사용자는 근로계약에 덧붙여 강제 저축 또는 저축금의 관리를 규정하는 계약을 체결하지 못한다.

②사용자가 근로자의 위탁으로 저축을 관리하는 경우에는 다음 각 호의 사항을 지켜야 한다.

1. 저축의 종류·기간 및 금융기관을 근로자가 결정하고, 근로자 본인의 이름으로 저축할 것
2. 근로자가 저축증서 등 관련 자료의 열람 또는 반환을 요구할 때에는 즉시 이에 따를 것

제23조 (해고 등의 제한) ①사용자는 근로자에게 정당한 이유 없이 해고, 휴직, 정직, 전직, 감봉, 그 밖의 징벌(懲罰)(이하 "부당해고등"이라 한다)을 하지 못한다. [[시행일 2007.7.1]]

②사용자는 근로자가 업무상 부상 또는 질병의 요양을 위하여 휴업한 기간과 그 후 30일 동안 또는 산전(産前)·산후(産後)의 여성이 이 법에 따라 휴업한 기간과 그 후 30일 동안은 해고하지 못한다. 다만, 사용자가 제84조에 따라 일시보상을 하였을 경우 또는 사업을 계속할 수 없게 된 경우에는 그러하지 아니하다.

제24조 (경영상 이유에 의한 해고의 제한) ①사용자가 경영상 이유에 의하여 근로자를 해고하려면 긴박한 경영상의 필요가 있어야 한다. 이 경우 경영 악화를 방지하기 위한 사업의 양도·인수·합병은 긴박한 경영상의 필요가 있는 것으로 본다.

②제1항의 경우에 사용자는 해고를 피하기 위한 노력을 다하여야 하며, 합리적이고 공정한 해고의 기준을 정하고 이에 따라 그 대상자를 선정하여야 한다. 이 경우 남녀의 성을 이유로 차별하여서는 아니 된다.

③사용자는 제2항에 따른 해고를 피하기 위한 방법과 해고의 기준 등에 관하여 그 사업 또는 사업장에 근로자의 과반수로 조직된 노동조합이 있는 경우에는 그 노동조합(근로자의 과반수로 조직된 노동조합이 없는 경우에는 근로자의 과반수를 대표하는 자를 말한다. 이하 "근로자대표"라 한다)에 해고를 하려는 날의 50일 전까지 통보 하고 성실하게 협의하여야 한다. [[시행일 2007.7.1]]

④사용자는 제1항에 따라 대통령령으로 정하는 일정한 규모 이상의 인원을 해고하려면 대통령령으로 정하는 바에 따라 노동부장관에게 신고하여야 한다.

⑤사용자가 제1항부터 제3항까지의 규정에 따른 요건을 갖추어 근로자를 해고한 경우에는 제23조제1항에 따른 정당한 이유가 있는 해고를 한 것으로 본다.

제25조 (우선 재고용 등) ①제24조에 따라 근로자를 해고한 사용자는 근로자를 해고한 날부터 3년 이내에 해고된 근로자가 해고 당시 담당하였던 업무와 같은 업무를 할 근로자를 채용하려고 할 경우 제24조에 따라 해고된 근로자가 원하면 그 근로자를 우선적으로 고용하여야 한다. [[시행일 2007.7.1]]

②정부는 제24조에 따라 해고된 근로자에 대하여 생계안정, 재취업, 직업훈련 등 필요한 조치를 우선적으로 취하여야 한다.

제26조 (해고의 예고) 사용자는 근로자를 해고(경영상 이유에 의한 해고를 포함한다)하려면 적

어도 30일 전에 예고를 하여야 하고, 30일 전에 예고를 하지 아니하였을 때에는 30일분 이상의 통상임금을 지급하여야 한다. 다만, 천재·사변, 그 밖의 부득이한 사유로 사업을 계속하는 것이 불가능한 경우 또는 근로자가 고의로 사업에 막대한 지장을 초래하거나 재산상 손해를 끼친 경우로서 노동부령으로 정하는 사유에 해당하는 경우에는 그러하지 아니하다.

제27조 (해고사유 등의 서면통지) ①사용자는 근로자를 해고하려면 해고사유와 해고시기를 서면으로 통지하여야 한다.

②근로자에 대한 해고는 제1항에 따라 서면으로 통지하여야 효력이 있다.

[[시행일 2007.7.1]]

제28조 (부당해고등의 구제신청) ①사용자가 근로자에게 부당해고등을 하면 근로자는 노동위원회에 구제를 신청할 수 있다.

②제1항에 따른 구제신청은 부당해고등이 있었던 날부터 3개월 이내에 하여야 한다.

[[시행일 2007.7.1]]

제29조 (조사 등) ①노동위원회는 제28조에 따른 구제신청을 받으면 지체 없이 필요한 조사를 하여야 하며 관계 당사자를 심문하여야 한다.

②노동위원회는 제1항에 따라 심문을 할 때에는 관계 당사자의 신청이나 직권으로 증인을 출석하게 하여 필요한 사항을 질문할 수 있다.

③노동위원회는 제1항에 따라 심문을 할 때에는 관계 당사자에게 증거 제출과 증인에 대 한 반대심문을 할 수 있는 충분한 기회를 주어야 한다.

④제1항에 따른 노동위원회의 조사와 심문에 관한 세부절차는 「노동위원회법」 에 따른 중앙노동위원회(이하 "중앙노동위원회"라 한다)가 정하는 바에 따른다.

[[시행일 2007.7.1]]

제30조 (구제명령 등) ①노동위원회는 제29조에 따른 심문을 끝내고 부당해고등이 성립한다고 판정하면 사용자에게 구제명령을 하여야 하며, 부당해고등이 성립하지 아니한다고 판정하면 구제신청을 기각하는 결정을 하여야 한다.

②제1항에 따른 판정, 구제명령 및 기각결정은 사용자와 근로자에게 각각 서면으로 통지하여야 한다.

③노동위원회는 제1항에 따른 구제명령(해고에 대한 구제명령만을 말한다)을 할 때에 근로자가 원직복직(原職復職)을 원하지 아니하면 원직복직을 명하는 대신 근로자가 해고기간 동안 근로를 제공하였더라면 받을 수 있었던 임금 상당액 이상의 금품을 근로자에게 지급하도록 명할 수 있다.

[[시행일 2007.7.1]]

제31조 (구제명령 등의 확정) ① 「노동위원회법」 에 따른 지방노동위원회의 구제명령이나 기각결정에 불복하는 사용자나 근로자는 구제명령서나 기각결정서를 통지받은 날부터 10일 이내에 중앙노동위원회에 재심을 신청할 수 있다.

②제1항에 따른 중앙노동위원회의 재심판정에 대하여 사용자나 근로자는 재심편정서를 송달 받은 날부터 15일 이내에 「행정소송법」 의 규정에 따라 소(訴)를 제기할 수 있다.

③제1항과 제2항에 따른 기간 이내에 재심을 신청하지 아니하거나 행정소송을 제기하지 아니하면 그 구제명령, 기각결정 또는 재심판정은 확정된다.

[[시행일 2007.7.1]]

제32조 (구제명령 등의 효력) 노동위원회의 구제명령, 기각결정 또는 재심판정은 제31조에 따른 중앙노동위원회에 대한 재심 신청이나 행정소송 제기에 의하여 그 효력이 정지되지 아니한다.

[[시행일 2007.7.1]]

제33조 (이행강제금) ①노동위원회는 구제명령(구제명령을 내용으로 하는 재심판정을 포함한다. 이하 이 조에서 같다)을 받은 후 이행기한까지 구제명령을 이행하지 아니한 사용자에게 2천만원 이하의 이행강제금을 부과한다.

②노동위원회는 제1항에 따른 이행강제금을 부과하기 30일 전까지 이행강제금을 부과·징수한다는 뜻을 사용자에게 미리 문서로써 알려 주어야 한다.

③제1항에 따른 이행강제금을 부과할 때에는 이행강제금의 액수, 부과 사유, 납부기한, 수납기관, 이의제기방법 및 이의제기기관 등을 명시한 문서로써 하여야 한다.

④제1항에 따라 이행강제금을 부과하는 위반행위의 종류와 위반 정도에 따른 금액, 부과· 징수된 이행강제금의 반환절차, 그 밖에 필요한 사항은 대통령령으로 정한다.

⑤노동위원회는 최초의 구제명령을 한 날을 기준으로 매년 2회의 범위에서 구제명령이 이행될 때까지 반복하여 제1항에 따른 이행강제금을 부과·징수할 수 있다. 이 경우 이행강제금은 2년을 초과하여 부과·징수하지 못한다.

⑥노동위원회는 구제명령을 받은 자가 구제명령을 이행하면 새로운 이행강제금을 부과하지 아니하되, 구제명령을 이행하기 전에 이미 부과된 이행강제금은 징수하여야 한다.

⑦노동위원회는 이행강제금 납부의무자가 납부기한까지 이행강제금을 내지 아니하면 기간을 정하여 독촉을 하고 지정된 기간에 제1항에 따른 이행강제금을 내지 아니하면 국세 체납처분의 예에 따라 징수할 수 있다.

⑧근로자는 구제명령을 받은 사용자가 이행기한까지 구제명령을 이행하지 아니하면 이행기한이 지난 때부터 15일 이내에 그 사실을 노동위원회에 알려줄 수 있다.

[[시행일 2007.7.1]]

제34조 (퇴직급여 제도) 사용자가 퇴직하는 근로자에게 지급하는 퇴직급여 제도에 관하여는 「근로자퇴직급여 보장법」 이 정하는 대로 따른다.

제35조 (예고해고의 적용 예외) 제26조는 다음 각 호의 어느 하나에 해당하는 근로자에게는 적용하지 아니한다.

1. 일용근로자로서 3개월을 계속 근무하지 아니한 자
2. 2개월 이내의 기간을 정하여 사용된 자

3. 월급근로자로서 6개월이 되지 못한 자
4. 계절적 업무에 6개월 이내의 기간을 정하여 사용된 자
5. 수습 사용 중인 근로자

제36조 (금품 청산) 사용자는 근로자가 사망 또는 퇴직한 경우에는 그 지급 사유가 발생한 때부터 14일 이내에 임금, 보상금, 그 밖에 일체의 금품을 지급하여야 한다. 다만, 특별한 사정이 있을 경우에는 당사자 사이의 합의에 의하여 기일을 연장할 수 있다.

제37조 (미지급 임금에 대한 지연이자) ①사용자는 제36조에 따라 지급하여야 하는 임금 및 「근로자퇴직급여 보장법」 제2조제5호에 따른 급여(일시금만 해당된다)의 전부 또는 일부를 그 지급 사유가 발생한 날부터 14일 이내에 지급하지 아니한 경우 그 다음 날부터 지급하는 날까지의 지연 일수에 대하여 연 100분의 40 이내의 범위에서 「은행법」 에 따른 금융기관이 적용하는 연체금리 등 경제 여건을 고려하여 대통령령으로 정하는 이율에 따른 지연이자를 지급하여야 한다. [[시행일 2007.7.1]]
②제1항은 사용자가 천재·사변, 그 밖에 대통령령으로 정하는 사유에 따라 임금 지급을 지연하는 경우 그 사유가 존속하는 기간에 대하여는 적용하지 아니한다.

제38조 (임금채권의 우선변제) ①임금, 재해보상금, 그 밖에 근로관계로 인한 채권은 사용자의 총재산에 대하여 질권(質權) 또는 저당권에 따라 담보된 채권 외에는 조세·공과금 및 다른 채권에 우선하여 변제되어야 한다. 다만, 질권 또는 저당권에 우선하는 조세·공과금에 대하여는 그러하지 아니하다.
②제1항에도 불구하고 다음 각 호의 어느 하나에 해당하는 채권은 사용자의 총재산에 대하여 질권 또는 저당권에 따라 담보된 채권, 조세·공과금 및 다른 채권에 우선하여 변제되어야 한다.
1. 최종 3개월분의 임금
2. 재해보상금
[[시행일 2007.7.1]]

제39조 (사용증명서) ①사용자는 근로자가 퇴직한 후라도 사용 기간, 업무 종류, 지위와 임금, 그 밖에 필요한 사항에 관한 증명서를 청구하면 사실대로 적은 증명서를 즉시 내주어야 한다.
②제1항의 증명서에는 근로자가 요구한 사항만을 적어야 한다.

제40조 (취업 방해의 금지) 누구든지 근로자의 취업을 방해할 목적으로 비밀 기호 또는 명부를 작성·사용하거나 통신을 하여서는 아니 된다.

제41조 (근로자의 명부) ①사용자는 각 사업장별로 근로자 명부를 작성하고 근로자의 성명, 생년월일, 이력, 그 밖에 대통령령으로 정하는 사항을 적어야 한다.
②제1항에 따라 근로자 명부에 적을 사항이 변경된 경우에는 지체 없이 정정하여야 한다.

제42조 (계약 서류의 보존) 사용자는 근로자 명부와 대통령령으로 정하는 근로계약에 관한 중

요한 서류를 3년간 보존하여야 한다.

제3장 임금

제43조 (임금 지급) ①임금은 통화(通貨)로 직접 근로자에게 그 전액을 지급하여야 한다. 다만, 법령 또는 단체협약에 특별한 규정이 있는 경우에는 임금의 일부를 공제하거나 통화 이외의 것으로 지급할 수 있다.
②임금은 매월 1회 이상 일정한 날짜를 정하여 지급하여야 한다. 다만, 임시로 지급하는 임금, 수당, 그 밖에 이에 준하는 것 또는 대통령령으로 정하는 임금에 대하여는 그러하지 아니하다.
[[시행일 2007.7.1]]

제44조 (도급 사업에 대한 임금 지급) ①사업이 여러 차례의 도급에 따라 행하여지는 경우에 하수급인(下受給人)이 직상(直上) 수급인의 귀책사유로 근로자에게 임금을 지급하지 못한 경우에는 그 직상 수급인은 그 하수급인과 연대하여 책임을 진다.
②제1항의 직상 수급인의 귀책사유 범위는 대통령령으로 정한다.

제45조 (비상시 지급) 사용자는 근로자가 출산, 질병, 재해, 그 밖에 대통령령으로 정하는 비상(非常)한 경우의 비용에 충당하기 위하여 임금 지급을 청구하면 지급기일 전이라도 이미 제공한 근로에 대한 임금을 지급하여야 한다.
[[시행일 2007.7.1]]

제46조 (휴업수당) ①사용자의 귀책사유로 휴업하는 경우에 사용자는 휴업기간 동안 그 근로자에게 평균임금의 100분의 70 이상의 수당을 지급하여야 한다. 다만, 평균임금의 100분의 70에 해당하는 금액이 통상임금을 초과하는 경우에는 통상임금을 휴업수당으로 지급할 수 있다.
②제1항에도 불구하고 부득이한 사유로 사업을 계속하는 것이 불가능하여 노동위원회의 승인을 받은 경우에는 제1항의 기준에 못 미치는 휴업수당을 지급할 수 있다.

제47조 (도급 근로자) 사용자는 도급이나 그 밖에 이에 준하는 제도로 사용하는 근로자에게 근로시간에 따라 일정액의 임금을 보장하여야 한다.

제48조 (임금대장) 사용자는 각 사업장별로 임금대장을 작성하고 임금과 가족수당 계산의 기초가 되는 사항, 임금액, 그 밖에 대통령령으로 정하는 사항을 임금을 지급할 때마다 적어야 한다.

제49조 (임금의 시효) 이 법에 따른 임금채권은 3년간 행사하지 아니하면 시효로 소멸한다.

제4장 근로시간과 휴식

제50조 (근로시간) ①1주 간의 근로시간은 휴게시간을 제외하고 40시간을 초과할 수 없다.
②1일의 근로시간은 휴게시간을 제외하고 8시간을 초과할 수 없다.

제51조 (탄력적 근로시간제) ①사용자는 취업규칙(취업규칙에 준하는 것을 포함한다)에서 정하는 바에 따라 2주 이내의 일정한 단위기간을 평균하여 1주 간의 근로시간이 제50조제1항의 근로시간을 초과하지 아니하는 범위에서 특정한 주에 제50조제1항의 근로시간을, 특정한 날에 제50조제2항의 근로시간을 초과하여 근로하게 할 수 있다. 다만, 특정한 주의 근로시간은 48시간을 초과할 수 없다.

②사용자는 근로자대표와의 서면 합의에 따라 다음 각 호의 사항을 정하면 3개월 이내의 단위기간을 평균하여 1주 간의 근로시간이 제50조제1항의 근로시간을 초과하지 아니하는 범위에서 특정한 주에 제50조제1항의 근로시간을, 특정한 날에 제50조제2항의 근로시간을 초과하여 근로하게 할 수 있다. 다만, 특정한 주의 근로시간은 52시간을, 특정한 날의 근로시간은 12시간을 초과할 수 없다.

1. 대상 근로자의 범위
2. 단위기간(3개월 이내의 일정한 기간으로 정하여야 한다)
3. 단위기간의 근로일과 그 근로일별 근로시간
4. 그 밖에 대통령령으로 정하는 사항

③제1항과 제2항은 15세 이상 18세 미만의 근로자와 임신 중인 여성 근로자에 대하여는 적용하지 아니한다.

④사용자는 제1항 및 제2항에 따라 근로자를 근로시킬 경우에는 기존의 임금 수준이 낮아지지 아니하도록 임금보전방안(賃金補塡方案)을 강구하여야 한다.

제52조 (선택적 근로시간제) 사용자는 취업규칙(취업규칙에 준하는 것을 포함한다)에 따라 업무의 시작 및 종료 시각을 근로자의 결정에 맡기기로 한 근로자에 대하여 근로자대표와의 서면 합의에 따라 다음 각 호의 사항을 정하면 1개월 이내의 정산기간을 평균하여 1주 간의 근로시간이 제50조제1항의 근로시간을 초과하지 아니하는 범위에서 1주 간에 제50조제1항의 근로시간을, 1일에 제50조제2항의 근로시간을 초과하여 근로하게 할 수 있다.

1. 대상 근로자의 범위(15세 이상 18세 미만의 근로자는 제외한다)
2. 정산기간(1개월 이내의 일정한 기간으로 정하여야 한다.)
3. 정산기간의 총 근로시간
4. 반드시 근로하여야 할 시간대를 정하는 경우에는 그 시작 및 종료 시각
5. 근로자가 그의 결정에 따라 근로할 수 있는 시간대를 정하는 경우에는 그 시작 및 종료 시각
6. 그 밖에 대통령령으로 정하는 사항

제53조 (연장 근로의 제한) ①당사자 간에 합의하면 1주 간에 12시간을 한도로 제50조의 근로시간을 연장할 수 있다.

②당사자 간에 합의하면 1주 간에 12시간을 한도로 제51조의 근로 시간을 연장할 수 있고, 제52조제2호의 정산기간을 평균하여 1주 간에 12시간을 초과하지 아니하는 범위에서 제52조의 근로시간을 연장할 수 있다.

③사용자는 특별한 사정이 있으면 노동부장관의 인가와 근로자의 동의를 받아 제1항과 제2

항의 근로시간을 연장할 수 있다. 다만, 사태가 급박하여 노동부장관의 인가를 받을 시간이 없는 경우에는 사후에 지체 없이 승인을 받아야 한다.
④노동부장관은 제3항에 따른 근로시간의 연장이 부적당하다고 인정하면 그 후 연장시간에 상당하는 휴게시간이나 휴일을 줄 것을 명할 수 있다.

제54조 (휴게) ①사용자는 근로시간이 4시간인 경우에는 30분 이상, 8시간인 경우에는 1시간 이상의 휴게시간을 근로시간 도중에 주어야 한다.
②휴게시간은 근로자가 자유롭게 이용할 수 있다.

제55조 (휴일) 사용자는 근로자에게 1주일에 평균 1회 이상의 유급휴일을 주어야 한다.

제56조 (연장·야간 및 휴일 근로) 사용자는 연장근로(제53조·제59조 및 제69조 단서에 따라 연장된 시간의 근로)와 야간근로(오후 10시부터 오전 6시까지 사이의 근로) 또는 휴일근로에 대하여는 통상임금의 100분의 50 이상을 가산하여 지급하여야 한다.

제57조 (보상 휴가제) 사용자는 근로자대표와의 서면 합의에 따라 제56조에 따른 연장근로·야간근로 및 휴일근로에 대하여 임금을 지급하는 것을 갈음하여 휴가를 줄 수 있다.

제58조 (근로시간 계산의 특례) ①근로자가 출장이나 그 밖의 사유로 근로시간의 전부 또는 일부를 사업장 밖에서 근로하여 근로시간을 산정하기 어려운 경우에는 소정근로시간을 근로한 것으로 본다. 다만, 그 업무를 수행하기 위하여 통상적으로 소정근로시간을 초과하여 근로할 필요가 있는 경우에는 그 업무의 수행에 통상 필요한 시간을 근로한 것으로 본다.
②제1항 단서에도 불구하고 그 업무에 관하여 근로자대표와의 서면 합의를 한 경우에는 그 합의에서 정하는 시간을 그 업무의 수행에 통상 필요한 시간으로 본다.
③업무의 성질에 비추어 업무 수행 방법을 근로자의 재량에 위임할 필요가 있는 업무로서 대통령령으로 정하는 업무는 사용자가 근로자대표와 서면 합의로 정한 시간을 근로한 것으로 본다. 이 경우 그 서면 합의에는 다음 각 호의 사항을 명시하여야 한다.

1. 대상 업무
2. 사용자가 업무의 수행 수단 및 시간 배분 등에 관하여 근로자에게 구체적인 지시를 하지 아니한다는 내용
3. 근로시간의 산정은 그 서면 합의로 정하는 바에 따른다는 내용

④제1항과 제3항의 시행에 필요한 사항은 대통령령으로 정한다.

제59조 (근로시간 및 휴게시간의 특례) 다음 각 호의 어느 하나에 해당하는 사업에 대하여 사용자가 근로자대표와 서면 합의를 한 경우에는 제53조제1항에 따른 주(週) 12시간을 초과하여 연장근로를 하게 하거나 제54조에 따른 휴게시간을 변경할 수 있다.

1. 운수업, 물품 판매 및 보관업, 금융보험업
2. 영화 제작 및 흥행업, 통신업, 교육연구 및 조사 시업, 광고업
3. 의료 및 위생 사업, 접객업, 소각 및 청소업, 이용업
4. 그 밖에 공중의 편의 또는 업무의 특성상 필요한 경우로서 대통령령으로 정하는 사업

제60조 (연차 유급휴가) ①사용자는 1년간 8할 이상 출근한 근로자에게 15일의 유급휴가를 주어야 한다.

②사용자는 계속하여 근로한 기간이 1년 미만인 근로자에게 1개월 개근 시 1일의 유급휴가를 주어야 한다.

③사용자는 근로자의 최초 1년간의 근로에 대하여 유급휴가를 주는 경우에는 제2항에 따른 휴가를 포함하여 15일로 하고, 근로자가 제2항에 따른 휴가를 이미 사용한 경우에는 그 사용한 휴가 일수를 15일에서 뺀다.

④사용자는 3년 이상 계속하여 근로한 근로자에게는 제1항에 따른 휴가에 최초 1년을 초과하는 계속 근로 연수 매 2년에 대하여 1일을 가산한 유급휴가를 주어야 한다. 이 경우 가산휴가를 포함한 총 휴가 일수는 25일을 한도로 한다.

⑤사용자는 제1항부터 제4항까지의 규정에 따른 휴가를 근로자가 청구한 시기에 주어야 하고, 그 기간에 대하여는 취업규칙 등에서 정하는 통상임금 또는 평균임금을 지급하여야 한다. 다만, 근로자가 청구한 시기에 휴가를 주는 것이 사업 운영에 막대한 지장이 있는 경우에는 그 시기를 변경할 수 있다.

⑥제1항부터 제3항까지의 규정을 적용하는 경우 다음 각 호의 어느 하나에 해당하는 기간은 출근한 것으로 본다.

1. 근로자가 업무상의 부상 또는 질병으로 휴업한 기간
2. 임신 중의 여성이 제74조제1항 또는 제2항에 따른 보호휴가로 휴업한 기간

⑦제1항부터 제4항까지의 규정에 따른 휴가는 1년간 행사하지 아니하면 소멸된다. 다만, 사용자의 귀책사유로 사용하지 못한 경우에는 그러하지 아니하다.

제61조 (연차 유급휴가의 사용 촉진) 사용자가 제60조제1항·제3항 및 제4항에 따른 유급휴가의 사용을 촉진하기 위하여 다음 각 호의 조치를 하였음에도 불구하고 근로자가 휴가를 사용하지 아니하여 제60조제7항 본문에 따라 소멸된 경우에는 사용자는 그 사용하지 아니한 휴가에 대하여 보상할 의무가 없고, 제60조제7항 단서에 따른 사용자의 귀책사유에 해당하지 아니하는 것으로 본다.

1. 제60조제7항 본문에 따른 기간이 끝나기 3개월 전을 기준으로 10일 이내에 사용자가 근로자별로 사용하지 아니한 휴가 일수를 알려주고, 근로자가 그 사용 시기를 정하여 사용자에게 통보하도록 서면으로 촉구할 것
2. 제1호에 따른 촉구에도 불구하고 근로자가 촉구를 받은 때부터 10일 이내에 사용하지 아니한 휴가의 전부 또는 일부의 사용 시기를 정하여 사용자에게 통보하지 아니하면 제60조제7항 본문에 따른 기간이 끝나기 2개월 전까지 사용자가 사용하지 아니한 휴가의 사용 시기를 정하여 근로자에게 서면으로 통보할 것

제62조 (유급휴가의 대체) 사용자는 근로자대표와의 서면 합의에 따라 제60조에 따른 연차 유급휴가일을 갈음하여 특정한 근로일에 근로자를 휴무시킬 수 있다.

제63조 (적용의 제외) 이 장과 제5장에서 정한 근로시간, 휴게와 휴일에 관한 규정은 다음 각 호

의 어느 하나에 해당하는 근로자에 대하여는 적용하지 아니한다.

1. 토지의 경작·개간, 식물의 재식(栽植)·재배·채취 사업, 그 밖의 농림 사업
2. 동물의 사육, 수산 동식물의 채포(採捕)·양식 사업, 그 밖의 축산, 양잠, 수산 사업
3. 감시(監視) 또는 단속적(斷續的)으로 근로에 종사하는 자로서 사용자가 노동부장관의 승인은 받은 자
4. 대통령령으로 정하는 업무에 종사하는 근로자

제5장 여성과 소년

제64조 (최저 연령과 취직인허증) ①15세 미만인 자(「초·중등교육 법」 에 따른 중학교에 재학 중인 18세 미만인 자를 포함한다)는 근로자로 사용하지 못한다. 다만, 대통령령으로 정 하는 기준에 따라 노동부장관이 발급한 취직인허증(就職認許證)을 지닌 자는 근로자로 시용할 수 있다.

②제1항의 취직인허증은 본인의 신청에 따라 의무교육에 지장이 없는 경우에는 직종(職種)을 지정하여서만 발행할 수 있다.

③노동부장관은 거짓이나 그 밖의 부정한 방법으로 제1항 단서의 취직인허증을 발급받은 자에게는 그 인허를 취소하여야 한다. [[시행일 2007.7.1]]

제65조 (사용 금지) ①사용자는 임신 중이거나 산후 1년이 지나지 아니한 여성(이하 “임산부”라 한다)과 18세 미만자를 도덕상 또는 보건상 유해·위험한 사업에 사용하지 못한다.

②사용자는 임산부가 아닌 18세 이상의 여성을 제1항에 따른 보선상 유해·위험한 사업 중 임신 또는 출산에 관한 기능에 유해·위험한사업에 사용하지 못한다.

③제1항 및 제2항에 따른 금지 직종은 대통령령으로 정한다.

제66조 (연소자 증명서) 사용자는 18세 미만인 자에 대하여는 그 연령을 증명하는 호적증명서와 친권자 또는 후견인의 동의서를 사업장에 갖추어 두어야 한다.

제66조 (연소자 증명서) 사용자는 18세 미만인 자에 대하여는 그 연령을 증명하는 가족관계기록사항에 관한 증명서와 친권자 또는 후견인의 동의서를 사업장에 갖추어 두어야 한다. [개정 2007.5.17 제8435호(가족관계의 등록 등에 관한 법률)] [[시행일 2008.1.1]]

제67조 (근로계약) ①친권자나 후견인은 미성년자의 근로계약을 대리할 수 없다.

②친권자, 후견인 또는 노동부장관은 근로계약이 미성년자에게 불리하다고 인정하는 경우에는 이를 해지할 수 있다.

제68조 (임금의 청구) 미성년자는 독자적으로 임금을 청구할 수 있다.

제69조 (근로시간) 15세 이상 18세 미만인 자의 근로시간은 1일에 7시간, 1주일에 40시간을 초과하지 못한다. 다만, 당사자 사이의 합의에 따라 1일에 1시간, 1주일에 6시간을 한도로 연장할 수 있다.

제70조 (야간근로와 휴일근로의 제한) ①사용자는 18세 이상의 여성을 오후 10시부터 오전 6시까지의 시간 및 휴일에 근로시키려면 그 근로자의 동의를 받아야 한다.

②사용자는 임산부와 18세 미만자를 오후 10시부터 오전 6시까지의 시간 및 휴일에 근로시키지 못한다. 다만, 다음 각 호의 어느 하나에 해당하는 경우로서 노동부장관의 인가를 받으면 그러하지 아니하다.

1. 18세 미만자의 동의가 있는 경우
2. 산후 1년이 지나지 아니한 여성의 동의가 있는 경우
3. 임신 중의 여성이 명시적으로 청구하는 경우

③사용자는 제2항의 경우 노동부장관의 인가를 받기 전에 근로자의 건강 및 모성 보호를 위하여 그 시행 여부와 방법 등에 관하여 그 사업 또는 사업장의 근로자대표와 성실하게 협의하여야 한다.

제71조 (시간외근로) 사용자는 산후 1년이 지나지 아니한 여성에 대하여는 단체협약이 있는 경우라도 1일에 2시간, 1주일에 6시간, 1년에 150시간을 초과하는 시간외근로를 시키지 못한다. [[시행일 2007.7.1]]

제72조 (갱내근로의 금지) 사용자는 여성과 18세 미만인 자를 갱내(坑內)에서 근로시키지 못한다. 다만, 보건·의료, 보도·취재 등 대통령령으로 정하는 업무를 수행하기 위하여 일시적으로 필요한 경우에는 그러하지 아니하다.

제73조 (생리휴가) 사용자는 여성 근로자가 청구하면 월 1일의 생리휴가를 주어야 한다.

제74조 (임산부의 보호) ①사용자는 임신 중의 여성에게 산전과 산후를 통하여 90일의 보호휴가를 주어야 한다. 이 경우 휴가 기간의 배정은 산후에 45일 이상이 되어야 한다.

②사용자는 임신 중인 여성이 임신 16주 이후 유산 또는 사산한 경우로서 그 근로자가 청구하면 대통령령으로 정하는 바에 따라 보호휴가를 주어야 한다. 다만, 인공 임신중절 수술(「모자보건법」 제14조제1항에 따른 경우는 제외한다)에 따른 유산의 경우는 그러하지 아니하다.

③제1항 및 제2항에 따른 휴가 중 최초 60일은 유급으로 한다. 다 만, 「남녀고용평등법」 제18조에 따라 산전후휴가급여 등이 지급된 경우에는 그 금액의 한도에서 지급의 책임을 면한다.

④사용자는 임신 중의 여성 근로자에게 시간외근로를 하게 하여서는 아니 되며, 그 근로자의 요구가 있는 경우에는 쉬운 종류의 근로로 전환하여야 한다.

제75조 (육아 시간) 생후 1년 미만의 유아(乳兒)를 가진 여성 근로자가 청구하면 1일 2회 각각 30분 이상의 유급 수유 시간을 주어야 한다.

제6장 안전과 보건

제76조 (안전과 보건) 근로자의 안전과 보건에 관하여는 「산업안전보건법」 에서 정하는 바에 따른다.

제7장 기능 습득

제77조 (기능 습득자의 보호) 사용자는 양성공, 수습, 그 밖의 명칭을 불문하고 기능의 습득을 목적으로 하는 근로자를 혹사하거나 가사, 그 밖의 기능 습득에 관계없는 업무에 종사시키지 못한다.

제8장 재해보상

제78조 (요양보상) ①근로자가 업무상 부상 또는 질병에 걸리면 사용자는 그 비용으로 필요한 요양을 행하거나 필요한 요양비를 부담하여야 한다.
②제1항에 따른 업무상 질병과 요양의 범위는 대통령령으로 정한다.

제79조 (휴업보상) 사용자는 제78조에 따라 요양 중에 있는 근로자에게 그 근로자의 요양 중 평균임금의 100분의 60의 휴업보상을 하여야 한다.

제80조 (장해보상) 근로자가 업무상 부상 또는 질병에 걸리고, 완치된 후 신체에 장해가 있으면 사용자는 그 장해 정도에 따라 평균임금에 별표에서 정한 일수를 곱한 금액의 장해보상을 하여야 한다.

제81조 (휴업보상과 장해보상의 예외) 근로자가 중대한 과실로 업무상 부상 또는 질병에 걸리고 또한 사용자가 그 과실에 대하여 노동위원회의 인정을 받으면 휴업보상이나 장해보상을 하지 아니하여도 된다.

제82조 (유족보상) 근로자가 업무상 사망한 경우에는 사용자는 그 유족에게 평균임금 1, 000일분의 유족보상을 하여야 한다.

제83조 (장의비) 근로자가 업무상 사망한 경우에는 사용자는 평균임금 90일분의 장의비를 지급하여야 한다.

제84조 (일시보상) 제78조에 따라 보상을 받는 근로자가 요양을 시작한지 2년이 지나도 부상 또는 질병이 완치되지 아니하는 경우에는 사용자는 그 근로자에게 평균임금 1,340일분의 일시보상을 하여 그 후의 이 법에 따른 모든 보상책임을 면할 수 있다.

제85조 (분할보상) 사용자는 지급 능력이 있는 것을 증명하고 보상을 받는 자의 동의를 받으면 제80조, 제82조 또는 제84조에 따른 보상금을 1년에 걸쳐 분할보상을 할 수 있다.

제86조 (보상 청구권) 보상을 받을 권리는 퇴직으로 인하여 변경되지 아니하고, 양도나 압류하지 못한다.

제87조 (다른 손해배상과의 관계) 보상을 받게 될 자가 동일한 사유에 대하여 「민법」 이나 그 밖의 법령에 따라 이 법의 재해보상에 상당한 금품을 받으면 그 가액(價額)의 한도에서 사용

자는 보상의 책임을 면한다.

제88조 (노동부장관의 심사와 중재) ①업무상의 부상, 질병 또는 사망의 인정, 요양의 방법, 보상금액의 결정, 그 밖에 보상의 실시에 관하여 이의가 있는 자는 노동부장관에게 심사나 사건의 중재를 청구할 수 있다.

②제1항의 청구가 있으면 노동부장관은 1개월 이내에 심사나 중재를 하여야 한다.

③노동부장관은 필요에 따라 직권으로 심사나 사건의 중재를 할 수 있다.

④노동부장관은 심사나 중재를 위하여 필요하다고 인정하면 의사에게 진단이나 검안을 시킬 수 있다.

⑤제1항에 따른 심사나 중재의 청구와 제2항에 따른 심사나 중재의 시작은 시효의 중단에 관하여는 재판상의 청구로 본다.

제89조 (노동위원회의 심사와 중재) ①노동부장관이 제88조제2항의 기간에 심시 또는 중재를 하지 아니하거나 심사와 중개의 결과에 불복하는 자는 노동위원회에 심사나 중재를 청구할 수 있다.

②제1항의 청구가 있으면 노동위원회는 1개월 이내에 심사나 중재를 하여야 한다.

제90조 (도급 사업에 대한 예외) ①사업이 여러 차례의 도급에 따라 행하여지는 경우의 재해보상에 대하여는 원수급인(元受給人)을 사용자로 본다.

②제1항의 경우에 원수급인이 서면상 계약으로 하수급인에게 보상을 담당하게 하는 경우에는 그 수급인도 사용자로 본다. 다만, 2명 이상의 하수급인에게 똑같은 사업에 대하여 중복하여 보상을 담당하게 하지 못한다.

③제2항의 경우에 원수급인이 보상의 청구를 받으면 보상을 담당한 하수급인에게 우선 최고(催告)할 것을 청구할 수 있다. 다만, 그 하수급인이 파산의 선고를 받거나 행방이 알려지지 아니하는 경우에는 그러하지 아니하다.

제91조 (서류의 보존) 사용자는 재해보상에 관한 중요한 서류를 2년간 보존하여야 한다.

제92조 (시효) 이 법의 규정에 따른 재해보상 청구권은 3년간 행사하지 아니하면 시효로 소멸한다.

제9장 취업규칙

제93조 (취업규칙의 작성·신고) 상시 10명 이상의 근로자를 사용하는 사용자는 다음 각 호의 사항에 관한 취업규칙을 작성하여 노동부장관에게 신고하여야 한다. 이를 변경하는 경우에도 또한 같다.

1. 업무의 시작과 종료 시각, 휴게시간, 휴일, 휴가 및 교대 근로에 관한 사항
2. 임금의 결정·계산·지급 방법, 임금의 산정기간·지급시기 및 승급(昇給)에 관한 사항
3. 가족수당의 계산·지급 방법에 관한 사항
4. 퇴직에 관한 사항

5. 「근로자퇴직급여 보장법」 제8조에 따른 퇴직금, 상여 및 최저임금에 관한 사항
6. 근로자의 식비, 작업 용품 등의 부담에 관한 사항
7. 근로자를 위한 교육시설에 관한 사항
8. 산전후휴가·육아휴직 등 여성 근로자의 모성 보호에 관한 사항
9. 안전과 보건에 관한 시항
10. 업무상과 업무 외의 재해부조(災害扶助)에 관한 사항
11. 표창과 제재에 관한 사항
12. 그 밖에 해당 사업 또는 사업장의 근로자 전체에 적용될 사항

제94조 (규칙의 작성, 변경 절차) ①사용자는 취업규칙의 작성 또는 변경에 관하여 해당 사업 또는 사업장에 근로자의 과반수로 조직된 노동조합이 있는 경우에는 그 노동조합, 근로자의 과반수로 조직된 노동조합이 없는 경우에는 근로자의 과반수의 의견을 들어야 한다. 다만, 취업규칙을 근로자에게 불리하게 변경하는 경우에는 그 동의를 받아야 한다.
②사용자는 제93조에 따라 취업규칙을 신고할 때에는 제1항의 의견을 적은 서면을 첨부하여야 한다.

제95조 (제재 규정의 제한) 취업규칙에서 근로자에 대하여 감급(減給)의 제재를 정할 경우에 그 감액은 1회의 금액이 평균임금의 1일분의 2분의 1을, 총액이 1임금지급기의 임금 총액의 10분의 1을 초과하지 못한다.

제96조 (단체협약의 준수) ①취업규칙은 법령이나 해당 사업 또는 사업장에 대하여 적용되는 단체협약과 어긋나서는 아니 된다.
②노동부장관은 법령이나 단체협약에 어긋나는 취업규칙의 변경을 명할 수 있다.

제97조 (위반의 효력) 취업규칙에서 정한 기준에 미달하는 근로조건을 정한 근로계약은 그 부분에 관하여는 무효로 한다. 이 경우 무효로 된 부분은 취업규칙에 정한 기준에 따른다.

제10장 기숙사

제98조 (기숙사 생활의 보장) ①사용자는 사업 또는 사업장의 부속 기숙사에 기숙하는 근로자의 사생활의 자유를 침해하지 못한다.
②사용자는 기숙사 생활의 자치에 필요한 임원 선거에 간섭하지 못 한다.

제99조 (규칙의 작성과 변경) ①부속 기숙사에 근로자를 기숙시키는 사용자는 다음 각 호의 사항에 관하여 기숙사규칙을 작성하여야 한다.
1. 기상(起床), 취침, 외출과 외박에 관한 사항
2. 행사에 관한 사항
3. 식사에 관한 사항
4. 안전과 보건에 관한 사항

5. 건설물과 설비의 관리에 관한 사항
6. 그 밖에 기숙사에 기숙하는 근로자 전체에 적용될 사항
②사용자는 제1항에 따른 규칙의 작성 또는 변경에 관하여 기숙사에 기숙하는 근로자의 과반수를 대표하는 자의 동의를 받아야 한다.
③사용자와 기숙사에 기숙하는 근로자는 기숙사규칙을 지켜야 한다.

제100조 (설비와 안전 위생) ①사용자는 부속 기숙사에 대하여 근로자의 건강, 풍기(風紀)와 생명의 유지에 필요한 조치를 강구하여야 한다.
②제1항에 따라 강구하여야 할 조치의 기준은 대통령령으로 정한다.

제11장 근로감독관 등

제101조 (감독 기관) ①근로조건의 기준을 확보하기 위하여 노동부와 그 소속 기관에 근로감독관을 둔다.
②근로감독관의 자격, 임면(任免), 직무 배치에 관한 사항은 대통령령으로 정한다.

제102조 (근로감독관의 권한) ①근로감독관은 사업장, 기숙사, 그 밖의 부속 건물에 임검(臨檢)하고 장부와 서류의 제출을 요구할 수 있으며 사용자와 근로자에 대하여 심문(尋問)할 수 있다.
②의사인 근로감독관이나 근로감독관의 위촉을 받은 의사는 취업을 금지하여야 할 질병에 걸릴 의심이 있는 근로자에 대하여 검진할 수 있다.
③제1항 및 제2항의 경우에 근로감독관이나 그 위촉을 받은 의사는 그 신분증명서와 노동부장관의 임검 또는 검진지령서(檢診指令書)를 제시하여야 한다.
④제3항의 임검 또는 검진지령서에는 그 일시, 장소 및 범위를 분명하게 적어야 한다.
⑤근로감독관은 이 법이나 그 밖의 노동 관계 법령 위반의 죄에 관하여 「사법경찰관리의 직무를 행할 자와 그 직무범위에 관한 법률」 에서 정하는 바에 따라 사법경찰관의 직무를 수행한다.

제103조 (근로감독관의 의무) 근로감독관은 직무상 알게 된 비밀을 엄수하여야 한다. 근로감독관을 그만 둔 경우에도 또한 같다.

제104조 (감독 기관에 대한 신고) ①사업 또는 사업장에서 이 법 또는 이 법에 따른 대통령령을 위반한 사실이 있으면 근로자는 그 사실을 노동부장관이나 근로감독관에게 통보할 수 있다.
②사용자는 제1항의 통보를 이유로 근로자에게 해고나 그 밖에 불리한 처우를 하지 못한다.

제105조 (사법경찰권 행사자의 제한) 이 법이나 그 밖의 노동 관계 법령에 따른 임검, 서류의 제출, 심문 등의 수사는 검사와 근로감독관 이 전담하여 수행한다. 다만, 근로감독관의 직무에 관한 범죄의 수사는 그러하지 아니하다.

제106조 (권한의 위임) 이 법에 따른 노동부장관의 권한은 대통령령으로 정하는 바에 따라 그 일부를 지방노동관서의 장에게 위임할 수 있다.

제12장 벌칙

제107조 (벌칙) 제7조, 제8조, 제9조, 제23조제2항 또는 제40조를 위반한 자는 5년 이하의 징역 또는 3천만원 이하의 벌금에 처한다.
[[시행일 2007.7.1]]

제108조 (벌칙) 근로감독관이 이 법을 위반한 사실을 고의로 묵과하면 3년 이하의 징역 또는 5년 이하의 자격정지에 처한다.

제109조 (벌칙) ①제36조, 제43조, 제44조, 제46조, 제56조, 제65조 또는 제72조를 위반한 자는 3년 이하의 징역 또는 2천만원 이하의 벌금에 처한다.
②제36조, 제43조, 제44조, 제46조 또는 제56조를 위반한 자에 대하여는 피해자의 명시적인 의사와 다르게 공소를 제기할 수 없다.

제110조 (벌칙) 다음 각 호의 어느 하나에 해당하는 자는 2년 이하의 징역 또는 1천만원 이하의 벌금에 처한다.

1. 제10조, 제22조제1항, 제26조, 제50조, 제53조제1항·제2항·제3항 본문, 제54조, 제55조, 제60조제1항, 제2항, 제4항 및 제5항, 제64조제1항, 제69조, 제70조제1항·제2항, 제71조, 제74조, 제75조, 제78조부터 제80조까지, 제82조, 제83조 및 제104조제2항을 위반한 자 [[시행일 2007.7.1]]
2. 제53조제4항에 따른 명령을 위반한 자

제111조 (벌칙) 제31조제3항에 따리 확정되거나 행정소송을 제기하여 확정된 구제명령 또는 구제명령을 내용으로 하는 재심판정을 이행 하지 아니한 자는 1년 이하의 징역 또는 1천만원 이하의 벌금에 처한다.
[[시행일 2007.7.1]]

제112조 (고발) ①제111조의 죄는 노동위원회의 고발이 있어야 공소를 제기할 수 있다.
②검사는 제1항에 따른 죄에 해당하는 위반행위가 있음을 노동위원회에 통보하여 고발을 요청할 수 있다.
[[시행일 2007.7.1]]

제113조 (벌칙) 제45조를 위반한 자는 1천만원 이하의 벌금에 처한다.

제114조 (벌칙) 다음 각 호의 어느 하나에 해당하는 자는 500만원 이하의 벌금에 처한다.

1. 제6조, 제16조, 제17조, 제20조, 제21조, 제22조제2항, 제47조, 제53조제3항 단서, 제67조제1항, 제70조제3항, 제73조, 제77조, 제94조, 제95조, 제98조제2항, 제100조 및 제103조를 위반한 자
2. 제96조제2항에 따른 명령을 위반한 자

[[시행일 2007.7.1]]

제115조 (양벌규정) ①해당 사업의 근로자에 관한 사항에 대하여 사업주를 위하여 행위하는 대리인, 사용인, 그 밖의 종업원이 이 법의 위반행위를 하면 그 행위자를 벌할 뿐만 아니라 그 사업주에게도 각 해당 조문의 벌금형을 과(科) 한다. 다만, 사업주(사업주가 법인인 경우에는 그 대표자, 사업주가 영업에 관하여 성년자와 동일한 능력을 갖지 아니하는 미성년자 또는 금치산자인 경우에는 그 법정대리인을 사업주로 한다. 이하 이 조에서 같다)가 위반 방지에 필요한 조치를 한 경우에는 그러하지 아니하다.

②사업주가 대리인, 사용인, 그 밖의 종업원의 이 법의 위반행위와 관련하여 그 계획을 알고 그 방지에 필요한 조치를 하지 아니하는 경우, 위반행위를 알고 그 시정에 필요한 조치를 하지 아니하는 경우 또는 위반을 교사(敎唆)한 경우에는 사업주도 행위자로 처벌한다.

제116조 (과태료) ①다음 각 호의 어느 하나에 해당하는 자에게는 500만원 이하의 과태료를 부과한다.

1. 제13조에 따른 노동부장관, 노동위원회 또는 근로감독관의 요구가 있는 경우에 보고 또는 출석을 하지 아니하거나 거짓된 보고를 한 자
2. 제14조, 제39조, 제41조, 제42조, 제48조, 제66조, 제91조, 제93조 및 제99조를 위반한 자
3. 제102조에 따른 근로감독관 또는 그 위촉을 받은 의사의 임검(臨檢)이나 검진을 거절, 방해 또는 기피하고 그 심문에 대하여 진술을 하지 아니하거나 거짓된 진술을 하며 장부· 서류를 제출하지 아니하거나 거짓 장부·서류를 제출한 자

②제1항에 따른 과태료는 대통령령으로 정하는 바에 따라 노동부장관이 부과·징수한다.

③제2항에 따른 과태료 처분에 불복하는 자는 그 처분을 고지받은 날부터 30일 이내에 노동부장관에게 이의를 제기할 수 있다.

④제2항에 따른 과태료 처분을 받은 자가 제3항에 따라 이의를 제기하면 노동부장관은 지체 없이 관할 법원에 그 사실을 통보하여야 하며, 그 통보를 받은 관할 법원은 「비송사건절차법」에 따른 과태료 재판을 한다.

⑤제3항에 따른 기간 이내에 이의를 제기하지 아니하고 과태료를 내지 아니하면 국세 체납처분의 예에 따라 징수한다.

[[시행일 2007.7.1]]

부 칙

부칙 [1997.3.13 제5309호]

제1조 (시행일) 이 법은 공포한 날부터 시행한다. <개정 1998.2.20>

제2조 (보고등의 요구에 관한 경과조치) 이 법 시행당시 종전의 규정에 의하여 노동부장관, 노동위원회 및 근로감독관이 사용자 또는 근로자에 대하여 행한 보고, 출석 및 장부와 서류의 제출요구는 이 법에 의하여 행한 보고, 출석 및 장부와 서류의 제출요구로 본다.

제3조 (근로계약등에 관한 경과조치) 이 법 시행당시 종전의 규정에 의하여 체약되거나 작성된

근로계약, 취업규칙 및 기숙사규칙은 이 법에 의하여 체결되거나 작성된 근로계약, 취업규칙 및 기숙사규칙으로 본다.

제4조 (해고의 예고에 관한 경과조치) 이 법 시행당시 종전의 규정에 의하여 행한 해고의 예고는 이 법에 의한 해고의 예고로 본다.

제5조 (퇴직금제도에 관한 경과조치) 이 법 시행당시 종전의 규정에 의하여 설정된 퇴직금제도와 미리 정산하여 지급된 퇴직금은 이 법에 의하여 설정되거나 지급된 것으로 본다.

제6조 (휴일등에 관한 경과조치) 이 법 시행당시 종전의 규정에 의하여 사용자가 근로자에 준 휴일 및 휴가는 이 법에 의하여 준 휴일 및 휴가로 본다.

제7조 (재해보상등에 관한 경과조치) 이 법 시행당시 종전의 규정에 의하여 행한 재해보상은 이 법에 의하여 행한 것으로 본다.

제8조 (서면합의의 효력에 관한 경과조치) 이 법 시행당시 종전의 규정에 의한 사용자와 근로자대표간의 서면합의 또는 사용자와 근로자간의 합의는 이 법에 의한 서면합의 또는 합의로 본다.

제9조 (동의의 효력에 관한 경과조치) 이 법 시행당시 종전의 규정에 의하여 사용자가 노동조합, 근로자의 과반수, 근로자, 보상을 받을 자 및 기숙사에 기숙하는 근로자의 과반수를 대표하는 자등의 동의를 얻은 경우에는 이 법에 의하여 동의를 얻은 것으로 본다.

제10조 (청구등의 효력에 관한 경과조치) 이 법 시행당시 종전의 규정에 의하여 근로자가 노동부장관, 노동위원회 및 사용자에게 행한 청구 또는 신청등과 사용자가 노동부장관 및 노동위원회에 행한 청구 또는 신청등은 이 법에 의하여 행한 청구 또는 신청등으로 본다.

제11조 (신고의 효력에 관한 경과조치) 이 법 시행당시 종전의 규정에 의하여 사용자가 노동부장관에 행한 신고는 이 법에 의하여 행한 신고로 본다.

제12조 (인가등의 효력에 관한 경과조치) 이 법 시행당시 종전의 규정에 의하여 노동부장관 및 노동위원회가 행한 인가, 인정, 승인, 명령, 심사, 중재 및 인가의 취소등의 행위는 이 법에 의하여 행한 인가, 인정, 승인, 명령, 심사, 중재 및 인가의 취소등의 행위로 본다.

제13조 (취직인허증등의 효력에 관한 경과조치) ①이 법 시행당시 종전의 규정에 의하여 노동부장관이 발행한 취직인허증, 신분증명서, 임검지령서 및 검진지령서는 이 법에 의하여 발행한 취직인허증, 신분증명서, 임검지령서 및 검진지령서로 본다.

②이 법 시행당시 취업중인 13세이상 15세미만의 근로자가 이 법 시행후 3월이내에 노동부장관에게 취직인허를 신청하는 경우에는 노동부장관은 취직인허증을 발행하여야 한다.

제14조 (벌칙에 관한 경과조치) 이 법 시행전의 행위에 대한 벌칙의 적용에 있어서는 종전의 규정에 의한다.

제15조 (다른 법령과의 관계) 이 법 시행당시 다른 법령에서 종전의 근로기준법 또는 그 규정을

인용한 경우 이 법중 그에 해당하는 규정이 있는 때에는 종전의 규정에 갈음하여 이 법 또는 이 법의 해당 규정을 인용한 것으로 본다.

부칙 [1997.12.24 제5473호]

제1조 (시행일) 이 법은 공포한 날부터 시행한다.

제2조 (임금채권 우선변제에 대한 경과조치) ①제37조제2항제2호의 개정규정에 불구하고 이 법 시행전에 퇴직한 근로자의 경우에는 1989년 3월 29일 이후의 계속근로년수에 대한 퇴직금을 우선변제의 대상으로 한다.

②제37조제2항제2호의 개정규정에 불구하고 이 법 시행전에 채용된 근로자로서 이 법 시행후 퇴직하는 근로자의 경우에는 1989년 3월 29일이후부터 이 법 시행전까지의 계속근로년수에 대한 퇴직금에 이 법 시행후의 계속근로년수에 대하여 발생하는 최종 3연간의 퇴직금을 합산한 금액을 우선변제의 대상으로 한다.

③제1항 및 제2항의 규정에 의하여 우선변제의 대상이 되는 퇴직금은 계속근로년수 1년에 대하여 30일분의 평균임금으로 계산한 금액으로 한다.

④제1항 및 제2항의 규정에 의하여 우선변제의 대상이 되는 퇴직금은 250일분의 평균임금을 초과할 수 없다.

부칙 [1998.2.20 제5510호]

이 법은 공포한 날부터 시행한다.

부칙 [1999.2.8 제5885호]

①(시행일) 이 법은 공포한 날부터 시행한다.

②(벌칙에 관한 경과조치) 이 법 시행전의 행위에 대한 벌칙의 적용에 있어서는 종전의 규정에 의한다.

부칙 [2001.8.14 제6507호]

①(시행일) 이 법은 2001년 11월 1일부터 시행한다.

②(산전후휴가 확대에 관한 적용례) 제72조제1항의 개정규정은 2001년 11월 1일 이후 출산하는 근로자부터 적용한다.

부칙 [2003.9.15 제6974호]

제1조 (시행일) 이 법의 시행일은 다음 각호와 같다.

1. 금융·보험업, 정부투자기관관리기본법 제2조의 규정에 의한 정부투자기관, 지방공기업법 제49조 및 동법 제76조의 규정에 의한 지방공사 및 지방공단, 국가·지방자치단체 또는 정부투자기관이 자본금의 2분의 1 이상을 출자하거나 기본재산의 2분의 1 이상을 출연한 기

관·단체와 그 기관·단체가 자본금의 2분의 1 이상을 출자하거나 기본재산의 2분의 1 이상을 출연한 기관·단체 및 상시 1,000인 이상의 근로자를 사용하는 사업 또는 사업장 : 2004년 7월 1일

2. 상시 300인 이상 1,000인 미만의 근로자를 사용하는 사업 또는 사업장 : 2005년 7월 1일
3. 상시 100인 이상 300인 미만의 근로자를 사용하는 사업 또는 사업장 : 2006년 7월 1일
4. 상시 50인 이상 100인 미만의 근로자를 사용하는 사업 또는 사업장 : 2007년 7월 1일
5. 상시 20인 이상 50인 미만의 근로자를 사용하는 사업 또는 사업장 : 2008년 7월 1일
6. 상시 20인 미만의 근로자를 사용하는 사업 또는 사업장, 국가 및 지방자치단체의 기관 : 2011년을 초과하지 아니하는 기간 이내에서 대통령령이 정하는 날

제2조 (개정규정의 적용에 관한 특례) 사용자가 부칙 제1조의 규정에 의한 시행일전에 근로자의 과반수로 조직된 노동조합이 있는 경우에는 그 노동조합, 근로자의 과반수로 조직된 노동조합이 없는 경우에는 근로자의 과반수의 동의를 얻어 노동부령이 정하는 바에 따라 노동부장관에게 신고한 경우에는 부칙 제1조의 규정에 의한 시행일전이라도 이를 적용할 수 있다.

제3조 (연장근로에 관한 특례) ①부칙 제1조 각호의 시행일(부칙 제2조의 규정에 의하여 노동부장관에게 신고한 경우에는 적용일을 말한다. 이하 같다)부터 3년간은 제52조제1항 및 제58조제1항의 규정을 적용함에 있어 “12시간”을 각각 “16시간”으로 본다.

②제1항의 규정을 적용함에 있어서 최초의 4시간에 대하여는 제55조의 규정 중 “100분의 50”을 “100분의 25”로 본다.

제4조 (임금보전 및 단체협약의 변경 등) ①사용자는 이 법 시행으로 인하여 기존의 임금수준 및 시간당 통상임금이 저하되지 아니하도록 하여야 한다.

②근로자·노동조합 및 사용자는 이 법 시행과 관련하여 단체협약 유효기간의 만료여부를 불문하고 가능한 빠른 시일 이내에 단체협약, 취업규칙 등에 임금보전방안 및 이 법 개정사항이 반영되도록 하여야 한다.

③제1항 및 제2항을 적용함에 있어 임금항목 또는 임금 조정방법은 단체협약, 취업규칙 등을 통하여 근로자·노동조합 및 사용자가 자율적으로 정한다.

제5조 (월차 및 연차 유급휴가에 관한 경과조치) 이 법 시행일전에 발생한 월차유급휴가 및 연차유급휴가에 대하여는 종전의 규정에 의한다.

제6조 (벌칙에 관한 경과조치) 이 법 시행일전의 행위에 대한 벌칙의 적용에 있어서는 종전의 규정에 의한다.

부칙 [2005.1.27 제7379호(근로자퇴직급여보장법)]

제1조 (시행일) 이 법은 2005년 12월 1일부터 시행한다. <단서 생략>

제2조 내지 제5조 생략

제6조 (다른 법률의 개정) ①근로기준법중 다음과 같이 개정한다.

제34조를 다음과 같이 한다.

제34조 (퇴직급여제도) 사용자가 퇴직하는 근로자에게 지급하는 퇴직급여제도에 관하여는 근로자퇴직급여보장법이 정하는 바에 따른다.

제37조제1항 본문중 "임금·퇴직금"을 "임금"으로 한다.

제37조제2항제2호를 삭제한다.

제96조제5호중 "퇴직금, 상여"를 "근로자퇴직급여보장법 제8조의 규정에 의한 퇴직금, 상여"로 한다.

②및 ③생략

제7조 생략

부칙 [2005.3.31 제7465호]

①(시행일) 이 법은 2005년 7월 1일부터 시행한다.

②(지연이자에 관한 적용례) 제36조의2의 개정규정은 이 법 시행 후 최초로 지급사유가 발생하는 경우부터 적용한다.

부칙 [2005.5.31 제7566호]

①(시행일) 이 법은 2006년 1월 1일부터 시행한다.

②(유산 또는 사산에 따른 보호휴가 등에 관한 적용례) 제72조제2항 및 제3항의 개정규정은 이 법 시행 후 최초로 출산·유산 또는 사산하는 여성근로자부터 적용한다.

부칙 [2006.12.21 제8072호]

이 법은 공포 후 3개월이 경과한 날부터 시행한다.

부칙 [2006.12.21 제8074호(기간제 및 단시간근로자 보호 등에 관한 법률)]

①(시행일) 이 법은 2007년 7월 1일부터 시행한다. 단서 생략

② 생략

③(다른 법률의 개정) 근로기준법 일부를 다음과 같이 개정한다.

제23조를 삭제한다.

제115조제1호중 "제13조, 제23조"를 "제13조"로 한다.

부칙 [2007.1.26 제8293호]

①(시행일) 이 법은 2007년 7월 1일부터 시행한다.

②(우선 재고용등에 관한 적용례) 제31조의2제1항의 개정규정은 이 법 시행 후 최초로 발생한 경영상 이유에 따른 해고부터 적용한다.

③(부당해고등에 대한 구제에 관한 적용례) 제33조, 제33조의2 내지 제33조의6, 제113조의2 및 제113조의3의 개정규정은 이 법 시행 후 최초로 발생한 부당해고등부터 적용한다.

④(벌칙에 관한 경과조치) 이 법 시행 전에 행한 행위에 대한 벌칙의 적용에 있어서는 종전

의 규정에 따른다.

부칙 [2007.4.11 제8372호]

제1조(시행일) 이 법은 공포한 날부터 시행한다. 다만, 부칙 제16조제24항의 개정규정은 2007년 4월 12일부터 시행하고, 제12조, 제13조, 제17조, 제21조, 제23조제1항 제24조제3항, 제25조제1항, 제27조부터 제33조까지, 제37조제1항, 제38조, 제43조, 제45조, 제64조제3항, 제77조, 제107조, 제110조제1호, 제111조, 제112조, 제114조, 제116조 및 부칙 제16조제9항의 개정규정은 2007년 7월 1일부터 시행하며, 부칙 제16조제21항의 개정규정은 2007년 7월 20일부터 시행한다.

제2조(시행일에 관한 경과조치) 부칙 제1조 단서에 따라 제12조, 제13조, 제17조, 제21조, 제23조제1항, 제24조제3항, 제25조제1항, 제28조, 제37조제1항, 제38조, 제43조, 제45조, 제77조, 제107조, 제110조제1호 및 제114조의 개정규정이 시행되기 전까지는 그에 해당하는 종전의 제11조, 제12조, 제24조, 제28조, 제30조제1항, 제31조제3항, 제31조의2제1항, 제33조, 제36조의2제1항, 제37조, 제42조, 제44조, 제77조, 제110조, 제113조제1호 및 제115조를 적용한다.

제3조(유효기간) 제16조의 개정규정은 2007년 6월 30일까지 효력을 가진다.

제4조(법률 제6974호 근로기준법중개정법률의 시행일) 법률 제6974호 근로기준법중개정법률의 시행일은 다음 각 호와 같다.

1. 금융·보험업, 「정부투자기관 관리기본법」 제2조에 따른 정부 투자기관, 「지방공기업법」 제49조 및 같은 법 제76조에 따른 지방공사 및 지방공단, 국가·지방자치단체 또는 정부투자기관이 자본금의 2분의 1 이상을 출자하거나 기본재산의 2분의 1 이상을 출연한 기관·단체와 그 기관·단체가 자본금의 2분의 1 이상을 출자하거나 기본재산의 2분의 1 이상을 출연한 기관·단체 및 상시 1,000명 이상의 근로자를 사용하는 사업 또는 사업장 : 2004년 7월 1일
2. 상시 300명 이상 1,000명 미만의 근로자를 사용하는 사업 또는 사업장 : 2005년 7월 1일
3. 상시 100명 이상 300명 미만의 근로자를 사용하는 사업 또는 사업장 : 2006년 7월 1일
4. 상시 50명 이상 100명 미만의 근로자를 사용하는 사업 또는 사업장 : 2007년 7월 1일
5. 상시 20명 이상 50명 미만의 근로자를 사용하는 사업 또는 사업장 : 2008년 7월 1일
6. 상시 20명 미만의 근로자를 사용하는 사업 또는 사업장, 국가 및 지방자치단체의 기관 : 2011년을 초과하지 아니하는 기간 이내에서 대통령령으로 정하는 날

제5조(법률 제6974호 근로기준법중개정법률의 적용에 관한 특례) 사용자가 부칙 제4조에 따른 시행일 전에 근로자의 과반수로 조직된 노동조합이 있는 경우에는 그 노동조합, 근로자의 과반수로 조직된 노동조합이 없는 경우에는 근로자의 과반수의 동의를 얻어 노동부령 으로 정하는 바에 따라 노동부장관에게 신고한 경우에는 부칙 제4조에 따른 시행일 전이라도 이를 적용할 수 있다.

제6조(연장근로에 관한 특례) ①부칙 제4조 각 호의 시행일(부칙 제5조에 따라 노동부장관에게

신고한 경우에는 적용일을 말한다. 이하 같다)부터 3년 간은 제53조제1항 및 제59조제1항을 적용할 때 "12시간"을 각각 "16시간"으로 본다.

②제1항을 적용할 때 최초의 4시간에 대하여는 제56조 중 "100분의 50''을 "100분의 25"로 본다.

제7조(임금보전 및 단체협약의 변경 등) ①사용자는 법률 제6974호 근로기준법중개정법률의 시행으로 인하여 기존의 임금수준 및 시간당 통상임금이 저하되지 아니하도록 하여야 한다.

②근로자·노동조합 및 사용자는 법률 제6974호 근로기준법중개정법률의 시행과 관련하여 단체협약 유효기간의 만료 여부를 불문하고 가능한 빠른 시일 내에 단체협약, 취업규칙 등에 임금보전방안 및 같은 법의 개정사항이 반영되도록 하여야 한다.

③제1항 및 제2항을 적용할 때 임금항목 또는 임금 조정방법은 단체협약, 취업규칙 등을 통하여 근로자·노동조합 및 사용자가 자율적으로 정한다.

제8조(연차 및 월차 유급휴가에 관한 경과조치) 법률 제6974호 근로기준법중개정법률 시행일 전에 발생한 월차 유급휴가 및 연차 유급휴가에 대하여는 종전의 규정에 따른다.

제9조(지연이지」에 관한 적용례) 법률 제7465호 근로기준법 일부개정 법률 제36조의2의 개정규정은 같은 법 시행 후 최초로 지급사유가 발생하는 경우부터 적용한다.

제10조(유산 또는 사산에 따른 보호휴가 등에 관한 적용례) 법률 제7566호 근로기준법 일부개정법률 제72조제2항 및 제3항의 개정규정은 같은 법 시행 후 최초로 출산·유산 또는 사산하는 여성 근로자부터 적용한다.

제11조(우선 재고용등에 관한 적용례) 제25조제1항의 개정규정은 법률 제8293호 근로기준법 일부개정법률의 시행일인 2007년 7월 1일 이후 최초로 발생한 경영상 이유에 따른 해고부터 적용한다.

제12조(부당해고등에 대한 구제에 관한 적용례) 제28조부터 제33조까지, 제111조 및 제112조의 개정규정은 법률 제8293호 근로기준법 일부개정법률의 시행일인 2007년 7월 1일 이후 최초로 발생한 부당해고등부터 적용한다.

제13조(임금채권 우선변제에 관한 경과조치) ①법률 제5473호 근로기준법중개정법률 제37조제2항제2호의 개정규정에도 불구하고 같은 법 시행 전에 퇴직한 근로자의 경우에는 1989년 3월 29일 이후의 계속 근로연수에 대한 퇴직금을 우선변제의 대상으로 한다.

②법률 제5473호 근로기준법중개정법률 제37조제2항제2호의 개정 규정에도 불구하고 같은 법 시행 전에 채용된 근로자로서 같은 법 시행 후 퇴직하는 근로자의 경우에는 1989년 3월 29일 이후부터 같은 법 시행 전까지의 계속 근로연수에 대한 퇴직금에 같은 법 시행 후의 계속 근로연수에 대하여 발생하는 최종 3년 간의 퇴직금을 합산한 금액을 우선변제의 대상으로 한다.

③제1항 및 제2항에 따라 우선변제의 대상이 되는 퇴직금은 계속 근로연수 1년에 대하여 30일분의 평균임금으로 계산한 금액으로 한다.

④제1항 및 제2항에 따라 우선변제의 대상이 되는 퇴직금은 250일분의 평균임금을 초과할 수 없다.

제14조(처분 등에 관한 일반적 경과조치) 이 법 시행 당시 종전의 규정에 따른 행정기관의 행위나 행정기관에 대한 행위는 그에 해당하는 이 법에 따른 행정기관의 행위나 행정기관에 대한 행위로 본다.

제15조(벌칙에 관한 경과조치) 이 법 시행 전의 행위에 대하여 벌칙 규정을 적용할 때에는 종전의 규정에 따른다.

제16조(다른 법률의 개정) ①건설근로자의고용개선등에관한법률 일부를 다음과 같이 개정한다.
제2조제2호 중 "근로기준법 제14조"를 "「근로기준법」 제2조"로 한다.
②경제자유구역의지정및운영에관한법률 일부를 다음과 같이 개정 한다.
제17조제4항 중 "근로기준법 제54조 및 제71조"를"「근로기준법」 제55조 및 제73조"로 한다.
③고령자고용촉진법 일부를 다음과 같이 개정한다.
제2조제3호 중 "제14조"를 "제2조"로 한다. 제21조제2항 중 "동법 제59조"를 "같은 법 제60조"로 한다.
④고용정책기본법 일부를 다음과 같이 개정한다. 제27조제1항 단서 중 "제31조제4항"을 "제24조제4항"으로 한다.
⑤국세기본법 일부를 다음과 같이 개정한다.
제35조제1항제5호 중 "제37조"를 "제38조"로 한다.
⑥근로자직업능력 개발법 일부를 다음과 같이 개정한다.
제9조제4항 중 "근로기준법 제49조"를 "「근로기준법」 제50조"로 하고, 제20조제2항제4호 중 "근로기준법 제57조 및 제59조"를 "「근로기준법」 제60조"로 한다.
⑦근로자참여및요역증진에관한법률 일부를 다음과 같이 개정한다.
제3조제2호 중 "근로기준법 제14조"를 "「근로기준법」 제2조"로 하고, 같은 조 제3호 중 "근로기서법 제15조"를 "「근로기준법」 제2조"로 한다.
⑧근로자퇴직급여 보장법 일부를 다음과 같이 개정한다.
제2조제1호 중 "근로기준법 제14조"를 "「근로기준법」 제2조"로 하고, 같은 조 제2호 중 "근로기준법 제15조"를 "「근로기준법」 제2조"로 하며, 같은 조 제3호 중 "근로기준법 제18조"를 "「근로기준법」 제2조"로 하고, 같은 조 제4호 중 "근로기준법 제19조"를 "「근로기준법」 제2조"로 한다.
⑨법률 제8074호 기간제 및 단시간근로자 보호 등에 관한 법률 일부를 다음과 같이 개정한다.
제2조제2호 중 "제21조"를 "제2조"로 한다. 제6조제1항 전단 중 "제20조"를 "제2조"로 한다.
⑩남녀고용평등법 일부를 다음과 같이 개정한다.
제18조제1항 중 "「근로기준법」 제72조"를 "「근로기준법」 제74조"로 하고, 같은 조 제2항 중 "「근로기준법」 제72조제3항"을 "「근로기준법」 제74조제3항"으로 한다.
⑪노동위원회법 일부를 다음과 같이 개정한다.

제16조의3제1항 중 "제33조"를 "제28조"로 한다.
⑫별정우체국법 일부를 다음과 같이 개정한다.
제29조제1항 중 "근로기준법 제34조"를 "「근로기준법」 제34조"로 한다.
⑬병역법 일부를 다음과 같이 개정한다.
제41조제1항 중 "「근로기준법」제33조제1항을"을 "「근로기준법」제28조제1항"으로 한다.
⑭사내근로복지기금거 일부를 다음과 같이 개정한다.
제2조제1호 중 "근로기준법 제14조"를 "「근로기준법」 제2조"로 하고, 같은 조 제2호 중 "근로기준법 제15조"를 "「근로기준법」 제2조"로 한다.
⑮산업안전보건법 일부를 다음과 같이 개정한다.
제2조제2호 중 "제14조"를 "제2조"로 한다. 제51조제1항 중 "「근로기준법」 제104조"를 "「근로기준법」 제101조"로 한다.
<16>석탄산업법 일부를 다음과 같이 개정한다.
제39조의3제1항제1호 중 "「근로기준법」 제19조"를 "「근로기준법」 제2조"로 하고, 같은 조 제2항 중 "「근로기준법」 제37조제2 항"을 "「근로기준법」 제38조제2항"으로 한다.
<17>선원법 일부를 다음과 같이 개정한다.
제5조제1항 중 "「근로기준법」제2조 내지 제9조· 제14조 내지 제16조·제36조·제37조·제39조·제66조·제110조(제6조·제7조·제8조 또는 제39조의 규정에 위반한 경우에 한한다)·제112조(제36조의 규정에 위반한 경우에 한한다)·제113조(제9조의 규정에 위반한 경우에 한한다) 및 제115조(제5조의 규정에 위반한 경우에 한한다)"를 "「근로기준법」 제2조제1호부터 제3호까지, 제3조부터 제10조까지, 제36조, 제38조, 제40조, 제68조, 제107조(제7조부터 제9조까지 또는 제40조를 위반한 경우로 한정한다), 제109조(제36조를 위반한 경우로 한정한다), 제110조(제10조를 위반한 경우로 한정한다) 및 제114조(제6조를 위반한 경우로 한정한다)"로 하고, 제51조의2제5항 중 "「근로기준법」 제37조제2항"을 "「근로기준법」 제38조제2항"으로 한다.
<18>임금채권보장법 일부를 다음과 같이 개정한다.
제2조제1호 중 "근로기준법 제14조"를 "「근로기준법」 제2조"로 하고, 같은 조 제3호 중 "근로기준법 제18조·제34조 및 제45조"를 "「근로기준법」 제2조, 제34조 및 제46조"로 한다. 제6조제2항제1호 중 "「근로기준법」 제37조제2항제1호"를 "「근로기준법」 제38조제2항제1호"로 하고, 같은 항 제2호 중 "근로기준법 제45조"를 "「근로기준법」 제46조"로 한다. 제7조제2항 중 "「근로기준법」 제37조제2항"을 "「근로기준법」 제38조제2항"으로 한다.
<19>제주특별자치도 설치 및 국제자유도시 조성을 위한 특별법 일부를 다음과 같이 개정한다.
제141조 중 "「근로기준법」 제104조제1항"을 "「근로기준법」 제101조제1항"으로 한다.
<20>지방세법 일부를 다음과 같이 개정한다.
제31조제2항제5호 중 "「근로기준법」 제37조"를 "「근로기준법」 제38조"로 한다.
<21>법률 제8249호 직업안정법 일부개정법률 일부를 다음과 같이 개정한다.
제21조의3제2항 중 "「근로기준법」 제63조"를 "「근로기준법」 제65조"로 한다.
<22>최저임금법 일부를 다음과 같이 개정한다.

제2조 중 "근로기준법 제14조, 제15조 및 제18조"를 "「근로기준법」 제2조"로 한다. 제5조제2항제2호 중 "「근로기준법」 제61조제3호"를 "「근로기준법」 제63조제3호"로 한다.

<23>파견근로자보호등에관한법률 일부를 다음과 같이 개정한다.

제8조제3호 중 "근로기준법 제6조·제8조·제27조 내지 제29조·제36조·제42조 내지 제45조·제55조·제62조"를 "「근로기준법」 제7조, 제9조, 제20조부터 제22조까지, 제36조, 제43조부터 제46조까지, 제56조 및 제64조"로 한다. 제16조제2항 중 "근로기준법 제31조"를 "「근로기준법」 제24조"로 한다. 제34조제1항 본문 중 "근로기준법 제15조"를 "「근로기준법」 제2조"로 하고, 같은 항 단서 중 "동법 제22조 내지 제36조·제38조·제40조 내지 제47조·제55조·제59조·제62조·제64조 내지 제66조·제74조·제81조 내지 제95조"를 "같은 법 제15조부터 제36조까지, 제39조, 제41조부터 제48조까지, 제56조, 제60조, 제64조, 제66조부터 제68조까지 및 제78조부터 제92조까지"로, "동법 제49조 내지 제54조·제56조 내지 제58조·제60조·제61조·제67조 내 지 제73조 및 제75조"를 "같은 법 제50조부터 제55조까지, 제58조, 제59조, 제62조, 제63조 및 제69조부터 제75조까지"로 한다. 제34조제2항 후단 중 "근로기준법 제42조 및 제66조"를 "「근로기준법」 제43조 및 제68조"로 하고, "동법 제15조"를 "같은 법 제2조"로 한다. 제34조제3항 중 "근로기준법 제54조·제57조·제71조·제72조 제1항"을 "「근로기준법」 제55조, 제73조 및 제74조제1항"으로 한다.

<24>법률 제8236호 한국주택금융공사법 일부개정법률 일부를 다음과 같이 개정한다.

제43조의4제2항제2호 중 "「근로기준법」 제37조제2항"을 "「근로기준법」 제38조제2항"으로 한다. 제17조(다른 법령과의 관계) 이 법 시행 당시 다른 법령에서 종전의 「근로기준법」 또는 그 규정을 인용한 경우에 이 법 가운데 그에 해당하는 규정이 있으면 종전의 규정을 갈음하여 이 법 또는 이 법의 해당 규정을 인용한 것으로 본다.

부칙 [2007.5.17 제8435호(가족관계의 등록 등에 관한 법률)]

제1조(시행일) 이 법은 2008년 1월 1일부터 시행한다. [단서생략]

제2조 내지 제7조 생략

제8조(다른 법률의 개정) ① 내지 ⑥ 생략

⑦근로기준법 일부를 다음과 같이 개정한다.

제66조 중 "호적증명서"를 "가족관계기록사항에 관한 증명서"로 한다.

⑧ 내지 <39> 생략

제9조 생략

기간제및단시간근로자보호등에관한법률안

제 1 장 총칙

제1조(목적) 이 법은 기간제근로자 및 단시간근로자에 대한 불합리한 차별을 시정하고 기간제근로자 및 단시간근로자의 근로조건 보호를 강화함으로써 노동시장의 건전한 발전에 이바지함을 목적으로 한다.

제2조(정의) 이 법에서 사용하는 용어의 정의는 다음과 같다.

1. “기간제근로자”라 함은 기간의 정함이 있는 근로계약(이하 “기간제 근로계약”이라 한다)을 체결한 근로자를 말한다.
2. “단시간근로자”라 함은 근로기준법 제21조의 규정에 의한 단시간근로자를 말한다.
3. “차별적 처우”라 함은 임금 그 밖의 근로조건 등에 있어서 합리적인 이유없이 불리하게 처우하는 것을 말한다.

제3조(적용범위) ①이 법은 상시 5인 이상의 근로자를 사용하는 모든 사업 또는 사업장에 적용한다. 다만, 동거의 친족만을 사용하는 사업 또는 사업장과 가사사용인에 대하여는 적용하지 아니한다.

②상시 4인 이하의 근로자를 사용하는 사업 또는 사업장에 대하여는 대통령령이 정하는 바에 따라 이 법의 일부 규정을 적용할 수 있다.

③국가 및 지방자치단체의 기관에 대하여는 상시 사용하는 근로자의 수에 관계없이 이 법을 적용한다.

제 2 장 기간제근로자

제4조(기간제근로자의 사용) ①사용자는 근로자를 사용함에 있어서 2년을 초과하지 아니하는 범위내에서(기간제 근로계약의 반복갱신 등의 경우에는 그 계속근로한 총기간이 2년을 초과하지 아니하는 범위내에서) 기간제근로자로 사용할 수 있다. 다만, 다음 각호의 어느 하나에 해당하는 경우에는 2년을 초과하여 기간제근로자로 사용할 수 있다.

1. 사업의 완료 또는 특정한 업무의 완성에 필요한 기간을 정한 경우
2. 휴직・파견 등으로 결원이 발생하여 당해 근로자가 복귀할 때까지 그 업무를 대신할 필요가 있는 경우
3. 근로자가 학업, 직업훈련 등을 이수함에 따라 그 이수에 필요한 기간을 정한 경우
4. 고령자고용촉진법 제2조제1호의 규정에 의한 고령자와 근로계약을 체결하는 경우
5. 전문적 지식・기술의 활용이 필요한 경우와 정부의 복지정책・실업대책 등에 의하여 일자리를 제공하는 경우로서 대통령령이 정하는 경우

6. 그 밖에 제1호 내지 제5호에 준하는 합리적인 사유가 있는 경우로서 대통령령이 정하는 경우
②사용자가 제1항 단서의 사유가 없거나 소멸되었음에도 불구하고 2년을 초과하여 기간제근로자로 사용하는 경우에는 그 기간제근로자는 기간의 정함이 없는 근로계약을 체결한 근로자로 본다.

제5조(기간의 정함이 없는 근로자로의 전환) 사용자는 기간의 정함이 없는 근로계약을 체결한 근로자를 채용하고자 하는 경우에 당해 사업 또는 사업장의 동종 또는 유사한 업무에 종사하는 기간제근로자를 우선적으로 고용하도록 노력하여야 한다.

제 3 장 단시간근로자

제6조(단시간근로자의 초과근로 제한) ①사용자는 단시간근로자에 대하여 소정근로시간을 초과하여 근로시키고자 하는 경우에는 당해 근로자의 동의를 얻어야 한다. 다만, 1주간에 12시간을 초과하여 근로시킬 수 없다.
②단시간근로자는 사용자가 제1항의 규정에 의한 동의를 얻지 아니하고 초과근로를 시키는 경우에 이를 거부할 수 있다.

제7조(통상근로자로의 전환 등) ①사용자는 통상근로자를 채용하고자 하는 경우에 당해 사업 또는 사업장의 동종 또는 유사한 업무에 종사하는 단시간근로자를 우선적으로 고용하도록 노력하여야 한다.
②사용자는 가사, 학업 그 밖의 이유로 근로자가 단시간 근로를 신청하는 때에는 당해 근로자를 단시간근로자로 전환시키도록 노력하여야 한다.

제 4 장 차별적 처우의 금지 및 시정

제8조(차별적 처우의 금지) ①사용자는 기간제근로자임을 이유로 당해 사업 또는 사업장에서 동종 또는 유사한 업무에 종사하는 기간의 정함이 없는 근로계약을 체결한 근로자에 비하여 차별적 처우를 하여서는 아니된다.
②사용자는 단시간근로자임을 이유로 당해 사업 또는 사업장의 동종 또는 유사한 업무에 종사하는 통상근로자에 비하여 차별적 처우를 하여서는 아니된다.

제9조(차별적 처우의 시정신청) ①기간제근로자 또는 단시간근로자는 차별적 처우를 받은 경우 노동위원회에 그 시정을 신청할 수 있다. 다만, 차별적 처우가 있은 날(계속되는 차별적 처우는 그 종료일)부터 3월이 경과한 때에는 시정을 신청할 수 없다.
②기간제근로자 또는 단시간근로자가 제1항의 규정에 의한 시정신청을 하는 때에는 차별적 처우의 내용을 구체적으로 명시하여야 한다.
③제1항 및 제2항의 규정에 의한 시정신청의 절차·방법 등에 관하여 필요한 사항은 중앙노동위원회가 따로 정한다.

④제8조 및 제9조와 관련한 분쟁해결에서의 입증책임은 사용자가 부담한다.

제10조(조사 · 심문 등) ①노동위원회는 제9조의 규정에 의한 시정신청을 받은 때에는 지체없이 필요한 조사와 관계 당사자에 대한 심문을 하여야 한다.

②노동위원회는 제1항의 규정에 의한 심문을 하는 때에는 관계 당사자의 신청에 의하거나 그 직권으로 증인을 출석하게 하여 필요한 사항을 질문할 수 있다.

③노동위원회는 제1항 및 제2항의 규정에 의한 심문을 함에 있어서는 관계 당사자에게 증거의 제출과 증인에 대한 반대심문을 할 수 있는 충분한 기회를 주어야 한다.

④제1항 내지 제3항의 규정에 의한 조사 · 심문의 방법 및 절차 등에 관하여 필요한 사항은 중앙노동위원회가 따로 정한다.

⑤노동위원회는 차별시정사무에 관한 전문적인 조사 · 연구업무를 수행하기 위하여 전문위원을 둘 수 있다. 이 경우 전문위원의 수 · 자격 및 보수 등에 관하여 필요한 사항은 대통령령으로 정한다.

제11조(조정 · 중재) ①노동위원회는 제10조의 규정에 의한 심문의 과정에서 관계 당사자의 신청 또는 직권에 의하여 조정(調停)절차를 개시할 수 있으며, 관계 당사자가 미리 제7항의 규정에 의한 효력을 갖는 노동위원회의 중재(仲裁)결정에 따르기로 합의하여 중재를 신청한 경우에 중재를 할 수 있다.

②제1항의 규정에 따라 관계 당사자가 조정 또는 중재를 신청하는 경우에는 제9조의 규정에 의하여 시정을 신청한 날부터 14일 이내에 하여야 한다. 다만, 노동위원회의 승낙이 있는 경우에는 14일 이후에도 신청할 수 있다.

③노동위원회는 조정안을 작성하거나 중재를 함에 있어서 관계 당사자의 의견을 충분히 들어야 한다.

④노동위원회는 특별한 사유가 없는 한 제1항의 규정에 의하여 조정절차를 개시하거나 중재신청을 받은 때부터 60일 이내에 조정안을 제시하거나 중재결정을 하여야 한다.

⑤노동위원회는 관계 당사자가 조정안을 수락한 경우에 조정조서를 작성하고 중재결정을 한 경우에 중재결정서를 작성하여야 한다.

⑥제5항의 규정에 의한 조정조서에는 관계 당사자와 조정에 관여한 위원전원이 서명 · 날인하여야 하며, 중재결정서에는 관여한 위원전원이 서명 · 날인하여야 한다.

⑦제5항 및 제6항의 규정에 의한 조정조서 또는 중재결정서는 민사소송법의 규정에 의한 재판상 화해의 효력을 갖는다.

⑧제1항 내지 제7항의 규정에 의한 조정 · 중재의 방법, 조정조서 · 중재결정서의 작성 등에 관한 사항은 중앙노동위원회가 따로 정한다.

제12조(시정명령 등) ①노동위원회는 제10조의 규정에 의한 조사 · 심문을 종료하고 차별적 처우에 해당된다고 판정한 때에는 사용자에게 시정명령을 발하여야 하며, 차별적 처우에 해당하지 아니한다고 판정한 때에는 그 시정신청을 기각하는 결정을 하여야 한다.

②제1항의 규정에 의한 판정 · 시정명령 및 기각결정은 서면으로 하되 그 이유를 구체적으로

명시하여 관계 당사자에게 각각 교부하여야 한다. 다만, 제1항의 규정에 의한 시정명령을 발하는 경우에는 시정명령의 내용 및 이행기한 등을 구체적으로 기재하여야 한다.

제13조(조정 · 중재 또는 시정명령의 내용) 제11조의 규정에 의한 조정 · 중재 또는 제12조의 규정에 의한 시정명령의 내용에는 차별적 행위의 중지, 임금 등 근로조건의 개선 및 적절한 금전보상 등이 포함될 수 있다.

제14조(시정명령 등의 확정) ①지방노동위원회의 시정명령 또는 기각결정에 대하여 불복이 있는 관계 당사자는 그 명령서 또는 기각결정서의 송달을 받은 날부터 10일 이내에 중앙노동위원회에 그 재심을 신청할 수 있다.

②제1항의 규정에 의한 중앙노동위원회의 재심결정에 대하여 불복이 있는 관계 당사자는 그 재심결정서의 송달을 받은 날부터 15일 이내에 행정소송을 제기할 수 있다.

③제1항에 규정된 기간내에 재심을 신청하지 아니하거나 제2항에 규정된 기간내에 행정소송을 제기하지 아니한 때에는 그 시정명령 · 기각결정 또는 재심결정은 확정된다.

제15조(시정명령 이행상황의 제출요구 등) ①노동부장관은 확정된 시정명령에 대하여 사용자에게 그 이행상황을 제출할 것을 요구할 수 있다.

②시정신청을 한 근로자는 사용자가 확정된 시정명령을 이행하지 아니하는 경우 이를 노동부장관에게 신고할 수 있다.

제 5 장 보칙

제16조(불리한 처우의 금지) 사용자는 기간제근로자 또는 단시간근로자가 다음 각호의 어느 하나에 해당하는 행위를 한 것을 이유로 기간제근로자 또는 단시간근로자에 대하여 해고 그 밖의 불리한 처우를 하지 못한다.

1. 제6조제2항의 규정에 의한 사용자의 부당한 초과근로 요구의 거부
2. 제9조의 규정에 의한 차별적 처우에 대한 시정신청, 노동위원회에의 참석 및 진술, 제14조의 규정에 의한 재심신청 또는 행정소송의 제기
3. 제15조제2항의 규정에 의한 시정명령 불이행의 신고
4. 제18조의 규정에 의한 통고

제17조(근로조건의 서면명시) 사용자는 기간제근로자 또는 단시간근로자와 근로계약 체결시에 다음의 모든 사항을 서면으로 명시하여야 한다. 다만, 제6호의 사항은 단시간근로자에 한한다.

1. 근로계약기간에 관한 사항
2. 근로시간 · 휴게에 관한 사항
3. 임금의 구성항목 · 계산방법 및 지불방법에 관한 사항
4. 휴일 · 휴가에 관한 사항
5. 취업의 장소와 종사하여야 할 업무에 관한 사항
6. 근로일 및 근로일별 근로시간

第18조(감독기관에 대한 통고) 사업 또는 사업장에서 이 법 또는 이 법에 의한 명령에 위반한 사실이 있는 경우에는 근로자는 그 사실을 노동부장관 또는 근로감독관에게 통고할 수 있다.

第19조(권한의 위임) 이 법의 규정에 의한 노동부장관의 권한은 그 일부를 대통령령이 정하는 바에 따라 지방노동관서의 장에게 위임할 수 있다.

第20조(취업촉진을 위한 국가 등의 노력) 국가 및 지방자치단체는 고용정보의 제공, 직업지도, 취업알선, 직업능력개발 등 기간제근로자 및 단시간근로자의 취업촉진을 위하여 필요한 조치를 우선적으로 취하도록 노력하여야 한다.

제6장 벌칙

第21조(벌칙) 제16조의 규정에 위반하여 근로자에게 불리한 처우를 한 자는 2년 이하의 징역 또는 1천만원 이하의 벌금에 처한다.

第22조(벌칙) 제6조제1항의 규정에 위반하여 단시간근로자에게 초과근로를 시킨 자는 1천만원 이하의 벌금에 처한다.

第23조(양벌규정) 제21조 및 제22조의 규정에 해당하는 위반행위를 한 자가 당해 사업의 근로자에 관한 사항에 대하여 사업주를 위하여 행위한 대리인, 사용인 그 밖의 종업원인 경우에는 사업주에 대하여도 해당 조의 벌금형을 과한다.

第24조(과태료) ①제14조제2항의 규정에 의하여 행정소송을 제기하여 확정되거나 제14조제3항의 규정에 의하여 확정된 시정명령을 정당한 이유없이 이행하지 아니한 자는 1억원 이하의 과태료에 처한다.

②다음 각호의 어느 하나에 해당하는 자는 500만원 이하의 과태료에 처한다.

1. 제15조제1항의 규정에 위반하여 정당한 이유없이 노동부장관의 이행상황 제출요구에 불응한 자
2. 제17조의 규정에 위반하여 근로조건을 서면으로 명시하지 아니한 자

③제1항 및 제2항의 규정에 의한 과태료는 대통령령이 정하는 바에 의하여 노동부장관이 부과・징수한다.

④제3항의 규정에 의한 과태료처분에 불복이 있는 자는 그 처분의 고지를 받은 날부터 30일 이내에 노동부장관에 이의를 제기할 수 있다.

⑤제3항의 규정에 의한 과태료의 처분을 받은 자가 제4항의 규정에 의하여 이의를 제기한 때에는 노동부장관은 지체없이 관할법원에 그 사실을 통보하여야 하며, 그 통보를 받은 관할법원은 비송사건절차법에 의한 과태료의 재판을 한다.

⑥제4항의 규정에 의한 기간내에 이의를 제기하지 아니하고 과태료를 납부하지 아니한 때에는 국세체납처분의 예에 의하여 이를 징수한다.

부 칙

①(시행일) 이 법은 2007년 7월 1일부터 시행한다. 다만, 제10조제5항의 규정은 2007년 1월 1일부터 시행하고, 제8조, 제9조, 제10조제1항 내지 제4항, 제11조 내지 15조, 제16조제2호·제3호 및 제24조제1항·제2항제1호의 규정의 시행일은 사업 또는 사업장(사용사업주의 사업 또는 사업장을 말한다. 이하 같다)별로 다음 각 호와 같다.

1. 상시 300인 이상의 근로자를 사용하는 사업 또는 사업장 : 2007년 7월 1일
2. 국가 및 지방자치단체의 기관,「정부산하기관 관리기본법」제3조의 규정에 따른 정부산하기관,「정부투자기관 관리기본법」제2조의 규정에 따른 정부투자기관, 「지방공기업법」제49조 및 동법 제76조의 규정에 따른 지방공사 및 지방공단,「정부출연연구기관 등의 설립·운영 및 육성에 관한 법률」제2조 및「과학기술분야 정부출연연구기관 등의 설립·운영 및 육성에 관한 법률」제2조의 규정에 따른 정부출연연구기관 및 연구회, 「국립대학병원 설치법」에 따른 대학병원 : 2007년 7월 1일
3. 상시 100인 이상 300인 미만의 근로자를 사용하는 사업 또는 사업장 : 2008년 7월 1일
4. 상시 100 미만의 근로자를 사용하는 사업 또는 사업장 : 2009년 7월 1일

②(근로계약기간에 관한 적용례) 제4조의 규정은 이 법 시행후 근로계약이 체결·갱신되거나 기존의 근로계약기간을 연장하는 경우부터 적용한다.

③(다른 법률의 개정) 근로기준법중 다음과 같이 개정한다.

제23조를 삭제한다.

제115조제1호중 "第13條, 第23條"를 "제13조"로 한다.

파견근로자보호등에관한법률

제1장 총칙

제1조(목적) 이 법은 근로자파견사업의 적정한 운영을 기하고 파견근로자의 근로조건 등에 관한 기준을 확립함으로써 파견근로자의 고용안정과 복지증진에 이바지하고 인력수급을 원활하게 함을 목적으로 한다.

제2조(정의) 이 법에서 사용하는 용어의 정의는 다음과 같다.

1. "근로자파견"이라 함은 파견사업주가 근로자를 고용한 후 그 고용관계를 유지하면서 근로자파견계약의 내용에 따라 사용사업주의 지휘·명령을 받아 사용사업주를 위한 근로에 종사하게 하는 것을 말한다.
2. "근로자파견사업"이라 함은 근로자파견을 업으로 행하는 것을 말한다.
3. "파견사업주"라 함은 근로자파견사업을 행하는 자를 말한다.
4. "사용사업주"라 함은 근로자파견계약에 의하여 파견근로자를 사용하는 자를 말한다.
5. "파견근로자"라 함은 파견사업주가 고용한 근로자로서 근로자파견의 대상이 되는 자를 말한다.
6. "근로자파견계약"이라 함은 파견사업주와 사용사업주간에 근로자파견을 약정하는 계약을 말한다.
7. "차별적 처우"라 함은 임금 그 밖의 근로조건 등에 있어서 합리적인 이유없이 불리하게 처우하는 것을 말한다.

제3조(정부의 책무) 정부는 파견근로자를 보호하고 근로자의 구직과 사용자의 인력확보를 용이하게 하기 위하여 다음 각호의 각종 시책을 강구·시행함으로써 근로자가 사용자에게 직접 고용될 수 있도록 노력하여야 한다.

1. 고용정보의 수집·제공
2. 직업에 관한 연구
3. 직업지도
4. 직업안정기관의 설치·운영

제4조(근로자파견사업의 조사·연구) ① 정부는 필요한 경우 근로자대표·사용자대표·공익대표 및 관계전문가로 하여금 근로자파견사업의 적정한 운영과 파견근로자의 보호에 관한 주요사항을 조사·연구하게 할 수 있다.

② 제1항의 규정에 의한 조사·연구에 관하여 필요한 사항은 노동부령으로 정한다.

제 2 장 근로자파견사업의 적정운영

제5조(근로자파견대상업무) ① 근로자파견사업은 제조업의 직접생산공정업무를 제외하고 전문지식˙기술 또는 경험 등을 필요로 하는 업무로서 대통령령이 정하는 업무를 대상으로 한다.

② 제1항의 규정에 불구하고 출산·질병·부상 등으로 결원이 생긴 경우 또는 일시적·간헐적으로 인력을 확보하여야 할 필요가 있는 경우에는 근로자파견사업을 행할 수 있다.

③ 다음 각호의 업무(근로자파견의 업무가 제1항의 규정에 의한 업무인 경우를 포함한다)에 대하여는 근로자파견사업을 행하여서는 아니된다.

1. 건설공사현장에서 이루어지는 업무
2. 항만운송사업법 제3 조제1호, 철도소운송업법 제2조, 농수산물유통및가격안정에관한법률 제40조, 화물유통촉진법 제2조제2호·제10호의 규정에 의한 하역업무로서 직업안정법 제33조의 규정에 의하여 근로자공급사업 허가를 받은 지역의 업무
3. 선원법 제3조의 규정에 의한 선원의 업무
4. 산업안전보건법 제28조의 규정에 의한 유해하거나 위험한 업무
5. 그 밖에 근로자 보호 등의 이유로 근로자파견사업의 대상으로는 적절하지 못하다고 인정하여 대통령령이 정하는 업무

④ 第2項의 規定에 의하여 派遣勤勞者를 사용하고자 할 경우 使用事業主는 당해 사업 또는 事業場에 勤勞者의 과반수로 조직된 勞動組合이 있는 경우에는 그 勞動組合, 勤勞者의 과반수로 조직된 勞動組合이 없는 경우에는 勤勞者의 과반수를 代表하는 者와 사전에 성실하게 協議하여야 한다.

⑤ 누구든지 第1項 내지 第4項의 規定을 위반하여 勤勞者派遣事業을 행하거나 그 勤勞者派遣事業을 행하는 者로부터 勤勞者派遣의 役務를 제공받아서는 아니된다.

제6조(파견기간) ① 근로자파견의 기간은 제5조제2항의 규정에 해당하는 경우를 제외하고는 1년을 초과하지 못한다.

② 파견사업주·사용사업주·파견근로자간의 합의가 있는 경우에는 제1항의 규정에 불구하고 파견기간을 연장할 수 있다. 이 경우 1회 연장시 그 연장기간은 1년을 초과하지 못하며, 연장된 기간을 포함한 총파견기간은 2년을 초과하지 못한다.

③ 고령자고용촉진법 제2조제1호의 규정에 의한 고령자(이하 "고령자"라 한다)인 파견근로자에 대하여는 제2항 단서의 규정에 불구하고 2년을 초과하여 근로자파견기간을 연장할 수 있다.

④ 第5條第2項의 규정에 의한 勤勞者派遣의 기간은 다음과 같다.

1. 出産·疾病·負傷 등 그 사유가 객관적으로 명백한 경우에는 그 사유의 해소에 필요한 기간
2. 일시적·간헐적으로 人力을 확보할 필요가 있는 경우에는 3月 이내의 기간. 다만, 그 사유가 해소되지 아니하고 派遣事業主·使用事業主·派遣勤勞者간의 합의가 있는 경우에는 1회에 한하여 3月의 범위안에서 그 기간을 연장할 수 있다

제6조의2(고용의무) ①사용사업주가 다음 각호의 어느 하나에 해당하는 경우에는 당해 파견근로자를 직접 고용하여야 한다.

1. 제5조제2항의 규정에 위반하여 2년을 초과하여 계속적으로 파견근로자를 사용하는 경우
2. 제5조제3항의 규정에 위반하여 파견근로자를 사용하는 경우
3. 제6조제2항 또는 제4항의 규정에 위반하여 2년을 초과하여 계속적으로 파견근로자를 사용하는 경우
4. 사용사업주가 제7조제3항의 규정에 위반하여 2년을 초과하여 계속적으로 근로자파견의 역무를 제공받은 경우

② 제1항의 규정은 당해 파견근로자가 명시적인 반대의사를 표시하거나 대통령령이 정하는 정당한 이유가 있는 경우에는 적용하지 아니한다.

③ 제1항의 규정에 의하여 사용사업주가 파견근로자를 직접 고용하는 경우에 있어서 파견근로자의 근로조건은 다음과 같다.

1. 사용사업주의 근로자중 당해 파견근로자와 동종 또는 유사업무를 수행하는 근로자가 있는 경우에는 그 근로자에게 적용되는 취업규칙 등에서 정한 근로조건에 의할 것
2. 사용사업주의 근로자중 당해 파견근로자와 동종 또는 유사업무를 수행하는 근로자가 없는 경우에는 당해 파견근로자의 기존의 근로조건의 수준보다 저하되어서는 아니될 것

④ 사용사업주는 파견근로자를 사용하고 있는 업무에 근로자를 직접 고용하고자 하는 경우에는 당해 파견근로자를 우선적으로 고용하도록 노력하여야 한다.

제7조(근로자파견사업의 허가) ① 근로자파견사업을 하고자 하는 자는 노동부령이 정하는 바에 의하여 노동부장관의 허가를 받아야 한다. 허가받은 사항중 노동부령이 정하는 중요사항을 변경하는 경우에도 또한 같다.

② 제1항 전단의 규정에 의하여 근로자파견사업의 허가를 받은 자가 허가받은 사항중 동항 후단의 규정에 의한 중요사항 외의 사항을 변경하고자 하는 경우에는 노동부령이 정하는 바에 의하여 노동부장관에게 신고하여야 한다.

③ 사용사업주는 제1항의 규정을 위반하여 근로자파견사업을 행하는 자로부터 근로자파견의 역무를 제공받아서는 아니된다.

제8조(허가의 결격사유) 다음 각호의 1에 해당하는 자는 제7조의 규정에 의한 근로자파견사업의 허가를 받을 수 없다.

1. 미성년자˙금치산자˙한정치산자 또는 파산선고를 받고 복권되지 아니한 자
2. 금고 이상의 형(집행유예를 제외한다)의 선고를 받고 그 집행이 종료되거나 집행을 받지 아니하기로 확정된 후 2년이 경과되지 아니한 자
3. 이 법, 직업안정법, 근로기준법 제6조˙제8조˙제27조 내지 제29조˙제36조˙제42조 내지 제45조˙제55조˙제62조, 최저임금법 제6조, 선원법 제100조 제3항의 규정을 위반하여 벌금 이상의 형(집행유예를 제외한다)의 선고를 받고 그 집행이 종료되거나 집행을 받지 아니하기로 확정된 후 3년이 경과되지 아니한 자
4. 금고 이상의 형의 집행유예선고를 받고 그 유예기간 중에 있는 자
5. 제12조의 규정에 의한 당해 사업의 허가가 취소된 후 3년이 경과되지 아니한 자

6. 법인으로서 그 임원 중 제1호 내지 제5호의 1에 해당하는 자가 있는 법인

제9조(허가의 기준) ① 노동부장관은 제7조의 규정에 의하여 근로자파견사업의 허가신청이 있는 경우에는 다음 각호의 요건에 적합한 경우에 한하여 이를 허가할 수 있다.

1. 신청인이 당해 근로자파견사업을 적정하게 수행할 수 있는 자산 및 시설 등을 갖추고 있을 것
2. 당해 사업이 특정한 소수의 사용사업주를 대상으로 하여 근로자파견을 행하는 것이 아닐 것

② 제1항의 규정에 의한 허가의 세부기준은 대통령령으로 정한다.

제10조(허가의 유효기간 등) ① 근로자파견사업의 허가의 유효기간은 3년으로 한다.

② 제1항의 규정에 의한 허가의 유효기간의 만료 후 계속하여 근로자파견사업을 하고자 하는 자는 노동부령이 정하는 바에 의하여 갱신허가를 받아야 한다.

③ 제2항의 규정에 의한 갱신허가의 유효기간은 당해 갱신 전의 허가의 유효기간이 만료되는 날의 다음 날부터 기산하여 3년으로 한다.

④ 제7조 내지 제9조의 규정은 제2항의 규정에 의한 갱신허가에 관하여 이를 준용한다.

제11조(사업의 폐지) ① 파견사업주는 근로자파견사업을 폐지한 때에는 노동부령이 정하는 바에 의하여 노동부장관에게 신고하여야 한다.

② 제1항의 규정에 의한 신고가 있는 때에는 근로자파견사업의 허가는 신고일부터 그 효력을 잃는다.

제12조(허가의 취소 등) ① 노동부장관은 파견사업주가 다음 각호의 1에 해당하는 때에는 근로자파견사업의 허가를 취소하거나 6월 이내의 기간을 정하여 영업정지를 명할 수 있다. 다만, 제1호 또는 제2호에 해당하는 때에는 그 허가를 취소하여야 한다.

1. 허위 기타 부정한 방법으로 허가를 받은 때
2. 제8조의 규정에 의한 결격사유에 해당하게 된 때
3. 제9조의 규정에 의한 허가의 기준에 미달하게 된 때
4. 이 법 또는 이 법의 규정에 의한 명령 또는 처분에 위반한 때

② 노동부장관은 법인이 제8조 제6호의 규정에 의한 결격사유에 해당되어 허가를 취소하고자 하는 경우에는 미리 그 임원의 개임에 필요한 기간을 1월 이상 주어야 한다.

③ 노동부장관은 제1항의 규정에 의하여 허가를 취소하고자 하는 경우에는 청문을 실시하여야 한다.

④ 제1항의 규정에 의한 근로자파견사업의 허가의 취소 또는 영업정지의 기준은 노동부령으로 정한다.

제13조(허가취소 등의 처분 후의 근로자파견) ① 제12조의 규정에 의한 허가의 취소 또는 영업의 정지처분을 받은 파견사업주는 그 처분 전에 파견한 파견근로자와 그 사용사업주에 대하여는 그 파견기간이 종료될 때까지 파견사업주로서의 의무와 권리를 가진다.

② 제1항의 경우에 파견사업주는 그 처분의 내용을 지체없이 사용사업주에게 통지하여야 한다.

第14条(겸업금지) 다음 각호의 1에 해당하는 사업을 하는 자는 근로자파견사업을 행할 수 없다.

1. 식품위생법 제21조 제1항 제3호의 규정에 의한 식품접객업
2. 공중위생법 제2조 제1항 제1호 가목의 규정에 의한 숙박업
3. 가정의례에관한법률 제5조의 규정에 의한 결혼상담 또는 중매행위를 하는 업
4. 기타 대통령령으로 정하는 사업

第15条(명의대여의 금지) 파견사업주는 자기의 명의로 타인에게 근로자파견사업을 행하게 하여서는 아니된다.

第16条(근로자파견의 제한) ① 파견사업주는 쟁의행위 중인 사업장에 그 쟁의행위로 중단된 업무의 수행을 위하여 근로자를 파견하여서는 아니된다.

② 누구든지 근로기준법 제31조의 규정에 의한 경영상의 이유에 의한 해고를 한 후 대통령령이 정하는 일정기간이 경과하기 전에는 당해 업무에 파견근로자를 사용하여서는 아니된다.

第17条(파견사업주 등의 준수사항) 파견사업주 및 제28조의 규정에 의한 파견사업관리책임자는 근로자파견사업을 행함에 있어 노동부령이 정하는 사항을 준수하여야 한다.

第18条(사업보고) 파견사업주는 노동부령이 정하는 바에 따라 사업보고서를 작성하여 노동부장관에게 제출하여야 한다.

第19条(폐쇄조치 등) ① 노동부장관은 허가를 받지 아니하고 근로자파견사업을 하거나 허가의 취소 또는 영업의 정지처분을 받은 후 계속하여 사업을 하는 자에 대하여는 관계공무원으로 하여금 당해 사업을 폐쇄하기 위하여 다음 각호의 조치를 하게 할 수 있다.

1. 당해 사무소 또는 사무실의 간판 기타 영업표지물의 제거·삭제
2. 당해 사업이 위법한 것임을 알리는 게시물의 부착
3. 당해 사업의 운영을 위하여 필수불가결한 기구 또는 시설물을 사용할 수 없게 하는 봉인

② 제1항의 규정에 의한 조치를 하고자 하는 경우에는 미리 이를 당해 파견사업주 또는 그 대리인에게 서면으로 알려주어야 한다. 다만, 급박한 사유가 있는 경우에는 그러하지 아니하다.

③ 제1항의 규정에 의한 조치는 그 사업을 할 수 없게 함에 필요한 최소한의 범위에 그쳐야 한다.

④ 제1항의 규정에 의하여 조치를 하는 관계공무원은 그 권한을 표시하는 증표를 관계인에게 내보여야 한다.

제 3 장 파견근로자의 근로조건 등

제1절 근로자파견계약

第20条(계약의 내용 등) ① 근로자파견계약의 당사자는 노동부령이 정하는 바에 따라 다음 각호의 사항이 포함되는 근로자파견계약을 서면으로 체결하여야 한다.

1. 파견근로자의 수
2. 파견근로자가 종사할 업무의 내용
3. 파견사유(제5조 제2항의 규정에 의하여 근로자파견을 행하는 경우에 한한다)
4. 파견근로자가 파견되어 근로할 사업장의 명칭 및 소재지 기타 파견근로자의 근로장소
5. 파견근로중인 파견근로자를 직접 지휘˙명령할 자에 관한 사항
6. 근로자파견기간 및 파견근로 개시일에 관한 사항
7. 시업 및 종업의 시각과 휴게시간에 관한 사항
8. 휴일·휴가에 관한 사항
9. 연장˙야간˙휴일근로에 관한 사항
10. 안전 및 보건에 관한 사항
11. 근로자파견의 대가
12. 기타 노동부령이 정하는 사항

② 사용사업주는 제1항의 규정에 따라 근로자파견계약을 체결하는 때에는 파견사업주에게 제21조제1항의 규정을 준수하도록 하기 위하여 필요한 정보를 제공하여야 한다. 이 경우 제공하여야 하는 정보의 범위 및 제공의 방법 등에 관한 사항은 대통령령으로 정한다.

제21조(차별적 처우의 금지 및 시정 등) ① 파견사업주와 사용사업주는 파견근로자임을 이유로 사용사업주의 사업내의 동종 또는 유사한 업무를 수행하는 근로자에 비하여 파견근로자에게 차별적 처우를 하여서는 아니된다.

② 파견근로자는 차별적 처우를 받은 경우에 노동위원회에 그 시정을 신청할 수 있다.

③ 제2항의 규정에 의한 시정신청 그 밖의 시정절차 등에 관하여는 기간제및단시간근로자보호등에관한법률 제9조 내지 제15조 및 제16조(동조제1호 및 제4호를 제외한다)의 규정을 준용한다. 이 경우 "기간제 또는 단시간근로자"는 "파견근로자"로, "사용자"는 "파견사업주 또는 사용사업주"로 본다.

④ 제1항 내지 제3항의 규정은 사용사업주가 상시 4인 이하의 근로자를 사용하는 경우에는 이를 적용하지 아니한다.

제22조(계약의 해지 등) ① 사용사업주는 파견근로자의 성별˙종교˙사회적 신분이나 파견근로자의 정당한 노동조합의 활동 등을 이유로 근로자파견계약을 해지하여서는 아니된다.

② 파견사업주는 사용사업주가 파견근로에 관하여 이 법 또는 이 법에 의한 명령, 근로기준법 또는 동법에 의한 명령, 산업안전보건법 또는 동법에 의한 명령에 위반하는 경우에는 근로자파견을 정지하거나 근로자파견계약을 해지할 수 있다.

제2절 파견사업주가 강구하여야 할 조치

제23조(파견근로자의 복지증진) 파견사업주는 파견근로자의 희망과 능력에 적합한 취업 및 교육훈련기회의 확보, 근로조건의 향상 기타 고용안정을 기하기 위하여 필요한 조치를 강구함

으로써 파견근로자의 복지증진에 노력하여야 한다.

제24조(파견근로자에 대한 고지의무) ① 파견사업주는 근로자를 파견근로자로서 고용하고자 할 때에는 미리 당해 근로자에게 그 취지를 서면으로 알려주어야 한다.

② 파견사업주는 그가 고용한 근로자 중 파견근로자로 고용하지 아니한 자를 근로자파견의 대상으로 하고자 할 경우에는 미리 그 취지를 서면으로 알려주고 당해 근로자의 동의를 얻어야 한다.

제25조(파견근로자에 대한 고용제한의 금지) ① 파견사업주는 정당한 이유없이 파견근로자 또는 파견근로자로서 고용되고자 하는 자와 그 고용관계의 종료 후 사용사업주에게 고용되는 것을 금지하는 내용의 근로계약을 체결하여서는 아니된다.

② 파견사업주는 정당한 이유없이 파견근로자의 고용관계의 종료 후 사용사업주가 당해 파견근로자를 고용하는 것을 금지하는 내용의 근로자파견계약을 체결하여서는 아니된다.

제26조(취업조건의 고지) ① 파견사업주는 근로자파견을 하고자 할 때에는 미리 당해 파견근로자에게 제20조 제1항각호의 사항 기타 노동부령이 정하는 사항을 알려주어야 한다.

② 파견근로자는 파견사업주에게 제20조제1항제11호 규정에 의한 당해 근로자파견의 대가에 관하여 그 내역의 제시를 요구할 수 있다.

③ 파견사업주는 제2항의 규정에 따라 그 내역의 제시를 요구받은 때에는 지체없이 그 내역을 서면으로 제시하여야 한다.

제27조(사용사업주에 대한 통지) 파견사업주는 근로자파견을 할 경우에는 파견근로자의 성명 기타 노동부령이 정하는 사항을 사용사업주에게 통지하여야 한다.

제28조(파견사업관리책임자) ① 파견사업주는 파견근로자의 적절한 고용관리를 위하여 제8조 제1호 내지 제5호의 규정에 의한 결격사유에 해당하지 아니하는 자 중에서 파견사업관리책임자를 선임하여야 한다.

② 파견사업관리책임자의 임무 등에 관하여 필요한 사항은 노동부령으로 정한다.

제29조(파견사업관리대장) ① 파견사업주는 파견사업관리대장을 작성˙보존하여야 한다.

② 제1항의 규정에 의한 파견사업관리대장의 기재사항 및 그 보존기간은 노동부령으로 정한다.

제3절 사용사업주가 강구하여야 할 조치

제30조(근로자파견계약에 관한 조치) 사용사업주는 제20조의 규정에 의한 근로자파견계약에 위반되지 아니하도록 필요한 조치를 강구하여야 한다.

제31조(적정한 파견근로의 확보) ① 사용사업주는 파견근로자로부터 파견근로에 관한 고충의 제시가 있는 경우에는 그 고충의 내용을 파견사업주에게 통지하고 신속˙적절하게 고충을 처리하도록 하여야 한다.

② 제1항의 규정에 의한 고충의 처리 외에 사용사업주는 파견근로가 적정하게 행하여지도록 필요한 조치를 강구하여야 한다.

제32조(사용사업관리책임자) ① 사용사업주는 파견근로자의 적절한 파견근로를 위하여 사용사업관리책임자를 선임하여야 한다.
② 사용사업관리책임자의 임무 등에 관하여 필요한 사항은 노동부영으로 정한다.

제33조(사용사업관리대장) ① 사용사업주는 사용사업관리대장을 작성˙보존하여야 한다.
② 제1항의 규정에 의한 사용사업관리대장의 기재사항 및 그 보존기간은 노동부영으로 정한다.

제4절 근로기준법 등의 적용에 관한 특례

제34조(근로기준법의 적용에 관한 특례) ① 파견중인 근로자의 파견근로에 관하여는 파견사업주 및 사용사업주를 근로기준법 제15조의 규정에 의한 사용자로 보아 동법을 적용한다. 다만, 동법 제22조 내지 제36조 · 제38조 · 제40조 내지 제47조 · 제55조 · 제59조 · 제62조 · 제64조 내지 제66조 · 제74조 · 제81조 내지 제95조의 규정의 적용에 있어서는 파견사업주를, 동법 제49조 내지 제54조 · 제56조 내지 제58조 · 내지 제73조 및 제75조의 규정의 적용에 있어서는 사용사업주를 사용자로 본다.
② 파견사업주가 대통령령이 정하는 사용사업주의 귀책사유로 인하여 근로자의 임금을 지급하지 못한 때에는 사용사업주는 당해 파견사업주와 연대하여 책임을 진다. 이 경우 근로기준법 제42조 및 제66조의 규정을 적용함에 있어서는 파견사업주 및 사용사업주를 동법 제15조의 규정에 의한 사용자로 보아 동법을 적용한다.
③ 근로기준법 제54조 · 제57조 · 제71조 · 제72조 제1항의 규정에 의하여 사용사업주가 유급휴일 또는 유급휴가를 주는 경우 그 휴일 또는 휴가에 대하여 유급으로 지급되는 임금은 파견사업주가 지급하여야 한다.
④ 파견사업주와 사용사업주가 근로기준법을 위반하는 내용을 포함한 근로자파견계약을 체결하고 그 계약에 따라 파견근로자를 근로하게 함으로써 동법을 위반한 경우에는 그 계약 당사자 모두를 동법 제15조의 규정에 의한 사용자로 보아 해당 벌칙규정을 적용한다.

제35조(산업안전보건법의 적용에 관한 특례) ① 파견중인 근로자의 파견근로에 관하여는 사용사업주를 산업안전보건법 제2조 제3호의 규정에 의한 사업주로 보아 동법을 적용한다. 이 경우 동법 제31조 제2항의 규정을 적용함에 있어서는 동항 중 "근로자를 채용할 때"를 "근로자파견의 역무를 제공받은 때"로 본다.
② 제1항의 규정에 불구하고 산업안전보건법 제5조, 제43조 제5항(작업장소의 변경, 작업의 전환 및 근로시간 단축의 경우에 한한다), 제43조 제6항 단서, 제52조 제2항의 적용에 있어서는 파견사업주 및 사용사업주를 동법 제2조 제3호의 규정에 의한 사업주로 본다.
③ 사용사업주는 파견중인 근로자에 대하여 산업안전보건법 제43조의 규정에 의한 건강진단을 실시한 때에는 동법 제43조 제6항의 규정에 의하여 당해 건강진단결과를 설명하여야 하

며, 당해 건강진단결과를 지체없이 파견사업주에게 송부하여야 한다.

④ 제1항 및 제3항의 규정에 불구하고 산업안전보건법 제43조 제1항의 규정에 의하여 사업주가 정기적으로 실시하여야 하는 건강진단 중 노동부령이 정하는 건강진단과 근로자를 채용할 때에 실시하여야 하는 건강진단에 대하여는 파견사업주를 동법 제2조 제3호의 규정에 의한 사업주로 본다.

⑤ 파견사업주는 제4항의 규정에 의한 건강진단을 실시한 때에는 산업안전보건법 제43조 제6항의 규정에 의하여 당해 건강진단결과를 설명하여야 하며, 당해 건강진단결과를 지체없이 사용사업주에게 송부하여야 한다.

⑥ 파견사업주와 사용사업주가 산업안전보건법을 위반하는 내용을 포함한 근로자파견계약을 체결하고 그 계약에 따라 파견근로자를 근로하게 함으로써 동법을 위반한 경우에는 그 계약 당사자 모두를 동법 제2조 제3호의 규정에 의한 사업주로 보아 해당 벌칙규정을 적용한다.

제4장 보 칙

제36조(지도·조언 등) 노동부장관은 이 법의 시행을 위하여 필요하다고 인정할 때에는 파견사업주 및 사용사업주에 대하여 근로자파견사업의 적정한 운영 또는 적정한 파견근로를 확보하는데 필요한 지도 및 조언을 할 수 있다.

제37조(개선명령) 노동부장관은 적정한 파견근로의 확보를 위하여 필요하다고 인정할 때에는 파견사업주에 대하여 근로자파견사업의 운영 및 파견근로자의 고용관리 등에 관한 개선을 명할 수 있다.

제38조(보고와 검사) ① 노동부장관은 이 법의 시행을 위하여 필요하다고 인정할 때에는 노동부령이 정하는 바에 따라 파견사업주 및 사용사업주에 대하여 필요한 사항의 보고를 명할 수 있다.

② 노동부장관은 필요하다고 인정할 때에는 관계공무원으로 하여금 파견사업주 및 사용사업주의 사업장 기타 시설에 출입하여 장부·서류 기타 물건을 검사하거나 관계인에게 질문하게 할 수 있다.

③ 제2항의 규정에 의하여 출입·검사를 하는 공무원은 그 권한을 표시하는 증표를 관계인에게 내보여야 한다.

제39조(자료의 요청) ① 노동부장관은 관계행정기관 기타 공공단체 등에 대하여 이 법 시행에 필요한 자료의 제출을 요청할 수 있다.

② 제1항의 규정에 의하여 자료의 제출을 요청받은 자는 정당한 사유가 없는 한 이에 응하여야 한다.

제40조(수수료) 제7조 및 제10조의 규정에 의한 허가를 받고자 하는 자는 노동부령이 정하는 바에 따라 수수료를 납부하여야 한다.

제41조(권한의 위임) 이 법에 의한 노동부장관의 권한은 대통령령이 정하는 바에 의하여 그 일부를 지방노동관서의 장에게 위임할 수 있다.

제5장 벌 칙

제42조(벌 칙) ① 공중위생 또는 공중도덕상 유해한 업무에 취업시킬 목적으로 근로자파견을 한 자는 5년 이하의 징역 또는 3천만원 이하의 벌금에 처한다.

② 제1항의 미수범은 처벌한다.

제43조(벌 칙) 다음 각호의 1에 해당하는 자는 3년 이하의 징역 또는 2천만원 이하의 벌금에 처한다.

1. 제5조제5항, 제6조제1항 · 제2항 · 제4항 또는 제7조 제1항의 규정을 위반하여 근로자파견사업을 행한 자

1의2. 제5조제5항, 제6조제1항 · 제2항 · 제4항 또는 제7조제3항의 규정을 위반하여 근로자파견의 역무를 제공받은 자

2. 허위 기타 부정한 방법으로 제7조 제1항의 규정에 의한 허가 또는 제10조 제2항의 규정에 의한 갱신허가를 받은 자

3. 제15조 또는 제34조 제2항의 규정을 위반한 자

제43조의2(벌칙) 제21조제3항의 규정에 의하여 준용되는 기간제및단시간근로자보호등에관한법률 제16조(동조제1호 및 제4호를 제외한다)의 규정을 위반한 자는 2년 이하의 징역 또는 1천만원 이하의 벌금에 처한다.

제44조(벌 칙) 다음 각호의 1에 해당하는 자는 1년 이하의 징역 또는 1천만원 이하의 벌금에 처한다.

1. 삭제
2. 제12조 제1항의 규정에 의한 영업의 정지명령을 위반하여 근로자파견사업을 계속한 자
3. 제16조 또는 제26조 제1항의 규정을 위반한 자

제45조(양벌규정) 법인의 대표자나 법인 또는 개인의 대리인 · 사용인 기타 종업원이 그 법인 또는 개인의 업무에 관하여 제42조 내지 제44조의 위반행위를 한 때에는 그 행위자를 벌하는 외에 그 법인 또는 개인에 대하여도 해당 각조의 벌금형을 과한다.

제46조(과태료) ① 제21조제3항의 규정에 의하여 준용되는 기간제및단시간근로자보호등에관한법률 제14조제2항의 규정에 따라 행정소송을 제기하여 확정되거나 제21조제3항의 규정에 의하여 준용되는 동법 제14조제3항의 규정에 따라 확정된 시정명령을 정당한 이유없이 이행하지 아니한 자는 1억원 이하의 과태료에 처한다.

② 제6조의2제1항의 규정에 위반하여 파견근로자를 직접 고용하지 아니한 자는 3천만원 이하의 과태료에 처한다.

③ 제21조제3항의 규정에 의하여 준용되는 기간제및단시간근로자보호등에관한법률 제15조 제1항의 규정에 의한 노동부장관의 이행상황 제출요구에 정당한 이유없이 불응한 자는 500만원 이하의 과태료에 처한다.

④ 다음 각호의 1에 해당하는 자는 300만원 이하의 과태료에 처한다.

1. 제11조 제1항의 규정에 의한 신고를 하지 아니하거나 허위의 신고를 한 자
2. 제18조 또는 제38조 제1항의 규정에 의한 보고를 하지 아니하거나 허위의 보고를 한 자
3. 제27조·제29조 또는 제33조의 규정을 위반한 자
4. 제35조 제3항 또는 제5항의 규정을 위반하여 당해 건강진단결과를 송부하지 아니한 자
5. 제37조의 개선명령을 위반한 자
6. 제38조 제2항의 규정에 의한 검사를 정당한 이유없이 거부·방해 또는 기피한 자

⑤ 제1항 내지 제4항의 규정에 의한 과태료는 대통령령이 정하는 바에 따라 노동부장관이 부과·징수한다.

⑥ 제5항의 규정에 의한 과태료처분에 불복이 있는 자는 그 처분의 고지를 받은 날부터 30일 이내에 노동부장관에게 이의를 제기할 수 있다.

⑦ 제5항의 규정에 의한 과태료처분을 받은 자가 제6항의 규정에 의하여 이의를 제기한 때에는 노동부장관은 지체없이 관할법원에 그 사실을 통보하여야 하며, 그 통보를 받은 관할법원은 비송사건절차법에 의한 과태료의 재판을 한다.

⑧ 제6항의 규정에 의한 기간 내에 이의를 제기하지 아니하고 과태료를 납부하지 아니한 때에는 국세체납처분의 예에 의하여 이를 징수한다.

부 칙

① (시행일) 이 법은 2007년 7월 1일부터 시행한다. 다만, 제20조제2항, 제21조, 제43조의2 및 제46조제1항·제3항의 개정규정의 시행일은 사업 또는 사업장(사용사업주의 사업 또는 사업장을 말한다. 이하 같다)별로 다음 각 호와 같다.

1. 상시 300인 이상의 근로자를 사용하는 사업 또는 사업장 : 2007년 7월 1일
2. 국가 및 지방자치단체의 기관, 「정부산하기관 관리기본법」 제3조의 규정에 따른 정부산하기관, 「정부투자기관 관리기본법」 제2조의 규정에 따른 정부투자기관, 「지방공기업법」 제49조 및 동법 제76조의 규정에 따른 지방공사 및 지방공단, 「정부출연연구기관 등의 설립·운영 및 육성에 관한 법률」 제2조 및 「과학기술분야 정부출연연구기관 등의 설립·운영 및 육성에 관한 법률」 제2조의 규정에 따른 정부출연연구기관 및 연구회, 「국립대학병원 설치법」에 따른 대학병원 : 2007년 7월 1일
3. 상시 100인 이상 300인 미만의 근로자를 사용하는 사업 또는 사업장 : 2008년 7월 1일
4. 상시 100인 미만의 근로자를 사용하는 사업 또는 사업장 : 2009년 7월 1일

② (파견기간에 관한 적용례) 제6조의 개정규정은 이 법 시행전에 체결되고 이 법 시행당시 종료되지 아니한(파견기간이 연장된 경우를 포함한다) 근로자파견계약에 대하여도 적용한다.

③ (고용의제에 관한 경과조치) 이 법 시행당시 종전의 제6조제3항의 규정이 적용되는 파견근로자에 대하여는 이 법 시행후에도 종전의 규정을 적용한다.
④ (벌칙에 관한 경과조치) 이 법 시행전의 행위에 대한 벌칙의 적용에 있어서는 종전의 규정에 의한다.

부 칙

① (시행일) 이 법은 1998년 7월 1일부터 시행한다.
② (다른 법률의 개정) 직업안정법 중 다음과 같이 개정한다.
제4조 제7호에 단서를 다음과 같이 신설한다.
다만, 파견근로자보호등에관한법률 제2조 제2호의 규정에 의한 근로자파견사업을 제외한다.

안전보건관리규정

제1장 총 칙

제1조(목적) 본 안전보건관리 규정은 (이하 "규정"이라 한다) 산업안전보건에 관한 기준을 확립하여 한국호텔 (이하 "회사"라 한다)에서 근무하는 직원을 산업재해로부터 안전하게 보호하고 쾌적한 근로환경을 조성함으로써 전직원의 안전과 보건을 유지, 증진함과 동시에 근로의욕과 사기를 향상시킴을 목적으로 한다.

제2조(적용범위) 본 규정의 적용은 회사에 임금을 목적으로 근로를 제공하는 모든 이, 직원 및 하도급 업체 직원에 적용한다.

제3조(용어의 정의) (1) 사고 : 고의성 없는 어떤 불안전 상태 또는 행동에 기인되어 일을 저해하거나 또는 능률을 저하시키며 직접 또는 간접적으로 인명이나 물적손실을 가져올 수 있는 사건을 말한다.

(2) 재해 : 사람이 어떤 목적을 가지고 행동을 하고자 하는 과정에 있어서 작업자의 의사와는 반대로 돌발적으로 일어나는 사태로 인한 인명과 재산상의 피해를 말한다.

(3) 산업재해재사고: 근로자가 업무에 기인하여 사망 및 4일 이상의 요양을 요하는 부상 또는 질병에 이환되었거나 500만원 이상의 물적손실이 따르는 산업사고를 말한다.

(4) 중대재해: 중대재해라 함은 다음의 1에 해당하는 산업재해를 말한다.

1. 사망자가 1인 이상 발생한 재해
2. 3월 이상의 요양을 요하는 부상자가 2인 이상 발생한 재해
3. 부상 또는 질병자가 동시에 10인 이상 발생한 재해

(5) 안전: 재해, 질병, 위험으로부터의 자유를 말한다.

(6) 공상: 업무에 기인하여 4일 미만의 단순치료를 요하는 사고를 말한다.

(7) 불안전한 상태: 사고를 유발시킬 수 있는 물리적 또는 기계적인 상태나 조건을 말한다.

(8) 불안전한 행동: 보편적으로 안정된 절차 또는 관계를 벗어나는 행동을 말한다.

(9) 안전관리부서라 함은 안전관리 업무를 수행하거나 지원하는 인사부, 총무부, 시설부를 말한다.

(10) 관리감독자: 부서장으로서 부장급 이상 또는 대리업무를 수행하는 차장급 간부를 말한다.

(11) 관리유지담당자: 차장, 과장, 지배인, 계장 및 주임 직위에 있는 자로서 예하직원에 대한 제1선 직접감독자를 말한다.

제4조(안전보건업무의 우선) (1) 회사는 안전보건을 제일주의로 하여 위험이 수반되거나 내포될 모든 업무 및 관리에 있어서 안전보건에 관한 사항을 최우선적으로 고려하여 인적, 물적 피해를 억제토록 해야 한다.

(2) 사고방지를 위하여 예산, 인력, 제도 면에서 우선적으로 조치해야 한다.

(3) 모든 업무에 있어서 안전보건 확보를 위하여 협조를 요청 받았을 때에는 최우선적으로 협조 하여야 한다.

제5조(책임과 의무) (1) 회사는 직원의 생명보전과 안전 및 보건을 유지, 증진하기 위하여 재해예방을 위한 시설, 제도, 근로조건 등의 개선을 통하여 적절한 작업환경을 조성하는데 최선을 다하여야 하며 산업재해예방에 관하여 사업주 및 전직원이 공동책임을 진다.

(2) 모든 임, 직원은 본 규정의 제반사항 및 재해예방을 위한 제도, 규정 및 수칙 등을 충실하게 준수 이행하여야 할 의무를 갖는다.

제 2 장 조직 및 직무

제6조(안전보건관리조직) 회사의 안전관리 기본조직은 별표 1과 같으며 다음 각호에서 정한 직무를 수행하여야 한다.

(1) 총지배인은 회사의 총괄관리자로서 안전보건관리에 대한 총괄지휘권을 갖는다.

(2) 운영이사는 안전보건관리 책임자로서 안전 및 보건관리자를 지휘 감독하고 안전보건관리에 대한 전반적인 업무에 대하여 책임을 갖는다.

(3) 관리감독자 및 관리유지 담당자는 회사 직제와 관련하여 부서 내 안전보건관리 업무를 수행하여야 한다.

(4) 안전 및 보건관리자는 안전보건관리 책임자를 보좌하며 안전보건에 관한 업무를 계획하고 추진한다.

제7조(안전보건관리책임자의 직무) (1) 안전보건관리 책임자가 수행하여야 할 직무는 다음과 같다.

(2) 책임자는 위원회의 위원장이 되며 그 직무는 다음과 같다.

1. 관리감독자가 지휘, 감독하는 작업과 관련되는 기계, 기구 또는 설비의 안전보건 점검 및 이상유무 확인
2. 소속직원의 복장, 보호구 및 방호장치의 점검, 착용 및 사용에 관한 교육 및 지도
3. 부서 내에서 발생한 산업재해에 관한 보고 및 그에 대한 응급조치
4. 당해 부서의 정리정돈 및 작업환경에 대한 확인 및 감독
5. 산업보건의, 안전 및 보건관리자의 지도조언에 대한 협조
6. 위험방지에 필요한 안전담당자의 지정
7. 하도급업체에 대한 안전보건 관리감독
8. 불안전한 직업방법의 개선 및 불안전 행동의 시정지도
9. 관리감독자가 지휘 감독하는 근로자에 대하여는 규정 18조 각호의 교육내용을 월 1회 이상 2시간 동안 실시하여 별표 2에 따른 안전교육 일지를 작성하여야 하며 작성된 일지는 매월 27일 까지 산업안전보건 관리책임자에게 제출하여야 한다.

10. 관리감독자가 감독하는 작업장에 설치한 기계, 기구, 설비 등의 안전시설물에 대한 보수예산 수립, 건의
11. 기타 안전보건 유지 및 수칙 이행상태 확인

제9조(관리 유지 책임자) (1) 차장, 과장, 지배인, 계장 및 주임은 예하 직원에 대한 제 1선 직접 감독자로서 안전보건 관리유지 담당자가 되며 다음과 같은 직무를 수행한다.

1. 전반적인 안전보건 방침을 소속직원에게 전달
2. 담당구역 내의 안전보건에 관한 책임관리
3. 안전장치, 기기 및 보호구의 일상점검 및 정비
4. 정리정돈 및 안전표지물의 설치 유지 관리
5. 소속 직원에 대한 안전보건 교육
6. 안전한 작업방법 설정 및 지도
7. 기타 안전보건에 관하여 지시된 사항에 대한 이행상태 점검

제10조(안전관리자) (1) 회사 내 안전에 관한 업무를 담당하기 위하여 1 명의 안전관리자를 둔다.

(2) 안전관리자는 산업안전기사의 자격을 소지한 자로 한다.

(3) 안전관리자의 직무는 다음과 같다.

1. 안전전반에 관한 업무계획의 수립
2. 유해, 위험기계, 기구 및 설비의 정기검사, 자체검사 계획수립
3. 안전관계보고서의 작성 및 보고
4. 안전관계요원의 지도 및 독려
5. 안전점검, 교육, 훈련계획수립 및 실시
6. 안전의식 고취를 홍보
7. 안전보건관리 규정 중 안전에 관한 기준 및 수칙의 이행여부
8. 안전규정 위반 근로자에 대한 조치 건의
9. 안전보건관리 책임자의 업무보조
10. 유해 및 위험방지를 위한 방호장치 및 안전에 관련된 보호구의 구입시 적격품 선정 및 검수
11. 각 부서 순회점검, 지도 및 조치의 건의
12. 산업재해 발생원인조사 및 대책수립
13. 직원작업복, 보호구 및 방호장치의 점검과 그 착용, 사용에 관한 교육, 지도
14. 하도급자에 대한 안전관리방안수립

제11조(산업보건의) (1) 직원의 건강관리를 원활히 수행하기 위하여 산업보건의를 둔다.

(2) 산업보건의의직무는 다음과 같다.

1. 건강진단 실시 결과의 검토 및 직원의 건강보호 조치
2. 직원의 건강장해의 원인조사와 재발방지를 위한 의학적 조치
3. 기타 직원의 건강유지와 증진을 위하여 필요한 의학적 조치

제12조(보건관리자) (1) 회사 내 보건에 관한 업무를 담당하기 위하여 1명의 보건관리자를 둔다.

(2) 보건관리자는 간호자 자격 소지자로 한다.

(3) 보건관리자의 직무는 다음과 같다

1. 보건위생 전반에 관한 업무계획 수립
2. 보건위생 활동의 지도 감독
3. 직업병의 조사, 원인분석, 예방책의 연구기록 유지 및 보고
4. 보건위생 관계 보고서의 작성 및 보고
5. 보건관계 요원의 지도 및 독려
6. 안전보건관리 규정, 기준 및 수칙의 이행여부 감독
7. 보건위생에 대한 교육, 훈련계획 수립 및 실시
8. 건강상담 및 보건교육
9. 근로자 보호를 위한 조치 (환자의 치료 및 투약, 응급조치, 악화방지와 질병자의 요양 지도 및 관리)
10. 각 부서 순회점검, 지도 및 조치의 건의
11. 보건에 관한 직원의 착용품의 점검, 착용, 사용에 대한 교육 및 지도
12. 기타 보건에 관한 사항

제13조(산업안전보건 위원회) (1) 안전보건에 관한 중요한 사항을 심의하기 위하여 산업안전보건위원회 (이하 "위원회"라 한다)를 둔다.

(2) 위원회 회사의 노사협의회를 위원회로 갈음 할수 있으며 의장인 총지배인을 포함하여 회사측 4명, 근로자측 4명, 안전관리자, 보건관리자로 한다.

(3) 위원회는 매 분기 1회 개최하는 정기회의와 필요에 따라 개최하는 임시회의를 갖는다.

1. 천재지변 및 화재 발생 시
2. 사망 또는 2명 이상의 중상자 발생 시
3. 긴급한 안전보건 문제가 야기되었을 시
4. 기타 위원장이 필요하다고 인정될 때

(4) 위원회는 위원 과반수 이상의 출석으로 성립하며 출석위원 3분의 2 이상 찬성으로 의결하며 회의 결과를 직원에게 알린다.

(5) 위원회는 다음 사항을 심의 결정한다.

1. 안전보건관리규정, 기준, 수칙의 제정 및 보완사항
2. 산업재해 예방계획의 수립에 관한 사항
3. 직원의 안전 및 보건교육에 관한 사항
4. 작업환경의 점검 및 개선에 관한 사항
5. 근로자의 건강진단 등 건강관리에 관한 사항
6. 산업재해의 원인조사 및 재발방지대책의 수립에 관한 사항
7. 산업재해에 관한 통계의 기록, 유지에 관한 사항

8. 안전보건에 관련되는 안전장치 및 보호구 구입시의 적격품 여부 확인에 사항
9. 직원의 유해 및 위험예방장치에 관한 사항으로서 노동부령이 정하는 사항
10. 안전보건에 관한 포상, 징계에 관한 사항
11. 안전보건관련 예산평성 및 집행에 관한 사항
12. 안전관리 중점사업 및 목표설정
13. 안전보건 관계자 및 근로자에 의해 상정된 안전 및 보건에 관한 사항
14. 안전시설, 설비 등의 보수, 유지에 관한 사항

제14조(안전담당자) (1) 안전보건 관리 감독자는 위험방지가 특별히 요구되는 다음의 위험 작업에 대하여 안전담당자를 지정한다.

1. 가스용접 작업
2. 아아크 용접 작업
3. 목재가공용 둥근톱기계, 대패기계 작업
4. 전압 75volt이상인 정전 및 활선 작업
5. 곤도라 및 엘리베이터
6. 연삭작업
7. 가연성, 폭발성가스의 발생장치 취급작업
8. 화학물질을 이용한 세척작업
9. 보일러 취급작업
10. 유압식사다리 및 조립식사다리 작업
11. 산소결핍 장소에 있어서의 작업
12. 밀폐된 장소에서 행하는 용접작업

(2) 안전담당자의 직무는 다음과 같다.

1. 관리감독자와 준하는 직무
2. 자체 검사 시행 및 기록유지
3. 특별안전 교육 및 기록유지
4. 안전보건수칙의 제정, 부착 및 이행상태 점검

제 3 장　안전보건교육

제15조(신규채용 시 교육) 회사는 신규 채용되는 직원을 대상으로 업무개시전 다음사항에 대하여 교육한다.

(1) 산업안전보건 법령에 관한 사항
(2) 설비, 기계 및 기구의 안전점검 방법에 관한 사항
(3) 재해의 발생경위, 사고유형 및 예방 등에 관한 사항
(4) 기계기구의 위험성과 안전작업 방법에 관한 사항

(5) 안전장치 및 보호구 사용에 관한 사항
(6) 작업장 환경관리 및 정리정돈
(7) 안전보건에 관한 시청각 교육
(8) 기타 안전보건에 관한 사항

第16조(작업내용 변경 시 교육) 설비의 신규설치 등으로 작업내용이 변경되었을 때 변경작업개시 전 변경된 작업내용의 중요한 사항에 대하여 교육을 실시하며 교육내용은 신규채용자 교육과 동일하다.

第17조(특별안전보건교육) 회사는 안전담당자로 하여금 규정 제14조 1항 각호의 유해 위험 작업에 근무하는 직원에 대하여 연간 16시간 이상 다음사항에 대하여 특별안전보건교육을 실시한다.

(1) 기초 이론
(2) 종류 및 구조
(3) 취급방법 및 시운전방법
(4) 위험성 및 점검방법
(5) 보호구의 사용방법
(6) 안전장치의 중요성
(7) 기타 안전작업에 관한 사항

第18조(정기교육) 회사는 모든 직원 (비정규직 포함) 및 하도급업체 작업자를 대상으로 월 1회 2시간 이상 다음사항에 대하여 정기교육을 실시한다.

(1) 산업안전보건법령에 관한 사항
(2) 작업공정의 유해위험에 관한 사항
(3) 표준안전작업 방법에 관한 사항
(4) 사업장 안전관리 규정에 관한 사항
(5) 안전보건점검 및 보호구 취급과 사용에 관한 사항
(6) 안전사고사례 및 산업재해 예방대책에 관한 사항
(7) 무재해 추진실무 및 기법에 관한 사항
(8) 작업환경개선 및 직업병 예방에 관한 사항
(9) 안전표지 및 주의에 관한 사항
(10) 기타 안전보건관리에 필요한 사항

第19조(관리감독자 교육) 안전보건에 관한 기술적인 기법을 습득하여 안전보건관리에 효율적인 업무수행을 위해 각 부서 관리감독자를 대상으로 다음사항에 대하여 관리감독자 교육을 실시한다.

(1) 현장관리감독자의 안전보건 책임과 직무
(2) 작업환경관리 및 안전작업 방법

(3) 현장 안전보건개선 방법

(4) 안전보건관리 기법

(5) 이상발견 시 및 사고 발생 시 조사 방법

(6) 산업안전보건 법령에 관한 조항

(7) 무재해추진기법의 도입시행에 관한 사항

(8) 기계, 기구 또는 설비의 아전, 보건 점검에 관한 사항

(9) 안전보건 점검지도 요령과 사고조사 분석 요령

(10) 직원들의 안전보건의식 고취에 관한 사항

(11) 기타 안전보건관리에 필요한 사항

제20조(교육방법) (1) 안전보건교육은 그 대상과 내용에 따라 강사, 시기를 정하여 완전히 숙지할 수 있도록 반복 교육을 실시하여 별표 2의 서식에 따라 안전교육일지를 작성한다.

(2) 사내 강사를 선임하거나 외부강사를 초빙하여 실시할 수도 있으며 해당부분에 지식을 구비한 자를 선정 선임한다.

(3) 관리감독자 교육은 노동부 지정 교육기관에 위탁교육 혹은, 필요 시 동 교육기관 전문강사를 초청하여 수강할 수 있다.

제 4 장 안전관리

제21조(위험한 기계 및 기구의 관리) 회사에서 설치사용하고 있는 기계, 기구 중 안전보호장치를 설치하여야 할 종류는 다음 각호와 같으며 이들 기계, 기구에 대하여는 관계법에서 정한 기준 이상의 안전상 필요한 방호조치를 취한 후 사용하여야 한다.

(1) 아세틸렌 및 Gas 집합 용접장치에는 역화방지기를 부착

(2) 승강기에는 과부하 방지장치 및 관련 안전장치 부착

(3) 교류아아크 용접기에는 자동전격방지기 부착

(4) 로울러에는 급정지장치 부착

(5) 목재 가공 둥근톱, 줄톱에는 반발 예방장치, 날접촉 예방장치 및 급정지장치 부착

(6) 수동식 대패에는 칼날의 접촉예방장치 부착

(7) 드릴 Machine에는 물체고정장치 부착

(8) Motor회전축, Chain Belt 및 Elevator Rope에는 보호덮개 또는 안전망 설치

(9) 조리용 육 절단기, 골절기, 분쇄기에는 안전보호장치 및 급정지 장치 설치

(10) 기타 동력에 의하여 움직이는 기계, 기구 중 위험성이 있는 부분에는 안전상 필요한 보호장치 설치 및 정전, 활전 작업에 필요한 절연용 기구

제22조(일반기계, 기구의 관리) 일반 기계, 기구 사용에 따른 안전상의 문제점에 대하여는 각 부서의 관리감독자가 자체 점검을 통하여 위험요인을 발견하고 이를 안전관리부서와 협의하여 개선에 필요한 조치를 취하여야 한다.

제23조(위험물질의 관리) 화학약품 및 휘발성이 강한 가연성 인화물 등의 위험물질을 사용 또는 관리하는 부서는 취급자 이외 타인에게 접근되지 않도록 특별관리를 실시하여야 하며 그 대상 품목은 다음 각호와 같다.

(1) 화공약품류 (강알카리성 및 강산성에 해당되는 전품목): 황산, 염산, 황산알미늄 등

(2) 가연성 인화물: 신나, 페인트, 솔벤트, 알코올 등

제24조(위험기계, 기구 및 위험물질 구입 협의) 규정 21조 각항에 해당하는 위험한 기계, 기구나 규정 제22조, 23조 품목 중 안전상 문제가 될 수 있는 기계, 기구 및 위험물을 구입하고자 하는 부서에서는 사전 안전관리 부서와 협의 후 구매의뢰 하여야 한다.

제25조(자체검사) (1) 회사는 규정 제14조 제1항 및 21조에서 정한 위험작업 기계, 기구에 대하여 매년 3월 말까지 자체검사 계획을 수립 비치하고 당해 안전담당자로 하여금 정기적으로 위험기계, 기구에 대한 자체검사를 시행한다.

(2) 위험기계, 기구의자체검사서에는 다음 사항을 기록하여 그 결과를 3년간 보관한다.

1. 검사년월일
2. 검사방법
3. 검사부분
4. 검사결과
5. 검사자의 성명
6. 검사결과에 따른 조치의 개요

(3) 위험기계, 기구의 자체검사 결과 이상 발견 시에는 즉시 사용중지 꼬리표 부착과 동시 수리개선하고 시운전을 통한 이상유무 확인 후 가동 및 사용하여야 한다.

제26조(안전수칙) (1) 모든 위험작업 부서의 작업장소, 기계, 기구에는 안전수칙을 제정하여 부착한다. 각 근무지에 부착하여야 할 안전수칙은 별표 3과 같다.

(2) 안전수칙의 제정은 당해 부서 안전보건 관리감독자, 안전담당자의 주관 하에 작성하여 안전관리자의 검토를 받아야 한다.

(3) 회사 내 근로자 및 하도급업자 직원은 제정 부착된 안전수칙을 준수하여야 한다.

제27조(안전점검) (1) 회사 내 각종설비, 기계, 기구의 관리 및 사용상태 등을 점검하여 재해 요인을 사전에 제거하기 위하여 다음과 같이 안전점검을 실시한다.

1. 안전관리 책임자: 분기 1회 이상
2. 안전관리자: 주 1회 이상
3. 안전보건관리 감독자 및 안전보건 관리유지담당자: 주 1회 이상
4. 안전담당자: 일 1회 이상

(2) 안전점검 실시는 다음 사항을 포함한 내용을 중점적으로 실시한다.

1. 설비, 기계, 기구의 정비, 청소 및 안전장치 부착상태
2. 전기설비의 스위치, 조명, 배선의 이상 유무

3. 작업자의 작업상태 및 작업수칙 이행 상태
4. 보호구의 착용상태 및 표지판 설치 상태
5. 정리정돈, 청소, 복장 및 자체 점검 상태
6. 작업자의 보건 상태
7. 기타 안전관리상 필요한 조치가 요구되는 상태

(3) 점검결과 불완전한 상태가 발견될 시 해당 부서장에게 통보하여 그 해결책을 강구 시정토록 하여야 하며, 즉시 시정이 불가능한 사항에 대하여는 그 사유 및 보완대책을 안전보건 관리 책임자에게 보고하여야 한다.

(4) 1차 시정지시의 내용이 기일내에 조치되지 않을 때는 재차 지시하여 시정토록하고 미조치 할 때는 해당 부서관리 감독자를 징계할 수 있다.

(5) 점검결과 개인의 불완전한 행동이 발견되었을 때에는 해당 직원에게 시정 지적서를 발부하고 지적서를 3회 이상 발부 받은 직원에 대하여는 징계할 수 있다.

(6) 각 점검자는 점검결과를 기록하여 3년간 보관하여야 한다.

第28조(안전 검열) (1) 회사가 특별히 안전에 대한 검열이 필요하다고 인정될 경우 안전보건 책임자의 주관으로 안전검열을 실시한다.

(2) 안전검열의 검열반은 안전보건 책임자가 지명하여 구성하며 각 부서장은 안전검열에 적극 협조하여야 한다.

(3) 안전검열에서의 지적사항 및 조치는 규정 제27조에 준한다.

第29조(유해, 위험작업의 승인) 통상적인 업무 이외의 위험작업을 하고자 할 때에는 안전에 대한 충분한 보완대책을 수립한 후 사전 안전보건관리 책임자의 허가를 받은 후 작업에 임하여야 한다.

第30조(안전장치) (1) 산업안전보건법에 명시된 모든 기계, 기구에는 안전장치를 설치 부착한다.

(2) 기계, 기구에 설치 부착된 모든 안전장치는 작업 중 항상 사용하여야 하며 무단으로 분해, 해체하여서는 안 된다.

第31조(안전표지) (1) 안전상 위험 및 유해한 시설물에는 안전표지를 부착한다.

(2) 안전표지의 종류, 형태 및 색채 등에 관하여는 산업안전표지에 관한 규칙 (산업안전보건법 시행규칙 별표2)에 따른다.

第32조(출입제한 및 통제구역) 추락, 전도, 낙하 등의 위험이 있는 장소나 동력에 의하여 움직이는 기계, 설비가 설치된 장소 및 음식물을 조리, 보관, 저장하는 장소는 관계자 이외에 출입을 할 수 없으며 다음 각호에 해당하는 지역을 출입하고자 할 때에는 관계자의 동의 또는 안내를 받아야 출입을 할 수 있으며 다음 각호에 해당하는 지역을 출입하고자 할 때에는 관계자의 동의 또는 안내를 받아야 출입할 수 있다.

(1) 관계자의 동의로 출입할 수 있는 장소 (출입제한구역): 교환실, 주방, 창고, 냉동고, 중앙감시반, 방재실, 통신실, 방송실, 컴퓨터실 등

(2) 관계자의 안내를 받아야 출입할 수 있는 지역 (출입통제구역): 변전실, 발전실, 냉동기계실, 공조기계실 및 위험물질을 보관하는 장소 등

(3) 출입금지지역: 사고가 발생되었거나 사고요인이 현저한 상황이 전개될 때에는 안전관리 부서의 판단에 따라 모든 관계자에 대하여 출입제한, 통제, 금지 등의 조치를 취할 수 있다.

제33조(개 보수 공사) 용도, 구조 변경 등에 따라 개 보수공사가 이루어 지는 시설물에 대하여는 안전상의 문제점이 야기되지 않도록 다음 각호에 해당되는 사항이 검토된 후 공사가 추진되어야 한다.

(1) 돌출물에 의한 안전사고 여부
(2) 급경사로 턱에 의한 안전사고 여부
(3) 미끄럼에 의한 안전사고 여부
(4) 배수불량으로 인한 안전사고 여부
(5) 기계, 기구 불량으로 인한 안전사고 여부
(6) 전기시설물 시설결함으로 인한 누전사고 여부
(7) 공조, 배기시설의적정여부
(8) 출입문, 통로상의문제로 인한 안전사고 여부
(9) 기타 안전사고 위험이 있는 제반사항

제 5 장 보건관리

제34조(채용 시 건강진단) 신규로 직원을 채용할 때에는 작업 배치 전에 신규채용 건강진단을 실시하여야 한다.

제35조(일반건강진단) (1) 회사는 상시 직원 중 당해년도 신규채용자를 제외한 전 직원에 대하여 년 1회 매년 10월 중 실시한다.

(2) 일반건강진단의 검사항목은 다음과 같다.

1. 기왕력 및 작업경력
2. 자각증상 및 타각증상
3. 혈압, 빈혈, 혈당, 요당 및 요단백
4. 체중, 시력 및 청력
5. 흉부 엑스선
6. 혈청 지, 오, 티 및 지, 피, 티, 총 콜레스테롤
7. 기타 회사가 특별히 필요하다고 인정되는 항목

(3) 직원은 회사가 지정한 일자 및 의료기관에서 실시하는 일반건강진단을 필히 받아야 한다.

제36조(특수건강진단) (1) 회사는 유해작업장에 근무하는 직원에 대하여 1년에 1-2회의 특수건강진단을 실시한다.

(2) 특수건강진단의 검사항목은 산업안전보건법 시행규칙 제100조 제3항에 따른다.

제37조(건강진단 결과 통지 및 보존) 회사는 규정 제35조 및 제36조에 의하여 건강진단을 실시하였을 때에는 그 결과표를 본인에게 통지하고 5년간 보존한다.

제38조(작업환경 측정) (1) 근로자의 보건을 유지 증진하기 위하여 유해작업장에 대하여 년2회 이상의 작업환경측정을 특숙건강진단 실시와 병행하여 시행한다.

(2) 작업환경의 측정은 노동부 지정 측정기관에 의뢰하여 시행한다.

(3) 회사는 작업환경 측정 결과에 따라 작업환경 개선을 위한 시설 및 설비의 설치, 개선 또는 보호구의 지급 등의 필요한 조치를 취한다.

제39조(보호구) (1) 회사는 직원의 안전과 보건의 유지를 위하여 유해, 위험 작업장에 근무하는 근로자에게 보호구를 지급한다.

(2) 지급된 보호구는 작업 중 착용하여야 하며 지정된 목적 이외의 용도로 사용하여서는 아니된다.

(3) 보호구 착용 대상자 및 종류는 다음과 같다.

1. 세탁실, 발전실, 보일러실 근무자: 귀마개, 마스크, 장갑
2. 전기실 근무자: 안전모, 절연장갑, 절연화, 안전대
3. 아아크용접 작업자: 보안경, 안전장갑
4. 도장작업자: 방독 마스크, 보안경
5. 연삭작업자: 보안경, 안전장갑

(4) 보호구는 안전검사 규정에 합격한 규격품이어야 한다.

제40조(보건수칙) (1) 산업안전보건법에서 정한 유해작업의 관련부서에서는 직원의 건강상 필요한 작업수칙 작성 및 보호구 착용 등에 관한 수칙을 게시하고 이행여부 감독한다.

(2) 작업장의 조명, 정리정돈, 청소, 분진, 예방온도, 습도, 환기 등의 보건기준을 별도로 정하여 시행한다.

제41조(유해물의 표시 및 보완방법) 유해물질에 대하여는 직원이 보기 쉬운 곳에 유해물질의 명칭, 주의사항 등을 표시하여야 한다.

제42조(질병자의 사후관리) (1) 의사의 진단결과 아래 각호에 해당하는 질병의 유소견자에 대하여 근로를 금지한다.

1. 전염의 우려가 있는 질병자
2. 정신질환자
3. 심장, 신장, 폐 등의 질환이 있는 자로서 근로에 의하여 병세가 악화될 우려가 있는 자
4. 직업병으로 판명된 자

(2) 상기 질병으로 인하여 취업을 금지하거나 재개할 경우에는 사전에 산업보건의 또는 건강진단을 실시한 의사의 의견을 들어야 한다.

(3) 회사는 제 1항의 1호 내지 4호에 해당하는 자 이외의 질병 유소견자에 대하여 매월 혹은 매분기 마다 정기적으로 당해 질병에 대한 의사의 소견결과를 제출하도록 하고 필요에

따라 작업제한, 작업전환 등의 조치를 한다.

제 6 장 사고조사 및 대책

제43조(사고발생시의 조치) (1) 근로자가 업무 중 재해를 당하였을 때에는 이의 목격자 및 인근 직원은 즉시 응급처치를 실시한 후 사내 의무실 (야간일 경우 당직실을 경유하여 의료기관)로 후송하고 사고내용을 소속부서장 및 안전관리책임자에게 보고한다.

(2) 사내 의무실 간호사 및 당직근무자는 재해환자 상태를 관찰한 후 신속하게 의료기관으로의 후송여부를 결정하여 조치한다.

(3) 사내 의무실, 당직실에는 재해발생 시 필요한 응급용구를 준비 비치하고 용도 및 취급 요령 등을 숙지하여야 한다.

(4) 연쇄 재해발생의 급박한 위험이 있을 경우 안전보건 관계인은 즉시 작업을 중지시키고 필요한 조치를 취한다.

제44조(비상연락망) (1) 재해발생 시 신속한 기동성을 발휘하여 사고로 인한 인명 및 재산의 손실을 극소화 할 수 있도록 비상연락망을 조직하여 운영한다.

(2) 안전관계인 및 모든 직원은 비상연락처의 변경이 있을 시 즉시 변경내용을 회사에 신고하여야 한다.

(3) 모든 직원은 재해 발생으로 인한 비상연락 접수 시 즉시 출동하여 사후처리에 임하여야 한다.

제45조(재해조사 및 보고) (1) 재해발생 시 해당 재해발생 부서의 관리감독자, 관리유지 담당자 및 안전담당자는 지체없이 재해현장을 조사하여 즉시 안전보건관리 책임자에게 보고하고 24시간 이내에 별표4에 의한 안전사고보고서 및 사고발생보고서 (별표5)를 작성하여 산업안전보건 책임자에게 제출한다.

(2) 중대 재해가 발생하였을 경우 지체없이 관할 노동관청에 발생원인 및 피해상황, 조치 및 전망, 기타 중요한 사항을 적절한 방법으로 보고한다.

(3) 재해조사가 완료될 때까지 재해현장을 임의 변경하거나 훼손하여서는 아니된다.

제46조(재해대장 관리) 안전보건관리자는 회사전체의 재해현황을 종합하여 기록유지하여 재해에 대한 분석, 통계작성 및 재해예방에 대한 대책수립에 활용하여야 한다.

제47조(사후처리) (1) 재해발생 부서의 관리감독자, 관리유지책임자, 안전담당자는 사고의 발생경위를 파악하여 사후대책을 수립하여 시행하여야 하며, 필요한 경우 위원회에 출석하여 보고토록 한다.

(2) 재해조사결과 재해자 및 소속관리감독자, 관리유지책임자, 안전담당자의 인책사유가 발견될 경우 관계자를 징계조치 할 수 있다.

제48조(산재보고) 산업재해자로 최종 판정된 자에 대하여는 재해로부터 14일 이내 관련자료를

노동부 북부사무소에 제출하고 관계법령에 따른 재해보상 조치를 취하여야 한다.

제 7 장 무재해운동

제49조(무재해운동의 목적) 산업재해로부터 근로자를 안전하게 보호하고 쾌적한 근무환경을 조성하여 근로의욕과 사기를 향상시킴으로써 인간중심의 밝고 활기차 직장풍토를 조성함에 있음.

제50조(무재해 경영방침 및 운영) (1) 무재해를 위한 회사의 경영방침은 다음 각호와 같다.

1. 인간중심의 기본이념 실천
2. 쾌적한 근무환경 조성
3. 노사간의 신뢰증진
4. 후생복리 증진

(2) 무재해운동은 각 부서장의 책임하에 각 부서별로 시행하여 목표를 달성할 수 있도록 한다.

(3) 무재해목표 설정에 따른 추진상황을 확인할 수 있는 무재해 기록판과 무재해기를 설치하여 진행상태를 확인할 수 있도록 한다.

(4) 각 부서 관리감독자는 소단위 부서별로 월 4회 이상 사고위험이 있는 기계, 기구, 설비 등을 대상으로 위험예지훈련을 실시하여야 한다.

(5) 무재해운동 기간 중 산업재해가 발생되면 당회차 무재해운동은 원점으로 환원되며 노동부에 재개시 보고 후 시행하게 된다.

제 8 장 하도급업체 안전관리

제51조(하도급업체의 자격) (1) 하도급업체의 자격은 노동부의 산업재해보상보험에 가입된 업체에 한한다.

(2) 공사주관부서 및 계약주관부서는 하도급업체의 산업재해보상보험에 가입여부를 확인하여야 한다.

제52조(하도급업체의 재해예방) (1) 하도급업체는 재해예방을 위하여 공사주관부서와 협의하여 완벽한 재해예방조치를 하여야 한다.

(2) 하도급업체 대표자는 산업안전보건법에 의한 안전보건관리 책임자가 된다.

(3) 하도급업체의 안전관리자는 작업기간 중 현장에 상주하여야 하며 작업개시 전 방재실 및 안전관리자로부터 안전작업에 필요한 사항에 대한 지시를 받아야 한다.

제53조(보고서 제출) 하도급업체의 대표는 작업개시 전 작업신청서, 각서, 작업출입자 명부, 안전관리자 선임신고서 사본 등을 해당부서 관리감독자에게 제출하여야 하며 즉시 산업안전보건관리 책임자에게 제출하여야 한다.

제54조(위험작업허가) 하도급업체는 작업을 위하여 가스 및 전기아아크용접작업 등의 화기 취

급작업 및 기타 위험작업을 해야 할 경우 사전에 안전관리부서의 위험작업확인서를 발부 받아 재해예방조치를 취한 후 작업을 실시한다.

제55조(하도급업체의 책임) (1) 하도급업체는 작업으로 인하여 당사의 전임.직원, 고객 및 하도급업체의 인명과 재산상의 손해가 예상되는 위험요소를 사전에 충분히 조치하여야 하며 재해 발생시에는 모든 책임을 진다.

(2) 하도급업체 대표는 작업장 내의 위험요소와 기계설비의 사용에 대하여 사전 관련부서의 자문을 받아야 한다.

(3) 안전보건조치를 위한 회사로부터의 지시 또는 협조요구가 있을 경우 하도급업체는 최우선적으로 협력하여야 한다.

제56조(재해발생 보고) 하도급업체의 대표자 혹은 안전관리자는 작업 중 재해가 발생하였을 경우 지체 없이 공사 주관부서에 경위를 보고한다.

제57조(손해배상) 하도급업체 근로자의 부주의로 인하여 당사 또는 당사에 출입하는 제3자에게 손해를 입혔을 때에는 하도급업체에서 전액 배상 한다.

제 9 장 상벌

제58조(포상) (1) 안전보건관리 업무에 적극 협조하여 재해예방에 기여한 공이 있는 다음 직원에 대하여는 위원회의 심의에 의하여 포상할 수 있다.

1. 유해, 위험요인의 소기 발견으로 재해예방에 기여한 자
2. 안전보건관리 및 공적이 있는 자로서 부서장이 추천한 자
3. 기타 안전보건관리 및 비상사태 시 공로가 현저한 자
4. 안전보건제안이 채택되거나 무재해운동 결과 성적이 우수한 부서 및 개인

제59조(징계) (1) 회사는 재해를 유발하거나 유발할 위험이 있는 다음 사항의 자에 대하여 위원회의 심의를 거쳐 징계할 수 있다.

1. 본 규정 및 제반 안전보건에 관한 수칙 등을 위반한 자 또는 그로 인하여 재해를 당하였거나 재해를 유발한 자
2. 동종작업부서에서 동일 사고를 2회 이상 유발시킨 자
3. 안전보건에 관한 시정 지적서를 3회 이상 발부 받은 자
4. 정당한 사유 없이 안전관리상의 지시, 명령에 위반하거나 불복한 자
5. 각종 재해사례 은폐, 허위보고, 태만으로 안전사고 사후처리를 지연시킨 자
6. 기타 중대한 과실로 재해를 초래하여 회사에 손해를 끼친 자

(2) 징계의 종류 및 징계절차는 취업규칙상의 징계규정에 따른다.

제60조(문서의 보존) 본 규정의 시행에 관한 모든 기록은 특별히 정하는 경우를 제외하고 3년간 보존한다.

제10장 준 용

제61조(준용) 본 규정에 명시되지 아니한 사항은 산업안전보건법, 기타 관계법령 및 회사의 화재예방계획서, 전기안전관리규정, 가스안전관리규정에 별도로 정한다.

부 칙

1. 본 규정은 1992년 6월 1일부터 시행한다.
2. 본규정은 2004년 1월1일부터 개정 시행한다.

사용자 대표

근로자 대표

참 고 문 헌

1. 국내서적

김정한(2003a), 「기업복지」, 『한국의 노동 1987-2002』, 한국노동연구원.

김정한 · 김동헌 · 오학수(2001), 『고용조정과 전직지원』, 한국노동연구원.

김대권(1999), 『관광인적자원관리』, 백산출판사.

김성혁(1994), 『서비스 산업론』, 형설출판사.

김충호, 원융희 (1997), 『호텔조직인사관리』, 대왕사.

박경규(2002), 『신 인사관리』, 법문사.

신유근(1996), 『현대경영학』, 다산출판사.

오정환(2002), 『호텔경영학원론』, 백산출판사.

이봉석 외(2002),『관광 사업론』, 제2판 대왕사.

이유재(1999), 『서비스 마케팅』, 제2판 학연사.

이한검(1994), 『경영학 개론』, 형설출판사.

이화인 외(2001),『호스피탈리티산업의 이해』, 백산출판사

정진호(2003), 「임금」, 『한국의 노동 1987-2002』, 한국노동연구원.

최종태(2001), 『현대인사관리론』, 박영사.

싸이월드 페이퍼 http://paper.cyworld.com/ktd2000[256호] 임금피크제(05.03.05 10:02)

http://www.htbunion.org/gnews/content.html?board_idx=106&page=1

교육인적자원부, 『교육통계연보』, 각 년도.

노동부, 『임금구조기본 통계조사』, 각 년도.

노동부, 「임금피크제의 유형과 도입사례」 최 영우(한국노동교육원 교수)

2. 국내문헌

김우태, 조직구성원의 역량 제고를 위한 임파워먼트 과정에 관한 연구, 서강대학교 박사학위논문, 1997

김일채, 호텔종사원의 직무성과가 이직의도에 미치는 영향, 관광학연구, 제21권 제2호, 1998

박봉규, IMF 체제하의 비정규직 호텔종사원의 직무태도와 자발적 행동간의 관계에 관한 탐색적 연구, 관광 · 레져연구, 제12권 제1호, 2000.

박윤희, 대학부설 평생교육원 프로그램 개발 담당자의 직무수행과 관련변인, 서울대학교 박사학위논문, 2003

박계두, "고용환경, 조직특성, 직무특성에 대한 인식과 직무불안정성에 관한 연구", 고려대학교 박사학위논문, 2001.

이재규 · 조영대, 직무적합성이 갈등관리방법과 직무만족에 미치는 영향, 경영학연구, 제23권 제2호, 1994.

이지우 · 김종우, 고용형태에 따른 직무특성과 조직몰입의 관계, 인사 · 조직연구, 제10권 제1호, 2002.

이호진, 사회복지 전문요인의 직무성과에 관한 연구: 클라이언트의 만족도를 중심으로, 영남대학교 박사학위논문, 1994

장민기, 호텔업종 임금결정 실태와 발전방향, 호텔업종 노사관계토론회, 2001

정연앙, 근로자의 회사와 노동조합에 대한 동시몰입의 연구방법에 관한 연구, 한국노동연구, 제2권, 1991.

탁진국, 조직구성원의 경력개발 장애요인에 대한 지각, 한국심리학회지: 산업 및 조직, 제9권 제1호, 1996.

허용덕, 호텔산업의 고용환경변화에 따른 직원의 직무불안전성 인식이 조직유효성이 미치는 영향, 세종대학교 박사학위논문, 2003.

3. 외국서적

Arnold, H. J. & Feldman, D. C., Organizational Behavior, New York: McGraw-Hill, 1986

Beehr, T. A., The Role of Social Support in Coping with Organizational Stress, In Beehr, T. A. & Bhagat, R. S.(Eds), Human Stress and Coping in Organization: An Integrated Perspective, John Willy & Sons, 1985.

Dawis, R. V. & Lofquist, L. H., A Psychological theory of Work Adjustment, Minneapolis, MN,: University of Minnesota Press, 1984

Feldman, D. C., Managing Careers in Organizations, Glenview Ⅲ: Scott, Foreman and Inc, 1988.

House, J. S., Work, Stress and Social Support, Addison-Wesley, Reading, MA, 1981

Hrebiniak, M. & J. Alutto, "Personal and Role-Related Factors in the Development of Organizational Commitment", Administrative Science Quarterly. Vol. 17. 1972.

Ivancevich, J. M. & Matteson, M. T., Stress and Work: A Managerial Perspective,

Glenview Ⅲ: Scott, Foreman and Company, 1980

Larson. M. S., The Rise of Professionalism: A Sociological Analysis, University of California Press, Berkeley, CA, 1977

Meyer, J. P. & Allen, N. J., Commitment in the Workplace: Theory, Research and Application, Thousand Oaks, CA: SAGE Publications, 1997

Miller, D. B., Managing Professionals in Research and Development, San Francisco, Jossey-Bass Publishers, 1989

Von Glinow, M. A., The New Professionals: Managing Today's High-tech Employees, Cambridge, MA: Ballinger, 1988

4. 국외논문

Atchison, T. J.(1991), The employment relationship : Un-tied or Retied, *Academy of Management Executive*, 5, 4.

Bennett, A.(1990), A White-collar guide to job security, *The Wall Street Journal*, 10(11).

Brousseau, K. R., Driver, M. J., Eneroth, K., & Larsson, R. (1996). Career Pandemonium: realigning organizations and individuals. *Academy of Management Executive*, 10(4).

Cameron, K. S., Freeman, S. J., & Mishra, A. K.(1994), Best Practices in White-Collar Downsizing : Managing Contradictions, *Human Resource Management.*

Cascio, W. F. (1993). Downsizing: what do we know? what have we learned? *Academy of Management Executive*, 7(1).

DeFillippi, R. J. & Arthur, M. B. (1994), The boundaryless career: A competency-based perspective. *Journal of Organizational Behavior*, 15(4).

Freeman, S. J. & Cameron, K. S.(1993), Organizational downsizing: A

Greenhalgh, L. & Rosenblatt, Z.(1984), "Job in-security: Toward a Conceptual Clarity," *Academy of Management Review*, 9.

Huber, G. P. (1990). A theory of the effects of advanced information technologies on organizational design intelligence and decision making. *Academy of Management Review*, 15.

Ilinitch, A. Y., D'Veni, R.A., & Lewin, A. Y. (1996). New organizational forms and strategies for managing hypercompetitive environments. *Organizational*

Science, 7.

King, J. E.(2000), Aggregation bias in estimates of perceptual agreement, Journal of Applied Psychology, 67(2).

Latack, J.(1986), Coping with stress: Measures and future directions for scale development, *Journal of Applied Psychology*, 71.

Morrishima, M.(1996), Renegotiating psychological contracts: Japanese style, *Trends in Organizational Behavior*, 3.

Pfeffer, J. & N. J. Baron(1988), Taking the workers back out : Recent trends in the structuring of employment, *Research in Organization Behavior*, 10.

Robinson, S. L., Kraatz, M. S. & M. D. Rousseau(1994), Changing obligations and the psychological contract : A longitudinal Study, *Academy of management Journal*, 37(1).

Roskies, E., Louis,-Guerin, C. & C. Fournier(1993), Coping with job insecurity: How does personality make a difference? *Journal of Organizational Behavior*,

Schweiger, D. L. & M. H. Ivancevich(1985), Human resources : The forgotten factor in mergers and acquisition, *Personnel Administration*, 30(11).

Turnley, W. H. & Feldman, D. C.(1998), Psychological contract violations during corporate restructuring. *Human resource management*, 37(1).

저자약력

元裕錫
- 그랜드힐튼호텔 인사부장
- 경기대학교 관광전문대학교 호텔카지노. 컨벤션전공 관광학박사.
- 서울웨스틴조선호텔 식음료부근무
- 서울 밀레니엄힐튼호텔 식음료부근무
- 한국콘티넨탈식품(주) 외식사업부 근무
- 스위스그랜드호텔 식음료부근무
- 그랜드힐튼호텔 객실부/객실관리부/ 인사부장 근무 현재

趙春鳳
- 청운대학교 호텔관광대학 학장
- 스위스 국립 제네바 대학교 프랑스어과 2년 수료
- Cesar-Ritz SHCC 스위스 호텔대학 졸업
- 경기대학교 대학원 경영학과 박사과정 졸업(서비스경영전공)
- Hotel du Rhone(Geneva, Switzerland) 식음료부 근무
- Noga Hilton Hotel(Geneva, Switzerland) 식음료부 근무
- 그랜드힐튼 호텔 식음료팀장, 마케팅 팀장 근무
- 리츠칼튼 호텔 연회부장 근무

徐賢淑
- 대구한의대학교 관광레저학과 교수
- 경기대 서비스전문대학원 서비스경영학과 경영학박사
- 경희대 일반대학원 호텔관광학과 호텔관광학박사수료
- 경기대 서비스전문대학원 서비스마케팅 및 컨설팅전공 경영학석사

호텔산업의 인적자원관리

2007년 8월 1일 초판1쇄 인쇄
2007년 8월 5일 초판1쇄 발행

저자와의
협의하에
인지생략

저 자 원유석 · 조춘봉 · 서현숙
펴낸이 임 순 재
펴낸곳 한올출판사
등록 제11-403호
121-849
주 소 서울시 마포구 성산동 133-3 한올빌딩 3층
전 화 (02)376-4298(대표)
팩 스 (02)302-8073
홈페이지 www.hanol.co.kr
e-메 일 hanol@hanol.co.kr
정 가 14,000원

- ISBN 978-89-8325-899-1